高等学校国际商务创新规划教材

International Business

国际商务法

International Business Law

王 峰 曾咏梅 万 暄 编著

WUHAN UNIVERSITY PRESS
武汉大学出版社

总　序

陈继勇

武汉大学经济与管理学院院长、教授、博士生导师

国际商务是指侧重于国际经济与贸易操作性的专业活动。教育部设置国际商务硕士专业学位的目的，是培养能够胜任在企事业单位和国家机关从事国际商务运作与管理，并且能开拓国际市场的高素质、复合型高级商务专门人才。以贯彻落实科学发展观，实施互利共赢对外开放战略，拓展对外开放的广度和深度，全面提高开放型经济水平，实现从贸易大国向贸易强国的转变和推动国民经济又好又快的发展。

为积极有效地加快培养和造就一大批高层次国际商务专业人才和管理人才，借鉴其他国家培养专业人才的有益经验，结合我国国情，调整专业设置，改革培养模式，我们承担了教育部第二特色专业建设点项目《国际经济与贸易国际化人才培养》（项目号：TS2291），组织了武汉高校相关专业的教师编写了这套"高等学校国际商务创新规划教材"。希望通过这套教材能使学生通晓现代国际商务基础理论，具备完善的国际商务知识体系，掌握现代国际商务实践技能，具有较强的英语交流能力，能在企事业单位和政府机关从事国际商务运作与管理，并且能成为开拓国际市场的高素质、复合型高级商务专门人才。

这套教材在编写的过程中主要突出专业性和综合性的特征。

专业性突出体现在全球视野下从事商务活动的职业定位，强调理论和实际工作技能尤其是软技能的提升。全球视野的缺失和专业技能的弱化是传统国际经贸人才培养的不足，本套教材力图打破经济学与管理学的界线，特别是把经济学与管理学理论知识与开放经济实践联系起来，通过大量的实验教学和案例研究，使学生掌握国际商务的基本理论知识和国际商务实践的先进方法，提升学生在国际商务领域中的工作能力、外语能力和跨文化沟通能力。因此，教材编写是以职业性和实践性为导向，知识内容具有明显的专业性。

综合性意味着国际商务专业人才要具备宽厚的知识面，学习多门跨学科的课程，塑造较高的职业操守，形成广博知识与较强能力的综合素质，胜任在复杂多变的国际环境下成功开展商务活动的工作。因此，这套教材在编写的过程中，重视经济理论与管理理论的综合，强调国家经济实践与国际经济实践的结合，突出企业国内经济活动与国际经济活动的结合，把理论知识与企业具体的经济实践结合在一起，使学生能从多方位、多角度和多渠道来吸收国际商务基础知识，掌握国际商务的基本技能。因此，教材编写以

1

综合性为导向，知识体系具有很强的综合性。

这套教材是一个系统工程，其内容涉及多个学科和领域，参考了国内外很多同行的研究成果，在此表示衷心感谢！武汉大学出版社经济图书事业部舒刚主任付出了很多的劳动，在此也表示感谢。

我们虽然重视知识内容创新，但更强调尊重知识产权，因此，要求各书主编向每位编（著）者强调这一方针，每位编（著）者对所写内容文责自负。

2010 年 10 月于武汉大学枫园

前　言

随着国际经济与贸易全球化程度的不断发展，国际商务活动也日益增多，并且也日益复杂化。目前，由于国际商务活动已经成为一种普遍性的经济交往活动，国际商务关系已成为一种重要的经济贸易关系，所以各国都十分重视国际商务关系，都制定了相关的法律对国际商务活动进行调整，同时也缔结了一些调整国际商务活动的重要国际公约，从而形成了国际商务法。对于从事国际商务活动的主体来说，全面地了解国际商务法的主要内容、理解国际商务法的基本原则、领会国际商务法的主要法律关系并能学以致用是十分必要的。

本书编写中一个重要的问题是：如何处理国际商务法与国际商法的关系，如何设置一个主观逻辑与客观逻辑相符合的国际商务法体系。

目前，国内国际商务法的教材不是太多，而学者们对国际商务法的体系与内容的设置也有不同的看法。本书认为，在设置国际商务法体系与内容时所要考虑的因素，一是国际商务法与国际商法的关联；二是国际商务的现实活动状况；三是国际商务法自身的内在逻辑。因此我们认为国际商务法应当包括：调整国际商务活动主体的法律规范；规范商务主体交易行为的法律规范；国家管理国际商务活动的法律规范；当然也包括有关国际公约、国际商务惯例关于规范国际商务主体、国际商务活动行为等内容。

本书主要是围绕国际商务中的商事主体以及商事活动中的有形交易、无形交易所涉及的有关法律规范进行介绍，并将它们列入本书的体系中，而对于国家管理商务活动方面的法律规范，本书仅将与商务活动最直接的内容单独列入体系中，如国际产品责任、国际商事争议的解决，其他的内容未单独列入，而是分散在相关的章节中。主要的考虑是，各国管理商务活动的法律规范较丰富，有关国际公约也很多，由于受到本书的篇幅所限，所以不能单独列入。另外，国家管理商务活动的法律规范也有相关的法律学科进行研究。

本书主要涉及的法律有国际商务活动主体法、代理法、知识产权法、国际货物买卖法、电子商务法、国际产品责任法、国际货物运输法、国际货物运输保险法、国际支付与结算法、国际商事争议的解决等内容。

前　　言

目　　录

第 *1* 章
国际商务法概论

◎**本章要点**

　　商务活动是商品经济时代的一种基本活动，随着经济全球化的发展，商务活动在不断地向国际化的方向发展，目前，国际商务活动已成为一种普遍性的经济交往活动。随着国际商务活动的深入发展，国际商务也日益复杂化，为了使国际商务活动得以顺利进行，并在国际商务活动中获得更多利益，各国都制定了相关的法律对国际商务活动进行调整。为了使各国的国际商务法律达到一定程度上的统一，各国都对国际商务活动中形成的国际惯例在法律的层面上进行了认可，同时还先后缔结了一些国际公约对国际商务活动进行调整。在此基础上，出现了专门调整国际商务活动的国际商务法。国际商务法就是调整国际商务活动的法律规范。

　　本章共分三节，重点探讨国际商务法及其调整范围、国际商务法的基本原则、国际商务法的法律渊源、两大法系的民商法律制度等问题。本章的要点是：明确国际商务以及国际商务法的概念与特征，理解国际商务法的基本原则，领会国际商务法的法律渊源，了解大陆法系、英美法系民商法律制度的特点与结构。

1.1　国际商务法及调整范围

　　要对国际商务法进行界定，并明确国际商务法调整的对象和调整的范围，确定国际商务法的体系并对体系进行构建，首先必须明确与国际商务法相关的几个概念，即商务、国际商务、国际商法，通过对这些概念的理解，我们才能进一步明确国际商务法的相关问题。

1.1.1　商务、国际商务

1. 商务

　　商务，英文是 business commerce，一般地，从本质上说商务是一种经济交往活动，有学者这样定义：商务是"有组织地向顾客提供所需的物品和服务的行为，这种行为一般以货币作为媒介，采取合同或非合同等交易形式通过市场以及公司活动来实现"①。因此，商务不同于商业，虽然其核心都是以买卖为中心的商品交换，但商务重于活动，即交易的过程，所以为了保证商务得以进行，商务需要秩序和法律规制，也需要政府的管理和干预。

还有学者将商务区分为广义和狭义，广义上，商务是指一切与买卖商品、服务相关的商业事务。而狭义上，商务是指商业或贸易。

综上，可以将商务概括为：商务就是一种由国家管理、控制和干预的，由一般市场主体参与的以商品交易为核心的、包括一系列有关资源、知识、信息等交易的商事活动。

2. 国际商务

如果说商务本质上是一种经济交往活动，则商务很早就产生了，可以说有经济交往活动时就有了商务，国际商务也在中世纪产生了。但是，真正意义上的国际商务，则是20世纪后在经济全球化的背景下，在跨国经济活动成为一种普遍的活动的背景下，才真正国际化，国际商务也才真正成为现代意义上的国际商务。

从现代意义上讲，所谓国际商务，就是指一种跨越国界的、在国际市场中以国际贸易为核心，并辅之以其他国际商事内容的活动。

1.1.2 国际商法、国际商务法

1. 国际商法

国际商法是与国际商务法关联最密切的学科，因此要界定国际商务法，需要看一下与之关联最密切的国际商法概念的界定。

目前，国内学者对国际商法的几种具体的表述是：国际商法是调整国际商事交易与商事组织各种关系的法律规范的总和（曹祖平）；国际商法是调整跨越国界的商事关系的各种法律规范的总称（屈广清）；国际商法是调整国际商事交易和商事组织的各种法律规范的总称（沈四宝）。

尽管学者们在表述国际商法时具体的表述语言有所差别，但不可否认的是，国内的学者关于什么是国际商法的观点基本是一致的。即认为，国际商法是调整国际商事关系的法律规范总称。也就是说，从这基本一致的界定中可见，国际商法所调整的对象和范围是跨越国界的商事关系。

2. 国际商务法及其特征

（1）国际商务法

我们从对国际商务的界定中可见，国际商务的核心含义是，国际商务是一种跨越国

---

① 何力，周阳. 海关国际商务法教程（第1版）. 北京：中国海关出版社，2010：1.

界的商事活动，那么国际商务法调整的对象就应当是跨越国界的商事活动。如果这样，岂不是与国际商法的概念、调整对象与范围完全相同吗？

事实上，国际商务法与国际商法有很大的同一性，这种同一性在已出版的相关教材的体系安排方面得到了具体的体现。

具体而言，国际商法与国际商务法同一性主要表现在：第一，调整的对象都是一种商事关系，商事关系从根本上讲是商事主体为了营利的目的而结成的有偿关系；第二，主要调整的范围都是一种跨越国界的商事关系，也就是说，在商事关系的主体、客体、内容三要素中，至少有一个要素涉外。主体跨国性表现在，双方当事人是不同国家的法人、其他经济组织或自然人；客体的跨国性表现在，标的物（有形或无形）位于另一国；内容的跨国性表现在，权利义务产生、变更或消灭的法律事实发生在不同国家。

但是，国际商务法与国际商法又具有差异性，这种差异性对于我们理解和界定国际商务法是重要的。

国内学者汪威毅、贾海基将国际商务法与国际商法的主要区别概括为：国际商务法包括了公法的内容，而国际商法仅包括了私法的内容。具体表现是：第一，两者规范的主体不同。国际商务法规范的主体广，除了一般商事主体外还包括国家主体，国家管理和干预国际商务活动的行为都要受国际商务法的规范；而国际商法规范的是一般的商事活动主体。第二，调整的对象不同。国际商务法调整的对象不仅有平等主体之间的商事关系，还包括国际组织、区域性组织和国家对国际商务活动的管理与管制关系；而国际商法调整的对象通常为平等主体之间的商事关系。第三，调整国际商务关系所贯彻的基本原则不同。国际商务法的基本原则应包括尊重国家主权、国家的国际责任、国际合作平等互利等；而国际商法的基本原则是诚实信用、意思自治等。①

我们认为，国际商务法与国际商法的区别主要在于国际商务法中多了一些国家管理商事活动的法律规范。因此，可以这样界定国际商务法，即国际商务法就是调整由国家管理、控制和干预的，由一般市场主体参与的以商品（有形、无形）交易为核心，在跨国的商事活动中所产生的商事法律关系的总称。

（2）国际商务法的特征

通过以上对国际商法与国际商务法的同一性与区别性的分析，国际商务法的特征就应当既包含国际商法的特征，同时也具有一些自己的独特特征。国际商务法的特征表现为：

①兼容性。兼容性是国际商法的特征，也是国际商务法的特征之一。兼容性主要体现在：

第一，私法性兼公法性。国际商务法中，对商务主体的权利义务、商务主体的相关行为等规定都具有私法性质。而对不同商务主体的规定、相关主体权利取得的规定、相关主体对其生产或销售的产品责任的规定等都具有明显的公法性质。

第二，国内法兼国际法色彩。目前世界上商法有两大法系，大陆法商系和英美法商

---

① 汪威毅，贾海基. 国际商务法（第 1 版）. 北京：中国商务出版社，2006.

系。两个法商系在立法上有较大的区别，所有的国家或地区，都分别制定了本国的商法，目前国际上还没有统一的商法。从这一现状看，商法具有明显的同内法性，是国内法。也就是说商法是由一个国家或地区立法机关制定的、在本国领域内发生法律效力的法律。但是，随着国际贸易的发展以及经济全球化的加强，商事主体的活动越来越多地跨越国家或地区，因此一国在制定本国的商法时，都会考虑其他国家或地区以及国际上通行的商业交易规则，并将之纳入本国的商法中。另外，自 19 世纪起，国际上出现了一些旨在推动商法一体化的国际组织和民间组织，这些国际组织和民间组织制定或编撰了涉及商事活动许多方面的国际性商事公约或文件，如《国际商事合同通则》、《国际贸易术语解释通则》、《联合国国际货物销售合同公约》、《1972 年国际海上碰撞规则公约》、《1930 年汇票、本票统一法公约》及其附件、《1931 年统一支票公约》及其附件、1931 年生效的《统一提单若干法律规定的国际公约》、1977 年生效的《关于修改统一提单若干法律规定的国际公约的议定书》、1992 年生效的《1978 年联合国海上货物运输公约》、《产品责任法律适用公约》、《知识产权保护的巴黎公约》、WTO《与贸易有关的知识产权协定》等，这些公约或文件对商务法向国际性发展起到了重要的作用，因此国际商务法又具有明显的国际性。

第三，任意性兼强制性。国际商务法中，以私法规定为中心，有大量的任意法的规定，主要体现在对商事行为的一些规定中。但国际商务法中也有一些强制性的规定，主要体现为对商务主体的一些规定，不同类型的商务主体设立条件不同、内部组织关系与组织结构不同，对外承担责任不同，经营特定行业的权利不同，商务活动的主体终止的方式不同；另外，产品责任的规定，专利使用中的强制许可的规定等都是强制性的表现。

②技术性。法律规范可以分为伦理性的规范和技术性规范，民法、刑法偏重于伦理性规范，而国际商务法则更重于技术性规范。所谓技术性，是指对某一行为导致的后果，以最基本的行为标准作出的一种公式化的设置。国际商务法的技术性规范体现在商事组织的规定中，也体现在商事行为的规定中。如合伙法、公司法对商事主体的规定；公司法中对公司组织结构、股东大会会议程序及决议的表决、董事会会议程序及决议表决的规定；票据法中关于票据权利和票据行为的规定，信用证业务中的单证一致、单单一致的规定，产品责任法关于产品责任的损害赔偿范围的规定等，都是一些技术性很强的规定。

③营利性。营利是商务主体活动的目的，商务主体通过经营性活动而获取经济利益，各国商法都确认了商事主体活动的营利性。在各国商法中的一些重要的原则、制度、规则的确立都是为了保证商事主体的营利性，维护商事活动的安全与公平。

④复杂性。由于国际商务活动是跨国性的活动，其活动包括多方面的内容，所以对其规范就涉及多方面的法律。如有关国际公约、国际惯例，各国法律体系中关于国际商务活动的法律规范等。

1.1.3　国际商务法调整的对象与范围

从我们对国际商务法的界定看，国际商务法调整的对象是国际商事法律关系，这种国际商事法律关系包括：跨国的商事主体、不同的特殊的管理主体、商人交易行为、商事交易内容等要素。

因此，从调整范围上看，国际商务法应当包括：不同国家商务活动主体的规范，不同国家商务主体交易行为的规范，不同国家管理商务活动的规范以及有关国际公约、国际商务惯例等。因此，应该既包含国际私法的范畴，也应该包含国际公约的范畴。

基于这种理解，本书主要是围绕国际商务中的商事主体以及商事活动中的有形交易、无形交易所涉及的有关法律规范进行介绍，并将它们列入本书的体系中，而对于国家管理商务活动方面的法律规范，本书仅将与商务活动最直接的内容单独列入体系中，如国际产品责任、国际商事争议的解决，而其他的内容未单独列入，而是分散在相关的章节中。主要的考虑是，各国国家管理商务活动的法律规范较丰富，有关国际公约也很多，若独立地作为一个部分列入本书，则受到本书的篇幅所限。另外，国家管理商务活动的法律规范也有相关的法律学科进行研究。

如此，本书主要涉及的法律包括国际商务活动主体组织形式法、国际商务活动主体的内部法律关系与外部法律关系、代理法、知识产权法、国际货物买卖法、电子商务示范法、国际产品责任法、国际货物运输法、国际货物运输保险法、国际支付与结算法律制度、国际商事争议的解决等内容。

1.2　国际商务法的原则

国际商务法的原则，是各国制订、执行、解释国际商务法的准则，也是各国缔结国际公约应当遵循的准则。国际商务法的原则大部分来自于商法的基本原则，但是也有不同于商法的一些原则。

1. 平等原则

商事活动的目的是为了营利，因此在商事交易行为中就会显现利己主义的色彩，就会出现不正当竞争，使得交易不公平，各国商事法律中的许多制度和规定都是以维护正当竞争和交易公平为原则制定的。

平等原则在国际商务法中，首先是指商事主体地位平等。商事主体的地位平等是平等交易的前提，商事主体在具体的交易活动中，无论具体身份、经济实力如何，其法律地位都是平等的。这一原则在国际商务法中具体体现为：如股权平等，国际货物交易、国际知识产权交易中主体平等。其次是指商事主体合法权益平等地受到法律保护。商务法中设置的对弱势群体的保护制度就是这一原则的体现，如公司法中规定，为了对抗大股东滥用股东权利，赋予了中小股东的派生诉权，小股东可以对公司管理人员、股东大会和董事会会议的程序以及表决提起诉讼；异议股东有对公司的股权收购请求权；中小股东在选举公司董事、监事时可以实行累积投票制等。为了给公司债权人以特殊的保护,《公司法》确立了公司"人格否认"等。

2. 意思自治原则

意思自治原则在国际商务法中占有重要的地位。意思自治原则,从民法的角度讲,是指当事人在不违反法律和社会公共秩序的情况下,有为自己创设权利义务的自由和不为自己创立权利义务的自由,体现在国际货物买卖合同中就是当事人缔约自治、履约自治、内容自治、形式自治,违约补救自治。从法律适用的角度讲,合同当事人可以协商选择适用于他们之间合同关系的法律以及处理合同争议所适用的法律,当事人可以在国际商事合同中,选择适用双方一致认可的法律规范来调整双方的商事行为,可以选择适用国际公约,也可以选择适用国际惯例,还可以选择某一国的国内法。

意思自治原则在各国的法律以及相关国际公约中也都有所体现。如在代理法中,大陆法国家和英美法国家都规定,代理权产生的主要方式是当事人议定或当事人约定;在各国的专利法中规定,当事人对于其发明有权决定是否申请专利权;在各国的商标法中规定,当事人对于其使用的商标有权决定是否申请注册;在国际货物买卖公约中规定,当事人可以选择是否适用公约,也可以选择减损公约的内容;在争议解决的相关法律中规定,当事人可以协商选择适用当事人国法律还是第三国的法律等。

3. 安全原则

为了维护商业社会的有序性,保障商务主体的利益,使得商务活动能够得以连续进行,就必须要维护交易的安全,对商事行为进行法律控制。安全原则的主要体现就是,各国运用公法手段,对商事关系加以强制干涉。安全原则具体表现在:

(1) 法律中的一些强制性的规定

商务法中较多的地方有强制性的规定,如各国公司法中有关公司的设立条件与程序的规定、资本制的规定、章程绝对记载事项的规定、组织机构以及决议表决程序的规定,股份有限公司信息公开的规定,公司的合并、分立、减少注册资本应当向债权人公告催告债权人申报债权的规定等。再如各国票据法中关于票据的文义性、要式性、无因性、背书连续性的证明力的规定;合伙企业法中关于合伙企业对普通合伙人执事对外代表合伙企业的限制,不得对抗善意第三人的规定等。

(2) 使特别交易行为当事人承担较为严格的责任

严格责任主要是为了保障交易的安全,因为在商事交易活动中,大多数情况下都是由商事主体的少数人负责,如果不对少数负责人的责任予以严格的规定,则不能保障交易安全。因此,商务法中许多地方采用了严格主义的规定,如各国的合伙企业法规定了普通合伙人对企业债务承担无限连带责任、对合伙企业执事人的限制不得对抗善意第三人;各国的公司法中规定了公司高级管理人员的注意义务、公司治理结构中关于权利的分配与安排等;各国的票据法规定了在票据上签章的人对票据权利承担连带责任;国际产品责任法中生产者、销售者等对缺陷产品造成的侵权,必须承担责任,不能约定排除产品责任的规定；国际海上货物运输保险法中规定，投保人投保时必须履行无限告知义务和咨询回答义务，否则保险事故发生后可以免除保险人责任等，都显示了特别的当事人较重的责任。

（3）减轻当事人风险

在商事活动中，商事主体会面临着各种危险，商务法中对商务主体在商事活动中面临的一些危险，设立了分散负担制度。公司制度的创立就体现了分散负担制度，作为商法人的企业，无论是有限责任公司的形式，还是股份有限责任公司的形式，其股东均以自己的出资额为限对公司债务承担责任。有限责任制度鼓励了股东投资，也减少了投资者的风险。分散风险制度在海上货物运输保险中体现最充分，如海上货物运输保险制度、共同海损制度等。通过这些制度，可以转化商事个体的风险，从而保证商事主体不至于因某种风险的出现而停止营利性的活动，甚至消亡。

4. 诚实信用原则

诚实信用是民商法中的"帝王原则"，也是商务主体从事商事活动应遵守的重要原则。诚实信用原则在国际商务法中，是指国际商务活动的主体在从事商事活动时，应当以善意方式行为，应当尊重交易习惯，不得有欺诈行为，不得滥用权力，在获得商业利益的时候不能损害他人的利益。诚实信用的原则贯穿了国际商务法的全部内容，如在国际货物买卖合同法中，特别强调诚实信用原则，从合同的订立、合同的效力到合同的履行等方面都对诚实信用原则进行了具体的规定；在各国的公司法中，从公司的设立、运作到解散清算都规定了公司的发起人、董事、监事以及其他高级管理人员以注意义务和忠实义务为内容的诚信义务；在代理法中，规定了代理人对被代理人的忠诚义务；在国际产品责任法中，对于不诚实的生产者和销售者，规定了惩罚性的赔偿制度。国际货物运输保险法更是体现了最大诚实信用原则，规定了被保险人的告知义务、通知义务，保险人对订立时的公平义务以及对免责条款的说明义务和及时赔付义务；在国际支付与结算法中规定了信用证欺诈例外等。

5. 提高交易效率原则

商事活动中的交易机会是不断变化的，商务主体为了在交易中达到营利的目的，就必须要抓住交易机会，提高交易效率，以快速的交易实现营利的最大化。国际商务法考虑了商事交易的效率性，在其中设置了提高交易效率的具体规则。

（1）时效短期化

时效短期化，是指法律对于基于商事交易行为所产生债权的保护期予以缩短，从而迅捷地确定行为的效果，以促进交易迅捷。如票据法中规定了票据权利行使的特殊时效、海上货物运输保险法中规定了保险金的请求时效等。

（2）交易定型化

交易定型化是保障交易效率的前提，交易定型化包括交易形态定型化和交易客体定型化两个方面的内容。交易形态定型化，是指商务法通过强行法规预先规定若干交易形态，使得任何商事主体在任何时间发生交易都取得同样的效果。交易客体定型化就是将交易客体商品化、证券化。如果交易的客体是有形物品，则使之商品化，给予统一的规定或标志，以实现迅捷交易。如果交易的客体是无形的权利，则使之证券化，以促进流通。如各国公司法中关于股票和债券的规定、海上运输保险法中关于保险单的规定、海上货物运输法中关于提单的规定、国际贸易支付与结算法中关于票据的规定等，这些规定使交易的权利得以定型，促进迅捷交易。

6. 公共利益原则

公共利益（public interests）又称共同福利、共同利益或者公益，他本身是一个含义宽泛而抽象的概念。美国著名法学家博登海默曾指出，对共同福利概念进行详尽分析会遇到很多困难，因此对此概念的阐释必定会涉及许多不同的因素和成分。然而，我们还是有可能为确定这一基本概念的内容和范围指出一些一般性原则。共同福利或公共福利不能等同于个人欲望和个人要求的总和。

一般认为，公共利益指的是作为有机整体的社会公众所共同享有和期待的权益、福利和价值。

在国际商务法中，许多法律原则的规定都是为了维护商事活动中各种类型商事主体的各种权利，但同时，各国的商法都规定了对于违反公共利益行为的法律效力，还规定了为了公共利益的需要而对商务主体权利的限制。例如，在知识产权法方面，有关保护知识产权的国际公约以及各国的专利法中都规定了对于违反社会公共道德和公共利益的发明不能授予专利权，另外还有专利的强制许可制度；著作权法中确立了作品的合理使用与法定使用制度；各国商标法中，为了维护公共利益、公共道德，为了遵守所参加的相关公约的义务，都规定了商标注册的禁止性条款；在国际产品责任法方面，各国都规定产品责任是一种强制性的责任，不能通过合同而排除，一些国家还确立了惩罚性赔偿制度等，这些都显示了对公共利益的保护。

1.3   国际商务法的法律渊源

法的渊源，有双重含义，一是指法律的实质渊源，即法律产生和存在的基础，二是指法律的形式，即法律的各种表现形式。国际商务法的法律渊源是指国际商务法的表现形式。国际商务法的法律渊源主要有：国际条约、国际商务惯例以及各国的国内法。

1.3.1   国际条约

国际条约，是指国际法主体缔结的、用以调整彼此间经济关系的书面协议。国际条约是国际商务法的重要的法律渊源，国际条约可以分为多边国际条约和双边国际条约。

1. 多边国际条约

自 19 世纪 90 年代以来，在一些重要的国际组织的协调下，世界各国先后缔结了一系列有关国际商事活动的国际条约、国际协定或议定书。其中由三个或三个以上国家缔结的、协调国际商务关系的书面协议被称为多边国际公约。

多边国际公约在协调国际商事关系中起了重要的作用，已经成为国际社会普遍遵守的统一的法律体系。国际公约在消除由于各国法律的差异而形成的国际商务活动障碍方面起了重要的作用，正如《联合国国际货物买卖合同公约》中所称：本公约采用照顾到不同社会和法律制度的国际货物买卖合同的统一规则，以减少国际贸易障碍，促进国际贸易的发展。

在多边国际公约中，一类是属于实体法规则的公约，另一类是属于冲突法规则的公约，其中大部分属于实体法规则。比较重要的调整国际商务活动的国际公约有：1980年《联合国国际货物买卖合同公约》、1983年《国际货物销售代理公约》、1930年《汇票本票统一公约》及附件《统一汇票本票法》和《解决汇票本票法律冲突公约》、1931年《统一支票法公约》及附件《统一支票法》和《解决支票法律冲突公约》、1988年《联合国国际汇票与国际本票公约》以及《联合国国际支票公约》、1931年生效的《统一提单若干法律问题的国际公约》（简称《海牙规则》）、1977年生效的《关于修改统一提单若干法律规定的国际公约的议定书》（简称《维斯比规则》）、1992年生效的《1978年联合国海上货物运输公约》（简称《汉堡规则》）、2008年12月通过的《联合国全程或部分海上货物运输合同公约》（简称《鹿特丹规则》）、1929年《关于统一国际航空运输某些规则的公约》（简称《华沙公约》）、1955年《国际航空运输某些规则的公约的议定书》（简称《海牙议定书》）、1961年《统一非缔约承运人所办国际航空运输规则以及补充华沙公约的公约》（简称《瓜达拉哈公约》）、1883年《保护知识产权的巴黎公约》、1886年《保护文学艺术作品伯尔尼公约》、1891年《商标国际注册马德里协定》、1952年《世界版权公约》、1994年《WTO与贸易有关的知识产权协定》、1923年《日内瓦仲裁条款议定书》、1927年《关于执行外国仲裁裁决的公约》、1958年《承认和执行外国仲裁裁决的公约》等。

2. 双边国际公约

双边国际经济条约是指两个以上的国家达成的协调彼此经济关系的书面协议。双边国际经济条约是国际商务法的法律渊源。

双边国际经济条约有很多种类：双边商务条约，也称通商条约，是协调缔约国之间的贸易往来关系的条约，主要是解决国与国之间贸易中的特殊问题。双边贸易协定或换文，双边贸易协定是有关国家就某个别商务问题所达成的协议，经双方政府代表签字即可发生效力；换文，是指两国政府或政府部门间用互换照会的形式将达成协议的内容在各自给对方的照会中确认下来。换文可以用来补充某项条约，也可以单独用来确认就某项具体问题达成的协议，如承认商标注册问题的换文、关于支付问题的换文等。双边交货共同条件议定书，是社会主义国家之间在进出口交易中就共同遵守的合同条件所达成的双边协定。

1.3.2 国际商务惯例

国际商务惯例，是指在长期的国际经济交往中，逐步确立的不成文的规范。现在有许多重要的国际惯例已由某些国际组织或某些国家的商业团体编纂成文。国际商务惯例在国际商务中起着十分重要的作用，现在一些国际商务惯例已被许多国家认可，有些国家在法律中明确承认国际惯例对当事人有拘束力。如《中华人民共和国民法通则》规定：中华人民共和国法律和中华人民共和国缔结或者参加的国际公约没有规定的，可以适用国际惯例。再如《联合国国际货物销售合同公约》规定：双方当事人业已同意的任何惯例和他们之间确立的任何习惯做法均有约束力。

国际惯例对于商务活动的行为人而言，具有任意法的效力，只有在当事人双方明确表示援引某项国际商务惯例的规定时，该国际惯例才对他们有法律约束力。

目前，在国际商务活动中影响较大的国际商务惯例主要有：国际法协会编纂的1932年《华沙—牛津规则》、国际商会编纂的1990年《国际贸易术语解释通则》、1995年的《托收统一规则》、2007年《跟单信用证统一惯例》、国际海事委员会的2004年《约克·安特卫帝规则》等。

1.3.3 国内法

国内法作为国际商务法的渊源，是指各国关于调整涉外商务关系的法律、法令、条例、规定等规范性文件。由于国际商务活动的许多具体的行为都是在相关国家完成的，而当事人也是主权国家的商务主体，所以据属地原则和属人原则的规定，相关国家可以通过国内立法当事人的商务活动进行管辖，还由于国际商务活动与相关国家的利益相关，所以各国通过国内立法协调国际商务活动是一种普遍的做法。

与国际商务有关的法律主要有两类。一类是各国的民商法。在西方国家，民商法是调整涉外商务活动的重要的法律之一，其内容主要有：合同法、商业组织法、买卖法、票据法、保险法、代理法、产品责任法、商事仲裁法及商事诉讼法等。另一类是各国涉外经济管制法。此类法律是主权国家为了控制和管理涉外经济活动而制定的法律，如进出口管理法、外贸法等。

1.4 两大法系的民商法律制度

法系，是根据若干国家和地区基于历史传统原因，在法律实践和法律意识等方面所具有的共性而进行的一种法律的分类，是一些具有共性或共同传统的法律的总称。目前世界上主要有两大法系，即大陆法系和英美法系。两大法系各有其不同的结构或特点，都对国际商务法产生了重要影响。而且，大陆法系与英美法系国家大部分为发达国家，是中国最重要的贸易伙伴，也是中国重要的商务活动与交易地区，这些国家的民商法律制度对国际商务活动产生重大影响，从某种意义上讲，是国际商务法的重要法律渊源。因此，在学习国际商务法时，有必要对两大法系的民商法律制度有所了解。

1.4.1　大陆法系的民商法律制度

1. 大陆法系及其特点

（1）大陆法系的概念

大陆法系又称罗马法系、民法法系、法典法系或罗马日耳曼法系，是指包括欧洲大陆大部分国家从 19 世纪初以罗马法为基础建立起来的、以 1804 年《法国民法典》和 1896 年《德国民法典》为代表的法律制度，以及其他国家或地区仿效这种制度而建立的法律制度。欧洲大陆的法国、德国、意大利、荷兰、西班牙、葡萄牙等国和拉丁美洲以及亚洲的许多国家的法律都属于大陆法系，中国法律在本质上也是属于大陆法系。

（2）大陆法系的特点

①法律渊源上，是在罗马法的基础上发展起来的，并继承了罗马成文法的传统。

②采用严格的成文法形式。正是由于采用了严格的成文法形式，所以易于传播，19 世纪、20 世纪后，大陆法系越过欧洲传遍世界。大陆法系中一般不存在判例法，对重要的部门法制定了法典，并辅之以单行法规，构成较为完整的成文法体系。法典化的成文法体系包括：宪法、行政法、民法、商法、刑法、民事诉讼法、刑事诉讼法等。

③强调立法与司法分离，要求法官遵从法律明文规定办理案件，法官不能立法，也不能对法律进行自己的解释，不能擅自创造法律，只能运用既定的法律办案。

④重视实体法与程序法的区分，一般采用普通法院与行政法院分离的双轨制。

2. 大陆法系的结构

基于大陆法系的特点，大陆法系的结构主要表现为：

（1）将法律分为公法和私法

大陆法系继承了罗马法，而罗马的法学家最早提出了公法和私法的概念和分类，认为公法是与国家状况有关的法律，当时的公法包括调整宗教祭祀活动与国家机关活动等方面的法律，私法是与个人利益有关的法律，包括调整所有权、债权、家庭与继承等方面的法律。大陆法系在继承罗马法分类的基础上，又根据现代法律状况作了分类，公法包括宪法、行政法、刑法、诉讼法、国际公法等；私法分为民法和商法。由于这种分类，大陆法系国家都使用相同的法律概念和法律制度。

（2）采用编纂法典

大陆法系国家都采用编纂法典的方式，拥有条例清晰、概念明确的成文法典一直以来都为大陆法系国家引以自豪。大陆法系的法典以 1804 年的《法国民法典》和 1896 年的《德国民法典》为代表，法国在资产阶级革命胜利后，先后编纂颁布了五部法典：民法典、民事诉讼法典、商法典、刑法典、刑事诉讼法典，其他大陆法国家也制定了成文的法典。尽管这些国家在编制的体例上不同，有的采取了民商分立的编制方法，如法国、德国等国；有的采取民商合一的编制方法，将商法并入民法典中，作为民法典的一个组成部分，如瑞士、意大利、荷兰等国家，但这只是形式上与体例上的区别，在实质上都是采用了编纂法典方式。

1.4.2　英美法系

1. 英美法系及其特点

（1）英美法系概念

英美法系，又称普通法法系，是以英国普通法为基础发展起来的法律的总称。它首先产生于英国，后来通过殖民地扩展扩大到曾经是英国殖民地、附属国的许多国家和地区。英美法系的主要范围包括英国、美国、加拿大、印度、巴基斯坦、孟加拉、马来西亚、澳大利亚、新西兰、新加坡、非洲的个别国家及地区以及中国香港地区。

（2）英美法系特点

①注重法典的延续性，以判例法为主要形式。从传统上讲，英美法系的判例法占主导地位，虽然从19世纪到现在，其制定法也不断增加，但是制定法仍然受判例法解释的制约。判例法一般是指高级法院的判决中所确立的法律原则或规则，这种原则或规则对以后的判决具有约束力或影响力。判例法也是成文法，由于这些规则是法官在审理案件时创立的，所以，又称为法官法。除了判例法之外，英美法系国家还有一定数量的制定法，同时，还有一些法典，如美国的《统一商法典》、《宪法》等，但是相对而言，英美法系的制定法和法典还是很少，而且对法律制度的影响远没有判例法大。

判例法和制定法有相互作用、相互制约的关系。制定法可以改变判例法，同时，在适用制定法的过程中，通过法官的解释，判例法又可以修正制定法，如果这种解释过分偏离了立法者的意图，又会被立法者以制定法的形式予以改变。

②没有严格的部门法概念。即没有系统性、逻辑性很强的法律分类，它们的法律分类比较偏重实用，法律划分为普通法和衡平法。

③法官和律师在英美法的发展中起重要的作用。由于英美法系中没有成文的法典，判决主要是依据以往案件形成的判例作出，不同的案件和判例不可能完全相同，所以法官在一定条件下可以用法律推理和解释创造判例，从而使得法官不仅在运用法律而且还是在创造法律。

④强调程序的重要性。英美法系的一个重要特点是重视程序，因为英国的普通法是由当事人根据一定的令状向法院起诉，由法院以判决的形式发展起来的，所以每一令状开始的诉讼均有其固定的程序，每一种程序都有一套不得在另一种诉讼程序中使用的专门术语。衡平法也有自己特有的诉讼程序，也是以判例的形式发展起来的。因为英国的实体法是通过各种诉讼程序形成的，程序十分重要，如果某种权利没有程序法上的救济，这种权利就不能得到保障。在美国法中也同样强调程序的重要性。

2. 英美法系的结构

（1）结构上分为普通法和衡平法（法律的二元性）

英美法系不同于大陆法系将法分为公法和私法，而是将法律分为普通法和衡平法，普通法和衡平法都属于判例法。

普通法，是指发源于英格兰，由拥有高级裁判权的王室法院依据古老的地方习惯或是理性、自然公正、常理、公共政策等原则，通过"遵循先例"的司法原则，在不同时期的判例的基础上发展起来，具备司法连贯性特征并在一定的司法共同体内普遍适用的各种原则、规则的总称。也即指由普通法院创立并发展起来的一套法院规则，"遵循先例"是普通法最基本的一套法律规则。

普通法的特点是：调整的对象是全方位的，涉及法律的各个领域；渊源以习惯法为主；程序复杂、僵化；救济方法单一。

衡平法是根据大法官的审判实践发展起来的一套法律规范，号称以"公平"、"正义"为基础，故命名"衡平法"。现代意义上的衡平法指的是英美法渊源中独立于普通法的另一种形式的判例法，它通过大法官法院，即衡平法院的审判活动，以法院的"良心"和"正义"为基础发展起来。

衡平法的特点是：调整的对象只涉及普通法，不能调整私法领域；渊源以罗马法为主；其程序简便、灵活，法官判案有很大的自由裁量权；救济方法多样。

（2）英国法的结构特点

英国法与美国法在总体结构上都是将法律分为普通法和衡平法，但是由于历史和经济的原因，它们各自又有不同的结构特点。英国法的结构特点是：

①以衡平法补充普通法的不足。普通法最初是在英国封建社会初期习惯法的基础上形成的。1066 年诺曼底人占领英格兰后，建立了中央集权制的国家政权，但社会矛盾突出，当时征服者为了缓和与被征服者的矛盾，宣布尊重原来当地的习惯法，并设立了王室法院实行巡回审判。在具体审理案件时，巡回法官除了依照国王的诏书、敕令和制定法外，主要根据当地的习惯法与惯例对案件进行判决。然后各地巡回法官相互交换审理案件的经验和观点，并总结出与国王敕令及制定法不相抵的习惯法，作为以后判案的依据。这种通过判例形成的法律规则，由于其实际上体现在法官的具体判决中，以判例的形式出现，所以也称判例法。它得到了国家的确认，成为了全国普遍适用的普通法。

但是，随着社会经济的发展，普通法的问题逐步出现，主要表现为救济方法单一，诉讼程序充满形式主义色彩，普通法院的法官由于拘泥于以往的判例而缺乏灵活性，导致司法有失公正。因此，法律设计了一种制度，即当普通法程序无法得到救济时，案件当事人有权向英王提起申诉，在当事人向英王提起申诉后，由英王的近臣枢密院大法官按公平与正义的原则审理和判决，以补充普通法的不足，这一法律制度就是衡平法。在英国，普通法与衡平法平行，两者都是判例法。

②英国普通法与衡平法的区别。在英国，虽然普通法与衡平法具有相同之处，但两者又有一定的区别。第一，救济方式不同。普通法的救济方式单一，衡平法的救济方式多样。普通法的救济方式只有两种，即金钱赔偿和返还财产，而金钱赔偿是最主要的手段，这种救济方式简单，也能满足多数情况下债权人的要求。但是单一的赔偿方式在有些情况下不能充分保护债权人，例如不动产的交易以及特定物的交易。在这种情况下，当事人就可以向衡平法院要求特别的救济方式。另外，普通法不能发布禁令，不能采取

预先防止措施，因此当事人只有等到不法行为或违约行为发生后，才能向法院诉请损害赔偿。而衡平法则有多样的救济方式，如实际履行、禁令等，因此衡平法院可以判令负义务的当事人根据合同的规定履行合同义务，可以命令当事人为某种行为或不为某种行为。第二，诉讼程序不同。据普通法，法院在审理案件时需设陪审团，且采用口头询问或口头答辩方式。而据衡平法，法院在审理案件时不设陪审团，必须采用书面诉讼方式。第三，涉及的对象不同。普通法涉及的对象包括刑法、合同法、民事责任法等，衡平法涉及的对象包括不动产法、公司法、信托法、破产法、继承法等。第四，组织系统不同。普通法属法院的王座法庭管辖，衡平法属法院的枢密大臣法庭管辖，但现在在具体审案时，主要是考虑哪一种诉讼程序对案件的审理更为合适来确定由哪一类法庭管辖，而不是根据案件是适用普通法还是衡平法。一般凡适宜用口头诉讼的程序审理的案件均由王座法院依普通法审理，适宜书面的诉讼程序审理的案件则由枢密大臣法庭依衡平法审理。

（3）美国法的结构特点

美国法总体上采用了英国法的基础法律范围和分类方法，但是由于美国是联邦国家，所以美国在立法上最大的特点是联邦与州分权，法律分为联邦法与州法。各州有相当大的立法权，凡宪法未授予联邦或不禁止各州先例的立法，其立法权均属于各州。联邦法与州法的关系是：第一，联邦法高于州法，当州法与联邦法冲突时，适用联邦法。各州不得在联邦立法权范围内制定与联邦法相抵触的法律，但可以制定补充联邦立法或附加性的法律。第二，联邦立法权受一定的限制。联邦只能在联邦法所规定的范围内行使立法权，否则各州可以主张联邦法违宪，并可拒绝执行联邦法。第三，联邦法院在处理各州立法权范围内的事务时，均应按照其属地的法律冲突规则确定准据法，并按其确定的准据法审理案件，一旦确定某个州的法律为审理案件的法律依据，就必须适用该州的成文法和判例法。

3. 大陆法系与英美法系的区别

在了解了两大法系的法律结构及特点后，我们可以总结出两大法系的一些区别：

（1）主要法律渊源不同

大陆法系是成文法系，其法律以成文法即制定法的方式存在，它的法律渊源包括立法机关制定的各种规范性法律文件、行政机关颁布的各种行政法规以及本国参加的国际条约，但不包括司法判例。英美法系的法律渊源既包括各种制定法，也包括判例，而且，判例所构成的判例法在整个法律体系中占有非常重要的地位。

（2）法律结构不同

大陆法系承袭古代罗马法的传统，习惯于用法典的形式对某一法律部门所涉及的规范做统一的系统规定，法典构成了法律体系结构的主干，强调系统性、条理化、法典化与逻辑性，并将法律分为公法和私法两大部分。英美法系很少制定法典，习惯用单行法的形式对某一类问题做专门的规定，因而，其法律体系在结构上没有一个独立的民法部门，是以单行法和判例法为主干而发展起来的，将法律分为普通法和衡平法。但是分类内部之间缺乏系统结构与逻辑联系，在法院的设置上分为普通法院和衡平法院。

（3）法官的权限不同

大陆法系中法官的权限集中，强调法官只能援用成文法中的规定来审判案件，法官对成文法的解释也须受成文法本身的严格限制，故法官只能适用法律而不能创造法律。英美法系中法官的权限分散，法官既可以援用成文法也可以援用已有的判例来审判案件，并且在一定的条件下可以运用法律解释和法律推理的技术创造新的判例，从而法官不仅适用法律，也在一定的范围内创造法律。

（4）诉讼程序不同

大陆法系的诉讼程序以法官为重心，突出法官职能，具有纠问程序的特点，而且，多由法官和陪审员共同组成法庭来审判案件。英美法系的诉讼程序以原告、被告及其辩护人和代理人为重心，法官只是双方争论的"仲裁人"而不能参与争论，与这种对抗式（也称抗辩式）程序同时存在的是陪审团制度，陪审团主要负责做出事实上的结论和法律上的基本结论（如有罪或无罪），法官负责做出法律上的具体结论，即判决。

（5）法律的重心不同

大陆法系一般采取法院系统的双轨制，重视实体法与程序法的区分，权利与义务由明确的实体法界定，法院审案的重点在实体法。而英美法则重视程序法的重要性，并且有着较复杂的程序规定。原则是"救济先于权利"，关心的是争端发生后对当事人的救济，注意力集中在解决争议的诉讼形式上，而不是集中在用来作出判决的实体法规则上。

（6）职业教育不同

从职业教育传统来看，大陆法系在律师和法官的职业教育方面突出法学理论，所以大陆法系自古罗马以来就有"法学家法"的称号。而英美法系将法学教育定位于职业教育，如在美国，十分注重处理案件的实际能力的培养，教学方法是判例教学法，学生在入学前就已获得了学士学位，毕业后授予法律博士学位。而且各学校有较大的自主权，不受教育行政机关的制约，如律师的职业教育主要通过协会进行，被称为"师徒关系"式的教育。在英国，大学的法学教育虽然和大陆法系有些相似，也偏重于系统讲授，但大学毕业从事律师职业前要经过律师学院或律师协会的培训，而这时的教育主要是职业教育，仍然受学徒制教育传统的影响。

参 考 阅 读

1. 汪威毅．国际商务法．第 1 版．北京：中国商务出版社，2006.
2. 沈四宝等．国际商法．第 1 版．北京：对外经济贸易大学出版社，2003.
3. 何力，周阳．海关国际商务法教程．第 1 版．北京：中国海关出版社，2010.
4. 屈广清等．国际商法法．第 1 版．北京：法律出版社，2003.
5. 曹祖平．新编国际商法．第 1 版．北京：中国人民大学，2004.

复习思考

1. 国际商务法的法律原则有哪些?
2. 国际商务法的法律渊源有哪些?
3. 什么是大陆法系,什么是英美法系,其法律结构如何?
4. 两大法系的主要区别有哪些?

第 2 章

国际商务主体法

◎本章要点

无论是在国内，还是国际上，商事主体组织形式都在发生着迅速的变化。传统的企业组织形式主要是普通合伙企业和公司，在现代，为了满足投资人降低投资风险、减少税赋等多种需求，不仅这两种基本形式衍化出许多介于两者之间、难以明确分类的形态，而且同时新的商事主体组织形式也在不断涌现。由于每种企业组织形式的设立条件、投资人对企业的责任、企业内外关系都是不同的，对交易相对人而言其承担的交易风险自然也是不一样的。为了防范和减少因商事主体本身特点引发的经营风险，国际商务活动的参与者有必要深入了解各类商事主体的基本特点，特别是投资人对企业的责任。本章分三节，以中国法为重点，以英美法系和大陆法系国家和地区的法律（以下简称英美法和大陆法）为辅助，重点介绍了国际商事主体的含义和特征、合伙企业和公司的种类、合伙企业和公司设立、解散的一般条件和程序、合伙企业和公司的内外关系。

2.1 国际商务主体法概述

2.1.1 国际商事主体的含义和特征

1. 商事主体的含义和特征

商事主体，指具有商法上的资格与能力，能够以自己的名义从事商事行为，独立享有商法上的权利并承担相应义务的组织或个人。

商事主体是商事法律关系的参加者，商事法律关系是一种民事法律关系，因此，商事主体除了要具备一般民事主体的特征外，还应具有以下三个基本特征：

（1）依法设立。商事主体的设立要符合法定的条件。在我国，成为商事主体必须依法登记或者办理其他执业手续。商事主体的组织形式可以是法人、其他组织或者个人。商事主体要取得法人资格，各国一般要求履行法定的手续。对于非法人商事主体的设立，有些国家并未规定必须登记，比如在美国，普通合伙企业的设立法律规定无须履行任何特定的成立手续，只要在当事人之间形成合伙关系即可。

（2）以营利为目的从事营业性活动。商事主体一般是以营利为目的设立，并持续地从事法律允许的某种经营活动。

（3）能够以自己的名义从事商事活动，并以法定范围的财产独立地享有权利、承担义务及财产责任。

2. 国际商务主体的含义和特征

国际商务主体，指具有国际商务法上的资格与能力，能够以自己的名义从事国际商务行为，独立享有国际商务法上的权利并承担相应义务的商事主体。

国际商务主体是国际商务法律关系的参加者，国际商务法律关系是一种涉外法律关系，为了维护对外贸易秩序，保护对外贸易经营者的合法权益，法律一般要求国际商务主体除了要具备一般商事主体的资格外，还要具有进出口权或进出口经营权。根据2004年4月修订的《中华人民共和国对外贸易法》，商事主体如果要从事货物进出口或者技术进出口业务，首先，要向工商行政管理机关申请"货物及技术进出口、代理进出口"的经营范围，取得从事相应业务经营资格。其次，除法律、行政法规和国务院对外贸易主管部门规定不需要备案登记的外，应当向国务院对外贸易主管部门或者其委托的机构办理备案登记。未按照规定办理备案登记的，海关不予办理进出口货物的报关验放手续。最后，进出口权审批申请人凭加盖备案登记印章的《登记表》在法定期限内到当地海关、检验检疫、外汇、税务等部门办理开展对外贸易业务所需的有关手续，逾期未办理的，《登记表》自动失效。

2.1.2 国际商务主体的种类

从事国际商务活动的商事主体可以从多种角度进行分类，从出资人的人数及责任的角度，可以将商事主体分为个人独资企业、合伙企业、公司。其中合伙企业又可以分为普通合伙企业、有限合伙企业、有限责任合伙、有限责任有限合伙企业。公司又可以细分为有限责任公司、股份有限公司、担保有限责任公司等。从是否对外发行股票的角度，可以将商事主体分为私人公司和公众公司。

由于现代参与国际商务活动的商事主体的基本组织形式是合伙企业、有限责任公司和股份有限公司，本章重点对这三种企业组织形式加以介绍。

2.2 合伙企业法

2.2.1 合伙企业的含义

合伙是人与人之间的一种联合，它可以仅仅是一种合同关系，也可以组成一个组织。当两个或两个以上的合伙人以营利为目的出资组成一个组织时，就构成了合伙企业。合伙制企业是人类社会最古老的企业组织形式之一，也是最灵活的企业组织形式之一。在我国及美国，合伙企业虽然有自己的名称或商号，却不具有独立的法律人格，不是法人。但在法国、日本、德国及英国苏格兰地区，商事合伙可以登记为法人。因为在这些国家或地区，法人的核心是有独立的财产，法律人格与有限责任制度是两个独立的概念，出资人是否承担有限责任并不是法人的必要条件。

最早的合伙企业形式是普通合伙（general partnership，GP），全体合伙人均要对企业债务承担无限连带责任。这种责任形式当合伙企业规模小、合伙人彼此工作关系紧密时，是适宜的。但随着合伙企业规模的扩大、合伙人数的增多，继续采用无限连带责任形式对合伙人而言风险较大。为降低合伙人的投资风险，吸引更多资金投入合伙企业，英美法逐步允许合伙人在一定条件下以出资为限对合伙企业债务承担责任，从而产生了有限合伙（limited partnership，LP）、有限责任合伙（limited liability partnership，LLP）和有限责任有限合伙（limited liability limited partnership，LLLP）等形式。在法国和德国，普通合伙和有限合伙企业分别是以合名公司或无限公司和两合公司等形式出现的。在我国，法律规定的合伙企业有普通合伙企业、特殊普通合伙和有限合伙三种形式。

2.2.2　合伙企业的种类

1. 普通合伙企业

（1）普通合伙企业的含义

我国 1986 年的《民法通则》对个人普通合伙作出了规定，1997 年颁布的《合伙企业法》是调整普通合伙企业关系的基本法。2006 年 8 月，全国人民代表大会常务委员会通过了《合伙企业法》修订文本，新法自 2007 年 6 月 1 日起施行。

早在 17 世纪，英国普通法院就接受了欧洲大陆发展起来的有关合伙企业权利义务的商法原则，目前英国调整普通合伙企业关系的法主要是判例规则和 1890 年的《英国合伙企业法》。在中国香港，调整商事合伙关系的法主要是判例规则和 1987 年《香港合伙经营条例》。

美国关于企业主体的立法权限属于各州的立法机关，其合伙制度继承了英国的普通法原则。为协调各州的立法，美国统一州法全国委员会于 1914 年制订了适用于普通合伙和有限责任合伙的《美国统一合伙法》（UPA1914），并于 1994 年、1996 年和 1997 年对其进行过修订，虽然美国关于合伙企业的"统一法"本身并不具有法律效力，只是作为示范法的意义存在的，但必须肯定的是这类示范法对美国各州的合伙制企业立法产生了巨大的推动作用。目前，几乎所有的州都依据相关的示范法制定了本州的各类合伙企业法。

对于普通合伙的定义，各国规定不一。根据英国法，普通合伙是指为追求共同利益而进行营业活动的人之间的一种关系。根据美国法，普通合伙是指："两个或两个以上的人以营利为目的、对合伙财产进行经营而形成的社团，如非为依公司法、独资企业法、非营利性企业法等设立，则视为在当事人之间形成合伙关系，无论当事人是否有此意向。"根据该法,凡未登记为其他企业的人合性的、营利性组织便推定为合伙企业,无论当事人是否有设立合伙的意思表示,也无须履行任何特定的成立手续。根据我国《合伙企业法》,普通合伙企业,是指两个或两个以上的合伙人订立合伙协议,共同投资,合伙经营,共享收益,合伙人对企业债务承担无限连带责任的营利性组织。所谓无限连带责任,是指在企业财产不足以偿还企业债务时,各合伙人均有义务以自己的其他财产对企业的剩余债务对外承担全部偿还责任,而非仅限于其投入合伙企业的财产及按合伙协议约定或法定的比例偿付。合伙人偿付后,对超过自己应偿付比例的部分可以向其他合伙人追偿。

(2) 普通合伙企业的特征

与公司相比,普通合伙企业的法律特征主要表现在以下几个方面:

①企业应有两个或两个以上的合伙人。各合伙人的权利义务相同,合伙人投入的财产属全体合伙人共有,由全体合伙人统一管理和使用。合伙人可以用劳务出资。

②合伙协议是企业设立的基础。合伙协议依法由全体合伙人在协商一致的基础上自愿订立。在合伙协议中,各合伙人应就合伙人的权利与义务、合伙人的出资方式、利润分配方式和分配比例、亏损分担方式等事项作出约定。与公司章程相比,法律对合伙协议内容的强制性规定较少,合伙人有更多自主权。在我国,合伙协议应以书面形式订立,并经全体合伙人签名、盖章后生效。公司章程则自公司成立之日起生效。

③合伙人以营利为目的,共同出资,共享利润,共担风险,共同经营管理企业。合伙人必须以营利为目的从事经营行为,仅仅共同拥有财产或非营利性组织不视为商事合伙法律关系。此外,依英美国家合伙法的相关判例,如果多人共同经营一项事业,"合伙协议"约定按一定比例在经营者之间分配毛收入(gross revenue),由每人各自承担其成本支出,则各经营者之间不构成普通合伙关系及连带责任①。每个合伙人依法都有权参与企业经营,执行企业事务,对外代表企业。但也可以通过合伙协议对合伙人的权利作出一定的限制。

④企业不交所得税。合伙企业的生产经营所得和其他所得,直接分配给合伙人,由合伙人按照国家有关税法的规定分别缴纳所得税。在我国,根据财政部、国家税务总局2000年9月19日发布的《关于个人独资企业和合伙企业投资者征收个人所得税的规定》,合伙企业每一纳税年度的收入总额减除成本、费用以及损失后的余额,作为合伙人的生产经营所得。合伙人为自然人的,按照合伙企业的全部生产经营所得和分配比例确定应纳税所得额,比照个人所得税法的"个体工商户的生产经营所得"应税项目,计算征收个人所得税。

需要强调的是,在美国,合伙人对合伙企业利润无论是否分配,都须按约定比例为

---

① Cox v. Coulson(1916)案,Coulson 作为剧场所有者与 M 演出团体达成协议,两者按照 60% 与 40% 的比例分配票房收入,各自承担己方的费用。M 的一个演员在演出过程中过失致观众 Cox 人身伤害,Cox 起诉 Coulsen 作为 M 的合伙人对 Cox 的伤害承担连带责任。法院认定,Coulson 与 M 按比例分配毛收入而非净利润,合伙关系不成立,Coulson 对 M 对 Cox 的侵权不承担连带责任。

取得的收入缴纳个人所得税，即所谓的"穿透处理"（pass-through treatment）。也就是说，税务机关在计算各合伙人的年度个人所得税时所依据的应纳税所得额并非合伙人当年实际从合伙企业分配的利润，而是将合伙企业的年度全部利润在合伙人之间按约定比例分割，视为应纳税所得，即使合伙企业根本未向各合伙人分配任何利润。这一点对效益良好的合伙企业的合伙人节税不是很有利。对此，1997 年美国国税局出台了名为 check-the-box rule 的税收政策，允许普通合伙企业自由选择按合伙方式或按公司方式缴纳联邦税。[1]

⑤全体合伙人对企业债务承担无限连带责任。我国《合伙企业法》规定，当合伙解散并清算时，合伙财产应首先用于偿还合伙债务。如果合伙财产不足以清偿合伙债务，则各合伙人应按合伙协议规定的比例承担清偿责任，如果有的合伙人无力清偿，则其他合伙人承担连带责任，当然，承担连带责任的合伙人对超出自己应承担的部分享有追偿权。美国法也有类似的规定。

在苏格兰，虽然法律已确认合伙是与其他成员相互分离的法人，但是合伙人个人可能基于法令规定或对合伙履行勤勉义务的要求而对合伙或其他合伙人承担责任。[2]

⑥企业没有最低注册资本要求，财务不公开。设立比较容易，维持企业运行成本较低。

在美国，普通合伙企业在服务领域内是传统上被广泛采用的一种企业组织形式，常见于法律、会计、医疗等行业。

2. 有限责任合伙企业

（1）有限责任合伙企业的产生

有限责任合伙企业是普通合伙企业的一种特殊责任形式，所以我国法律称之为特殊普通合伙企业。有限责任合伙最早出现于 20 世纪 90 年代美国的得克萨斯州，是 80 年代末房地产和能源价格剧烈震荡导致美国全国性的银行和存贷机构纷纷倒闭的间接产物。债权人在巨额债权得不到满足的情况下，转而起诉为这些金融机构提供审计与法律服务的会计师事务所与律师事务所，要求合伙事务所与全部合伙人对有关合伙人的不当执业行为承担无限连带责任。结果使未参与引起该合伙债务行为、本身也无任何过错的合伙人与有过错的合伙人一并以个人财产承担因某合伙人的执业过错而产生的债务，而且可能使无论有无过错的合伙人均倾家荡产，普通合伙中无限连带责任的公正性因此受到质疑。[3] 1991 年，美国得克萨斯州颁布了第一部《有限责任合伙法》，其中规定，专业合伙中的合伙人对另一合伙人、雇员或合伙代表在提供专业服务时的错误、不作为、

---

① 沈四宝、郭丹. 美国合伙制企业法比较评析及对中国法的借鉴. 北大法律信息网，http：// article. chinalawinfo. com/ArticleHtml/ Article_ 37271. asp.

② 英国合伙企业法（1890 年）（第一部分）第 4 条.

③ Robert Hamilton. *Profrssional Partnerships in the Unite States*，26 Journal of Corporation Law 1045，1056-1058（2001）.

疏忽、缺乏能力的或者渎职的行为，除其在合伙中的利益外，不承担个人责任。得克萨斯州法迅速被其他州效仿。1996年，美国统一州法委员会在总结各州立法经验的基础上，对1994年修订的《美国统一合伙法》再次进行修订，增加了"有限责任合伙"和"非本州有限责任合伙"。此外，美国律师协会也起草了《示范有限责任合伙法》的示范原则。

英国的有限责任合伙与美国的有限责任合伙规则大不相同，美国有限责任合伙的规则是从普通合伙的规则中变化而来。英国有限责任合伙的规则是从有限公司（limited company）的规则中变化而来的，具有更多的有限公司的特征。英国在2000年颁布的《有限责任合伙法》规定，"除非本法或其他法律另有规定，关于合伙的法律不适用于有限责任合伙"，但"任何关于公司或其他有限公司的法律，如无另外规定"适用于有限责任合伙。因此，有限责任合伙企业在英国具有法人资格，企业有独立于其成员的权利、责任与义务。全体合伙人在法定条件下对企业仅承担有限责任。

（2）有限责任合伙企业合伙人的责任

有限责任合伙企业的合伙人均为普通合伙人，在经营管理和税收政策等方面与普通合伙类似，其特殊性主要在于合伙人对因其他合伙人故意或者重大过失造成的企业债务只承担有限责任，从而可以适当降低合伙人承担的合伙风险，有利于合伙企业发展壮大和在异地发展业务。

①中国《合伙企业法》对有限责任合伙企业合伙人责任的有关规定。我国2006年修订的《合伙企业法》借鉴美国法的规定，增设了特殊普通合伙企业。根据该法，合伙人对企业的责任应根据合伙人在执业活动中的主观过错情况确定。合伙人的民事责任具体分为三种情况：

第一，合伙人对在执业活动中因故意或者重大过失造成的合伙企业债务，依法应承担无限责任或者无限连带责任，其他合伙人以其在合伙企业中的财产份额为限承担责任。英美法中也有类似的规定，即对某一合伙人、员工等在提供专业服务时的错误、不作为、过失、低能力的或渎职的行为所产生的侵权与违约责任，全部合伙人仅以全部合伙资产为限对其债务承担有限度的连带责任，超过合伙资产总额的未偿付债务由过失合伙人独立承担无限责任，其他合伙人不再承担连带责任。

第二，合伙人在执业活动中非因故意或者重大过失造成的合伙企业债务以及合伙企业的其他债务，由全体合伙人承担无限连带责任。

第三，合伙人执业活动中因故意或者重大过失造成的合伙企业债务，以合伙企业财产对外承担责任后，该合伙人应当按照合伙协议的约定对给合伙企业造成的损失承担赔偿责任。英美法中也有类似的规定，即在法定情况下，无过失的合伙人可以要求失职的合伙人做出经济赔偿。我国法律规定特殊的普通合伙企业应当建立执业风险基金、办理职业保险。执业风险基金用于偿付合伙人执业活动造成的债务。

有限责任合伙企业将合伙人的责任限于其在协议上约定的出资数额，而法律上又没有对其提出最低出资数额的要求，客观上增加了债权人的风险。为提高合伙企业的赔偿能力，我国《合伙企业法》规定，此类企业应从业务收入中提取一定比例资金，建立执业风险基金，用于偿付由执业形成的债务。另外，执业合伙人还要办理职业保险。

②美国法律对有限责任合伙企业合伙人责任的有关规定。美国法规定，有限责任合伙企业要为偿还债务建立替代性的赔偿资源，比如购买不少于 10 万美元的责任保险、建立专项信托基金或向银行申请专项保函等。因此，成立和维持一个有限责任合伙企业的费用比成立和维持一个普通合伙企业的费用要高，但是，与减轻责任带来的收益相比，这些成本还是相对较小的，而且在计算设立有限责任合伙企业所需的这些满足保险或担保要求的成本时，还应将其与设立普通合伙企业时合伙人应承担的责任相比较。在法律允许设立有限责任合伙企业后，在大多数情况下，在美国新设立一个企业时如果采取普通合伙的形式，似乎已是不太明智的做法。不过合伙人在对增加的成本与采取有限责任合伙形式的收益进行衡量时，还应当注意，如果他们仍需要监督其他合伙人的行为或者需要为合伙企业的责任提供个人担保，他们就仍然可能会承担责任。

③英国《有限责任合伙法》对有限责任合伙企业合伙人责任的规定。英国《有限责任合伙企业法》规定，有限责任合伙企业必须依法披露企业财务信息。这意味着，有限责任合伙除了支付最初的登记费外，每年还必须承担披露其年度收入的费用以及准备和审计财务报表的成本。此外，当一家企业需解散时，如果企业无法还债，合伙人需偿还在过去两年中从企业中所得的利润（含利息）与其他资产。如果合伙人发生变更，企业还必须将其通知登记官员，对债权人提供保护等。美国加利福尼亚州的法律规定，合伙企业不能偿付到期应付债务时，或合伙企业资产数额不能偿付应当偿付的合伙内的优先债权时，不得进行分派。如果有限责任合伙企业没有依法建立替代性赔偿机制，比如未购买保险或未设立赔偿基金，或者在明知合伙企业不能偿付到期应付债务时仍对合伙财产进行分派，导致债权人的债权因过错合伙人的个人财产有限无法实现时，法官可以自由裁量，适用"揭开有限责任面纱"的原则，要求所有人对未清偿的债务承担无限连带责任。①

有限责任合伙企业形式主要适用于以专业知识和专门技能为客户提供有偿服务的专业服务机构。如注册会计师事务所、律师事务所等。目前许多国际专业服务机构，如普华、德勤、安永、毕马威等会计师事务所，都采用了此种合伙形式，以避免众多合伙人为自己并不熟悉的其他合伙人的执业过错承担连带无限责任。但在英国，有限责任合伙企业是一种面向普通中小工商业人士的企业组织形式，不仅可以为专业人士所采用，而且也适用于一般性的商业活动。

3. 有限合伙企业

（1）有限合伙企业的含义

根据我国《合伙企业法》，有限合伙企业，是指由普通合伙人和有限合伙人出资组成的，普通合伙人对合伙企业债务承担无限连带责任，有限合伙人以其认缴的出资额为

---

① 沈四宝、郭丹．美国合伙制企业法比较评析及对中国法的借鉴．北大法律信息网，http：//article．chinalawinfo．com/ArticleHtml/Article_ 37271．asp．

限对合伙企业债务承担责任的营利性组织。

英国调整有限合伙企业关系的成文法是 1907 年颁布的《有限合伙企业法》。该法突破了英国法院在以往的判例中不承认有限合伙的格局，最先正式确立了有限合伙在英国的法律地位。英国的有限合伙包括两合公司和隐名合伙。在中国香港，调整有限合伙企业关系的成文法主要是 1912 年的《香港有限责任合伙经营条例》，该条例在香港商事合伙的制度规范中处于特别法的地位。在 20 世纪初，作为舶来品的有限合伙在香港地区已有一定的社会基础。大量资金和先进技术源源不断地流入，以及有限合伙低投资、高回报的特点，使得有限合伙组织在短时间内得到迅猛发展。

美国调整有限合伙企业关系的成文法，一是《美国统一合伙法》；二是 1916 年制订的适用于有限合伙和有限责任有限合伙的《统一有限合伙法》，1985 年对其进行了修订；三是 1994 年制订的适用于有限责任企业的《统一有限责任企业法》。

在法国和德国，有限合伙企业是以两合公司的形式出现的。

我国 1986 年《民法通则》和 1997 年《合伙企业法》均未规定有限合伙，但在 1994 年《深圳经济特区合伙条例》和 2001 年北京《中关村科技园区管理条例》和《有限合伙管理办法》中已引入有限合伙制度。2006 年修订《合伙企业法》时增加了有限合伙企业形式。有限合伙企业的税收政策与普通合伙企业相同，无须缴纳企业所得税。

（2）有限合伙企业的法律特征

有限合伙企业是在普通合伙企业的基础上引入有限责任概念之后的制度创新。其核心特征在于合伙人责任的混合制，即无限责任与有限责任的并存与结合。与普通合伙相比，有限合伙的法律特征主要表现在以下几个方面：

①合伙人由普通合伙人和有限合伙人组成。普通合伙人承担无限连带责任，有限合伙人则以其出资额为限承担有限责任。

②普通合伙人负责企业的经营管理，而有限合伙人不能直接参与合伙事务的管理。如果有限合伙人介入对合伙事务的管理，一般会被视为普通合伙人，进而承担无限责任。合伙人通过合伙协议来约定合伙人的权利和义务。如果普通合伙人不存在个人过错，有限合伙人亦不得要求普通合伙人对其投资损失承担赔偿责任。

有限合伙融合了普通合伙和有限公司的优点，在我国主要适用于作为风险投资对象的创业企业。即风险投资者以承担有限责任的方式参加合伙成为有限合伙人，解除了投资者承担无限责任的后顾之忧；拥有专业知识和技能者作为普通合伙人，二者共同组成以有限合伙为组织形式的风险投资机构，从事高科技项目的投资。在美国，有限合伙主要适用于风险投资机构自身，作为投资对象的创业企业大多采用公司形式。

4. 有限责任有限合伙企业

有限责任有限合伙企业是有限合伙的一种特殊责任形式。申请有限责任有限合伙的责任形式的前提条件必须是一个有限合伙企业。有限责任有限合伙的税收政策与普通合伙企业相同，无须缴纳企业所得税。

与有限合伙企业相比，其特殊性主要表现在：不仅有限责任有限合伙企业中的有限合伙人的出资人受到有限责任的保护，而且企业中的普通合伙人也享有有条件的有限责任的保护。即普通合伙人只对因自己的过失给风险投资企业造成的损失承担无限责任，而对其他普通合伙人在管理风险投资基金过程中产生的过失不承担连带责任。

有限责任有限合伙与有限合伙一样，主要适用于风险投资行业。

5. 隐名合伙企业

（1）隐名合伙企业

隐名合伙企业，是指隐名合伙人与出名营业人之间通过合同约定由隐名合伙人出资，出名营业人负责经营管理，隐名合伙人分享合伙企业经营所得的收益，并仅以出资额为限对企业承担责任的合伙企业。

隐名合伙起源于中世纪意大利商港所遵循的"康曼达（Commenda）"契约：一方合伙人被称为 stans，只提供资金但留在家里；另一方合伙人被称为 tractator，从事航行。出资方与从事航行的一方按 3∶1 的比例分配利润。康曼达最大的好处就是合伙人的责任被限于他们最初投资的数额，而且投资者可以通过把他们的钱分散在几个不同的康曼达而不是完全投入一个康曼达中以减少风险。康曼达后来逐渐演变为隐名合伙和两合公司。

最早规定隐名合伙制度的国家当属德国，《德国商法典》第二篇第五章对隐名合伙制度作了专门规定，明确规定隐名合伙是作为隐名合伙的出资者与商业企业业主之间的一种契约，根据该契约，隐名合伙人负责向企业提供一定数额的资金，并相应地参与企业利润的分配，分担企业的亏损。1978 年修改后的《法国民法典》也专门规定了"隐名合伙"一章，但不认为其具有独立人格。日本和中国台湾地区民法也有隐名合伙方面的规定。而在英美法国家，则没有隐名合伙这一术语，但其关于有限合伙的规定与隐名合伙制度较为接近。我国《合伙企业法》未规定此种合伙类型。

（2）隐名合伙企业与普通合伙企业的区别

隐名合伙企业与普通合伙企业的区别主要表现在以下几个方面：

①对企业财产的支配权不同。隐名合伙人出资后，财产权即转移给了出名营业人，出名营业人有权对隐名合伙人的出资自由支配，对外独立从事经营活动。普通合伙中，各合伙人投入的财产属全体合伙人共有，由全体合伙人统一管理和使用。隐名合伙人只能以财产出资，不能以劳务出资。

②合伙人之间的法定权利义务不同。隐名合伙人与出名营业人的权利义务不同，普通合伙人之间的法定权利义务是相同的。隐名合伙企业的事业仅是出名营业人的事业，而非双方当事人的共同事业，合伙事务由出名营业人专属执行，隐名合伙人不参与合伙事业的经营，没有表决权，不能作为合伙的当然代理人，无权阻止新合伙人的参加，无权干涉合伙的解散，无权与第三人建立法律关系。

③出名营业人对合伙债务负无限责任，隐名合伙人对合伙债务仅以自己的出资为限承担清偿责任。

④隐名合伙人死亡并不影响合伙营业的继续，只有当出名营业人死亡时，才导致合伙营业的终止。

（3）隐名合伙与有限合伙的区别

隐名合伙主要是大陆法的概念，而有限合伙来自英美法。对两者的关系，目前存在两种不同的观点：一种观点认为，隐名合伙与有限合伙是一回事，仅是不同法系的称谓不同而已；另一种观点认为隐名合伙与有限合伙是两种合伙形式，不能混同。本书认为两者是不同的，两者的区别，主要表现在以下几个方面：

①公开性不同。隐名合伙具有隐蔽性，有限合伙具有公开性。隐名合伙不须登记，仅依当事人之间的合同即能成立，有限合伙须经登记才能成立。在有限合伙的营业执照上，必须写明每一个合伙人的姓名和住所，并分别表明其性质（即是有限合伙人还是普通合伙人），另要注明每一有限合伙人的现金出资额和其他财产出资的价值，对附加出资也要注明，而隐名合伙无上述要求。

②两者的稳定性、持久性不同。隐名合伙人在出资后丧失了对出资的财产权，无权转让其出资。有限合伙人出资后并不丧失对出资的财产权，可以全部或部分转让其在合伙企业的份额，这使得有限合伙可以做到人员流动，而投入到合伙企业的资本不流动。有限合伙必须具备经营场所等相应的经营条件，必须经过法定的批准程序方能成立，因此有限合伙具有相对的稳定性，轻易不会解散。而隐名合伙是合同关系，法律不要求其具备有限合伙所具备的经营条件，因此，具有灵活性和临时性，其存续期间相对较短。

③两者对出资的要求不同。在隐名合伙中，出名营业人可以自行选择是否出资，而有限合伙中的普通合伙人必须出资。

④法律规范的角度不同。对隐名合伙，大陆法立法主要从合同的角度加以规范，更多地贯彻了合同自由原则，国家基本上不对其予以干预。考察英美法中的有限合伙法，法律主要从主体的角度对有限合伙进行规范，立法中融入了很多强制规范，如强制登记制度和信息公开制度等，以实现对有限合伙的监督管理，比较重视保护相对人的利益和交易秩序的安全。

⑤隐名合伙的期限，如果当事人没有约定，隐名合伙人有权随时通知合伙人终止合伙，而有限合伙人无此项权利。

⑥隐名合伙合同为诺成、不要式合同；而有限合伙则必须有书面的合伙协议。

2.2.3 合伙企业的设立

1. 合伙企业设立的条件

设立合伙企业，一般应当具备法定的条件。根据各国法律规定，设立合伙企业一般应具备以下五个条件：

（1）合伙人符合法律要求

①合伙人的人数。合伙企业是多数人共同投资形成的经济组织，两人是其下限。对于普通合伙企业合伙人数的上限，法律未作限制。对于有限合伙企业的合伙人数法律一

般会有一定的限制，比如我国《合伙企业法》规定，有限合伙企业的合伙人一般应在50人以下，并至少应当有一个普通合伙人。这是因为有限合伙人一般不参与管理，规定最高限额可以降低有限合伙人的投资风险，避免普通合伙人任意扩大有限合伙人数。英国法律规定，除律师、会计师等专业人才组成的合伙外，合伙组织的成员不得超过20人。

②合伙人的资格。合伙人可以是自然人、法人和其他组织。首先，普通合伙人为自然人时依法应当是具有完全民事行为能力的人，否则会影响其行为的效力。其次，合伙人不能是法律、行政法规禁止的组织或自然人。我国《合伙企业法》第3条规定："国有独资公司、国有企业、上市公司以及公益性的事业单位、社会团体不得成为普通合伙人。"依此规定，上述主体只能参与设立有限合伙企业成为有限合伙人。

（2）合伙人达成合伙协议

合伙协议又称合伙合同，是合伙企业成立的基础，是全体合伙人处理合伙企业事务的基本行为准则。合伙协议是具有法律意义的文件。日本民法典规定，合伙契约，因各当事人约定出资以经营共同事业而发生效力。我国《合伙企业法》规定，合伙协议应以书面方式订立，并经全体合伙人签名、盖章后生效。修改或者补充合伙协议，应当经全体合伙人一致同意；但是，合伙协议另有约定的除外。但有些国家也认可合伙人之间的口头协议，比如在美国，普通合伙的成立，一般不需要法定的成立文件，只要有一个共享利润共担风险的经营事实，即被视为在当事人之间成立普通合伙法律关系。

合伙协议与普通合同相比具有以下法律特征：①当事人之间订立合伙协议的目的在于他们有着共同的利害关系，旨在建立一个有利于各个合伙人的利益共同体。普通合同当事人的利益是相对的，一方的权利正是另一方的义务。②合伙协议是设立合伙企业的前提条件和必要条件，而合伙企业则是合伙协议的预计结果。协议的履行具有长期性。普通合同的订立不会形成新的经营共同体，合同的履行期限一般较短。③合伙协议在履行中不适用抗辩权和不可抗力制度的规定。即合伙人既不得以其他合伙人未履行出资义务而拒绝履行自己的出资义务，也不得在因某一合伙人因不可抗力而不能履行出资义务时拒绝履行自己的出资义务。④合伙协议一般应当采用书面形式，普通合同既可以采用书面形式，也可以采用口头或其他形式。

（3）合伙人认缴或者实际缴付出资

作为一个经营性实体，合伙企业应拥有与其经营规模相适应的资金。但企业的最低资本额，法律一般不作规定。合伙人的出资方式比较广泛，我国《合伙企业法》规定，普通合伙人可以用货币、实物、知识产权、土地使用权或者其他财产权利出资，也可以用劳务出资。但有限合伙人不得以劳务出资。合伙人以实物、知识产权、土地使用权或者其他财产权利出资，需要评估作价的，可以由全体合伙人协商确定，也可以由全体合伙人委托法定评估机构评估。普通合伙人以劳务出资的，其评估办法由全体合伙人协商确定，并在合伙协议中载明。

合伙人应当按照合伙协议约定的出资方式、数额和缴付期限，履行出资义务。以非货币财产出资的，依照法律、行政法规的规定，需要办理财产权转移手续的，应当依法办理。

（4）有合伙企业的名称和生产经营场所

企业的名称是企业的外在特定性标志，合伙企业只有拥有自己的名称，才能以自己的名义参与各种法律关系，享有相应的权利并承担义务。合伙企业对其登记的名称享有登记范围内的专有使用权、商誉权和依法转让权。

为方便交易相对人了解合伙人对企业的责任，法律一般对企业名称有一些强制要求。比如我国法律要求企业名称除要符合国家关于企业特有名称的一般性要求之外，还应标明企业的种类，即普通合伙企业名称中应当标明"普通合伙"字样，特殊的普通合伙企业名称中应当标明"特殊普通合伙"字样，有限合伙企业名称中应当标明"有限合伙"字样。美国法也有类似的规定。英国法律除了要求标明企业的种类之外，还要求以普通合伙人的姓氏命名。

经营场所是企业从事生产经营活动的主要场所，该场所在企业登记机关登记后即成为企业的住所。合伙企业一般只有一个经营场所，当合伙企业有一个以上的经营场所时，合伙协议中载明的主要经营场所作为合伙企业住所。

（5）法律、行政法规规定的其他条件

比如从事一些特殊业务的企业，法律规定正常开展业务所需要的资质条件和设施等。此外，前述特殊的普通合伙企业应当建立用于偿付合伙人执业活动造成的债务的执业风险基金、办理职业保险即属于此种企业设立的其他必要条件。

2. 合伙企业的设立登记

合伙企业设立的程序一般比较简单，是否应办理登记手续，各国法律规定不一。归纳起来主要有三种做法：

（1）全部强制登记

比如我国《合伙企业法》规定，合伙企业应向工商行政管理机关申请设立登记，合伙企业自营业执照签发之日起成立。合伙企业领取营业执照前，合伙人不得以合伙企业名义从事经营活动。德国法规定，合伙企业必须办理商业登记。

（2）部分种类的企业强制登记

即有些种类的企业要登记，有些则不需要。比如英国法规定设立有限责任合伙企业应适用公司注册程序，对其他种类的企业未规定。法国法规定，除隐名合伙以外的合伙，自登记之日起享有法人资格。隐名合伙合同因当事人双方的意思表示一致而成立，并不以隐名合伙人的实际出资为成立要件。可见，对隐名合伙合同，法律并不要求必须以某种特定形式成立。《美国统一合伙法》（RUPA1997）规定，合伙得依合伙人的协议组成，无须政府批准，但如果从事律师业、医师业等则必须向有关主管部门申请开业执照。此外，有限责任合伙企业合伙人必须向州政府提交由多数合伙人通过的选择有限责任合伙的申请，在接受审查后，方可获得批准登记，并需在当地的媒体上进行公告。

（3）是否登记由企业自主决定，但经过登记，企业才具有对抗善意第三人的效力

比如德国商法典规定，如果合伙没有登记而进行了某项商事活动，它即从此时可视

为存在，但对于第三人来说，合伙企业只有在登记后才存在，在登记以前，不能以合伙的事实存在来对抗善意第三人。很显然，不登记对合伙企业是不利的。

此外，《美国统一合伙法》（RUPA1994）规定了一个合伙声明自愿申报制度。接受合伙声明申报的机关为美国各州的州务卿办事处，合伙声明包括合伙自然状况声明、合伙授权声明、合伙人退伙声明、合伙解散声明等。如退伙声明申报，在 90 天后第三人被视为已知晓该合伙人退伙的事实，该合伙人无须对此后的合伙债务承担连带责任，但对其退伙前已签订、退伙时尚未履行完毕的合同，该合伙人仍须承担无限连带责任。①

2.2.4　合伙企业的内部关系

合伙企业的内部关系是指合伙人之间的权利义务关系。主要涉及合伙人的权利与义务、企业事务的执行和损益的分配等问题。合伙企业的内部关系要求合伙人在执行合伙事务时不得侵犯其他合伙人的利益。

1. 合伙人对合伙企业的权利

合伙人对合伙企业财产的权利依法可以由合伙协议自行约定，合伙协议未约定的，合伙人依法对合伙企业享有以下权利：

（1）决定权

普通合伙人对合伙企业事务享有同等决定权，因此，对于合伙财产的重大处分必须经全体合伙人一致同意。但有限合伙人的决定权在法律上有一定的限制。

（2）监督检查权

为了解合伙企业的经营状况和财务状况，合伙人有权查阅合伙企业会计账簿等财务资料。为了不影响合伙企业的经营，有些国家法律对这项权利加以限制，比如法国法律规定，不参与日常管理的合伙人一年内查阅合伙账目的次数一般不得超过两次。

（3）对外代表权

普通合伙人依法可以执行合伙企业的事务，对外代表合伙企业。但有限合伙人不执行合伙事务，不得对外代表有限合伙企业。隐名合伙人也不得对外代表合伙企业。

（4）利益分配权

合伙企业的经营所得，扣除一定积累后的利润可以分配给合伙人，每个合伙人均享有分配利润的权利。我国《合伙企业法》规定，合伙人可以在合伙协议中约定利润分配的比例，但合伙协议不得约定将全部利润分配给部分合伙人，有限合伙企业合伙协议另有约定的除外。合伙协议未约定或者约定不明确的，由合伙人协商决定；协商不成的，依法由合伙人按照实缴出资比例分配；无法确定出资比例的，由合伙人平均分配。英、美、德等国法律规定，如果合伙协议没有约定利润分配比例，合伙人应平均分配利润。

---

① 沈四宝、郭丹．美国合伙制企业法比较评析及对中国法的借鉴．北大法律信息网，http：//article. chinalawinfo. com/ArticleHtml/Article_ 37271. asp.

（5）优先购买权

普通合伙人向合伙人以外的人转让其在合伙企业中的财产份额的，在同等条件下，其他合伙人有优先购买权。

2. 合伙人对合伙企业的义务

（1）缴纳出资义务

合伙人应按照约定履行出资义务，否则应依合伙协议的约定承担违约责任。经其他合伙人一致同意，对未履行出资义务的合伙人，可以由全体合伙人通过决议将其除名。

（2）忠实义务

普通合伙人应忠实于企业，不得自营或者同他人合作经营与本合伙企业相竞争的业务，不得从事损害本合伙企业利益的活动。除合伙协议另有约定或者经全体合伙人一致同意外，普通合伙人不得同本合伙企业进行交易。普通合伙人违反法律规定或者合伙协议的约定，从事与本合伙企业相竞争的业务或者与本合伙企业进行交易的，该收益归合伙企业所有；给合伙企业或者其他合伙人造成损失的，应依法承担赔偿责任。

（3）分担企业风险的义务

普通合伙人对企业承担无限连带责任，有限合伙人和隐名合伙人对企业承担有限责任。合伙人可以在合伙协议中约定亏损分担的比例，但合伙协议不得约定由部分合伙人承担全部亏损。

合伙企业对其债务，应先以其全部财产进行清偿。合伙企业不能清偿到期债务的，普通合伙人承担无限连带责任。这种责任是一种补充责任。普通合伙人因承担连带责任，导致所清偿的数额超过其在合伙协议中约定或法定的应承担的比例时，普通合伙人在对外清偿后有权就超过部分向其他普通合伙人追偿。其他普通合伙人对其追偿只承担约定或法定比例内的责任，不负连带责任。

3. 合伙企业事务的执行

合伙企业事务的执行，是指为了实现合伙企业的目的而进行的各项活动，它包括决策和具体执行两个方面。合伙企业是典型的人合企业，合伙企业的一切权利都集中在合伙人手中，合伙人享有充分的自主权。考虑到普通合伙人与有限合伙人对企业承担的责任不同，各国法律对合伙人的权利也作了不同的规定。原则上普通合伙人都享有同等参与合伙事务执行的权利，并享有对外代表权。有限合伙人因其对企业承担的风险比普通合伙人少，所以法律规定其一般无权执行合伙事务。当然，对有限合伙人执行权的限制也不是绝对的，我国《合伙企业法》规定，有限合伙人可以参与下列事务：（1）参与决定普通合伙人入伙、退伙；（2）对企业的经营管理提出建议；（3）参与选择承办有限合伙企业审计业务的会计师事务所；（4）获取经审计的有限合伙企业财务会计报告；（5）对涉及自身利益的情况，查阅有限合伙企业财务会计账簿等财务资料；（6）在有限合伙企业中的利益受到侵害时，向有责任的合伙人主张权利或者提起诉讼；（7）执行事务合伙人怠于行使权利时，督促其行使权利或者为了本企业的利益以自己的名义提起诉讼；（8）依法为本企业提供担保。

（1）合伙企业事务的决策

合伙企业事务决策的方式主要有两种。

一是由全体合伙人采取少数服从多数的原则决定。合伙人的表决办法可以由合伙人在合伙协议中约定，合伙协议未约定或者约定不明确的，依法实行合伙人一人一票并经全体合伙人过半数通过的表决办法。这种方式能够充分反映多数合伙人的意见，有利于提高决策效率，但少数合伙人的利益可能得不到保障。

二是由全体合伙人一致同意决定。这种方式有利于充分发挥每个合伙人的积极性和创造性，充分保护每个合伙人的合法权益。但如果合伙人人数较多，则可能会降低决策效率。因此，只适用于对企业重大事务的决策。根据我国《合伙企业法》的规定，除合伙协议另有约定外，应当适用此原则决定的合伙企业事务主要包括：①改变合伙企业的名称；②改变合伙企业的经营范围、主要经营场所的地点；③处分合伙企业的不动产；④转让或者处分合伙企业的知识产权和其他财产权利；⑤以合伙企业名义为他人提供担保；⑥聘任合伙人以外的人担任合伙企业的经营管理人员；⑦修改或者补充合伙协议；⑧许可合伙人同本合伙企业进行交易；⑨许可新合伙人入伙；⑩普通合伙人转变为有限合伙人，或者有限合伙人转变为普通合伙人。

（2）合伙企业事务执行的具体方式

合伙企业事务执行的具体方式，可以由合伙人依法在合伙协议中自行约定，并报送企业登记机关备案，企业营业执照上要记载执行合伙人的姓名。合伙企业事务执行的具体方式主要有三种：

一是委托一个或者数个合伙人对外代表合伙企业，执行合伙企业事务。作为合伙人的法人、其他组织执行合伙事务的，应由其委派的代表执行。未受委托的合伙人不再执行合伙事务，但有权监督执行事务合伙人执行合伙事务的情况。此种方式有利于对企业实行统一管理，提高决策效率，只要监督到位，一般也能保证合伙人的基本利益。

二是由合伙人分别对外代表合伙企业，执行合伙企业事务。未参与该项事务执行的合伙人除享有监督权外，还有提出异议权。当有合伙人提出异议时，执行人应当暂停该项事务的执行。如果发生争议，由全体合伙人决定。此种方式使各个合伙人能集中精力于某一方面的事务，充分发挥各自的特长，但合伙人可能因忙于自己所管理的事务而使合伙人相互之间的监督减弱。

三是聘任合伙人以外的人对外代表合伙企业，执行合伙企业事务。被聘任的经营管理人员，超越合伙企业授权范围履行职务，或者在履行职务过程中因故意或者重大过失给合伙企业造成损失的，依法承担赔偿责任。此种方式对合伙人而言风险较大，一般不宜采用。

2.2.5　合伙企业的外部关系

合伙企业的外部关系指合伙企业与第三人之间的关系。要求合伙人对外代表企业时既不得损害合伙企业的利益，也不得损害交易相对方的利益。

1. 合伙企业与善意第三人的关系

执行合伙企业事务的合伙人，有权对外代表合伙企业。从理论上看，合伙企业是合伙人之间的一种松散的经济组织，基于合伙企业的性质，每个普通合伙人在合伙企业中都可以执行合伙企业事务，都可能享有对外代表权。由于合伙企业事务执行的具体方式是企业内部的一种权利安排，企业以外的人不一定知道，所以，合伙企业对普通合伙人执行合伙事务以及对外代表合伙企业权利的限制，依法不得对抗善意第三人。有限合伙人依法不得对外代表合伙企业，但第三人有理由相信有限合伙人为普通合伙人并与其交易的，该有限合伙人对该笔交易承担与普通合伙人同样的责任。有限合伙人未经授权以有限合伙企业名义与他人进行交易，给有限合伙企业或者其他合伙人造成损失的，该有限合伙人依法应当承担赔偿责任。

2. 合伙人与合伙企业债权人的关系

普通合伙人对以合伙企业名义形成的债务承担无限连带责任。当合伙企业不能清偿到期债务时，债权人可以直接起诉合伙企业或者同时起诉合伙企业与普通合伙人。合伙企业对其债务，应先以其全部财产进行清偿。对于企业不能清偿的债务，普通合伙人承担无限连带责任。这种责任是一种补充责任。普通合伙人因承担连带责任，导致所清偿的数额超过其在合伙协议中约定或法定的应承担的比例时，普通合伙人在对外清偿后有权就超过部分向其他普通合伙人追偿。其他普通合伙人对其追偿只承担约定或法定比例内的责任，不负连带责任。

3. 合伙人的债权人与合伙企业的关系

为既维护合伙企业的利益，又保障合伙人的债权人的利益，法律对合伙人的债权人行使债权的方式作了一些规定。表现在：

（1）合伙人发生与合伙企业无关的债务，相关债权人不得以其债权抵消其对合伙企业的债务；也不得代位行使合伙人在合伙企业中的权利。因为在合伙企业存续期间，合伙企业的财产与合伙人的财产是相互分离的。

（2）合伙人的自有财产不足以清偿其与合伙企业无关的债务的，该合伙人可以用从合伙企业中分取的收益用于清偿；债权人也可以依法请求法院强制执行该合伙人在合伙企业中的财产份额用于清偿。法院强制执行合伙人的财产份额时，应当通知全体合伙人，其他合伙人有优先购买权；其他合伙人未购买，又不同意将该财产份额转让给他人的，应依法为该合伙人办理退伙结算，或者办理削减该合伙人相应财产份额的结算。

2.2.6　合伙企业的解散与清算

1. 合伙企业的解散

合伙企业的解散，是指因法定原因或约定原因发生而使合伙协议终止、分割合伙企业财产,全体合伙人的合伙关系归于消灭的程序或制度。

根据我国《合伙企业法》,合伙企业依法应当解散的情形主要有:(1)合伙期限届满,合伙人决定不再经营。如果合伙协议约定的期限届满,合伙人决定继续经营的,应视为延长合伙企业的期限,可以不发生企业解散的后果,但应依法办理企业变更登记。(2)合伙协议约定的解散事由出现。(3)全体合伙人决定解散。这种解散,不论合伙企业是否有存续期限,均适用。(4)合伙人已不具备法定人数满 30 天。(5)合伙协议约定的合伙目的已经实现或者无法实现。(6)依法被吊销营业执照、责令关闭或者被撤销。(7)法律、行政法规规定的其他原因。

2. 合伙企业的清算

合伙企业决定解散后应依法进行清算。清算期间,合伙企业存续,但不得开展与清算无关的经营活动。

合伙企业的清算人一般应在合伙协议中事先约定。如果合伙协议未作约定,也可以在合伙企业解散时协商确定。根据我国《合伙企业法》,清算人的职责主要包括:(1)清理合伙企业财产,分别编制资产负债表和财产清单;(2)处理与清算有关的合伙企业未了结的事务;(3)清缴所欠税款;(4)清理债权、债务;(5)处理合伙企业清偿债务后的剩余财产;(6)代表合伙企业参加诉讼或者仲裁活动。

清算人在履行职责时应恪尽职守,清算人在清算过程中因从事违法活动给合伙企业、其他合伙人或者债权人造成损失的,依法应承担赔偿责任。

根据我国《合伙企业法》,企业依法清偿债务后如果有剩余财产的,按照合伙协议的约定办理;合伙协议未约定或者约定不明确的,由合伙人协商决定;协商不成的,由合伙人按照实缴出资比例分配;无法确定出资比例的,由合伙人平均分配。合伙企业、合伙人或者清算人因违反法律规定,应当承担的民事赔偿责任和应当缴纳的罚款、罚金,其财产不足以同时支付的,依法应先承担民事赔偿责任。

根据我国《合伙企业法》,合伙企业不能清偿到期债务的,债权人可以依法向法院提出破产清算申请,也可以要求普通合伙人清偿。与法人企业破产不同的是,合伙企业依法被宣告破产的,普通合伙人对合伙企业债务仍要承担无限连带责任。

合伙人在合伙企业清算前私自转移或者处分合伙企业财产的,合伙企业不得以此对抗善意第三人。否则善意第三人可以依法申请撤销。

2.3 公　司　法

2.3.1　公司的含义和特征

1. 公司的含义

公司制度是生产力发展和生产社会化以及合伙制度和法人制度巨大发展的产物。现代公司制度萌芽于欧洲中世纪，自 18 世纪的产业革命起开始普及和发展，目前公司已成为国内外最主要的商事主体组织形式，也是参与国际商务活动的基本主体。对于公司的含义，各国的规定有较大差别。

（1）大陆法对公司的理解

大陆法一般认为公司是指依法设立的以营利为目的的社团法人。在法国，公司被称为"société"（商事公司被称为"société commerciale"），在德国，公司被称为"Handlelsgellschaft"，在日本，公司被称为"会社"。①

对于公司的具体含义，大陆法的定义方法主要分为三种，一是在法律中直接对公司作出定义，比如《日本商法》的第二编第 52 条规定，"本法所称公司，是指以从事商行为为目的而设立的社团。依本编规定设立的以营利为目的的社团，即使不以从事商行为为目的，也视为公司。"该法第 54 条还规定，"公司是法人"②。《法国民法典》第三卷第九编第 1832 条规定，"公司由两人或数人依据一项契约约定将其财产或技艺用于共同事业，以期分享利润或者获取由此可得之经济利益而设立。在法律有规定的情况下，公司得以一人的意思表示行为设立之。该法第 1842 条还规定，"除第三章所指的隐名合伙以外的公司，自登记之日起享有法人资格"。③ 二是不对公司本身作统一定义，而是分别对具体种类的公司作出定义。比如《意大利民法典》、《瑞士债法典》即分别对无限公司、普通两合公司、股份公司等作出了明确定义。三是不直接概括定义，仅规定具体种类公司设立的目的、性质，但可以从中概括出各类公司的定义。比如《德国股份公司法》在"股份公司性质"标题下的第 1 条规定："（1）股份公司是具有独立法人资格的公司。对于公司债务，仅以公司的财产向债权人负责。（2）股份公司具有一份划分成股份的基本资本。"④

应当说明的是，欧洲大陆法对合伙与公司一般并没有严格的区分，比如德国法、法国法中用来表示"公司"的词，同样可以表示"合伙"，翻译成中文时将两者区分主要是为了方便人们理解。

（2）英美法对公司的理解

英美法一般认为，公司是人们为实现某种目的而组成的社团，是自然人的组合，并无严格的法律意义，因此，一般不在法律中直接对公司作出定义。在英国，公司一般被称为"Company"，其基本含义为"一定数量的自然人为了共同目的，以营利为目的进行经营，而结成的社团。也指适合于规模太大以致无法以合伙运作而采用的一种组织形式"。⑤ 在美国，公司被称为"Corporation"，其含义为"依据法律授权而注册成立，具

---

① 参见范健、蒋大兴. 公司法（上卷）. 南京：南京大学出版社，1997：2.
② 吴建斌. 日本公司法规范. 北京：法律出版社，2003：17.
③ 罗结珍. 法国公司法典. 北京：中国法制出版社，2007：9.
④ 贾红梅，郑冲. 德国股份公司法. 第 1 版. 北京：法律出版社，1999：5.
⑤ 参见范健，王建文. 公司法. 第 2 版. 北京：法律出版社，2008：8.

有法定组织结构和法人资格的实体，包括市政当局法人、非营利法人、商业公司等"①。

（3）我国公司法对公司的理解

在我国计划经济时期，因没有专门的公司法，"公司"一词在实践中与企业是混用的，没有特定的含义。1993 年《中华人民共和国公司法》（以下简称《公司法》）颁布后，我国对公司一词才有了一个比较明确的法律界定。现行的 2005 年修订的《公司法》维持了旧法关于公司内涵的法律界定，仅作了细微修改。该法第 2 条规定："本法所称公司，是指依照本法在中国境内设立的有限责任公司和股份有限公司。"该法第 3 条规定："公司是企业法人，有独立的法人财产，享有法人财产权。公司以其全部财产对公司的债务承担责任。有限责任公司的股东以其认缴的出资额为限对公司承担责任；股份有限公司的股东以其认购的股份为限对公司承担责任。"根据上述规定，在我国，公司应当是指根据公司法设立的，股东以其认缴的出资额或以其认购的股份为限对公司承担责任，公司以其全部财产对公司的债务承担责任的企业法人。

2. 公司的法律特征

公司的法律特征是公司内涵的具体体现，但由于各国关于公司的内涵与外延的理解不一，因而很难归纳出一个能够统一适用的公司特征。从我国法律上看，公司与合伙企业的主要区别在于公司具有法人资格。根据我国《民法通则》的规定，法人是具有民事权利能力和民事行为能力，依法独立享有民事权利、承担民事义务的组织。其基本特征是，依法成立，有自己的财产，有明确的组织机构、名称和场所，能够独立承担民事责任。因此，在我国，公司作为法人组织，与合伙企业相比主要具有以下特征：

（1）有独立的财产

我国《公司法》第 3 条明确规定，公司"有独立的法人财产，享有法人财产权"。独立的财产既是公司从事经营活动的物质保证，也是其承担财产义务和责任的物质保证。我国《合伙企业法》对合伙企业财产的性质未作规定，理论上一般认为属于合伙人共有，并按照合伙协议共同管理和使用。

（2）有法定的组织机构

完善健全的组织机构既是公司进行正常经营活动的组织保证，也是公司法对公司提出的法定要求。公司法对公司内部决策和执行机构的设置及各机构的职权都有明确的规定。合伙企业法在机构设置方面则没有明确规定，完全由合伙人自己决定。

（3）公司以自己的财产独立承担法律责任

公司作为经营主体参与经济活动，在享受权利的同时，也应承担相应的义务和风险。但公司仅以自己的财产独立对外承担法律责任，从而完全免除了股东的个人责任。合伙企业对其债务，依法应先以其全部财产进行清偿。合伙企业不能清偿到期债务的，合伙人要承担无限连带责任。公司财产责任的独立性，保障了投资者的安全，因而极大地增强了公司在吸引资本方面的作用。

---

① 参见范健，王建文. 公司法（第 2 版）. 北京：法律出版社，2008：9.

此外，公司作为法人，一般是所得税的纳税主体。所以，公司应当根据其盈利状况申报和缴纳所得税。在公司缴纳所得税后，分配给股东的股息红利会再一次被征收个人所得税。因此对公司的收入存在双重征税的问题。当然，由于公司的某些费用可以当做是业务上的费用来抵税，不作为股东的收入，也可以省税。在美国，某些种类的公司可以自主选择申报公司税，也可以不申报公司税，将其转嫁到成员身上以避免双重征税。

2.3.2 公司的种类

从国际上看，公司制度经过长期的发展已形成了多种形态的公司。因此，各国被冠以公司名称的企业很多，对公司的分类标准也有较大差别。各种公司在具备一般公司的基本特征的同时，又有着各自不同的特点。但总的来说，可以分别从大陆法与英美法方面加以考察。

1. 大陆法对公司的法律分类

大陆法主要从出资人对公司的责任和是否发行股份的角度对公司进行分类，一般将公司分为无限公司（合名公司）、两合公司、有限责任公司、股份有限公司、股份两合公司等。

（1）无限公司（合名公司）

无限公司，也称无限责任公司，法国称为"合名公司"，日本称为"合名会社"，是指由两名以上的股东组成，全体股东对公司债务承担无限连带责任的公司。所谓"合名公司"，按照法文的字面意思，就是"用集体名字冠名的公司"。根据法国法，这种公司的名称中必须冠以所有股东或部分股东的名字，以便于社会公众、尤其是与公司进行交易的人准确了解对公司承担无限连带责任的具体股东。公司股东应具有商人资格，并对公司负债承担无限连带责任。公司具有法人资格。但如无相反的规定，一名股东死亡，公司即应解散。[①]

在实行民商分立的法国、德国等，民事合伙和商事合伙都可以称为公司。其中属于商事合伙的公司就是无限公司和两合公司。可见，无限公司在法律性质上属于合伙。无限公司股东可以用财产、劳务及信用作为出资，法律在出资方式方面的规定较为宽松。无限公司在内部关系上具有普通合伙性质，除章程另有约定外，各股东均有权代表公司执行业务。在外部关系上则呈现出一定的法人性质，即可以作为一个独立的法律主体参与经济活动。无限公司因股东投资风险较大，目前已很少被投资者选用，属于逐步消失的公司类型。

（2）两合公司

两合公司，又称简单两合公司，日本称为"合资会社"，是指一人以上的承担无限责任的股东和一人以上的承担有限责任的股东共同出资组成的公司。由于公司中两种股东对公司承担的责任和风险不同，因而在公司中的法律地位也不同。无限责任股东有权

---

① 法国公司法典. 罗结珍译. 中国法制出版社，2007：54.

代表公司执行业务，而有限责任股东则没有业务执行权和代表权，但有一定的监察权。两合公司中，无限责任股东可以用财产、劳务及信用作为出资，有限责任股东只能以财产作为出资。

两合公司与隐名合伙均是由中世纪的"康曼达"契约发展而来，两者有许多相似之处，都是一方负有限责任，另一方负有无限责任，隐名合伙人和有限责任股东均因对他人的营业出资，而参与其利益的分配。两者的区别主要表现在以下几个方面：

①隐名合伙是一种合同关系，不具有独立的人格，如法国《民法典》第1871条即明确规定隐名合伙不具有法人资格；两合公司则为法人。

②隐名合伙的财产为属于出名营业人；两合公司的财产为有限股东和无限股东共有。

③隐名合伙只有一方出名；两合公司双方都出名。

④隐名合伙中出名营业人可不出资；两合公司中无限责任股东必须出资。

⑤隐名合伙人对出名营业人的债权人不直接负责；两合公司各股东按其责任的无限或有限，对债权人直接负责。

两合公司是大陆法的概念，英美法中与之相似的企业组织形式是有限合伙。一般认为，两者具有相似的法律特征，只是在大陆法中两合公司被赋予了法人资格，而在英美法中有限合伙不具备法人资格。两者尽管法律特征相似，但也呈现出一些不同的发展态势。两合公司不仅设立复杂，而且公司的治理机构也相当复杂，而有限合伙不仅设立简单，而且其运作一般按照合伙协议进行，灵活性很强，更为关键的是有限合伙具有公司所不能比拟的纳税上的优势。因此两合公司至今数量很少，甚至有些国家根本不承认两合公司的存在，而有限合伙在英美法却被广泛采纳并得到了长足的发展。

（3）有限责任公司

有限责任公司，简称有限公司，是指由一定人数的股东出资，股东以其认缴的出资为限对公司的债务承担责任，公司以其全部财产对公司的债务承担责任的公司。有限责任公司起源于19世纪后半期的德国，是吸收无限公司和股份有限公司优点创设的一种公司形式。与无限公司相比，有限责任公司股东之间的关系较为松散，股东不能以劳务和信用出资，具有一定的资合性；与股份有限公司相比，有限责任公司出资转让会受到一定的限制，不能公开募集资本，股东之间的关系较紧密，具有一定的人合性。

对于有限责任公司的股东人数，各国立法都有上限和下限的规定。规定上限，一般不超过50人。股东人数过多，参与公司管理的人也会相应较多，不利于内部关系的协调。此外，人数过多也难以维持股东间的信任关系，保持人合性的特点。规定下限，主要是为了减少股东滥用公司独立人格和股东有限责任现象的发生。因为当公司只有一个股东时，复数股东之间的相互制衡不复存在，股东很容易将公司财产与本人财产混同，这就使公司债权人或相对人承担了过大的风险。但随着经济的发展，为满足投资者的需求，越来越多的国家放宽或取消了下限的规定，确定了一人有限责任公司的合法性。

有限责任公司与其他公司形式相比，主要有以下几个法律特征：

①公司资本只能由发起人认购，不能对外发行股份。有限责任公司成立后向股东签

发的出资证明书，只是一种权利凭证，不是有价证券，不得上市流通。

②设立程序比较简单。投资人只要订立了章程，缴付或达到法定出资要求后即可向公司登记机关申请设立登记。

③组织机构简单灵活，经营效率高。在有限责任公司中只有股东会为必设机构，对其他机构如董事会、监事会等是否设立各国规定不一，可以由股东在章程中自主决定。股东人数有限，流动性弱，相互间信任度较高，内部机构比较精干，便于管理，容易协调。对股份有限公司内部机构的设置法律有明确的规定。股东人数较多，流动性强，相互间信任度较低。

④有限责任公司兼具人合和资合双重性质，股东向股东以外的人转让股权有较严格的限制。

⑤公司是法人。股东的个人财产与公司资产相互分离，股东只在出资范围内承担责任，股东之间一般也无连带责任关系，降低了投资风险。

（4）股份有限公司

股份有限公司，简称股份公司，日本称为"株式会社"，是指由一定人数的股东发起设立的，全部资本分为等额股份，可以通过发行股票筹集资本，股东以其认购的股份为限对公司的债务承担责任，公司以其全部财产对公司的债务承担责任的公司。现代意义上的股份有限公司在19世纪得到很快的发展和普及。1807年法国《商法典》首次对股份有限公司作了规定。股份有限公司内部结构、制度比较健全，经营上容易保持稳定性，社会声望较好。目前，股份有限公司已成为市场经济国家占统治地位的公司形式。

股份有限公司与有限责任公司形式相比较，主要具有以下法律特征：

①全部资本分为等额股份。这是它与有限责任公司在资本计算方式上的重要区别。公司资本的股份化不仅便于公司公开募集资本，而且也便于公司资本数额的计算和股东权利的确定和转让，有利于吸引投资人。

②公司股东有最低人数的限制，没有最高人数的限制。股份有限公司制度主要是为方便筹集资本而设计的，如果股东人数太少，则不利于资金的筹集。

③股份有限公司是典型的资合公司，股份一般可以自由转让。公司的信用基础主要在于公司的资本，而不在于公司股东。因此，公司法对股份有限公司股东的资格及股份转让一般不作限制，公司的股份可以自由地转移，经过法定程序，公司的股票还可以在证券市场上自由交易。

④法定最低缴付资本额较高，股份发行程序较为复杂。一般要经过政府相关管理部门的批准。

⑤公开发行股票、公司的财务报告等重大信息要公开。

⑥全体股东均以其认购的股份为限对公司负责。股东的个人资产不用偿还公司的债务。

（5）股份两合公司

股份两合公司，日本称为"株式合资会社"，是将资本划分为若干等份的两合公司。股份两合公司是两合公司的特殊形式。此种方式既可以充分发挥无限责任股东的个人信用及其在企业经营方面的作用，又可以发挥股份有限公司资本积聚的功能。股份两合公司内部组织机构和管理模式采用两合公司的方式。

股份两合公司与两合公司的区别主要表现在：股份两合公司中承担有限责任部分的资本划分为若干等份，由各有限责任股东认购，且股票可以公开发行、买卖。两合公司有限责任股东的出资则无须采用股份的形式。与股份有限公司相比，股份两合公司在内部组织结构和管理模式选择方面有更多的自主权。

2. 英美法对公司的法律分类

英美法主要从资本是否向公众募集的角度对公司进行分类。比如英国和中国香港的公司法将公司分为私人公司（private company）和公众公司（public company）。美国称之为封闭公司（close corporation）和开放公司（public corporation）。

（1）私人公司

私人公司，是指公司全部股本由设立公司的股东认购，不得向社会公众募股，股份不能在证券市场自由转让的公司。此类公司只强调公司的非公开性，不强调投资者责任的有限性。此种公司类似于大陆法的有限责任公司。但私人公司的外延要大一些，除包括类似于大陆法的有限责任公司和无限公司（含有股份资本和无股份资本的公司）之外，还包括不公开发行股份的股份有限公司、担保有限公司、董事经理负无限责任的有限公司等。

①不公开发行股份的股份有限公司，这是指由两个以上股东设立的，全部资本分为等额股份，并由发起人自行认购，股东以其认购的股份为限对公司债务承担责任，公司以其全部财产对公司的债务承担责任的公司。它与有限责任公司的主要区别在于公司资本分为等额股份，法律对股份转让一般不设限制。

②担保有限公司。也称保证有限公司，是指公司成员承诺以在公司章程大纲中的认缴额（保证额）为限，于公司歇业时承担责任的公司。它包括有股东保证的有限公司和无股东保证的有限公司。前者股东在公司成立时或成立后，应按其所认缴的股份承担向公司缴足股款的义务，在公司歇业时，应首先缴纳尚未缴足的股款，然后再依其所保证的金额向公司出资，以偿还公司债务。后者既不存在股份资本，股东也无须认缴股款，只是在公司歇业时依其所保证的金额向公司出资，以偿还公司债务。[1]

如果公司歇业时，营运资产已足够清偿债务，则股东不须最终出资。此种无本经营的方式，尤其适合于以推动艺术、教育、科学、福利事业为目的而设立的社团、慈善机构等机构。但是，假如承诺人最后不能履行承诺，其风险必然会转嫁给债权人。此种公司主要存在于英国和中国香港等。

③董事、经理负无限责任的有限公司。是指由公司章程确定，由公司的董事（Director）、经理（Manager）负无限责任的公司。不过，董事、经理的无限责任只在公司清盘时才可能发生，从债权人角度看，此种公司有较强的安全性，类似于大陆法中的两

---

[1]　参见孔祥俊. 公司法要论. 人民法院出版社，1997：63-64.

合公司，主要存在于中国香港。在英国，绝大多数的公司是私人有限公司。私人股份有限公司是英格兰和威尔士最普遍采用的公司类型。

（2）封闭公司

美国的封闭公司主要包括 C 型股份有限公司（C-CORPORATION）、S 型股份有限公司和有限责任公司（limited liability company）。其中 C 型股份有限公司与英国不公开发行股份的股份有限公司类似，S 型股份有限公司和有限责任公司则是英国没有的。S 型股份有限公司和有限责任公司是为规避 C 型股份有限公司双重征税而创设的。

①S 型股份有限公司。它是 C 型股份有限公司的变形。此种公司本身不作为独立的纳税主体，不必交付公司所得税。公司将净利直接分给公司的股东，股东在申报个人所得税时必须申报因 S 股份有限公司营业的收入或损失的金额。然后股东依照他们各自的个人所得税率缴纳税金，从而可以排除双重征税。如果 S 型股份有限公司有亏损，亏损的金额会直接从股东的个人收入中扣除，从而可以节省股东的个人所得税。

S 型股份有限公司的成立要先从成立 C 型股份有限公司开始。C 型股份有限公司成立后，必须要征求所有股东的同意才能将公司形态转换成 S 型股份有限公司。C 型股份有限公司转换成 S 型股份有限公司有比较严格的条件：第一，成员不得超过 35 人；第二，成员不得有法人；第三，成员必须是美国公民或居民，不得包含非定居的外国人；第四，股份种类必须是单一的。

此外，申请转换成 S 型股份有限公司还有时间限制，即必须在成立公司后的 75 天内或在申请有效年度 3 月 15 日之前提出申请。转换的手续比较复杂，需要分别向联邦税务局和州税务局申请。

②有限责任公司。美国的有限责任公司与大陆法中的有限责任公司有很大不同。它是兼具普通合伙、有限合伙和封闭式公司优点的一种公司形式。其特点是：1）有限责任公司的成员既可以享有有限责任的保护，又可以根据成员或经理的选择承担额外的责任，以保持合伙的个人信誉这一优点。2）有限责任公司既没有一般封闭公司对于成员人数的限制，也没有 S 型股份有限公司对于成员类别和股份类别的限制。几乎任何人，包括非本州居民及外国人、法律实体等均可成为其成员，从而比一般封闭公司有更大的适应性。3）有限责任公司成员的出资既可以是有形的和无形的财产，也可以是其他对公司的利益，包括金钱、期票、已经提供的劳务，或承诺缴纳现金或财产或约定在将来提供的劳务；同时成员必须以约定的条件与方式对公司出资；成员的出资义务不会因为成员的死亡、丧失能力或因其他原因无法亲自履行承诺的义务而免除责任，除非经公司全体成员的一致同意予以免除；而且，即使成员同意免除的，债权人仍可要求成员按原承诺履行其出资义务。这体现了保护债权人利益的原则。4）有限责任公司可以像合伙一样由成员分散地进行经营，也可以选择由经理进行集中的经营，以适应不同企业的实际需要。5）有限责任公司成员在公司的可分派利益可以任意转让，但受让人不能成为公司的新成员，从而保证公司掌握在成员熟悉的人手中，但如果经全体成员同意，也不排除外部受让人成为成员的可能。6）在税收方面，有限责任公司可以享受免于缴纳企

业所得税的待遇。①

有限责任公司为投资者提供了一种"鱼和熊掌"可以兼得的更为有利的企业组织的形式，因而受到投资者的欢迎。

（3）公众公司

公众公司，也称开放式公司，是指可以公开募股，股东人数无最高数额限制，其股票可以在证券市场公开交易的公司。公众公司强调公开性。类似于大陆法中股票获准上市的股份有限公司。

为保障公众投资的安全，法律一般要求公司定期向社会公布经营及财务状况。比如中国香港的《公司条例》规定，公众公司应向外界公开业务状况，每年向公司注册官呈交年检报告时，应呈交资产负债表和核数师（负责财会监督的专业人员）报告。

中国香港的《公司条例》没有规定如何直接成立公众公司，根据《公司条例》第30条的规定，如果公司修改章程，致使不符合私人公司的条件时，就须向公司注册署长呈交一份符合公司条例附表2的招股章程陈述书而成为公众公司（该附表2的标题是"私人公司成为公众公司时须交付处长的代替招股章程陈述书的格式及其须列载的报告"）。从逻辑上说，公众公司是私人公司的相对面，除私人公司之外的公司，就应该是公众公司。所以，如果一家公司在成立时就希望成为公众公司而使其章程不具备私人公司的要求，目前于法无据。

3. 我国公司的法律分类

我国公司的法律分类与大陆法对公司分类的方法相似，但只有有限责任公司和股份有限公司两种基本形式。一人有限责任公司和国有独资公司作为有限责任公司的特殊种类法律设专节作出规定。

（1）有限责任公司

有限责任公司，是指由50个以下股东共同投资设立，每个股东以其所认缴的出资额为限对公司承担责任，公司以其全部资产对其债务承担责任的企业法人。

与大陆法中的有限责任公司相比较，其具有以下法律特征：全体股东仅以其认缴的出资额为限对公司债务负有限责任；股东的人数只有法定最高人数的限制。我国的公司法规定有限责任公司的股东总数不能超过50人。法律允许设立一个股东的公司。

（2）一人有限责任公司

一人有限责任公司，是指由一个自然人股东或者一个法人股东出资设立的有限责任公司。它是有限责任公司的一种特殊形式。我国1993年颁布的《公司法》只允许国家作为投资主体设立国有独资公司，但2005年该法修订时对此做出调整，允许一个自然人或者一个法人设立有限责任公司。

一人有限责任公司与两个或两个以上股东设立的有限责任公司相比，其特殊性主要

---

① 参见宋永新. 新型的美国有限责任公司法评述. 载《外国法译评》（原《法学译丛》），1999
（4）

表现在以下几个方面：

①资本制度更严格。一人有限责任公司的注册资本最低限额为人民币 10 万元，高于一般有限责任公司。股东注册资本实行实缴制，股东应当在公司成立前足额缴纳公司章程规定的出资额。

②信息公开。一人有限责任公司应当在公司登记中注明自然人独资或者法人独资，并在公司营业执照中载明。公司应当在每一会计年度终了时编制财务会计报告，并经会计师事务所审计。

③法人治理结构和决策程序简化。一人有限责任公司章程由股东制定，不设股东会。股东只需要在决定公司的经营方针和投资计划时采用书面形式，并由股东签字后置备于公司即可。

④股东对公司财产的独立性负举证责任。针对一人有限责任公司股东很容易将公司财产与本人财产混同的问题，法律规定，一人有限责任公司的股东不能证明公司财产独立于股东自己财产的，应当对公司债务承担连带责任。

⑤一个自然人只能投资设立一个一人有限责任公司，该一人有限责任公司不能投资设立新的一人有限责任公司。

（3）国有独资公司

国有独资公司，是指国家单独出资、由国务院或者地方人民政府委托本级人民政府国有资产监督管理机构履行出资人职责的有限责任公司。它与一人有限责任公司的区别主要在于投资主体身份不同。根据国有资产管理的特点，为既维护国家利益，又保证公司经营自主权，我国《公司法》对国有独资公司在法人治理结构和公司负责人对外兼职等方面作出了特别规定。与一般有限责任公司相比，其特殊性主要表现在以下几个方面：

①国有独资公司不设股东会。一般有限责任公司股东会的职权由国有资产监督管理机构行使。国有资产监督管理机构可以授权公司董事会行使股东会的部分职权，决定公司的重大事项，但公司合并、分立、解散、增减注册资本和发行公司债券，必须由国有资产监督管理机构决定；其中，按照国务院的规定确定的重要的国有独资公司合并、分立、解散、申请破产的，应当由国有资产监督管理机构审核后，报本级人民政府批准。公司章程由国有资产监督管理机构制定，或者由董事会制订报国有资产监督管理机构批准。

②国有独资公司董事会的法定职权大于一般有限责任公司。董事会除享有一般有限责任公司董事会的法定职权外，还享有国有资产监督管理机构授予的股东会的部分职权。公司董事会成员由股东代表和职工代表组成，其中，股东代表由国有资产监督管理机构委派；职工代表由公司职工代表大会选举产生。董事会设董事长一人，可以设副董事长。董事长、副董事长由国有资产监督管理机构从董事会成员中指定。

③国有独资公司的董事长、副董事长、董事、高级管理人员，未经国有资产监督管理机构同意，不得在其他有限责任公司、股份有限公司或者其他经济组织兼职。董事会成员兼任经理的，应取得国有资产监督管理机构的同意。

④国有独资公司监事会成员不得少于 5 人，其中，职工代表的比例不得低于 1/3，具体比例由公司章程规定。监事会成员中的股东代表由国有资产监督管理机构委派；职工代表由公司职工代表大会选举产生。监事会主席由国有资产监督管理机构从监事会成员中指定。监事会的法定职权少于一般有限责任公司，只享有一般有限责任公司监事会法定职权中的前三项，但国务院另有规定的除外。

（4）股份有限公司

股份有限公司，是指全部资本分为等额股份，公司以其全部财产对公司的债务承担责任，股东以其认购的股份为限对公司承担责任的企业法人。我国股份有限公司与大陆法中的股份有限责任公司在法律特征上近似，但我国股份有限公司的资本既可以全部资本由发起人自己认购，也可以向公司以外的人募集。此外，根据公司股票是否获准在证券交易所上市交易，股份有限公司可以分为上市公司和非上市公司。所谓上市公司，是指经证券管理部门批准，其股票可以在证券交易所上市交易的股份有限公司。

2.3.3　公司的设立

1. 公司设立的方式

（1）发起设立

发起设立，又称单纯设立，是指由发起人认足公司全部股本而设立的公司。其特点是，公司不向发起人以外的任何人募集股金，公司所有资本均由发起人认购。发起设立方式适用面较广，除公众公司外，各种公司形式都可采用。在我国，有限责任公司和股份有限公司的设立均可采用发起方式。

（2）募集设立

募集设立，又称渐次设立，是指由发起人认购公司应发行股份的一部分，其余股份向社会公开募集或者向特定对象募集而设立公司。其特点是公司可以向发起人以外的人募集股份。在我国，募集方式只适用于股份有限公司，具体可以采用向社会公开募集和向特定对象募集两种形式。

为防止发起人过于依赖他人资本设立公司，降低财产风险，各国公司法对采取募集方式设立公司时发起人认购的股份应占发行资本总数的最低比例大多有一定强制性要求，我国《公司法》第85 条规定，以募集设立方式设立股份有限公司的，除法律、行政法规另有规定外，发起人认购的股份不得少于公司股份总数的35%。

2. 公司设立的立法原则

在经济发展的不同时期，国家对公司设立奉行的原则有所不同，从各国公司设立立法的历史发展来看，大致经过了从自由设立——特许设立——核准设立——准则设立的过程。

（1）自由主义

自由主义，又称放任主义，是指公司设立完全由当事人自行决定，无需任何条件，国家也不加任何干涉。这一原则在公司制度处于萌芽时期的罗马曾经采用。根据罗马法的规定，一切社团基于自由设立原则而成为事实上的存在，并因此而有法律上的人格。但这一原则难以保证交易安全，近代以后各国已很少采用。

（2）特许主义

即设立公司须经国家元首颁发特许状或依国会特别法令许可。这一原则在17、18世纪的英国、荷兰等国十分盛行，如1600年经英国国王批准设立的东印度公司。这一原则是与国家元首和政府保持对公司的垄断和特权相适应的，不适合一般公司的设立，目前已很少使用。

（3）核准主义

核准主义，又称行政许可主义，即设立公司除了要符合公司法规定的条件外，还须经国家授权的行政主管机关审核批准。这一原则首创于1673年法国路易十四颁布的《商事敕令》。其优点是便于国家对公司的设立进行统筹安排和管理，保证已成立的公司具备法定的条件并符合社会的需要。但这一原则也存在着手续繁琐、重复，容易引起行政机关滥用职权等弊端。近代以来，西方国家已很少采用。

（4）准则主义

准则主义，又称登记主义，即设立公司只要符合法律规定的条件，无需经过行政机关的审批，即可登记成立。首先采用这一原则的是英国1862年颁布的公司法，20世纪后，这一原则已为各国公司立法普遍采用。不过不少国家为了防止公司设立过滥，细化了公司设立的法定条件，加重了设立人的法律责任，加强了对公司设立的监管。

我国企业设立过去长期采取核准主义，1993年《公司法》对公司的设立采取的是准则主义与核准主义相结合的原则，即对一般有限责任公司的设立，采取准则主义；对股份有限公司和特殊有限责任公司的设立，采取核准主义。为进一步减少政府对公司设立的干预，2005年《公司法》废除了原《公司法》关于"股份有限公司的设立，必须经过国务院授权的部门或者省级人民政府批准"的规定。实行以"准则主义"为主，以"核准主义"为辅的设立原则，即除了法律、行政法规有特别规定的之外，一般公司的设立可以直接向公司登记机关申请注册登记。

3. 公司设立的条件与程序

各国对公司设立的要求有一定差异，综合来看，主要包括以下几个方面：

（1）有合格的发起人、股东

发起人是指在公司章程上签章，提出设立公司申请，向公司出资或认购公司股份，并对公司设立承担责任的人。发起人与一般股东相比对公司及债权人有更多的责任，因此，明确发起人范围具有重要的意义。根据我国《公司法》，发起人的责任主要有：（1）在公司筹备期间，发起人之间的关系具有合伙性质。当公司不能成立时，发起人应当对设立行为所产生的债务和费用负连带责任。为明确发起人在公司筹备期间内部各自的权利和义务，发起人应当签订一份公司发起协议。（2）公司成立后，发起人之间的关系转变为股东间的合作关系，发起人仅以其出资额为限对公司债务承担责任。（3）有限责任公司成立后，发现作为设立公司出资的非货币财产的实际价额显著低于公司章程所定价额的，交付该出资的股东应当补足其差额；公司设立时的其他发起人股东承担连带责任。（4）股份有限公司的发起人，在公司不能成立时，对认股人已缴纳的股款，负返还股款并加算银行同期存款利息的连带责任；在公司设立过程中，由于发起人的过失致使公司利益受到损害的，应当对公司承担赔偿责任；股份有限公司成立后，发起人未按照公司章程的规定缴足出资的，应当补缴；其他发起人承担连带责任；发现作为设立公司出资的非货币财产的实际价额显著低于公司章程所定价额的，应当由交付该出资的发起人补足其差额；其他发起人承担连带责任。公司成立后，发现作为设立公司出资的非货币财产的实际价额显著低于公司章程所定价额的，交付该出资的股东应当补足其差额；公司设立时的其他发起人股东承担连带责任。发起人持有的本公司股份，自公司成立之日起一年内不得转让。

法律关于发起人的具体要求主要有：

①发起人具备法定资格。一般公司的发起人可以是自然人，也可以是法人。自然人作为发起人应当具有完全民事行为能力。法律、行政法规禁止从事投资行为的自然人和法人，不能作为发起人。

②发起人和股东人数合法。对于有限责任公司的股东总人数，日本、英国和我国法律均规定不得超过 50 人，法国规定不得超过 100 人。多数国家法律允许设立一人有限责任公司，但对其适用特别法。股份有限公司一般应有 2 个以上的发起人，对股东的上限一般没有规定，但对发起人的上限有一定的限制。我国公司法规定，股份有限公司的发起人不得超过 200 人。

③发起人国籍和居住地符合要求。各国公司法一般未对公司发起人在此方面作出限制性规定，但也有少数国家对此作出了一些限制性规定，比如我国公司法要求股份有限公司须有半数以上的发起人在中国境内有住所。瑞典公司法规定，发起人必须是在瑞典居住的瑞典国民或瑞典法人。① 美国的 S 型股份有限公司成员必须是美国公民或居民，不得包含非定居的外国人。

（2）有符合要求的公司资本

公司的资本由发起人认购或依法向公众募集，并应达到以下要求：

①公司资本数额达到法定最低限额。股东的出资是公司对外承担责任的基础。为保障债权人利益，过去各国公司法普遍对股东的出资有最低限额的规定。但近年许多国家降低或取消了这一规定。目前国际上关于公司最低资本额制度主要有三种立法模式。

一是无论是有限责任公司，还是股份有限公司，均设定强制性最低资本额。绝大部分大陆法采用此模式，比如德国公司法规定，有限责任公司和股份有限公司的最低资本

---

① 参见范健，王建文. 公司法（第 1 版）. 北京：法律出版社，2008：110.

额分别是 2.5 万欧元和 5 万欧元。① 我国 2005 年《公司法》与 1993 年《公司法》相比，则是降低了有限责任公司的注册资本额，即将原来的 10 万至 50 万元人民币统一降为 3 万元人民币。法律、行政法规对有限责任公司注册资本的最低限额有较高规定的，从其规定。有限责任公司全体股东的首次出资额依法不得低于注册资本的 20%，也不得低于法定的注册资本最低限额，其余部分由股东自公司成立之日起两年内缴足；其中，投资公司可以在五年内缴足。我国股份有限公司注册资本的法定最低限额为 500 万元人民币。采取发起方式设立的，注册资本为在公司登记机关登记的全体发起人认购的股本总额。公司全体发起人的首次出资额不得低于注册资本的 20%，其余部分由发起人自公司成立之日起两年内缴足；其中，投资公司可以在五年内缴足。在缴足前，不得向他人募集股份。采取募集方式设立的，注册资本为在公司登记机关登记的实收股本总额。

二是对有限责任公司或相当于有限责任公司的封闭公司不设最低资本额，对股份有限公司或公众公司则设有强制性最低资本额。比如法国在 2002 年时，有限责任公司和股份有限公司的最低资本额分别是 0.75 万欧元和 3.7 万欧元。其中公众性股份有限公司为 22.5 万欧元。但在 2003 年，法国取消了有限责任公司股东最低出资额的规定，允许股东在公司章程中自己确定。这就意味着理论上股东用一欧元就可以设立公司。同时，公司的股份必须全部得到股东认购。用实物出资的股份，应当全额缴清；用金钱出资的股份，至少应当缴纳其数额的五分之一，其余部分，应自公司在《商事及公司登记簿》上注册登记起五年内缴清。②

三是无论是封闭公司还是公众公司，均无强制性最低资本额限制。美国、澳大利亚、加拿大等英美法采用此模式。日本在 2005 年取消了最低资本额制。

②出资方式及作价方法合法。各国对有限责任公司的出资方式限制较少，依法可以转让的货币、非货币财产均可以，有些国家还允许以劳务出资，比如法国规定，公司章程得确定以劳动技艺出资的公司股份的方式。③ 我国《公司法》规定，股东可以用货币出资，也可以用实物、知识产权、土地使用权等可以用货币估价并可以依法转让的非货币财产作价出资；但是，法律、行政法规规定不得作为出资的财产除外。为保证公司正常生产经营的需要，全体股东的货币出资金额依法不得低于有限责任公司注册资本的 30%。

对作为出资的非货币财产各国均规定应当依法评估作价，核实财产，不得高估或者低估作价。我国《公司法》第 208 条第 3 款规定，"承担资产评估、验资或者验证的机构因其出具的评估结果、验资或者验证证明不实，给公司债权人造成损失的，除能够证明自己没有过错的外，在其评估或者证明不实的金额范围内承担赔偿责任。"

① 参见［德］托马斯·莱塞尔，吕笛格·法伊尔. 德国资合公司法. 第 3 版. 高旭军等译. 北京：法律出版社，2005：33.
② 法国公司法典. 第 1 版. 罗结珍译. 北京：中国法制出版社，2007：70.
③ 法国公司法典. 第 1 版. 罗结珍译. 北京：中国法制出版社，2007：70.

③股份发行、筹办事项符合法律规定。

（3）有股东共同制定的公司章程

章程是由发起人或公司最初的全体股东依法制定的，规定公司设立的宗旨与经营范围、公司组织和活动基本规则等问题的法律文件。公司章程作为充分体现公司自治的法律文件，堪称"公司小宪法"。章程必须采用书面形式。其内容可以分为依法应当记载的事项和任意记载的事项两种。

我国《公司法》第 25 条规定，章程应当记载的事项有：①公司名称和住所；②公司经营范围；③公司注册资本；④股东的姓名或者名称；⑤股东的出资方式、出资额和出资时间；⑥公司的机构及其产生办法、职权、议事规则；⑦公司法定代表人；⑧股东会会议认为需要规定的其他事项，如股东的权利和义务、股东转让股权的条件等。全体股东就章程事项达成一致后，应当在公司章程上签名、盖章。

（4）有公司名称，建立符合有限责任公司要求的组织机构

各国对公司的名称都有严格的规定，其核心是必须标出股东对公司的责任性质，我国《公司法》规定，有限责任公司应当在名称中标明"有限责任公司或者有限公司"字样，股份有限公司要标明"股份有限公司或者股份公司"字样。有些国家还要求标出股东的姓名，比如法国法规定，"有限责任公司应有其公司名称，名称中得加入一位或数位股东的姓名，公司名称之前或之后应标明"有限责任公司"字样，或者加上缩写"SARL"，并标明公司的注册资本"①。英国公众公司的名称必须冠以"公共有限公司"或其缩写"P. I. C."。如果其注册机构在威尔士，还需要用威尔士语标明"Cwmni Cyfyngedig Cyhoeddus"或其缩写"C. C. C."。

公司的组织机构是公司的管理中心，在公司设立时应予确定。各国对不同种类公司的组织机构有不同的要求，一般由股东（大）会、董事会、经理机构、监督机构组成。

（5）有公司住所

公司的住所是公司主要办事机构所在地。公司住所与经营场所不同。经营场所是公司进行业务活动所必需的场所，是公司经营的必要条件。公司经营场所可能是住所，也可能是住所之外的各种固定地点和设施，如生产场地、销售网点。在我国，经公司登记机关登记的公司住所只能有一个。公司的住所应当在其公司登记机关辖区内。在英美法，公司住所称为公司注册办事处或公司注册办公室，它可能是公司营业场所，也可能不是。

（6）依法申请设立登记

公司登记是指为了设立、变更或终止公司，当事人依法将登记事项向登记主管机关提出申请，经机关审查核准，将登记事项记载于登记簿的法律行为。

对于设立公司是否必须登记，国际上曾经有任意和强制两种作法。但由于任意登记不利于交易安全，所以，从 20 世纪下半叶开始，强制登记逐步成为各国公司登记的立法通例。我国《公司法》规定，设立公司，应当依法向公司登记机关申请设立登记。

---

①　法国公司法典. 第 1 版. 罗结珍译. 北京：中国法制出版社，2007：67.

依法设立的公司，由公司登记机关发给公司营业执照。公司营业执照签发日期为公司成立日期。在有些国家，表明公司成立的登记证书与营业证书是分开申请的，因此在获得成立证书后还应申请经营证书。在我国两者是合一的，取得公司营业执照表明获得公司法人身份，同时也取得经营资格。

公司登记的管理机关各国有所不同，综合各国的规定，主要有四种模式：一是法院。例如德国、日本、韩国。二是法院和行政机关。比如法国法规定，"法院在受理登记后，法院书记员还应该向国家工业产权研究院转送在本书记室进行登记的文书与材料"①。三是行政机关或专门设立的附属行政机构。比如美国的商事登记在州务卿办公室，澳大利亚公司登记在联邦财政部下属的证券与投资委员会。四是专门的注册中心或商会。比如荷兰《商事注册法》规定，地方商会负责保管当地商事注册文件。

我国的公司登记主管机关是国务院下设的国家工商行政管理机关。国家工商行政管理机关独立行使公司登记管理权，并实行分级登记管理的原则。

2.3.4 公司的内部关系

1. 股东的权利与义务

股东是指基于对公司的出资或者其他合法原因，持有公司一定资本份额，依法享有股东权利并承担相应义务的人。股东对公司享有的权利，也称为股东权或股权，它是股东基于股东资格，依照法律和章程的规定享有的从公司获取收益并参与公司经营管理的一种权利。不同种类的公司股东的权利与义务有不同。综合各国公司法的规定，法律所确认的股东权利主要涉及股东出席或委托代理人出席股东（大）会权，表决权，转让出资或股份权，财务信息知情权，股利分配权、股权优先受让权，新股优先认购权，对公司经营的建议及质询权，临时股东（大）会提议、召集和主持权，公司剩余财产分配请求权、股东诉权等方面。下面结合我国《公司法》分别对有限责任公司和股份有限公司股东的权利与义务加以说明。

（1）有限责任公司股东的权利与义务

①参加或推举代表参加股东会并依法行使表决权、质询权。股东表决权的确定方式可以由公司章程规定，章程未规定的由股东按照出资比例行使表决权。股东会会议对一般事项作出决议，只需要半数以上表决权的股东通过即可，但作出修改公司章程、增加或者减少注册资本的决议，以及公司合并、分立、解散或者变更公司形式的决议，依法必须经代表2/3以上表决权的股东通过。

②获取红利和优先认购公司新增资本。股东有权按照实缴的出资比例分取红利。公司新增资本时，股东有权优先按照实缴的出资比例认缴出资。但是，全体股东约定不按照出资比例分取红利或者不按照出资比例优先认缴出资的除外。

---

① 法国公司法典．罗结珍译．中国法制出版社 2007：589.

③转让股权和优先购买其他股东转让的股权。股东之间依法可以相互转让其全部或者部分股权。股东向股东以外的人转让股权，多数国家法律对此有一定的限制。我国《公司法》规定，股东向股东以外的人转让股权，应当经其他股东过半数同意。股东应就其股权转让事项书面通知其他股东征求同意，其他股东自接到书面通知之日起满 30 日未答复的，视为同意转让。其他股东半数以上不同意转让的，不同意的股东应当购买该转让的股权；不购买的，视为同意转让。经股东同意转让的股权，在同等条件下，其他股东有优先购买权。两个以上股东主张行使优先购买权的，协商确定各自的购买比例；协商不成的，按照转让时各自的出资比例行使优先购买权。为保障公司股东的自主权，我国《公司法》在作出上述规定的同时，也允许股东在公司章程中对股权转让作出其他规定。

此外，我国《公司法》还规定，法院依照法律规定的强制执行程序转让股东的股权时，应当通知公司及全体股东，其他股东在同等条件下有优先购买权。其他股东自法院通知之日起满 20 日不行使优先购买权的，视为放弃优先购买权。

④知情权。我国《公司法》规定，股东有权查阅、复制公司章程、股东会会议记录、董事会会议决议、监事会会议决议和财务会计报告。股东如果要求查阅公司会计账簿，应当向公司提出书面请求，说明目的。公司有合理根据认为股东查阅会计账簿有不正当目的，可能损害公司合法利益的，可以拒绝提供查阅，并应当自股东提出书面请求之日起 15 日内书面答复股东并说明理由。公司拒绝提供查阅的，股东可以请求人民法院要求公司提供查阅。

⑤提议、召集和主持临时股东会。我国 1993 年《公司法》只规定了提议权，2005年《公司法》增加了召集和主持权。根据该法，代表 1/10 以上表决权的股东可以向公司董事会提议召开临时股东会。股东会会议由董事会召集，董事长主持，董事长不能履行职务或者不履行职务的，由副董事长主持；副董事长不能履行职务或者不履行职务的，由半数以上董事共同推举一名董事主持。公司不设董事会的，股东会会议由执行董事召集和主持。董事会或者执行董事不能履行或者不履行召集股东会会议职责的，由监事会或者不设监事会的公司的监事召集和主持；监事会或者监事不召集和主持的，代表 1/10 以上表决权的股东可以自行召集和主持。但其中对"不能履行职务或者不履行职务"的认定方法法律没有规定，需要公司章程加以确定。

⑥异议股东股权收购请求权。公司按股权表决有可能损害中小股东的利益，为使中小股东能够有退出渠道，我国《公司法》第 75 条规定，有下列情形之一的，对股东会该项决议投反对票的股东可以请求公司按照合理的价格收购其股权：①公司连续 5 年不向股东分配利润，而公司该 5 年连续盈利，并且符合本法规定的分配利润条件的；②公司合并、分立、转让主要财产的；③公司章程规定的营业期限届满或者章程规定的其他解散事由出现，股东会会议通过决议修改章程使公司存续的。自股东会会议决议通过之日起 60 日内，股东与公司不能达成股权收购协议的，股东可以自股东会会议决议通过之日起 90 日内向人民法院提起诉讼。

⑦参与剩余财产的分配。即公司终止后，依法分得公司的剩余财产。

⑧继承权。我国《公司法》规定，自然人股东死亡后，其合法继承人可以继承股东资格；但是，公司章程另有规定的除外。

⑨请求司法救济权。我国《公司法》规定，董事、高级管理人员违反法律、行政法规或者公司章程的规定，损害股东利益的，股东可以向人民法院提起诉讼。股东会、董事会的会议召集程序、表决方式违反法律、行政法规或者公司章程，或者决议内容违反公司章程的，股东可以自决议作出之日起60日内，请求人民法院撤销。

有限责任公司股东的义务。主要有：1）按期足额缴纳应缴付的出资额；2）公司成立后，不得抽回出资，对公司债务仅以其认缴的出资额为限承担责任；3）公司章程规定的其他义务。

（2）股份有限公司股东的权利和义务

股份有限公司的股东权在性质上与有限责任公司是相同的，因此公司法在股东的权利与义务的规定上有许多方面是相同的。此外，结合股份有限公司的特点，我国《公司法》在个别权利的行使上也有一些特别规定，主要表现在：

①股份转让的条件不同。股份有限公司是资合公司，一般股东可以依法自由转让股份，不需要征得其他股东的意见。但对特殊身份的股东转让本公司的股份有一定限制，包括：第一，发起人持有的本公司股份，自公司成立之日起1年内不得转让。公司公开发行股份前已发行的股份，自公司股票在证券交易所上市交易之日起1年内不得转让。第二，公司董事、监事、高级管理人员应当向公司申报所持有的本公司的股份及其变动情况，在任职期间每年转让的股份不得超过其所持有本公司股份总数的25%；所持本公司股份自公司股票上市交易之日起一年内不得转让。上述人员离职后半年内，不得转让其所持有的本公司股份。公司章程可以对公司董事、监事、高级管理人员转让其所持有的本公司股份作出其他限制性规定。第三，股东转让股份，其他股东一般没有优先购买权。

②股份转让的场所不同。股东转让其股份，应当在依法设立的证券交易场所进行或者按照国务院规定的其他方式进行。有限责任公司股东转让股权没有专门的场所。

③股东查阅项目不同。股份有限公司的股东依法有权查阅公司章程、股东名册、公司债券存根、股东大会会议记录、董事会会议决议、监事会会议决议、财务会计报告，但不能要求查阅公司会计账簿。

④异议股东股份收购请求权行使的条件不同。股东仅在对因股东大会作出的公司合并、分立决议持异议时，才能要求公司收购其股份的。

股东的义务与有限责任公司相似。

2. 公司治理结构

公司治理结构有广义和狭义之分，狭义的公司治理结构解决的是因所有权与控制权的分离而产生的代理问题，它要处理的主要是公司股东与公司高层管理者之间的关系问题。广义的公司治理结构要解决的是公司与其所有利益相关者之间的关系问题。从法学角度讲，公司治理结构就是为了维护股东、职工、公司债权人以及社会公共利益，保证公司正常有效地运营，由法律和公司章程规定的有关公司组织机构之间权力分配与制衡的制度体系。

（1）有限责任公司的治理结构

有限责任公司不能对外发行股份，一般股东人数较少，股东对公司管理参与度高，为鼓励股东投资，各国法律对有限责任公司内部管理体制的强制性干预较少，主要由股东在章程中自行约定。法律有规定的，对其内部治理结构的要求也比较简单，比如法国法规定，公司可以由一名或数名自然人实行管理。管理人可以是股东，也可以是股东以外的人。同时，公司在法定情形下应指定一名或数名会计监察人，对公司财务会计实行监督。在股东之间，经理管理人的权力由公司章程确定；章程无此规定时经理管理人可以为公司利益实施一切管理行为。

我国《公司法》对有限责任公司的内部组织机构有明确的规定，确定了两种模式：一是单层二元委员会制，即公司的法人治理结构主要由股东会、董事会、经理、监事会等构成。股东会是由全体股东组成的公司的权力机构，它不是常设机关，对外并不代表公司，对内也不执行业务。董事会和监事会都是股东会下设的常设机构，董事会和监事会在法律地位上是平等的。董事会对外代表公司，对内负责执行股东会的决议、对公司日常重大事务进行决策，监督公司日常经营。董事会的成员应为 3～13 人。董事由股东会在股东或股东委派的代表中选举产生。两个以上国有企业或者其他两个以上国有投资主体投资设立的有限责任公司的董事会中应有公司职工的代表。董事会下设经理机构，经理是由董事会聘请的负责公司日常经营活动的高级管理人员。经理对董事会负责，并有权列席董事会会议。监事会代表股东和职工对董事会、经理的工作进行监督。监事会作为公司日常监督机构，对股东会和全体职工负责。监事会成员不得少于 3 人，由股东代表和适当比例的公司职工代表组成，其中职工代表的比例不得低于 1/3，具体比例由公司章程规定。公司董事会和监事会中的职工代表由公司职工通过职工代表大会、职工大会或者其他形式民主选举产生。董事、高级管理人员不得兼任监事。二是单层二元独任制，将董事会简化为执行董事，执行董事可以兼任公司经理。监事会简化为监事。

股东可以在两种方式中自由选择并写入章程。股东会、董事会等各机构的职权也由股东依法协商一致确定并写入章程。

（2）股份有限公司的治理结构

股份有限公司股东人数较多，特别是向公众募集股份的公司股东非常分散，为降低公众投资风险，各国对公司内部治理结构的安排都有一些强制性规定。各国规定的公司治理结构主要由三部分构成，即执掌权力的股东大会、负责经营管理的董事会或管理委员会、负责内部监督的监事会或称监察人会。对于这三个机构之间的关系，各国法律规定有所不同。从总体上看，大致可以分为四种类型：

①以德国为代表的双层委员会制。即公司在股东大会之下设立具有上下级关系的监事会和董事会，监事由股东代表、银行代表以及职工代表共同组成，体现了劳资双方对公司的共同治理，有利于公司稳定发展。股东大会下设监事会，监事会对股东大会负责

并报告工作，有权选任董事组成董事会，享有对董事会的监督权、董事及其报酬的决定权，以及重大业务的批准权。董事会对监事会负责并报告工作，享有对公司业务的执行权，体现了监督职责与经营职责的相互分离。

②以美国、英国为代表的单层委员会制。即由股东大会选任董事组成董事会，董事会享有对公司的经营决策权，董事会聘请经理等高级管理人员负责具体的经营管理，董事会对经理的具体经营管理活动进行监督。其特征是权力集中于资方，以董事会为中心，经营效率较高。公司通常不设专门的监事会或监察人，所以内部监督比较弱。为弥补监督的不足，英国要求公司股东会指定审计员1人或数人。美国通过在董事会内设立各种委员会，特别是由外部董事组成的审计委员会，代表董事会行使对公司业务、财务的监督权，即在董事会内部实行经营权与监督权的分离。

③以日本为代表的单层二元委员会制。即在股东大会之下设立董事会和相互独立的若干监事，董事会行使业务执行权及有关公司业务的"内部监察"权，每个监事独立行使对公司会计的检查权。董事会和监事相互独立，在法律地位上是平等的，成员均由股东大会选任，相互之间没有隶属关系。各机构的职权由股东依法在章程中规定。该模式由日本创设，后传入中国、韩国等国。

④以法国为代表的选择制。即股份有限公司可以自主选择采取单层委员制或选择采取双层委员制。如果采用单层委员制，则应设置董事会，不设监事会，公司聘请由会计监察人行使监督权。如果采用双层委员制，则应分别设置监事会和董事会，并且监事会负责选任董事，董事会对监事会负责。

第二次世界大战后，日本借鉴英美的董事会制度，在董事会内实行经营决策与业务执行的分离，削弱了监事会的职权，使其监督职权仅限于财务监督。1993年日本颁布《关于股份公司监察的商法典特例法》，在公司中引入了美国的独立董事制度，要求大股份公司的监事应为三人以上，并组成监事会，其中一人为外部监事。2001年及2002年修订的《日本商法典》，转而借鉴法国的做法，由法律设置两套方案供企业自主选择。其一，沿用监事会制度，但监事会中有一人须为外部独立监事[1]。其二，选择美国式单层委员会制度，允许公司以章程规定不设监事会，而在董事会下设立由三人以上董事组成的审计委员会、提名委员会及薪酬委员会，其中外部独立董事须占各委员会人数的半数以上，原监事会职能由审计委员会承担。[2] 2005年《日本公司法典》继续采用此种公司治理模式。

我国《公司法》采用的是与日本模式类似的单层二元委员会制，但其监事会是一个负责监督工作的合议机构，其成员不得少于3人。监事会应当包括股东代表和适当比例的公司职工代表，其中职工代表的比例不得低于1/3，具体比例由公司章程规定。董

---

① 参见范健，王建文. 公司法. 第2版. 北京：法律出版社，2008.

② 参见吴建斌. 日本引进独立董事制度的经验及启示. 载《南京大学学报（哲学·人文科学·社会科学）》，2003（2）.

事的人数为 5 ~ 19 人。

2.3.5　公司的外部关系

公司的外部关系，指公司与第三人之间的关系。公司是法人，除无限公司和两合公司外，公司仅以自己的资产对外承担财产责任。股东一般不需要对公司负债承担无限责任。

法定代表人是代表法人行使职权的行政负责人。根据我国《公司法》的规定，公司可以在章程中规定由董事长、执行董事或者经理担任法定代表人。法定代表人应该在自己的职权内代表公司从事活动，根据《合同法》的规定，法人或者其他组织的法定代表人、负责人超越权限订立的合同，除相对人知道或者应当知道其超越权限的以外，该代表行为有效。

法国法规定，在有限责任公司与第三人的关系中，公司的经理管理人享有代表公司在各种场合开展活动的最广泛的权利，但法律明文规定赋予股东的权力除外；对经理管理人实施的法律行为，即使不属于公司宗旨的范围，公司也要承担义务；但是，如果公司能够证明第三人知道此种行为已超越公司宗旨的，或者按照实际情况，第三人不可能知道此种行为已超越公司宗旨的，不在此限；仅仅是进行了章程公告不足以构成此项证据。公司章程可以限制经理管理人享有的权力，但这种限制只在公司内部有效，对第三人均不产生效力。①

2.3.6　公司的解散与清算

1. 公司的解散

公司解散，是指消灭公司法人资格的法律行为。公司解散必须基于法定的事由或者法律事实的出现。解散因原因或条件的不同，可以分为任意解散和强制解散。破产一般不作为解散的事由，而是作为与解散并列的另一种公司终止的原因。

（1）任意解散

任意解散，是指基于章程的规定或股东（大）会决议而解散公司。根据我国《公司法》的规定，任意解散的原因主要包括三种情形：（1）公司章程规定的营业期限届满或者公司章程规定的其他解散事由出现。此种情形出现时，股东（大）会可以通过修改公司章程而使公司存续。（2）股东（大）会决议解散。（3）因公司合并或者分立需要解散的。

（2）强制解散

强制解散，是指非因公司自身意思，而是因主管机关或法院判决而解散。根据我国《公司法》的规定，强制解散主要包括：

---

① 法国公司法典. 罗结珍译. 中国法制出版社，2007：78-79.

①行政解散。即依法被吊销营业执照、责令关闭或者被撤销。

②司法解散。我国《公司法》第183条规定，公司经营管理发生严重困难，继续存续会使股东利益受到重大损失，通过其他途径不能解决的，持有公司全部股东表决权10%以上的股东，可以请求人民法院解散公司。为避免少数股东滥用此权，我国《最高人民法院关于适用〈公司法〉若干问题的规定（二）》（2008）第1条对此作了细化规定。即："单独或者合计持有公司全部股东表决权10%以上的股东，以下列事由之一提起解散公司诉讼，并符合公司法第183条规定的，人民法院应予受理：（一）公司持续两年以上无法召开股东会或者股东大会，公司经营管理发生严重困难的；（二）股东表决时无法达到法定或者公司章程规定的比例，持续两年以上不能做出有效的股东会或者股东大会决议，公司经营管理发生严重困难的；（三）公司董事长期冲突，且无法通过股东会或者股东大会解决，公司经营管理发生严重困难的；（四）经营管理发生其他严重困难，公司继续存续会使股东利益受到重大损失的情形。股东以知情权、利润分配请求权等权益受到损害，或者公司亏损、财产不足以偿还全部债务，以及公司被吊销企业法人营业执照未进行清算等为由，提起解散公司诉讼的，人民法院不予受理。"

日本对提出司法解散请求的股东除要求持有一定比例的股权外，还规定了持股的持续时间以及原告败诉时的损害赔偿责任。此外，美国《商事公司示范法》允许债权人诉请解散公司。

2. 公司的清算

公司清算，是指清理公司财产与债权、债务，进行公平分配，以结束公司所有法律关系的法律行为。对于解散与清算的关系，国际上有两种制度。一是先算后散。即公司只有在清算后才能宣布解散。宣告公司解散，公司法人资格便消灭。比如英国公司法。二是先散后算。即先宣布解散，然后再清算。解散只是法人消灭的原因，清算终结，公司的法人资格才消灭。大陆法普遍采用此种方法。我国《公司法》也采用此方法。

（1）公司清算的基本程序

由于公司的清算涉及众多股东及债权人的利益，为规范公司清算行为，各国公司法对公司清算都规定了严格的程序。根据我国《公司法》，公司清算的基本程序是：

①组成清算组。公司应当在解散事由出现之日起15日内成立清算组，开始清算。有限责任公司的清算组由股东组成，股份有限公司的清算组由董事或者股东大会确定的人员组成。逾期不成立清算组进行清算的，债权人可以申请人民法院指定有关人员组成清算组进行清算。人民法院应当受理该申请，并及时组织清算组进行清算。根据《最高人民法院关于适用〈公司法〉若干问题的规定（二）》的规定，有限责任公司的股东、股份有限公司的董事和控股股东以及实际控制人未在法定期限内成立清算组开始清算，导致公司财产贬值、流失、毁损或者灭失，应在其造成损失范围内对公司债务承担赔偿责任。前述人员因怠于履行义务，导致公司主要财产、账册、重要文件等灭失，无

法进行清算的,应对公司债务承担连带清偿责任。前述人员在公司解散后,恶意处置公司财产给债权人造成损失,或者未经依法清算,以虚假的清算报告骗取公司登记机关办理法人注销登记,应对公司债务承担相应赔偿责任。

②通知公告债权人。为保护债权人合法权益,清算组应当自成立之日起 10 日内通知债权人,并于 60 日内在报纸上公告。债权人应当自接到通知书之日起 30 日内,未接到通知书的自公告之日起 45 日内,向清算组申报其债权。

③债权人申报其债权,说明债权的有关事项,并提供证明材料。清算组应当对债权进行登记。如果债权人在法定期限内未申报债权,一般应视为债权人弃权。但在公司财产能够全面清偿所有债务,并且公司剩余财产尚未分配给股东的情况下,逾期申报债权的债权人可以请求从剩余财产中得到清偿。在申报债权期间,清算组不得对债权人进行清偿。

④调查和清理公司财产,编制资产负债表和财产清单。如果公司财产能够清偿公司债务,则制订清算方案,报股东会、股东大会或者人民法院确认后实施;如果公司财产不足以清偿公司债务,清算组应当向人民法院申请破产。公司解散时,股东尚未缴纳的出资均应作为清算财产。清算期间,公司存续,但不得开展与清算无关的经营活动。

⑤收取公司债权,清偿公司债务。公司财产在支付了清算费用后的债务清偿顺序是:职工的工资、社会保险费用和法定补偿金、所欠税款、公司债务。

⑥分配公司剩余财产。对公司财产在支付前述费用和债务后的剩余财产,有限责任公司按照股东的出资比例分配,股份有限公司按照股东持有的股份比例分配。

⑦制作清算报告,申请注销公司登记。

公司被依法宣告破产的,依照有关企业破产的法律实施破产清算。

(2)清算组的职权与职责

清算组在清算期间行使的职权主要包括:①清理公司财产,分别编制资产负债表和财产清单;②通知、公告债权人;③处理与清算有关的公司未了结的业务;④清缴所欠税款以及清算过程中产生的税款;⑤清理债权、债务;⑥处理公司清偿债务后的剩余财产;⑦代表公司参与民事诉讼活动。

清算组成员应当忠于职守,依法履行清算义务,因故意或者重大过失给公司或者债权人造成损失的,应当承担赔偿责任。

参 考 阅 读

1. 曾咏梅,王峰. 经济法. 第 5 版. 武汉:武汉大学出版社,2009.
2. 法国公司法典. 第 1 版. 罗结珍译. 北京:中国法制出版社,2007.
3. 范健,王建文. 公司法. 第 2 版. 北京:法律出版社,2008.
4. 吴建斌. 日本公司法规范. 北京:法律出版社,2003.
5. 德国股份公司法. 贾红梅、郑冲译. 北京:法律出版社,1999.

6. 孔祥俊．公司法要论．北京：人民法院出版社，1997．

7. ［德］托马斯·莱塞尔、吕笛格·法伊尔．德国资合公司法．第 3 版．高旭军等译．法律出版社，2005．

8. 沈四宝，郭丹．美国合伙制企业法比较评析及对中国法的借鉴．http：//article. chinalawinfo. com/ArticleHtml/Article_ 37271. asp. 出自北大法律信息网．

9. 宋永新．新型的美国有限责任公司法评述．载《外国法择评》（原《法学译丛》），1999（4）．

10. 吴建斌．日本引进独立董事制度的经验及启示．载《南京大学学报（哲学·人文科学·社会科学)》，2003（2）．

<h2 style="text-align:center">复习思考</h2>

1. 商事主体与一般民事主体的区别。
2. 我国普通合伙企业、特殊普通合伙企业与有限合伙企业的区别。
3. 英美法中有限合伙、有限责任合伙与有限责任有限合伙的区别。
4. 简述我国合伙企业设立的基本条件和程序。
5. 简述普通合伙人对企业享有的权利。
6. 简述我国合伙企业事务决策的方式。
7. 简述我国合伙企业的外部关系。
8. 简述两大法系对公司的法律分类。
9. 简述我国一人有限责任公司的含义和法律特征。
10. 简述我国有限责任公司和股份有限公司设立的条件。
11. 简述我国股东权的主要内容。
12. 简述两大法系股份有限公司的治理结构。
13. 简述我国《公司法》对有限责任公司与股份有限公司在法人治理方面规定的不同。
14. 简述我国公司清算的基本程序

<h2 style="text-align:center">案例分析</h2>

2006 年 1 月，自然人甲、乙、丙、丁共同以人民币现金出资设立了一家从事玩具进出口贸易的有限责任公司，注册资本为 500 万元，甲持有该公司 40% 的股权并任董事长兼总经理，乙、丙分别持有该公司 25% 的股权并担任公司董事，丁持有该公司 10% 的股权并担任公司监事。在公司经营初期，大家合作良好，但后来，乙、丙与甲因意见不合经常发生纠纷，导致公司从第二年开始出现亏损。乙提议改由丙任总经理，但因丁支持甲而失败。公司成立四年来，除第一年略有盈利外，其余年份皆为亏损，现公司账面累计亏损已达 200 多万元，并有三年在股东会上不能达成有效的协议。乙最终决定退出该公司。

分析并回答：

1. 乙能否请求公司以合理的价格收购其股权？
2. 如果乙想转让其在公司的股权，他可以通过什么途径？
3. 如果乙转让股权不成功，能否向法院申请强制解散公司？

第3章
代 理 法

◎**本章要点**

在发达的经济社会中，合同以外的人代替合同当事人谈判与订立合同已成为商业关系中的一种重要关系，这种关系即代理关系。正是因为有了代理关系，一个人才能够同时在多个地方与许多不同当事人签订合同。现在国际贸易中，许多业务都是通过各种代理人进行的，如普通代理人、经纪人、运输代理人、保险代理人、广告代理人等。为了规范代理行为，保护当事人的利益，各国都通过相关的法律对代理进行了具体的规范，同时为了促进代理的发展、解决各国代理法的冲突，国际上还缔结了关于代理的国际公约。

本章对代理的相关法律问题进行了探讨，共分四节，重点探讨了代理及代理关系、代理权的产生与终止；代理关系中当事人的义务与责任、代理关系中的当事人与第三人的关系；代理中承担特别责任的当事人；有关代理的国际公约等。本章的要点是：明确什么是代理以及代理关系；了解主要国家关于代理产生与终止的相关规定；理解代理关系中代理人与被代理人的义务与责任以及代理人与被代理人与第三人的关系；了解特别责任代理人、对本人承担特别责任的代理人以及对第三人承担特别责任的代理人；了解有关代理的国际公约对代理的有关规定。

3.1 代理法概述

3.1.1 代理及代理关系

1. 代理

代理，是指代理人依被代理人（被代理人或本人）的授权，以被代理人的名义，代表被代理人与第三人谈判订立合同或为其他法律行为，而由此产生的权利义务对被代理人产生法律效力。

2. 代理关系

（1）代理关系中的当事人

在代理关系中，主要涉及的当事人有被代理人、代理人以及第三人。代理关系可以用以下图示表示：

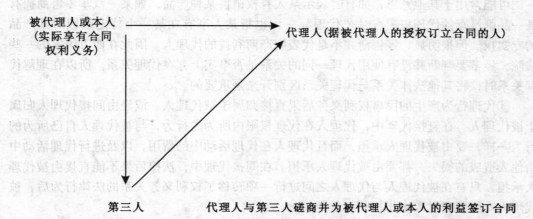

①被代理人或本人。被代理人是委托他人为自己从事某种事务的人，也是代理人与第三人所订立的合同当事人。哪些人能成为被代理人（本人）？由于合同签订后，合同的当事人是被代理人（本人）与第三人，被代理人（本人）享有合同的权利并承担保同义务，所以一般任何具有完全行为能力的人都可以通过代理人来行事。没有完全行为能力的人委托代理人的行为通常是无效的，或是可以撤销的，其法律效力就如同该不完全行为能力人所签订的合同一样，一般各国的民法或合同法中都有明确的规定。

②代理人。代理人是接受被代理人的委托，为其进行某种行为的人。代理人可以分为"特别代理人"、"一般代理人"、全权代理人"。特别代理人，是指由被代理人授权处理特定商业交易或完成特定行为的代理人，如某人接受他人的授权去购买某一产品等。"一般代理人"，是由被代理人授权处理与某一特定种类业务或贸易相关的所有事宜，或处理某一特定地点的所有业务的代理人。"全权代理人"，是指由被代理人授权处理被代理人的所有事务的代理人。如某人出国，所以委托另一人全权处理其在出国期间无法处理但又必须解决的事情，此时全权代理关系就产生了。

③第三人。是指与代理人进行磋商活动并订立合同的人，也是合同订立后的合同当事人。

（2）代理关系的法律特征

委托代理关系的法律特征可以概括为：

①代理人在被代理人的授权范围内行使代理权并以独立的意思表示实施代理行为。在代理中，代理人要在被代理人授权范围内行使代理权，否则，则可能对被代理人不产生法律约束力。

②被代理人的利益依赖于代理人的行为。即被代理人是通过代理人的意思表示，和第三人发生、变更或终止民事权利和民事义务。如果意思表示是由被代理人自己作出的，那么代理人的地位便等同于传达人，他只是把被代理人的意思传达给第三人，而不是代理。代理的这一特征使代理与传达等行为区别开来。

因此，在现实中，要注意"代理"一词与其他意思的区别。因为在现实中"代理"一词可能常用于其他意思，如有时表示某人有权销售某种产品，如某一汽车零售商拥有某一品牌汽车的代理权。有时"代理"一词也指某人享有在某一个特定区域对某产品的专卖权。但很明显，零售商并不是代表生产商利益的代理人。因此在西方国家的一些法院，经常要判断并没有使用代理一词的关系是否事实上存在代理关系。所以在理解代理关系时，将其他法律关系与代理关系区别开来是重要的。

③代理行为产生的民事权利义务后果直接归属于被代理人，或经由间接代理人归属于被代理人。在直接代理中，代理人在代理权限内所为的行为，与被代理人自己所为的行为一样，要由被代理人承担，而且代理人在代理活动中的费用，以及进行代理活动中给他人造成的损失，都要由被代理人承担。在间接代理中，法律后果不能直接由被代理人承担，只有在被代理人与代理人之间进行一项转移了权利义务关系的法律行为后，被代理人才能向相对人主张权利与义务。

在理解这一法律特征时，要注意将委任与授权区别。大陆法的代理制度将委任与授权区别，委任是被代理人与代理人之间的内部关系，由被代理人与代理人签订的委任合同决定。而授权是外部关系，是代理人据被代理人的授权与第三人订立或从事的其他法律行为，主要依委任合同中规定的范围进行。内部关系与外部关系的当事人不同，关系也不同。如根据德国法的解释，授权是一种抽象的行为，授权与委任是相互独立的，即使委任关系宣告无效或撤销，授权行为仍然存在，代理人与第三人订立的合同仍然有效，被代理人（本人）对此仍要承担责任。英美法无抽象行为概念，但却强调代理权的客观性及对内部关系的独立性。英美法除了明示授权的代理外，还有默示授权，即只要本人的行为使人认为某人是他的代理人，并与该代理人订立了合同，该合同即对本人有约束力。

3.1.2 代理权的产生

代理权的产生，即是代理关系的产生问题。代理权是代理以被代理人的名义与第三人进行交易的资格或权利。代理权的产生要具有法律上的原因，在该问题上，大陆法系与英美法系的规定有所不同。

1. 大陆法系关于代理权产生的规定

大陆法系将代理权的产生分为意定代理和法定代理。

（1）意定代理或委任代理

意定代理，是被代理人以书面或口头形式根据本人的意思表示产生的代理。这种表示可以向代理人表示，也可以向代理人为代理行为的第三人表示。

（2）法定代理

法定代理，是指代理人依据法律规定直接获得代理权的代理。法定代理人获得这种权利后，称为法定代理人。法定代理的产生情形是：（1）依法律的规定而产生。如根据民法典的规定，父母对未成年子女的代理权就是依法律规定而产生的。（2）依法院的确定而产生。如法院指定的清算人、法院指定的监护人等。（3）因私人的选任而产生。如亲属选任的监护人、家族推选的遗产管理人、公司股东选举的董事成为公司的代理人等。

2. 英美法系关于代理权的产生

英美法系关于代理权产生原因的规定较大陆法系多，英美法系关于代理权产生的原因主要是：

（1）因本人委托或授权

代理权的产生通常的方法是授权，即某人接受委托为了另一人的利益而行事。这种授权可以分为明示授权和默示授权。

明示授权，就是本人以明示的方式授权某人为他的代理人，在多数情况下，授权产生于明示，在形式上这种委托可以是书面的，也可以是口头上的，但有些委托必须采用特定的方式。如在美国，多数州的法律要求，如果创设获得可处置地上利益的代理权，则对代理人的委托必须采用书面形式。另外，在英美法中，下面的情况要用书面形式：被代理人要求代理人用签字蜡封方式与第三人订立合同，则必须采用相同方式授权代理，即要式文书"授权书"；如果是公司的代理人，则必须经要式文书指定；代理人从事代表公司董事签署公司发起书或经公司董事同意进行的活动，必须经书面授权。

美国法认为，通常两个人结婚并不能使夫妻之间产生代理关系，同样，财产共有人之间也不存在必然的代理关系，一般要经过授权而产生代理。

默示授权，是指本人的言词或行为使另一人有权以他的名义签订合同，因此本人就要承担该合同产生的义务。如，某 A 经常让 B 替他向 C 购买货物，并如数向 C 付货款，此种情况下，B 便可以认为有默示的代理权，如果日后 A 不让 B 购货，则 A 除通知 B 外还要通知 C，否则还应承担责任。

（2）因不容否认产生代理

不容否认代理，是与大陆法系的表见代理类似的制度，虽然其实质是无权代理，但可能产生代理权。不可否认代理，是指本人虽未向代理人授权，但他的言行使善意第三人相信某人是其代理，有权以他的名义签订合同，且第三人已基于这种信任进行了合同的行为，并由此改变了经济地位，则他就应当承担该合同产生的责任。

（3）因合作、合伙行为而产生代理

如果行为与代理关系存在一致，则这一行为就足以显示出本人的授权。如商店的所有人将店交给另一人管理，具备谨慎、熟悉商业惯例和特定行业特点的第三人就有充分的理由相信该管理人是店主处理本店事务的代理人。而合作行为推定产生代理的典型是合伙人之间的代理。

（4）因客观必须而产生代理

因客观必须产生代理，是指在一个人受托照管另一个人的财产，为了维护和保存另一人的财产，而超出委托范围采取某种行动时产生的代理权。但该种代理权的产生要有一定的事由或条件：第一，是实际上和商业上是必需的；第二，在行使此种代理权之前，无法与被代理人取得联系以得到本人的指示；第三，代理人所采取的措施是善意的且考虑到所有关系各方当事人的利益。

在发生该代理事由的情况下，尽管管理者未得到财产所有人的委托，超出了原委托的范围，但其所进行的代理是为了被代理人的利益，因此代理关系成立，代理行为的后果由被代理人承担。

（5）因追认而产生代理

代理人可能会在未经本人授权的情况下为了本人的利益，以本人的名义行事，或某人在并非代理人的情况下，以他人代理人的身份行事。在这种情况下，本人就有权作出选择，不承认其行为，或对其行为进行追认。

追认，就是在代理人未经授权或超出了授权范围时，以被代理人的名义同第三人订立合同，实施代理的行为，事后该行为得到了被代理人的批准或承认。

本人进行追认时，首先要有追认的意图。追认的意图可以通过语言也可以通过行为显示出来，但追认的意图必须对整个合同进行追认。例如：斯坦西未获授权，但当他得知威廉姆缺钱时，将威廉姆的一幅画以 298 美元的价格出售给可特尼。当天晚上斯坦西将该事告知了威廉姆，威廉姆并不介意这一未经授权的行为，并帮助斯坦西将画包装起来以便运输。恰巧第二天当地知名报纸对威廉姆的画做了报道，致使其作品的价格大幅上涨。那么他们之间是否存在委托代理合同？理论上，威廉姆不可能要回作品，因为其已经对斯坦西未授权的行为作出了追认，即通过知道其作品被出卖且帮其包装的行为追认，所以他们之间的合同具有约束力。① 其次，在特定的条件下，追认行为的有效性要满足一定的条件：第一，代理人必须宣称是为了特定本人的利益行事，或者说自己是特定本人的代理人；第二，在未经授权行为发生时和追认行为发生时，本人必须具备授权该行为的能力；第三，本人必须在第三人撤销该未经授权行为之前对其进行追认；第四，被追认的行为必须合法；第五，本人必须对未经授权的行为全面了解，但本人知道的其他事实是任何谨慎的人都会提出询问的事实，或某事实是可以据其他事实或业务过程作出推断，则可以推定本人知道代理的事实。如果本人不管是否知道都愿意追认，则是否知道不为条件。

追认后的法律后果是：追认后的法律后果就同该行为自始得到授权一样。因此追认具有溯及力，在该合同成立时对本人发生效力，本人与第三人受到代理人签订合同的约束。

---

① ［美］罗纳德·安德森等．商法与法律环境．第 1 版．韩健等译．机械工业出版社，2003：493.

3. 中国法律关于代理权的规定

中国关于代理权的规定主要集中在《中华人民共和国民法通则》（以下简称《民法通则》）和《中华人民共和国合同法》（以下简称《合同法》）、《中华人民共和国合伙企业法》（以下简称《合伙法》）。

（1）关于代理权的规定

我国《民法通则》中规定了直接代理，民法通则第 36 条规定："公民、法人可以通过代理人实施民事法律行为，代理人在代理权限内，以被代理人的名义实施民事行为，由此产生的法律后果由被代理人承担。"另外还具体规定，公司、法人通过代理人实施民事法律行为，代理人在代理权限内以被代理人的名义实施的民事法律行为，被代理人对代理人的民事法律行为承担民事责任。

我国《合同法》中又规定了间接代理，代理人以自己的名义为被代理人的利益实施民事法律行为，但由此产生的直接后果由代理人承担；具体规定了行纪合同，行纪合同中的代理人与一般代理合同中的代理人具有不同的法律地位，代理人可以以自己的名义进行民事活动，而在一般代理中，代理人不能以自己的名义进行活动。

《合同法》第 50 条规定："法人或者其他组织的法定代表人、负责人超越权限订立的合同，除相对人知道或者应当知道其超越权限的以外，该代表行为有效。"法定代表人的行为之所以可以产生代理，主要是因为公司法定代表人是在股东大会选举产生的董事会中产生，所以其行为可属于委托代理。

（2）关于代理权产生的规定

《民法通则》中规定了委托代理、法定代理、指定代理、追认代理，《合同法》中规定了表见代理、追认代理，《合伙企业法》中规定了合伙代理。

①委托代理。委托代理，是指委托代理人按照被代理人的委托行使代理权。民事法律行为的委托代理，可以用书面形式，也可以用口头形式，法律规定用书面形式的，应当用书面形式。

②法定代理。法定代理，是法定代理人依照法律的规定行使代理权。无民事行为能力的人，限制行为能力的人可以通过法定代理的方式设定代理权。对于无民事行为能力的人、限制行为能力的人，他们监护人是其法定代理人。

③指定代理。指定代理，是指指定代理人按照人民法院或者指定单位的指定行使代理权。这种代理主要是在无委托代理人或法定代理人的情况下产生的一种代理。

④追认代理。《民法通则》第 66 条从代理的法律效力的角度规定了追认代理："没有代理权、超越代理权或者代理权终止后的行为，只有经过被代理人的追认，被代理人才承担民事责任。未经追认的行为，由行为人承担民事责任。本人知道他人以本人名义实施民事行为而不作否认表示的，视为同意。"

《合同法》第 47 条、第 48 条具体规定了追认代理的情形：第 47 条规定："限制民事行为能力的人订立的合同，经法定代理人追认后，该合同有效，但纯获利益的合同或者与其年龄、智力、精神健康状况相适应而订立的合同，不必经法定代理人追认。相对人可以催告法定代理人在一个月内予以追认。法定代理人未作表示的，视为拒绝追认。合同被追认之前，善意相对人有撤销的权利。撤销应当以通知的方式作出。"第 48 条规定："行为人没有代理权、超越代理权或者代理权终止后以被代理人名义订立的合同，未经被代理人追认，对被代理人不发生效力，由行为人承担责任。相对人可以催告被代理人在一个月内予以追认。被代理人未作表示的，视为拒绝追认。合同被追认之前，善意相对人有撤销的权利。撤销应当以通知的方式作出。"

⑤表见代理。表见代理，是指代理人虽无代理权，但善意第三人在客观上有充分的理由相信其有代理权，并因此与无代理权人为民事行为，该行为的后果由被代理人承担。《合同法》第 49 条对表见代理作了规定："行为人没有代理权、超越代理权或者代理权终止后以被代理人名义订立合同，相对人有理由相信行为人有代理权的，该代理行为有效。"

⑥合伙代理。《合伙企业法》中对合伙代理作了规定：普通合伙企业的合伙人对外具有代表权，合伙企业对合伙人执行合伙事务以及对外代表合伙企业权利的限制，不得对抗善意第三人。

3.1.3　无权代理

1. 无权代理及产生情形

无代理权，是指行为人没有代理权或超越代理权或代理权期限已过，但以他人名义进行代理的行为。

无权代理主要基于以下情形产生：代理人超越授权范围进行代理；代理权消灭后，代理人所为的行为；被代理人授权行为无效时，代理人所为的代理；不具备默示授权条件的代理。

2. 无权代理的种类

无权代理可分为一般的无权代理和特殊的无权代理。

（1）一般的无权代理

一般的无权代理，也称狭义的无权代理，是指代理人在无代理权，也无在表面上使第三人相信其有代理权的情况下，以被代理人名义进行代理的行为。

无权代理对被代理人的效力，大陆法系国家与英美法系国家的规定有所不同。

①大陆法系国家的规定。大陆法系国家认为无权代理对被代理人行为不发生任何法律效力，除非被代理人主动追认。无权代理非经被代理人追认不对被代理人发生效力，但为了保护善意第三人的利益，大陆法系国家为第三人设立了催告权和撤回权的制度。如德国民法典规定，在发生无权代理的情况下，第三人可以催告被代理人进行追认，如果被代理人在两周内未作出追认，则视为拒绝追认。而在作出追认期内，第三人还可以行使撤回权，从而使其与代理人所订的合同消灭，但行使撤回权的条件是第三人在与代理人订立合同时不知代理人无代理权。

大陆法系的大多数国家还认为，如果第三人在订立合同时，不知代理人无权代理，且是善意无过错，无权代理人应对第三人承担责任。即第三人有权向无权代理人要求赔偿。但如果第三人在订立合同时已知代理人无权代理而与无权代理人订立合同，则第三人丧失向无权代理人要求赔偿的权利，因为第三人也有过错。

②英美法系国家的规定。英美法系国家也认为无代理权人应对第三人承担责任。但与大陆法系国家不同的是，英美法系是以默示担保的原则为基础。英美法系国家将无权代理称为违反代理权的默示担保，当代理人与第三人订立合同时，代理人对第三人有默示担保义务，即保证他是有代理权的，否则第三人则可以违反了默示担保为由，对无权代理人提起诉讼。无权代理人对第三人的担保，不因善意或恶意免除。

但对无代理权人对第三人承担责任的内容，英美法系不同国家的规定又有区别。如法国法认为由于无代理权人不是民事行为能力的当事人，所以第三人只能向无代理权人要求其损害赔偿，而不能要求其继续履行合同。而德国法则认为，第三人可以在要求损害赔偿和继续履行中进行选择。

③中国《合同法》中的规定。中国《合同法》规定，行为人没有代理权、超越代理权或代理权终止且以被代理人名义订立的合同，未经被代理人追认，视为无权代理，对被代理人不发生效力。

（2）特殊无权代理

特殊无权代理，是指虽实质上是无权代理，但由于一些特定的情形，可能成为或作为有权代表的代理。特殊的无权代理在一些国家称之为表见代理，一些国家则称之为不容否认的代理。

①表见代理。表见代理，是指代理人虽无代理权，但善意第三人在客观上有充分的理由相信其有代理权，并因此与无权代理人为民事法律行为，并使该项法律行为的后果直接由被代理人承担的法律制度。表见代理制度实质上是依法将无权代理作为有权代理来认定的法律制度，其目的是为了既维护交易安全，又支持交易的效率；既保证被代理人的利益不受损害，又维护相对人的交易安全。

但对是否构成表见代理一般都规定要符合一定的条件，如被代理人知道或应知道无代理权人为其代理并不表示反对；第三人无过错，有正当理由相信无权代理人有代理权。

各国法一般规定表见代理只要符合一定的条件就是有效的，中国《合同法》也规定只要具备一定的条件，表见代理应视同有权代理。中国《合同法》中规定的表见代理的条件是：行为人没有代理权；客观上存在使相对人确信行为人有代理权的事实；相对人在主观上需善意，无过错。而不符合表见代理条件的代理，为无权代理。因此，如果行为人与相对人之间订立的合同具备合同的其他有效要件，也具备表见代理的条件，则因表见代理行为订立的合同所设定的权利义务，由被代理人承担，被代理人由此受到损失的，有权向代理人请求赔偿。

②不容否认代理。在英美法中，与表见代理类似的制度称为"不容否认代理"，该制度主要是以代理权的客观性和对内部关系的独立性来说明代理权限的问题。不容否认

代理，指被代理人虽未授权，但被代理人的言行表明他已经同意授权，如果第三人已依该明显的授权而采取行动，则被代理人不能否认他的言行，而必须被视为已向另一方授权。构成不容否认代理主要是被代理人通过他的言行表明其已授权，而不能仅凭代理人的陈述。

3.1.4 代理关系的终止

代理权终止，是指根据代理关系中代理协议一方或双方当事人的表示或行为，或法律规定而终止，代理人的代理权终止后便丧失代表本人行事的一切权利。各国的法律都规定了代理权终止的情形。

1. 代理权终止的情形

综合主要国家相关法律关于代理权终止的情形主要有：一是当事人的意思或行为，二是法律规定。

（1）依当事人的协议或行为而终止

一般来说，代理合同中都会规定代理关系的存续期间，代理关系在合同中规定的期间届满时终止。如果代理合同中没有规定期限，当事人可以通过双方的协商而终止。这是终止合同的正常情况。

代理合同是否可以因当事人单方的行为而终止？根据各国法律，代理关系的任何一方当事人有权在任何时候终止代理关系。

被代理人可以撤回或终止代理合同，但此时被代理人应承担通知义务。但对于什么时间通知代理人，不同国家有不同的法律规定。如德国法规定，被代理人应当给代理人以合理的时间通知。如果本人在代理关系存续期间不适当地撤销代理关系，本人须赔偿代理人的损失，其中包括代理人的佣金损失或其他报酬。大部分大陆法系国家法律还作了一些强制性的规定：本人终止合同时，必须在相当长的时间以前通知代理人。如法国法则规定，对于与代为招揽业务的代理人订立的代理合同，凡合同中未规定期限者，本人在终止合同以前必须向该代理人预先发出通知，通知的期限是在约定后的第一年为 1个月，第二年为 2 个月，第三年为 3 个月。德国法律规定，对于未定期限的代理合同，其通知终止的期限，在订立合同后的第一年至第三年为 6 个月，三年以后的为 3 个月。其他大陆法国家也有类似的规定。

而英美法国家，对本人单方面撤回代理权有一定的限制。根据英美判例，如果代理权的授予与代理人的利益结合在一起，本人就不能单方面撤回代理权。对于本人单方面撤回代理权，则本人不但要通知代理人，还要通知第三人，代理终止的通知必须同时送达到相关第三人，在第三人收到通知书前，代理人的行为对本人和第三人仍有约束力。如果被代理人终止合同给代理人造成损失，则应当承担赔偿责任。代理合同签订后，代理人也有权放弃代理权，但给被代理人造成损失的，要承担赔偿责任。

（2）因法律规定而终止

代理关系是一种个人行为，根据法律规定，如果有任何情况使得代理关系中的一方当事人无法参与代理关系，则代理关系终止。通常因法律规定而终止的情况是：（1）被代理人取得或恢复民事行为能力，法定代理人或指定代理人的代理权终止；（2）本人或代理人精神失常；（3）本人或代理人死亡、破产或更新行为能力；（4）代理关系不能履行，如标的物的灭失；（5）本人的国家正在与代理人的国家交战。

（3）中国关于代理关系终止情形的规定

中国在《民法通则》以及《合同法》中规定了代理关系终止的问题。《民法通则》第69条对委托代理关系终止的情形作了规定，代理关系终止的情形是：代理期届满或代理事务完成；被代理人取消委托代理或代理人辞去委托；代理人死亡；代理人丧失民事行为能力；作为被代理人或代理人的法人终止。第70条对法定代理或者指定代理终止的情形作了规定，法定代理或者指定代理终止的情形是：被代理人取得或者恢复民事行为能力；被代理人或者代理人死亡；代理人丧失民事行为能力；指定代理的人民法院或者指定单位取消指定；由其他原因引起的被代理人和代理人之间的监护关系消灭。

在《合同法》中规定，代理合同可以随时解除，但给当事人一方造成损失的，应当承担赔偿责任。

2. 代理权终止后的法律效力

（1）代理合同当事人之间的法律效力

代理合同当事人之间的法律效力，即本人与代理人之间的法律效力。代理关系终止后，代理人不得以被代理人名义进行代理行为，因为代理人已无代理权。但代理关系终止之前，应当履行的权利义务，不因代理关系即将终止而受到影响。大陆法国家为了保护商业代理人的利益，一般在商法中都特别规定，在终止代理合同时，代理人对于他在代理期间为本人建立的商业信誉，有权要求本人予以赔偿。理由是，在代理合同终止后，这种商业信誉将为本人所享有，本人将从中得到好处，而代理人则因代理合同的终止而失去一定的利益。

（2）对第三人的法律效力

在代理合同被撤回或终止后，对第三人是否有约束力，主要取决于第三人是否知情。根据各国法律的规定，如果由于本人的行为撤销或终止代理权，则必须向第三人发出通知，如果第三人并未收到通知，即第三人不知道，则代理人所订立的合同，对本人和第三人有约束力，但代理人有权要求赔偿。在代理人放弃代理权时，也应当通知第三人，否则合同对本人有约束力，但被代理人有权要求赔偿。

3.2 代理关系中当事人的义务与责任

代理关系中涉及三方当事人：被代理人即本人、代理人、第三人。当事人的义务与责任具体表现在被代理人与代理人的关系中，以及被代理人、代理人与第三人的关系中。

3.2.1 被代理人（本人）与代理人关系中的义务与责任

本人与代理人的关系是代理合同的内部关系，本人和代理人依合同一经建立代理关系，就会产生相应的义务与责任。

1. 被代理人的义务与责任

（1）按合同约定支付佣金或报酬

按代理合同约定支付佣金或报酬是本人的一项重要义务，在代理合同中必须对此特别明确。但要注意以下情况，并在代理合同中明确约定：

①本人不经代理人介绍，在代理人代理地区的第三人直接与被代理人订立合同，被代理人是否支付佣金或报酬。大陆法系国家规定：代理人对其代理地区内的客户同被代理人达成的一切交易，被代理人都有义务支付佣金或报酬。而英美法系国家则分不同情况进行处理，主要是看是否通过代理人的努力而达成交易。如果被代理人与第三人的交易是代理人努力的结果，则被代理人有义务支付报酬或佣金；但如果未通过代理人中介而直接与第三人达成交易，则被代理人无义务支付报酬或佣金。但代理合同有规定的则可能改变以上规定。

②代理人介绍的第三人再次向被代理人订货，即连续订货情况下，被代理人是否支付报酬或佣金。大陆法系国家认为，在以下情况下被代理人有义务支付报酬或佣金：代理人曾参与交易的准备和洽谈工作；交易的达成主要是由于代理人的活动；交易是在代理合同终止后合理的时间内达成的。而英美法判例认为，主要是看代理合同是否约定期限，若代理合同未约定期限，则代理合同终止后，第三人再次向被代理人订货，被代理人仍有义务向代理人支付报酬或佣金；若代理合同约定了期限，期限终止后，第三人再次向被代理人订货，则被代理人无须支付报酬或佣金。

③如果代理合同规定被代理人收到货款后支付报酬，但交易最后未达成，但代理人为交易付出了劳动，被代理人是否有义务支付报酬。大陆法系国家认为，主要看是谁的原因使交易未达成，若是代理人的原因，则被代理人无义务支付报酬；若是被代理人的原因，则被代理人有义务支付报酬。而英美法认为，若第三人拒绝履行合同，但被代理人因此得到了赔偿，则被代理人应支付代理人的报酬；若未获得赔偿，则代理人无义务为被代理人的利益而起诉第三人；若被代理人拒绝履行合同而使第三人不履行合同，则被代理人有义务支付代理人报酬。

（2）补偿代理人因履行职责而支出的费用或受到的损失

在代理中，代理人为履行代理合同义务而支出的费用属于正常的业务费用，除合同另有规定的外，本人无义务支付。但是若代理人为完成被代理人的特殊业务，因执行本人指示而支付的费用或受到的损失，则本人有义务支付。

（3）让代理人查看账目

让代理人查看账目是大陆法系国家法律的强制性规定，即代理人有权利查看、审核和被代理人有关的账目或其他法定文件，以确保代理人义务的履行。

2. 代理人的义务与责任

（1）亲自履行代理合同义务，未经被代理人许可不得转委托

代理人必须亲自履行，不得将委托权转让第三人。因为代理合同不是一般的合同，最大的特点是一种信用合同，所以要求代理人要亲自履行，如遇到客观情况确实本人不能亲自履行需要转让代理权、委托权，则要获得被代理人的授权。在无授予权的情况下转让，则要及时通知被代理人。在发现不能依特定的委托行事时要及时通知被代理人，如遇紧急情况不能及时通知被代理人，则要以最好的判断为被代理人行事。对此中国《合同法》第 68 条规定："委托代理人为被代理人的利益需要转托他人代理的，应当事先取得被代理人的同意。事先没有取得被代理人同意的，应当在事后及时告诉被代理人，如果被代理人不同意，由代理人对自己所转托的人的行为负民事责任，但在紧急情况下，为了保护被代理人的利益而转托他人代理的除外。"

因代理人的责任而给本人造成损失，代理人应当承担责任。如代理人的责任是收取现金，而他却收取了汇票，则如果汇票无法获得承兑，代理人就要承担因此给本人造成的损失。再如，保险经纪人承诺为本人投保一份特定的保单，但却没有做到，经纪人应当承担因此而给本人造成的损失。

（2）勤勉、合理注意

代理人要恪尽职守，努力以自己的最好技能为被代理人行事。如果代理人具备某一特殊技能，如作为经纪人或律师，则代理人必须很好地履行其技能，代理人要尽到在通常情况下所应尽的注意义务。

（3）诚信与忠诚

代理人对本人必须最大诚信、极度忠诚。对此各国法律规定了一些代理人违反诚信、忠诚义务的禁止行为。

诚信与忠诚的主要内容是：

①代理人不能同时充当交易双方的当事人，除非交易双方知道这一情况，并且允许其作为他们的共同代理人。如果代理人未经交易双方当事人的共同同意就出任双方的共同代理人，则任何不知情的一方当事人可以主张交易无效，并请求损害赔偿。

②代理人不得以被代理人的名义与代理人自己订立合同，除非事先经过本人同意。如本人委托代理人替其推销货物时，除非事先经过本人同意，否则代理人自己不得利用代理关系的便利同本人订立买卖合同买进本人的货物。如《德国民法典》中就有规定："代理人除经特别许可的情形外，不得以本人的名义与自己为法律行为。"

③代理人不得从代理关系中取获任何秘密的私利或与第三人串通或接受第三人的贿赂损害本人利益。如果本人想要购买或租赁某财产，代理人不得暗地取得该财产，然后将其出售或租赁给本人从中牟利。即代理人不得谋取超出其本人除给他的佣金或报酬以外的任何私利。如果获取了私利，接受了贿赂，本人有权向代理人索还，并可以不经事先通知而解除代理关系或撤销代理人与第三人订立的合同，拒付酬金。本人还可以对代理人和第三人起诉，要求他们赔偿因行贿受贿订立合同所造成的损失，即使未给本

人造成损失，本人也可以行使有关权利。有些国家的法律规定，代理人违反诚信情节严重的可承担刑事责任，如根据英国 1906 年的《反贪法》的规定，情节严重的可追究刑事责任。

④代理人必须以保护本人相关利益为出发点，将所有与代理有关的信息告知本人，以供本人决定是否进行相关商业行为。

（4）分账管理，向本人申报账目

对代理人账目上属于本人财产或金钱，代理人必须作好记账工作，在合理的期间内，必须对所有支出作出准确记录，并通知本人；代理人必须将自己的财产、金钱与本人的财产、金钱分开；代理对一切代理交易的项目保持正确的账目，应据代理合同的规定或本人的要求向本人申报账目；代理人为本人收取的一切款项必须全部交给本人，如果本人拖欠佣金或相关费用，代理人可以行使留置权或抵销权。

（5）不得泄露代理活动中知悉的秘密资料

无论代理合同中是否有规定，代理人都不得在代理关系续存期内或代理关系终止后合理的时间内，将其所知道的秘密资料告知第三人或自己利用这些资料。

3.2.2 被代理人、代理人与第三人之间的关系

被代理人、代理人与第三人之间的关系，是代理的外部关系。外部关系主要是确定与第三人签订合同的一方是被代理人还是代理人，即第三人与谁签订合同的问题。对此大陆法系国家与英美法系国家有不同的规定。

1. 大陆法系国家关于外部关系确定的规定

大陆法系国家所采用的标准主要是看代理人以何种身份与第三人签订合同，是以代表的身份，还是以其个人的身份。

（1）代理人以代表的身份与第三人签订合同

当代理人以代表的身份同第三人订立合同，该合同就是本人与第三人订立的合同，合同的当事人就是本人和第三人，本人受合同的约束，即合同对本人和第三人产生权利义务。在此种情况下，代理人只要客观上表明自己是代表身份就可以，声明他是受他人的委托订立合同，不必向第三人披露被代理人的具体身份。

此种代理在大陆法系国家中也称为直接代理，也称为商业代理，即代理人在代理权限内以代表的身份，以本人的名义同第三人订立合同，其效力直接及于本人。

（2）代理人以其个人身份与第三人签订合同

如果代理人在订立合同时不表明自己是代表身份或是以个人身份与第三人订立合同，被代理人与第三人原则上无直接的法律关系，合同的当事人是代理人和第三人，即对代理人和第三人产生权利义务。因此，被代理人不能仅凭代理人与第三人签订的合同向第三人主张权利，只有在通过另一个合同将代理人与第三人签订的合同义务转给被代理人后，代理人与第三人签订的合同权利义务，才在被代理人与第三人中产生。即被代理人原则上不能直接行使合同所产生的权利，也不直接承担合同的义务，第三人也不能

直接向被代理人提出请求，只有通过另一个合同，才产生权利与义务。

此种代理大陆法系国家称间接代理，即代理人以自己的名义，但是，是为了本人的利益而与第三人订立合同，日后再将其权利义务通过另一个合同转移于本人。

2. 英美法系国家关于外部关系确定的规定

在英美法系中无直接代理和间接代理的概念，判断第三人同代理人订立的合同是与代理人订立的还是与本人订立的标准是谁对合同实际承担义务，即采用了义务标准。具体分为以下几种情况：

（1）代理人已披露本人

代理人在订立合同时，已披露被代理人的姓名，即告知了第三人关于被代理人的情况，代理人为了被代理人的利益与第三人签订合同，并且是在代理权限内，或虽未在权限内，但事后得到了被代理人的追认，且签字适当（代理人在合同上签上自己的名字或在票据上签上自己的名字，则认为是签字不适当），则合同的当事人是被代理人和第三人。这种代理也称显名代理，代理人既不能从合同中取得权利，也不对合同承担责任。

但是，下列情况除外：如果代理人以他自己的名字在签字蜡封的合同上签了名，代理人就要承担责任；如果代理人以他自己的名字在汇票上签了名，则他就要对该汇票负责。

（2）代理人部分披露本人

代理人只向第三人披露代理关系，但不披露本人的情况，不告知本人姓名，即本人的姓名不在合同中载明。这种代理称为不显名代理或不公开本人姓名代理。此种情况下订立的合同，当事人仍是本人与第三人，即代理人不对合同承担责任。按英国的判例，代理人在与第三人订立合同时，如仅在信封抬头或在签名之后加列"经纪人"或"经理人"的字样是不足于排除其个人责任的，而必须以清楚的方式表明他是代理人，如买方或卖方代理人等。

（3）代理人未披露本人

如果代理人在订立合同时未向第三人表明代理身份，也未表明被代理人的身份或情况，则在此情况下，无论代理人是否获得授权，代理人与第三人签订的合同，原则上都对代理人和第三人产生法律效力，因为代理人实际上将自己置于本人的地位与第三人订立合同，所以本人或被代理人不承担责任。这种代理称为隐名代理或不披露本人身份代理。

但是，对于本人是否可以直接取得这个合同的权利并承担义务？对此英美法系规定了对于未披露的本人与第三人具有不同于大陆法的间接代理的权利。

①合同对于未披露的本人是否有约束力，取决于本人是否行使介入权。对于未披露的本人来说，具有介入权，即有权介入合同，本人可以直接行使合同上的权利，履行合同义务，而无需通过另一个合同进行转让，因此可以直接对第三人行使请求权或在必要时对第三人起诉。也就是说，如果未披露的本人行使了介入权，则合同的当事人就是本

人与第三人。

但介入权的成立，必须是未被披露的本人行使介入权与合同明示或默示的条款不相抵，如果第三人实际上或只是希望与代理人订立合同，介入权就不成立。

②合同对第三人的效力，取决于第三人如何行使选择权。对于第三人来说，发现真正的被代理人后，有选择权，即可以选择被代理人或代理人承担合同义务。第三人可以通过起诉的方式选择，第三人对本人或代理人中任何一个人提起诉讼程序就是他作出选择的初步证据，这种证据可以被推翻，如果被推翻，则第三人仍可对他们中的另一人提起诉讼。但法院作出的判决，是第三人作出选择的决定性证据，第三人不能对他们中的另一人再行起诉。

3. 中国《合同法》关于中关于内部关系与外部关系的规定

中国《民法通则》、《合同法》规定了代理的内部关系与外部关系。《合同法》相关条款的基本内容都来自国际统一私法协会于 1983 年 2 月 17 日制定的《国际货物销售代理公约》。《国际货物销售代理公约》主要解决以委托人和受托人为一方，而第三人为另一方之间的、在国际货物买卖中委托的外部关系的法律效力。《民法通则》、《合同法》区分不同情况作了具体规定。

（1）代理人以被代理人的名义与第三人行为的效力

《民法通则》第六十三条规定了显名代理："公民、法人可以通过代理人实施民事法律行为。代理人在代理权限内，以被代理人的名义实施民事法律行为，被代理人对代理人的代理行为，承担民事责任。"

（2）受托人以自己的名义与第三人订立合同，但第三人知道代理关系存在时的效力

《合同法》引入了英美法系显名代理和不显名代理制度，《合同法》第 402 条第 1 款规定了不显名代理："受托人以自己的名义，在委托人的授权范围内与第三人订立的合同，第三人在订立合同时知道受托人与委托人之间的代理关系的，该合同直接约束委托人和第三人，但有确切证据证明该合同只约束受托人和第三人的除外。"

为了方便当事人，该条第 2 款规定，在这种情况下，"第三人在订立合同时知道受托人与委托人之间的代理关系的，该合同直接约束委托人和第三人"。即如果第三人在订立合同时，知道了受托人与委托人之间存在委托关系，受托人用自己的名义对外订立的合同是为了委托人的利益，受托人与第三人订立的合同的权利与义务就可以直接约束委托人与第三人，也就是说，第三人可以直接向委托人履行义务，委托人也可以直接向第三人行使因合同关系产生的权利。

但有确切证据证明，上述规定则不能发生效力，即：（1）第三人不知道受托人与委托人之间存在委托关系时，合同的权利义务必须由受托人自己承担；（2）如果合同写明了只能由第三人向受托人履行，委托人也没有权利请求第三人履行。

（3）受托人以自己的名义与第三人订立合同，但第三人不知道代理关系存在时的效力

《合同法》第 403 条第 1 款规定了隐名代理："受托人以自己的名义与第三人订立合同时，第三人不知道受托人与委托人之间的代理关系时，受托人因第三人的原因对委托人不履行义务，受托人应当向委托人披露第三人，委托人因此可以行使对第三人的权利，但第三人与受托人订立合同时，如果知道该委托人就不会订立合同的除外。"

该条第 2 款规定："受托人因委托人的原因对第三人不履行义务，受托人应当向第三人披露委托人，第三人因此可以选择受托人或委托人作为相对人主张权利，但第三人不得变更选定的相对人。"

该条第 3 款规定："委托人行使受托人对第三人的权利的，第三人可以向委托人主张其对受托人的抗辩。第三人选定委托人作为相对人的，委托人可以向第三人主张其对受托人的抗辩以及受托人对第三人的抗辩。"

可见，在隐名代理中，《合同法》规定了本人的介入权与第三人的选择权，其主要意思是：第一，赋予本人介入权。该条第 1 款的内容就是对本人介入权的明确规定；第二，赋予第三人选择权。该条第 2 款的内容，实际上确立了第三人选择的规则，即第三人在委托人披露委托人后，可以选择委托人或受托人作为合同的相对人，但这种选择不得变更，只有一次。

3.3 承担特别责任的代理人

3.3.1 特别责任代理人

代理制度的一般原则是，代理人获得代理权，并在代理权限内与第三人订立合同，合法的当事人是被代理人和第三人，代理人不必承担因合同产生的责任。但在特殊情形下，代理人还要为所签订的合同承担特别责任，承担特别责任的人就是特别责任代理人。

最典型的承担特别责任的代理人，是信用担保代理人。这主要是由于被代理人和第三人缺乏了解和信任，所以为了保护自己的利益和安全，他们会要求代理人承担特别责任。在国际货物买卖中常有这种情况，卖方希望在国际货物买卖中转移由于对买方不了解所产生的风险，他们对代理人有更多的要求，信用担保代理人越来越多地出现在国际货物买卖中。此外，与国际货物买卖相关的代理人还有保付代理人、保兑银行、保险代理人、运输代理人等。

3.3.2 承担特别责任的代理人

1. 对本人承担特别责任的代理人

对本人承担特别责任的代理人是信用担保代理人，信用担保代理人的责任是，在他所介绍的第三方不履行义务时，由信用担保代理人赔偿本人因此而受到的损失。信用担保代理人不但可以使委托人避免因代理人所在地区的买方资信出现的风险，也可以使代理人的代理质量更高，不会只为了佣金而忽视买方的资信。

但从法律上看，在本人与代理人之间除了一个代理合同外，实际上还有一个担保合同，代理人根据担保合同对本人承担责任。

在英美法系国家中，虽然没有关于信用担保的成文法规定，但是在判例中形成了一些规则。早期，判例认为信用担保人的责任是第一位的责任，但自19世纪以来，则认为信用担保人的责任是第二位的责任。只有买方（第三人）无力支付货款或因类似原因致使委托人不能收回货款时，信用担保人才承担责任，而且信用担保人只承担买方（第三人）的清偿能力，而不承担合同是否履行。

在大陆法系国家，一般对信用担保代理人都有明确的规定，信用担保代理在直接代理和间接代理两种情况下都可以成立，《德国商法典》和《瑞士债务法》规定，对一般代理不要求以书面形式订立，但对信用担保条款则要求用书面形式订立。

2. 对第三人承担特别责任的代理人

在国际商事中，依据法律、惯例或合同的规定，有些代理人必须对第三人承担特别责任。与国际商事活动关系较密切的、对第三人承担特别责任的代理人主要有：

（1）保付代理人

在英美法系国家，有一种对第三人承担特别责任的代理人，称为保付代理人，在一些国家中也称为"出口商行"或"保付商行"。保付代理人业务是代表国外的买方（本人）向本国的卖方（第三人，从普通代理合同的角度看，卖方是第三人）订货，并在外国买方的订单上加上保付代理人自己的保证，由保付代理人担保外国的买方履行合同，若外国的买方拒付货款，则由保付人向卖方支付货款。

在保付代理中，存在着两个方面的关系，一是买方与保付代理人之间的委托人（本人）与受托人（保付代理人）的普通代理关系；二是保付代理人与卖方（第三人）的担保关系。在这一关系中，保付代理人的责任是对卖方（第三人）承担支付货款的责任。如果在合同履行前，国外买方（本人）无正当理由取消订单，保付代理商仍需对本国卖方（第三人）支付货款，之后保付代理人有权要求外国买方（本人）偿还他所付的货款，在某些情况下还可以要求赔偿损失。

（2）保兑银行

这主要是在国际货物买卖支付中，在使用跟单信用证的支付方式中产生的保证对第三人承担特别责任的保证，承担特别责任的银行就是保兑银行。保兑银行是跟单信用证中进行保兑的银行，保兑银行也是一种对第三人承担特别责任的代理人。

跟单信用证的业务流程是：第一，在合同中约定信用证支付；第二，买方向银行申请不可撤销的保兑信用证；第三，买方银行委托卖方所在地银行对信用证进行保兑；第四，通知卖方（第三人，信用证业务上称为受益人），卖方按信用证的要求提供相关单据；第五，出口地的保兑银行支付货款。

在这一关系中，开证银行是被代理人，保兑银行是代理人，而卖方是第三人，保兑银行承担对第三人支付货款的义务。

根据国际商会《跟单信用证统一惯例》的规定，当开证银行授权另一银行对其开出的不可撤销信用证加以保兑，另一家银行加以保兑时，此项保兑就构成保兑银行的一项确定的担保，即保兑银行对该信用证的受益人（卖方）按信用证规定的条件付款或承兑信用证项下的汇票并于到期时付款的义务。

（3）运输代理人

运输代理人是接受客户委托，代客户向运输公司订舱位的人。运输代理人一般由具备很专业的运输知识的人担任，客户是被代理人，运输公司是第三人。在这一法律关系中，由运输代理人直接承担被代理人、运输公司产生的相关违约责任。如果客户届时未装运货物，使货轮空舱，代理人须支付空舱费，支付后代理人可以向客户要求赔偿。如果客人拖欠代理人的佣金、手续费或其他费用，代理人可以对其占有的客户货物行使留置权。

（4）保险代理人

保险代理人，也称保险经纪人，是在保险业务中产生的不是由被代理人支付代理费用的保险代理人。保险代理人是基于投保人的利益，为投保人和保险人提供中介服务的人。

在国际货物买卖中，由于风险很大，所以要对货物进行投保，但一般必须委托保险代理人代为办理，这是保险行业的惯例。如英国海上保险法规定，凡海上保险合同由经纪人替被保险人（本人）签订的，经纪人须对保险人（第三人）就保费直接负责，保险人则对被保险人就保险金额直接负责。据此，如果被保险人不交纳保险费，经纪人须直接负责对保险人交纳保险费，如果保险标的物因承保范围内的风险发生损失，则由保险人直接赔偿被保险人。但在保业中，经纪人佣金的支付不同于其他行业的支付，在其他行业中，经纪人的佣金由委托人（本人）支付，而在保险业中，经纪人的佣金由保险人支付。

3.4 国际代理统一法

随着国际贸易的发展，一方面代理制度被广泛使用，另一方面，由于各国法律的不同，特别是大陆法系与英美法系的不同，代理制度产生了冲突，阻碍了代理的发展。国际私法协会为了制定统一的代理法，从 1956 年开始，经过多年的努力，拟定并通过了有关代理的国际公约。

3.4.1 《国际货物销售代理公约》

《国际货物销售代理公约》（简称《代理公约》），由国际统一私法协会于 1981 年起草，并于 1983 年 2 月 17 日在日内瓦外交会议上正式通过。《代理公约》共四章和两个附件。主要内容包括：适用范围及一般规则；代理人权利的确立及范围；代理人权利的终止；最后条款；附件一：外商独家经销协议样本；附件二：外商代理协议样本。

《代理公约》的宗旨是在平等互利的基础上发展国际贸易，顾及不同社会、经济及法律制度，系统而详尽地概括了各种代理模式，逾越了代理法在两大法系之间的鸿沟，达成了代理法律关系有限度的统一，它是迄今为止在统一代理法方面最成功、最完备的国际公约。

1.《代理公约》的适用范围

（1）适用的代理

关于《代理公约》的适用范围，《代理公约》第1条规定：（1）当某人——代理人有权或表示有权代理另一人——本人，与第三人订立货物销售合同时，适用本公约；（2）本公约不仅适用于代理人订立此种合同，也适用于代理人以订立该合同为目的或有关履行该合同所从事的任何行为；（3）本公约只涉及以本人或代理人为一方与以第三人为另一方之间的关系；（4）无论代理人以他自己的名义还是以本人的名义实施行为，均适用本公约。

可见，《代理公约》适用的代理范围广，几乎适用于所有的代理，具体而言，适用的代理包括：代理人以自己的名义实施的代理、代理人以被代理人的名义实施的代理、在授权范围内的代理、越权代理、无权代理、表见代理等。

（2）适用的地域范围

《代理公约》规定，仅适用于本人与第三人在不同国家设有营业地，而且代理人在某一缔约国设有营业地，或者根据国际私法规定导致适用某一地国的法律。这一规定类似于《国际货物销售合同公约》中的规定。

（3）适用的代理人代理的范围

《代理公约》适用于代理人订立国际货物销售合同的代理，但对具体有哪些代理业务，则未规定，而是用排除法列举了不适用公约的代理。不适用的代理主要包括：证券交易、商品交易或其他交易商品的代理；拍卖商的代理；家庭法、夫妻财产法或继承法规定的法定代理；对无民事行为能力人的法定代理，或由司法部门授权对无行为能力的指定代理；由司法部门或准司法部门的裁决或受上述部门直接控制下产生的代理。

2. 代理权的设定

《代理公约》规定，本人对代理人代理权的授予，可以以明示方式，也可以以默示方式，在形式上可以书面或口头，包括证人证明，但如果本人或者代理人设有营业所的缔约国在批准参加时已对上述规定作出了保留声明，则根据该国立法要求，代理权的授予、追认或者终止，必须用书面形式证明。

3. 代理人行为的法律效力

对于代理人代理行为所产生的法律效力，《代理公约》分为以下情况作了规定：

（1）代理人在授权范围内所进行的代理行为的效力

①如果代理人在授权范围内代表本人的行为，第三人知道或理应知道代理人的代理身份的，则代理人的代理行为直接约束被代理人与第三人，不受第三人是否真正知道被

代理人是谁的影响；

②如果第三人不知道或无从知道代理人的代理身份，或第三人和代理人已经同意或知道代理人仅约束自己，则其行为对代理人和第三人具有约束力；

③如果代理人未向第三人披露被代理人，当代理人因第三人不履行义务或因其他理由未履行或无法履行其对被代理人的义务时，被代理人有权介入合同，但同时也要受第三人可能对代理人提出的任何抗辩的限制。如果被代理人未履行或无法履行其对第三人的义务，第三人发现了未公开的被代理人后，可以直接对被代理行使从代理人处取得的权利，但同时要受到代理人对第三人及被代理人可能对代理人提出的双重抗辩的限制。但若第三人知道被代理人的身份就不会订立合同，或只愿意与代理人订立合同并提出过声明的，被代理人不得对第三人主张权利。

（2）代理人无权代理或越权代理所进行的代理行为的效力

一般原则是，代理人的行为对被代理人和第三人无约束力。但是以下情况除外：

①第三人合理并善意相信其有代理权，则被代理人不得以无权为由对抗善意第三人。②无权代理或越权代理所进行的行为被代理人进行追认，追认后对被代理人和第三人发生法律效力。但被代理人未在合理的时间内追认，或未对全部代理进行追认，第三人可以通知被代理人，拒绝接受追认的拘束。

③若代理人无权代理或越权行为未得到追认，则代理人对第三人承担责任。但是，若第三人知道或理应知道代理人无权代理或越权代理，则代理人对第三人不承担责任。

4. 代理权的终止

《代理公约》规定，代理权可因以下情况而终止：

因当事人之间的协议而终止；因代理的业务已经履行完毕而终止；因本人撤销代理权或代理人放弃代理权而终止；因法律规定而终止。

3.4.2 《代理法律适用公约》

《代理法律适用公约》由国际私法统一协会于 1977 年 6 月通过，1992 年 5 月 1 日生效。该公约是对代理法律适用问题进行较全面规定的国际公约。

1. 《代理法律适用公约》适用的代理

（1）适用于一方代理人有权代表他人或意在代表他人行为而与第三人进行交易所产生的具有国际性的代理法律关系；

（2）适用于代理人未经授权而在当事人之间达成的交易情况；

（3）适用于代理人以自己的名义还是以被代理人的名义的代理。

可见，《代理法律适用公约》适用的是具有国际关系的代理，而代理的范围很广，适用于有权代表他人或无权代表他人的代理，即有权代理、无权代理、越权代理；适用于直接代理、间接代理、显名代理、隐名代理等。

2. 《代理法律适用公约》排除适用的情况

《代理法律适用公约》明确规定了不属于适用范围的事项，虽然这些事项与代理有关，但由于很难在这些问题上达成一致，还可能产生与合同法一般法律选择规则不一致的危险，或已有国际私法上其他明确规则进行调整。

具体而言，不适用的范围是：（1）当事人的能力；（2）形式方面的要求；（3）家庭，夫妻财产或继承法上的代理；（4）据司法或准司法机关的决定，或由此类机关直接控制下的代理；（5）与司法程序有关的代理；（6）船长执行其职务时的代理；（7）独家经销商的代理（因是为了自己的利益）。

参 考 阅 读

1. 屈广清等．国际商法学．北京：法律出版社，2003 年．
2. 曹祖平．新编国际商法．北京：中国人民大学出版社，2004.
3. 沈四宝．国际商法．北京：对外经济贸易大学出版社，2003.
4. ［美］罗纳德．安德森等．商法与法律环境．原书第 17 版．韩健等译．北京：机械工业出版社，2003.
5. 国际货物销售代理公约（1983 年文本）。

复 习 思 考

1. 什么是法定代理、意定代理？
2. 大陆法系与英美法系在代理权产生的规定上有什么不同？
3. 代理人对本人承担哪些责任？
4. 大陆法系与英美法对本人、代理人与第三人关系的规定有什么区别？
5. 中国相关法律关于本人、代理人与第三人的关系有哪些规定？

案 例 分 析

案例 1：丹尼斯和朱利安是关系很好的朋友，一天下班后，他们想去沃雷音像店开一个信用账户。朱利安使用丹尼斯的名字和信用记录申请了信用卡，当时丹尼斯同意并在场。后来有一次，朱利安在没有丹尼斯的陪同下，自己在音像店购买了一台电视机，签署了一份零售分期付款合同，并签上了丹尼斯的名字。丹尼斯在朱利安家中看到这台电视，并得知是用其音像店的账户购买的。丹尼斯要求朱利安继续分期付款。丹尼斯的信贷经理第一次联系他时，告诉他，他的账户有拖欠款项，他告诉信贷经理其支付电视款项的账单正在邮寄中，信贷经理第二次电话通知时，他又说要支付差额。在购买电视机四个月后，丹尼斯通知音像店，他并没有授权朱利安购买电视，也没有追认这种购买行为。音像店起诉丹尼斯要求其支付电视机的未付款。①

分析并回答：

依英美法该案该如何处理？

案例 2：斯坦西未获授权，但当他得知威廉姆缺钱时，将威廉姆的一幅画以 298 美元的价格出售给可特尼。当天晚上斯坦西将该事告知了威廉姆，威廉姆并不介意这一未经授权的行为，并帮助斯坦西将画包装起来以便运输。恰巧第二天当地知名报纸对威廉姆的画做了报道，致使其作品的价格大幅上涨。②

分析并回答：

他们之间是否存在委托代理合同？

---

① 该案例选自：[美] 罗纳德．安德森等．商法与法律环境．第 1 版．韩健等译．北京：机械工业出版社，2003.

② 该案例选自：[美] 罗纳德．安德森等．商法与法律环境．第 1 版．韩健等译．北京：机械工业出版社，2003.

第4章
国际知识产权法

◎**本章要点**

在国际商务活动中，知识产权是国际商务活动标的的重要组成部分，在当今知识经济的时代，知识产权贸易发展的速度已超过了货物贸易发展的速度，而且货物贸易本身也与知识产权交织在一起。知识产权是基于人的智力劳动并依照法律产生的权利，是一种无形财产权，也是一个国家、一个企业竞争优势的集中体现。但知识产权具有不同于有形财产权的特征，因此，有着不同的关于知识产权的国际公约以及各国专门的知识产权法律对其进行调整。

本章对知识产权的相关国际公约及法律进行了论述，共分五节，主要论述了知识产权及特征、知识产权保护的有关主要国际公约、专利法、商标法、著作权法等。本章重点内容是：理解知识产权，领会知识产权的特征；了解保护知识产权的主要国际公约的主要内容；掌握专利权的内容、专利权保护的对象、专利权取得的原则与条件、专利权贸易中的专利权许可；掌握商标权的内容、商标权取得的原则与条件、商标权贸易的方式；了解著作权保护的对象、著作权的限制、著作权贸易的方式等。

4.1　知识产权及其特征

4.1.1　知识产权的含义与范围

1. 知识产权的含义

知识产权（Intellectual Property），其本义为智力财产权，中国习惯称为知识产权。知识产权，是指基于人的智力创造性劳动成果，依照法律所产生的权利。也可以表述为，知识产权是人们对其智力创造的成果依法所享有的专有权利，这种专有权利体现为一定的财产权利。也就是说知识产权是人的智力创造性劳动成果的物化、法律化与权利化。

2. 知识产权的范围

人们进行智力创造劳动的历史很长，人们的智力创造成果也很多，但是不可能对所有智力成果都进行法律上的保护，法律只保护在一定范围内的人们的智力创造成果，因而知识产权的保护有一定的范围。目前，各国对本国知识产权的保护范围不尽相同，依1967 年签订的《建立世界知识产权组织公约》（WIPO）的规定，知识产权的范围包括：

关于文学、艺术和文学作品的权利；

关于表演艺术家的演出、录音和广播的权利；

关于人类在一切领域的发明的权利；

关于科学发现的权利；

关于工业品外观设计的权利；

关于商品商标、服务商标、厂商名称和标记的权利；

关于制止不正当竞争的权利；

以及在工业、科学文学或艺术领域里一切其他来自知识活动的权利。

以上是《建立世界知识产权公约》对知识产权范围的列举，但是这种列举只是将任何一成员国可能给予的知识产权保护的范围都包括在内，并未要求所有成员国对列举的部分都给予保护。从各国的知识产权立法看，也未将以上列举的内容都列入知识产权的保护范围。但是，由于该公约已有 170 多个国家或地区参加，可以认为大多数国家已在原则上同意了上述的知识产权的范围。

对于知识产权的范围，还有另一种划分。如"国际工业产权协会"（AIPPI）1992 年的东京大会认为，知识产权可分为两大类：一类是创造性成果权利，如发明专利权、集成电路权、植物新品种权、Know How、工业品外观设计、版权、软件、软件权；另一类是识别性标记专利，如商标权、商号权、其他与制止不正当竞争有关的识别性标记权。

狭义的知识产权一般包括工业产权和版权两大部分。工业产权，一般指专利权、商标权以及基于人类的智力创造成果而产生的权利；版权或著作权，一般包括版权和传播者权，即与版权相邻的邻接权等。

随着科学技术的发展，出现了一些难以用工业产权和版权来保护的新的智力成果，如计算机软件、集成电路设计等，同时也产生了作品新的传播方式，如卫星、电视、网络传播等。由于这些边缘保护的客体兼有工业产权和版权的特点，各国不断探索新的保护方式，由此也产生了一些新的法律，如美国《半导体芯片法》、WIPO 的《集成电路知识产权条约》、《计算机软件国内立法示范条款》等。另外对于技术秘密（Know How）是否属于知识产权存在较大的争论。过去各种知识产权法律或条约都将秘密与知识产权区分开来。但从 20 世纪 70 年代以来，知识产权组织（WIPO）在制定知识产权示范法时，却将 Know How 作为知识产权中的一项。WTO《与贸易有关的知识产权协议》中，对于技术秘密的保护也作了专门规定。

在中国，传统的知识产权分为工业产权和版权，即主要包括专利权、商标权和版权。

4.1.2　知识产权的法律特征

1. 无形性

无形性，是指知识产权保护的是无形的知识权益。无形性表现为知识产权作为一种权利可以和权利的载体分离。在一般的财产权中，权利直接体现在财产上，有了财产才可能有财产权，财产权随财产的转移而转移，随财产的消灭而消灭，但是知识产权则可以和他的载体分离。总之，知识产权不具有物质形态，不同于实物产品的实用价值，但可以借助于一定的物质载体体现出来。知识产权保护的不是载体的所有权，而是载体上人所创造的知识权益。

2. 双重性

双重性，是指知识产权具有财产权与人身权。从"智力财产权"的本义上看，它应是一种财产权，这种财产权因智力劳动、智力成果而产生。但是，知识产权不仅仅是一种财产权，同时也具有精神权的特征。在知识产权中承认法律保护精神权利，事实上就是认可主体基于他的创造性行为所享有的署名权等，即承认创造者有权表明该智力成果是谁创造的。人身权在著作权中表现突出，而在工业产权中表现不太突出，正因如此，各国法律在版权中规定了精神权利。但并不是说在工业产权中就没有人身权的问题。

总之，知识产权既有人身权的内容又有财产权的内容，因此对其的保护具有双重性，既保护人身权又保护财产权，知识产权的双重性导致侵权行为也具有双重性。

3. 法律确认性

法律确认性也称法定性，是指知识产权必须依法定的条件、法定的原则、法定的程序，由法定的机关确认。知识产权与民法上的其他的权利不同，任何智力成果产生后并不当然获得法定有权利，受到法律的保护，如果要获得知识产权，就必须经过法律确认。

4. 专有性

专有性也称为垄断性，是指权利人可以排他地行使自己的权利，任何人不经权利人的同意不得使用该权利或行使该权利。

5. 地域性

地域性，是指知识产权只在授予权利的国家或地区有效，在这个国家或地区之外则权利消失。即除签订了国际条约或双边互惠协定外，在一国授予的权利，只在一国发生效力，只在一国受到保护。

6. 时间性

时间性，是指知识产权是一种有法定时间限制的权利，只在一定的时间内受到保护。权利人的专有权只是在法律规定的时间内有效，一旦时间届满而又没有延长，则知识产权进入公共领域，成为共享信息。

4.2　知识产权的国际保护

4.2.1　知识产权国际保护的产生与发展

知识产权制度是随着科学技术的发展而产生的。在工业革命时代，生产者需要最新的技术推动生产的发展，取得竞争优势。但技术的转移会使技术的发明创造者丧失原有的优势，为了既保住技术创造者的优势，又能满足其他生产者的需要，专利制度应运而生，1474 年威尼斯公布了世界第一部《专利法》，但现代意义上的专利法是 1624 年英国的《垄断法》，该法中规定了国王可以对"任何新制造品的真正的第一个发明人授予在本国独占实施或制造该产品的专利证书或特权，为期 14 年以下，其他人不得使用"。18 世纪以后，美国、法国等国先后制定了专利法。

专利制度之后出现了版权制度，1709 年英国下议院通过了名为《安娜法》的世界上第一部版权法，以保护作者的经济权利。1793 年法国制定了以后成为大陆法系国家著作权法典范的版权法，对作者的经济权利、精神权利进行保护。

在专利制度和著作权制度之后出现的是商标法。法国是世界上最早制订商标法的国家，前后颁布了一系列的法律：1803 年的《关于工厂、制造场和作坊的法律》、1875 年的《关于以使用原则和不审查原则为内容的制造标记和商标的法律》，该法被认为是世界上最早、最系统的商标法。此后，1862 年英国颁布了《商品标记法》、1870 年美国颁布了《美国联邦商标条例》、1874 年德国颁布了《商标保护法》、1884 年日本颁布了《商标条例》等。

从 17 世纪到 19 世纪后期，欧洲国家首先建立了知识产权保护制度，此后世界其他国家也相继建立了自己的知识产权保护制度。但是，各国的知识产权立法差异极大，而且各国都从自身的利益出发，在法律上只承认依本国法而产生的知识产权而不承认根据外国法律而产生的知识产权，当然也就无所谓保护。

19 世纪末、20 世纪初，垄断资本主义在大量商品输出的同时，也开始了大量的资本输出和技术输出，其中技术输出占有越来越重要的地位，国际技术市场逐渐形成，技术的跨国流动促进了各国的技术文化交流。但是由于各国立法不同，特别是各国的立法奉行严格的地域主义原则，所以不但跨国流动的技术面临侵权行为严重危害，而且知识产权权利人的利益也得不到保护。随着世界经济的发展及各国之间贸易交往的密切，知识产权的交往与纠纷也日益增多，协调各国的知识产权制度就作为一个新的问题出现了。从 19 世纪中期开始，在一些发达资本主义国家的发起和支持下，各国开始签订一系列保护知识产权的公约。这些公约对现代知识产权的国际保护制度有重大影响，而且仍是现代知识产权保护制度的重要组成部分。

进入 20 世纪后，特别是第二次世界大战后，各国在知识产权的国际保护问题上进一步展开了多层次、多领域的合作，一大批新的保护知识产权的国际公约不断出现，不少原有的国际公约也被多次修改和补充。从知识产权保护问题日益成为一个共同的课题，到 GATT 乌拉圭回合谈判首次将知识产权作为谈判的议题，最后达成了影响大于任何一个知识产权国际公约的 WTO《与贸易有关的知识产权协议》。在知识产权的保护方面，还出现了最具有权威和影响力的保护知识产权国际联盟——世界知识产权组织。①

4.2.2　知识产权保护的有关国际公约

1.《保护工业产权的巴黎公约》

《保护工业产权的巴黎公约》（以下简称《巴黎公约》），是保护知识产权的第一个国际公约，也是最主要的公约。该公约于 1883 年 3 月签订，1884 年 7 月 7 日起生效，目前已有 100 多个国家参加，中国于 1985 年 3 月 19 日正式参加。

该公约从订立到现在已进行了多次修改，共通过了 6 个修订本，中国参加时适用的是 1967 年斯德哥尔摩文本。

《巴黎公约》主要规定了工业产权保护的范围、驰名商标的保护，确定了保护工业产权的一些基本的原则。

（1）工业产权保护的范围

①保护对象。《巴黎公约》规定，工业产权保护的对象是：专利、实用新型、外观设计、商标、服务标记、厂商名称、货源标记或原产地名称、制止不正当竞争。同时规定，对工业产权的范围应当作广义的理解，不仅适用于工业或商业本身，而且也适用于农业和采掘业，适用于一切制成品或天然产品，如酒类、谷类、谷物、烟叶、水果、牲畜、矿产品、矿泉水、啤酒、花卉和谷物粉。

②驰名商标保护。《巴黎公约》对商标的保护，不仅限于保护注册商标，而且对于未注册的驰名商标也保护。规定无论驰名商标本身是否取得了商标注册，各成员国都应禁止他人使用相同或类似驰名商标的商标，拒绝注册与驰名商标相同或类似的商标。

③展出产品的临时保护。《巴黎公约》规定，各成员国应按本国法律对在公约各成员国内举办的官方或经官方认可的国际展览会上展出的产品中所含有的发明和展出产品的商标提供临时的法律保护。如可以对展出物品的申请授予优先权，或展出一定期限内展出物品不丧失发明的新颖性。

（2）工业产权保护的基本原则

①国民待遇原则。《巴黎公约》规定，任何该联盟成员国的国民，在联盟所有其他国家内享有各国法律现在或今后给予该国国民的各种利益，他们应该在各国享有同样的

---

①　曹建明、陈治东．国际经济法专论（第五卷）．第 1 版．北京：法律出版社，2000.

保护，无论他们在该国境内有无永久性住所或营业所。非联盟成员的国民如果在成员国境内有永久住所或有真实营业所，享有与联盟成员国国民同样的待遇。

②优先权原则。《巴黎公约》规定，联盟成员国的国民就一项发明、实用新型、外观设计或商标首先在某一成员国提出授权申请，发明、实用新型自申请日起十二个月内、外观设计和商标自申请之日起六个月内，如果该申请人向联盟其他成员国提出同样申请，享有优先权，各成员国必须承认第一次申请日为在本国的申请日。

③独立性原则。《巴黎公约》规定，各成员国所授予的专利或商标是独立的，即成员国有权根据本国法律的具体规定独立地作出关于工业产权的授权条件、权利期限、权利无效或注销的规定，不受其他成员国就同一专利或商标所作决定的影响。

④强制许可原则。《巴黎公约》规定，各成员国可以在本国法律中规定在一定条件下可以核准强制许可，以防专利权人滥用专利权。但强制许可应具备一定的条件：只有在专利人自提出专利申请之日起 4 年或自批准专利权之日起 3 年无正当理由未实施。但此种强制许可不具有专有性，是非独占的。

2. 专利合作条约

《专利合作条约》于 1970 年 6 月 19 日在华盛顿缔约，1978 年 1 月 24 日起生效，要求《巴黎公约》的成员国才可参加该条约。我国在 1993 年 9 月 15 日递交加入书，1994 年 1 月 1 日起成为成员国。目前已有近 90 个国家参加。该条约是在《巴黎公约》原则指导下产生的一个国际专利申请的公约，主要规定国际专利申请程序。

《专利合作条约》的主内容是：

（1）凡旨在条约其他成员国获得专利保护的条约成员国国民或者居住的居民，可以向其本国专利局（受理局）提出专利的国际申请，并在申请中指明他希望在哪些成员国取得专利权。

（2）受理局对国际申请进行形式审查，将符合规定的申请送世界知识产权组织国际局和条约成员国大会指定的一个国际检索机构对该发明进行新颖性检索，并作出检索报告。

（3）国际检索机构将检索报告送交申请人和通过国际局送交给申请人指定的各成员国专利局，由其在该申请首次提起国际申请的申请日后的 20 个月内，按照各国专利法的规定对该申请进行专利审查。

（4）世界知识产权组织国际局在自该申请的优先权日算起的第 18 个月后，公告该专利申请的内容。

依《专利合作条约》的规定，我国专利行政主管部门是专利合作条约的国际受理局、国际专利检索单位和国际专利初步审查单位。

3. 《商标国际注册的马德里协定》

《商标国际注册的马德里协定》（以下简称《马德里协定》）于 1891 年 4 月 14 日，由当时已经实行商标注册制度的法国、比利时、西班牙、瑞士、突尼斯等国发起，在西班牙的马德里缔结《商标国际注册协定》，后将该协定称为《商标国际注册的马德里协定》。该协定于1892年7月15日起生效，自生效以来经过了7次修订，产生出了不同的文本。我国于1989年10月正式成为该协定的成员国。目前已有近50个国家参加。

《马德里协定》是对《巴黎公约》的补充，主要解决商标的国际注册问题。主要内容是：

（1）申请商标国际注册的程序

按《马德里协定》的规定，缔约国国民在本国注册商标之后（申请商标国际注册必须在所属国注册生效），可以向世界知识产权组织国际局申请国际注册商标。国际局审查同意后，即对该商标予以公布，并通知申请人要求给予保护的缔约国。被要求保护的缔约国接到国际局的通知后，如果不同意接受，应当在1年内向国际局提出，并说明同样适用于本国商标的驳回理由，如果在1年内未提出驳回，该商标即被认为在该国注册生效。

（2）商标国际注册的效力

商标从国际局注册生效之日起，在未予驳回的有关缔约国发生效力，如同该商标直接在那里获得注册一样，得到其承认和保护，享有《巴黎公约》规定的优先权。

在国际局注册的商标，有效期为20年，期满可以申请续展，续展后的有效期也是20年，续展期的期限自上一次期限届满时起算。

获得国际注册的商标，从获准国际注册之日起5年内，不受申请人所属国国内法律保护变化的影响。

4. 《保护文学和艺术作品的伯尔尼公约》

18世纪末到19世纪上半叶，由于交通的发展，受版权保护的作品很容易传入另一国家并被复制，一些地理位置相近、语言相近的欧洲国家开始签订双边协议。但到19世纪末，随着交往的增多，双边协定十分复杂，于是他们开始考虑制定一个多边公约。在此背景下，瑞士、英国、法国、意大利、西班牙、比利时、海地、突尼斯、比里亚等共10个国家于1886年9月9日在瑞士伯尔尼签订了《保护文学和艺术作品的伯尔尼公约》（以下简称《伯尔尼公约》）。该公约1887年12月5日起正式生效，这是著作权国际保护法史上的一个里程碑，其保护水平较高，对各国著作权立法影响大。

《伯尔尼公约》生效后，先后经历7次修订，产生过多个文本。我国于1992年10月15日正式参加，从而成为第93个成员国。目前已有100多个国家参加。

（1）《伯尔尼公约》保护的作品

《伯尔尼公约》保护的是文学和艺术作品，公约对作品的范围进行了列举：一切文学、科学和艺术领域内的一切成果，不论其形式如何；讲课、演讲、讲道和其他同类性质的作品；戏剧或音乐作品；舞蹈艺术作品和哑剧；配词或未配词的乐曲；电影作品或以类似摄制电影的方法表现的作品；图画、油画、建筑、雕塑和版画作品；摄影作品或以类似摄影的方法表现的作品；实作艺术作品；与地理、地形、建筑或科学有关的插图、地图、设计图、草图和立体作品。

以上是《伯尔尼公约》所作的列举，但实际保护的远不止上述范围，各成员国的国内立法应当不小于以上范围。

《伯尔尼公约》还涉及民间文学艺术作品的保护问题，规定：对作者身份不明但有充分理由推定该作者是某一成员国国民的出版作品，该国法可指定主管当局代表该作者，并有权维护和行使作者在本联盟成员国内的权利。

另外《伯尔尼公约》还明确排除了不受保护的作品，即日常新闻或纯属报刊消息性质的社会新闻。

（2）《伯尔尼公约》的基本原则

①国民待遇原则。国民待遇原则要求在对外著作权保护中不能采取歧视性的做法，依成员国本国法为本国国民提供的著作权保护，同样必须提供给成员国的非本国国民以保护，在各成员国中，都享有公约提供的著作权保护。

②最低限度保护原则。现实中，由于各成员国的保护水平存在较大的差异，这种差异会造成权利保护的严重不平衡，为了引导低水平国家的保护，《伯尔尼公约》在充分考虑国民待遇的原则下，确定了最低保护的原则。依最低保护原则的要求，各成员国为享有国民待遇的外国国民／无国籍人士提供的著作权保护不能低于公约所提供的专门保护。

最低保护的内容包括：第一，经济权利，即翻译权、复制权、表演权、广播权、公开朗诵权、改编权。第二，精神权利，即表明作者身份权、维护作品完整权等。这些可以在成员国直接生效，不允许附加条件。

③自动保护原则。《伯尔尼公约》规定，受保护的作品的作者如果有权依公约享有和行使国民待遇所提供的有关权利，则不需要履行任何手续，便在一切成员国中受到保护。这便是自动保护原则。

④独立保护原则。《伯尔尼公约》在规定自动保护原则的同时，还规定了著作权独立保护原则，即各成员国所提供的著作权保护不受作品在起源国受保护状况的影响，也就是说，在符合公约中最低限度保护要求的前提下，作品所受到的保护程度以及为保护作者权利而向其提供的补救方法完全由被要求给予保护的国家的法律规定。可见，独立保护原则未突破知识产权地域性的限制，而是强调了一国著作权法的实施不受他国干扰。

5. 《世界版权公约》

由于《伯尔尼公约》的保护水准较高，在签订后的一段时间中，美洲国家的出版业不如欧洲，在版权贸易中无法与欧洲国家抗衡，所以在签订后的一段时间美洲国家未参加。另外一些新兴国家也认为《伯尔尼公约》保护水准高，不利于其得到国外作品，所以要求签订新公约。

于是在美国的推动下，从 1947 年起联合国教科文组织组织召集了 4 次专家会，于 1952 年 9 月 6 日在瑞士日内瓦签订了《世界版权公约》，公约的管理机构是联合国教科文组织。该公约保护水平相对低一些，所以已有近 100 个国家参加，我国于 1992 年 7

月 30 日递交加入申请书，1992 年 10 月 30 日成为正式成员国。

（1）《世界版权公约》保护的作品范围

《世界版权公约》要求成员国对一切文学、科学和艺术作品三大范围的作者及其版权所有者的权利提供充分有效的保护。成员国至少要保护的 7 种作品是：文学作品、音乐作品、戏剧作品、电影作品、图画作品、雕刻作品和雕塑作品。

（2）《世界版权公约》的基本原则

①国民待遇原则。公约规定，任何成员国国民出版的作品及在该国首先出版的作品，在其他各成员国均享有该国给予其本国国民在本国首先出版之作品的同等的保护，并享有公约给予的特许保护；此原则同样适用于任何成员国国民未出版的作品；任何成员国可依本国法律将定居该国的任何人视为本国国民对待。

②附条件自动保护原则。该原则也称非自动保护原则，依照这一原则，凡出版的作品，必须在首次出版时在每一份复制品上都加注"版权标记"（方式有：标有 C 字、版权所有者的姓名、首次出版的年份），才可以享有公约版权国际保护。

③独立保护原则。在提供公约规定的保护时，承认版权保护的地域性，保护适用于各国的国内法。

（3）版权保护的期限

《世界版权公约》规定了保护应达到的最低期限：

①一般情况下，受公约保护的作品的保护期限不得少于作者有生之年及其死后 25 年。但是，如果成员国在公约对其生效前国内立法中已将作品的保护期定为自首次出版后一定的时间，则可以保持其规定，但不得少于自作品首次出版之日起 25 年。

②如果某一成员国在公约对其生效之前是根据作品首次出版日或从出版前的登记之日起计算保护期，则可以保持其规定，但该计算方式不得少于 25 年。

③如果某一成员国的法律准许两个或两个以上的连续保护期，则其初期保护不得少于自作品首次出版或出版前的登记之日起 25 年。

④如果某一成员国对摄影作品或实用美术作品等艺术品给予保护，规定一个较短的保护期，则该保护期最短不得少于 10 年。

6. 《保护表演者、录音制作者和广播组织的国际公约》

表演者、录音制作者和广播组织的权利是在使用作品中产生的权利，是与著作权邻接的权利，因此也称邻接权。邻接权起源于新技术的发展，特别是录音、摄影技术的发展，使复制变得越来越容易，这样对表演者、录音制作者和广播组织的利益产生影响。于是在国际劳工组织、世界知识产权组织和联合国教科文组织的努力下，1961 年 10 月 26 日在意大利罗马签订了《保护表演者、录音制作者和广播组织的国际公约》（以下简称《罗马公约》），目前有近 50 个国家参加，我国目前未参加。该公约须是《伯尔尼公约》和《世界版权组织公约》的成员才能参加。

《罗马公约》主要是规定了复制权问题，即授权或禁止直接或间接复制其录音制品的权利，但未规定许可录音制品表演的权利，也未明确规定禁止未经许可的录音制品复制销售或进口。因此无法对付国际间日益增多的侵权和盗制录音制品的侵权行为。

7. 《录音制品制作者防止未经授权复制其录音制品公约》

1971 年 10 月 29 日，在世界知识产权组织的主持下，在日内瓦缔结了《录音制品制作者防止未经授权复制其录音制品公约》，还被中文译为《保护唱片制作者防止其唱片被擅自复制公约》（以下简称《日内瓦公约》）。该公约于 1973 年 4 月 18 日生效，目前已有 50 多个国家参加，中国于 1992 年 10 月 15 日被批准参加该公约，1993 年 4 月 30 日该公约对中国生效。

《日内瓦公约》对邻接权的保护作了明确的规定，强化了保护的方式和手段，并规定各成员国不得对公约的条文作出任何保留。主要内容是：

（1）保护的对象

《日内瓦公约》保护的对象是"录音制品"以及"录音制品制作者"。录音制品，是指任何专门对表演的声音的录音。录音制品制作者，是指首次将表演声音或其他声音录制下来的自然人或法人。

（2）邻接权保护的原则

①国民待遇原则。《日内瓦公约》规定，各成员国应当给予具有另一个成员国国民身份的录音制品作者以国民待遇。

②附条件自动保护原则。《日内瓦公约》规定，受公约保护的录音制品应当有邻接权标记，即在录音复制品或其包装物载有 P 字母表示的录音制品邻接权保留符号，并伴有首次发行的年份以及制作者或其合法继承人或专有许可证持有人的姓名。

（3）邻接权的内容和保护期限

①权利的内容。《日内瓦公约》规定，邻接权的内容是：防止未经录音制品制作者同意而制作复制品；防止上述复制品的进口；防止上述复制品的公开发行。对于这些权利，成员国国内法律的规定中应用如下的一种或几种方式保护：通过授予版权或其他特定权利，通过有关不公平竞争的法律或通过刑事制裁来对录音制品制作者的权利给予保护。

②保护期限。允许各成员国可以通过国内立法，规定给予保护的期限。但是国内立法所规定的具体保护期限不得短于 20 年。此保护期自声音第一次被录制成录音制品之年年底算起，或从录音制品第一次出版之年年底起算。

8. WTO《与贸易有关的知识产权协议》

WTO《与贸易有关的知识产权协议》（以下简称《协议》），是 WTO 一系列协议中的重要组成部分。1986 年 GATT 的乌拉圭回合第一次将知识产权列入谈判日程，1991 年达成一项初步协议，1993 年对协议作了实质性的修改，1994 年签署最后文本。该协议扩大了对知识产权保护的范围，提高了保护水准。中国已于 2001 年加入 WTO，作为 WTO 的成员国，《协议》也对中国发生效力。

《协议》的主要内容是：

（1）将 WTO 的核心原则引入知识产权领域

国民待遇原则与最惠国待遇原则是 WTO 的核心原则，《协议》将此引入。

①国民待遇。《协议》规定，除《巴黎公约》（1967 年文本）、《伯尔尼公约》（1971 年文本）、《罗马公约》及《集成电路知识产权条约》已规定的例外之外，各成员国在知识产权保护上，对其他成员国国民提供的待遇，不得低于其本国国民。

②最惠国待遇原则。《协议》规定的该原则的内容是：第一，在知识产权保护上，某一成员国提供给其他国国民的任何利益、优惠、特权或豁免应立即无条件地适用于全体其他成员国之国民；第二，例外。一成员提供其他国国民的任何下述利益、优惠、特权或豁免不在最惠国待遇之列：由一般性司法协助及法律实施的国际协定引申出且并非专为保护知识产权的；《伯尔尼公约》（1971 年文本）或《罗马公约》所允许的不按国民待遇而按互惠原则提供的；本协议未加规定的表演权、录音制品制作者及广播组织权；在协议生效之前已经根据其他知识产权公约特别是双边协定所产生的特权与优惠。以上例外不能要求其他成员国给予最惠国待遇的保护。

（2）确立了保护知识产权的一些特殊原则

①公共利益原则。《协议》规定，成员国在制定或修改法律和规章的过程中，可采取必要措施维护公共健康和发展，促进对其社会经济及技术发展极其重要的领域、部门的公共利益。

②防止滥用行为原则。《协议》规定，只要与本协议的规定相一致，为防止权利人滥用知识产权或者采取不合理的限制贸易或者对国际技术转让造成不利影响的行为，在必要时可以采取措施防止权利人滥用知识产权，以防止借助国际技术转让而采取不合理的限制贸易的行为或其不正当的行为。

（3）扩大了知识产权的保护范围

①将计算机程序列入版权法中的文学作品的保护范围。《协议》第十条规定，"计算机程序，不论源代码还是目标代码，应当按照《伯尔尼公约》（1971 年文本）规定的文学作品进行保护。"据此，版权被确立为保护计算机程序的主要方式，作为文学作品保护的计算机程序，其保护期限是 25 年。依照《协议》没有必要保护计算机程序作者的精神权利，这是因为这些权利已从现有的作品类型中排除出去。

②将地理标识列为保护范围。《协议》首先对地理标识进行了界定，地理标识，是指识别一商品来源于一成员的地域或者该地域中的地区或地点的标识，而该商品的特定质量、声誉或者其他特征主要归因于其地理来源。其次，规定了在保护地理标识中必须遵守的一般标准。《协议》第二十二条规定：就地理标识而言，成员应当向利害关系人提供法律手段以防止：第一，在商品的标志或说明中，以任何方式明示或默示该商品来源于非其真实来源的地理区域，而在商品的地理来源上误导公众；第二，构成《巴黎公约》（1967）第十条之二的意义上的不正当竞争行为的任何使用。即成员应采取措施以阻止对地理标识的不正当使用，保护正当竞争。《协议》第二十三条，还对葡萄酒和烈酒地理标识规定更大的保护，各成员应当为利害关系人提供法律手段，以防止将识别葡萄酒的地理标识用于并非来源于该地理标识所表明的地方的葡萄酒，或者将识别烈酒

的地理标识用于并非来源于该地理标识所表明的地方的烈酒，即使标明了商品的真实来源，或者地理标识以翻译的方式使用，或者伴以"种类"、"类型"、"风格"、"仿制"之类的方式；如果商标包含识别葡萄酒或者烈酒的地理标识或者由此类地理标识所构成，而该葡萄酒或者烈酒并非有如此来源，成员应当在其立法允许时依职权或者应利害关系人的请求，拒绝该部品的注册或宣告其无效。

　　③扩大了对驰名商标的保护。《巴黎公约》中规定了对未注册的驰名商标的保护，而未规定对已注册的驰名商标的特殊保护，《协议》在《巴黎公约》的基础上进一步规定了对驰名商标的特殊保护：在不相同、不相类似的商品或服务上使用某一驰名商标，会暗示该商品或服务与驰名商标所有人存在某种联系，从而驰名商标所有人的利益可能因此受损的，适用于《巴黎公约》（1967 年文本）加以保护。

　　④扩大了专利的保护范围。如将药品等列入专利的保护范围，提出了对专利许可合同中的限制竞争行为进行控制等。

　　⑤强调对未公开信息的保护。《协议》第三十九条规定了对未公开信息的保护：第一，规定了受保护的"未披露的信息"应具备的条件：有关信息在一定意义上属于秘密；具有商业价值；合法控制该信息的人为保密已经根据有关情况采取了合理措施。第二，规定了属于侵犯未公开信息的方式。对于符合条件的未公开信息，自然人、法人均应有可能防止他人未经许可而以违背诚实商业行为的方式，披露、获得或使用合法处于其控制的信息。"违背诚实商业行为"，至少包括违约、泄密及诱使他人泄密的行为，也包括第三方在已知或因过失而不知该信息是通过违背诚实商业行为而获得的情况下得到的未披露的信息。第三，规定了对向政府或政府代理机构提交的数据的保护，尤其是突出了对有关化工产品秘密数据的保护。规定，成员要求以提交未披露过的实验数据或其他数据作为批准采用新化学成分的医药用或农用化工产品上市的条件时，如果该数据的原创活动包含了相当的努力，则该成员应保护该数据，以防不正当的商业使用。

　　⑥强调了对许可证中的限制性商业行为进行控制。《协议》强调，对于与知识产权有关的某些妨碍竞争的许可证贸易活动或条件，可能对贸易具有消极影响，并可能阻碍技术的转让与传播的，成员应依其国内法采取措施制止这类活动。

　　⑦系统规定了知识产权执法问题。第一，规定了各成员在知识产权保护中应承担的一般义务。成员应采取避免造成合法贸易障碍的措施防止侵权、阻止侵权的继续以及制止侵权；各成员所采取的程序应公平、合理、高效，不得过于复杂或费用过高，或包含不合理的时效或无休止的拖延；作出的判决最好采用书面形式，判决应仅仅根据证据，应向当事各方就该证据提供陈述的机会；对于行政的终局决定以及至少对案件实体问题的初审司法判决中的法律问题，诉讼当事人应有机会提交司法当局复议。《协议》对知识产权执法限制，《协议》不要求成员为知识产权执法而采取不同于一般法律的执行的司法制度，也不影响成员执行其一般法律的能力，而且《协议》不产生知识产权执法与一般法律执行之间涉及资源分配的义务。

　　第二，规定了各成员在知识产权保护中的行政与民事程序及救济。规定了各国在知识产权执法中应该有公平、合理的程序，程序应保证被告有充分的权利；规定了证据的充分利用，如果一方当事人已经提供可合理取得足以支持其权利主张的证据，并已提供对方一方当事人控制的可证明其权利主张的证据，司法当局应有权责令对方提供该证据。但应当根据具体情况确保对秘密信息的保护。如果诉讼当事人无正当理由拒绝他人取得必要的信息，或在合理期限内未提供必要的信息，或明显妨碍与知识产权之执法的诉讼有关的程序，则成员可以授权司法当局根据已有信息，做出初步或最终决定，但必须给当事人提供陈述机会。

规定了成员司法当局有权采取禁令措施。司法当局应有权责令当事人停止侵权，尤其是有权在海关放行之后，立即禁止含有侵犯知识产权的进口商品在该当局管辖范围内进入商业渠道。

规定了侵权后应进行损害赔偿。对已知或有充分的理由应知自己从事的活动系侵权行为的侵权人，司法当局应有权责令其向权利人支付足以弥补因侵犯知识产权而给权利人造成的损失的损害赔偿费、权利人支付的开支，包括适当的律师费；对不知或无充分理由应知自己从事的活动系侵权行为的，成员仍可以授权司法当局责令其返还所得利润或支付法定赔偿额，或二者并处。另外还规定了对被告的赔偿，如果滥用执法程序而给被告带来损失，原告亦应承担赔偿责任。

规定了损害赔偿之外的其他救济措施。司法当局有权在不进行任何补偿的情况下，将已经发现的正处于侵权状态的商品排除商业渠道，排除程度以避免对权利持有人造成任何损害为限，或者只要不违背现行宪法的要求，应有权责令销毁该商品。司法当局有权在不进行任何补偿的情况下，责令将主要用于制作侵权商品的原材料与工具排除出商业渠道，排除程度以尽可能减少进一步侵权和危险为限。

规定了以行政程序确认案件的实体问题并责令进行任何民事救济时，该行政程序公平、合理。

规定了在特殊情况下，为了制止侵权及有利于诉讼的临时措施。如证据保全、提交保证金、提供担保等。

规定了边境海关中止放行程序。成员均应在符合下文规定的前提下，采用有关程序，以使有合理理由怀疑可能发生假冒商品或盗版商品的权利人，能够向行政或司法主管机关提出书面申请，要求海关中止将这些商品放入自由流通，对于其他侵犯知识产权的活动，成员也可以规定同样的申请程序，成员还可以提供相应的程序，对于意图从其他地域内出口的侵权商品，由海关当局中止放行。

第三，规定了知识产权保护中的刑事程序。全体成员均应提供刑事程序及刑事处罚，至少对于有意以商业规模假冒商标或者对版权盗版的情况是如此。可以采用的救济应当包括足以起威慑作用的监禁，或处以罚金，或二者并处。在适当的情况下，还可采用的救济还应包括扣留、没收或销毁侵权产品以及任何主要用于从事上述犯罪活动的原材料及工具，成员可以规定将刑事程序及刑事惩罚适用于侵犯知识产权的其他情况，尤其是有意侵权并且以商业规模侵权的情况。

⑧规定了成员间就知识产权产生的争端适用世界贸易组织争端解决机制。

⑨规定了过渡协议。对协议生效后各国国内法的关系作了过渡安排，重点是为了适

应发展中国家与最不发达国家的过渡所作的安排。对于改革遇到特殊问题的成员，可以延长 4 年适用该协议。成员国不得对协议任何一条独自提出保留。

4.3　国际专利法

4.3.1　专利

专利是工业产权中最重要的组成部分，专利一词源于英文"Patent"，是从"Letters Patent"演变而来，即"垄断"和"公开"的意思。

从一般的意义上理解，专利有三种含义：一是指专利权，二是指取得专利的发明创造本身，三是指记载发明内容的专利文献。一般法律所指的是专利权，即法律上的权利。因此，所谓专利或专利权，是指根据一国的法律，由一国专利机关授予发明人或设计人或其合法继承人或受让人在一定时间内对其专利技术的独占性的权利。

4.3.2　专利法保护的内容

根据《巴黎公约》以及 WTO《与贸易有关的知识产权协定》中的规定，以及 1985 年通过，目前为止已作了三次修改（最近的一次修改是 2008 年 12 月 27 日第十一届全国人民代表大会常务委员会第六次会议作出通过并于 2009 年 10 月 1 日实施的《关于修改〈中华人民共和国专利法〉的决定》第三次修正）的《中华人民共和国专利法》（以下简称《专利法》）的规定，专利保护的对象主要涉及专利权的客体、专利权的主体、专利权的内容。

1. 专利权保护的客体

专利权保护对象各国法律的规定有所不同，美国的专利法保护的客体较广，据美国 1790 年颁布，以后作过多次修改的专利法的规定，凡发明或发现任何新颖而适用的制造方法、机器、制成品、物质组合或对上述各项作出任何新颖而适用的改进者，都可以按照专利法规定的条件获得专利权。具体而言，保护对象可以分为发明、外观设计和植物专利三种，其中植物专利保护的是以无性繁殖方式培育出的植物新品种。

一般各国专利法都规定，法律保护发明、工业品外观设计，少数国家专利法规定保护实用新型。WTO《与贸易有关的知识产权协议》规定，专利应当授予在所有技术领域的任何发明，无论产品还是方法。而我国《专利法》和《巴黎公约》规定，专利所保护的客体具体可以分为发明、实用新型和工业品外观设计。

（1）发明

通俗地说，发明是设计或制造出前所未有的东西，而不是发现自然界本身就存在的东西。从法律上讲，发明是对产品、方法或其改进所提出的新的技术方案。

在法律上各国的专利法保护的对象不一样，一般有产品发明、方法发明、物质发明、应用发明、改进发明、动植物品种发明等。各国专利法都规定，专利既保护产品发明，也保护立法发明。但有一部分国家，如美国、英国、法国、德国、瑞典、挪威、丹麦与芬兰等采用物质发明专利制度，对物质发明授予专利权。还有一部分国家的专利法对动植物品种发明保护，凡是以非自然方法繁殖的动、植物新品种都可以受到专利法的保护，如日本专利法就将动物和植物作为保护对象。WTO《与贸易有关的知识产权协议》没有将对动植物品种的保护列为各成员方的义务，但要求成员方至少采取措施对植物新品种予以保护，没有规定对动物新品种进行保护。目前只有美国和欧洲的专利局通过判例的形式对动物新品种进行保护。在不保护动植物品种的国家中，培育动植物新品种的生物工程方法是可以得到保护的。

根据中国《专利法》的规定，发明主要包括：产品发明、方法发明、改进发明。

产品发明，是指经过人的智力劳动创造出特定质地的、有形的、人工制造的各种制成品或产品。可以是一个产品（也包括药品、化学物质、食品、饮料和调味品），也可以是产品的部件，产品发明的效力及子产品。

方法发明，是指利用自然规律将一个对象或物品改变成另一种对象或物品所用的方法。改进发明，是对已知产品或方法的改进。是在保持原有产品或方法的独特性质的条件下，改善已知产品的特性得到新的特性。

（2）实用新型

实用新型，也称小发明，是对产品的形状、构造、组合提出的适用于实用的新的技术方案。这种新的技术方案能够在工业上制造出具有实用价值和实际用途的产品。

事实上，对于实用新型专利进行保护的国家并不多，主要有德国、日本和中国等。我国《专利法》将实用新型作为保护的对象，是由我国技术的现实状况决定的。我国虽然将实用新型作为保护对象，但和发明相比是不同的：第一，实用新型的创造性比发明低；第二，实用新型所保护的范围比发明专利小，发明专利保护的是产品发明、方法发明、改进发明，而实用新型则是对产品的形状、构造或其组合提出的实用技术方案；第三，实用新型保护的期限短；第四，实用新型专利的审查程序比发明专利简便。

（3）工业品外观设计

依世界知识产权组织的界定，在广义上，工业品外观设计，是指在特定的成本限度内，出现在视觉上满足吸引潜在的消费者以及发挥其预定的效率功能的需要，为大宗生产的产品创造形式的或者装饰的外观的创造性活动。在法律意义上，是指为保护一项工业物品或通过设计活动创造的产品的原创性的装饰和非功能的特征，在许多国家按照注册制度授予的一种权利。简单地说，工业品外观设计是指对产品的形状、图案、色彩或其结合所作出的富有美感的、用于物品装饰的特征的、适合于工业上应用的新的设计。

可见，外观设计不涉及产品的技术和结构；它是关于产品的外表的设计，但必须以产品为依托，否则只能是一件受著作权法保护的美术作品；外观设计要有美感，并以此为核心内容；可在工业上应用，或以工业手段进行批量生产。

现在世界上相当一部分国家通过单独的外观设计法来保护外观设计，也有一部分国家通过专利法来保护外观设计，中国是通过专利法保护外观设计的。

2. 专利权保护的主体

综合主要国家的专利法，特别是依据中国《专利法》的规定，专利保护的主体主要有：

（1）发明人或设计人

发明人或设计人，即真正完成发明创造，对实质性特点作出创造性贡献的人。发明人或设计人只能是自然人，且不受年龄的限制。

（2）申请人

申请人，即提出专利申请的人。通常情况下，专利发明和专利申请人是同一人，但依我国《专利法》的规定，在两种情况下，发明人和申请人不为同一人。一种情况是发明人以外的人依合同转让或依法继承而取得专利申请权，另一种情况是职务发明。

（3）专利权人

专利权人，是依法享有专利权的个人或单位。专利申请人并不必然成为专利权人，只有在专利被批准后才能成为专利权人。我国专利法规定，对于职务发明，单位申请获得批准后，单位就是专利权人。

（4）外国人

一般各国会遵循国际惯例和所参加的国际公约的有关规定，承认外国人、外国企业或经济组织在本国申请专利并取得专利的权利，这样外国人就成为了专利权保护的主体。

3. 专利权的内容

（1）WTO《与贸易有关的知识产权协议》规定的权利内容

《协议》第二十八条，对授予的权利的内容作了规定：

①一项专利应当授予其所有人的专有权利有：对于产品专利，其权利为防止第三人未经所有人同意制造、使用、要约销售、销售或者为此类目的进口（该权利与根据本协议授予的关于使用、销售、进口或者分销货物的权利一样，应当遵守第六条的规定）该产品的权利。

②对于方法专利，其权利为防止第三人未经所有人同意使用该方法的行为，以及使用、要约销售、销售或者为此类目的进口至少是以该方法直接获得的产品的行为。

（2）中国《专利法》规定的专利权的内容

中国《专利法》在第十一条、十二条、十三条、十六条中对专利权的内容作了规定：

第十一条规定：发明和实用新型专利权被授予后，除本法另有规定的以外，任何单位或者个人未经专利权人许可，都不得实施其专利，即不得为生产经营目的制造、使用、许诺销售、销售、进口其专利产品，或者使用其专利方法以及使用、许诺销售、销售、进口依照该专利方法直接获得的产品。外观设计专利权被授予后，任何单位或者个人未经专利权人许可，都不得实施其专利，即不得为生产经营目的制造、许诺销售、销售、进口其外观设计专利产品。第十二条规定：任何单位或者个人实施他人专利的，应当与专利权人订立实施许可合同，向专利权人支付专利使用费。被许可人无权允许合同规定以外的任何单位或者个人实施该专利。第十三条规定：发明专利申请公布后，申请人可以要求实施其发明的单位或者个人支付适当的费用。第十六规定：未经专利权人许可，实施其专利，即侵犯其专利权，引起纠纷的，由当事人协商解决；不愿协商或者协商不成的，专利权人或者利害关系人可以向人民法院起诉，也可以请求管理专利工作的部门处理。管理专利工作的部门处理时，认定侵权行为成立的，可以责令侵权人立即停止侵权行为，当事人不服的，可以自收到处理通知之日起十五日内依照《中华人民共和国行政诉讼法》向人民法院起诉；侵权人期满不起诉又不停止侵权行为的，管理专利工作的部门可以申请人民法院强制执行。进行处理的管理专利工作的部门应当事人的请求，可以就侵犯专利权的赔偿数额进行调解；调解不成的，当事人可以依照《中华人民共和国民事诉讼法》向人民法院起诉。

（3）专利权的内容

①独占权。独占权，也称专有权，是指专利权人对其享有的专利的占有、使用、收益和处分权，有自己制造、使用和销售专利产品或使用专利方法的权利，有自己在专利产品或产品的包装上标明专利记号或专利号的权利。

②许可权。许可权，是专利权人有权许可他人实施其专利并收取使用费的权利。如果专利权为两个以上的人共有，专利共有人对专利权的行使有约定的，从其约定。没有约定的，共有人可以单独实施或者以普通许可方式许可他人实施该专利；许可他人实施该专利的，收取的使用费应当在共有人之间分配。

③转让权。转让权，是专利权人有权将自己的专利依法定的程序转让给他人的权利。共有人转让专利，应取得全体共有人同意。

④进口权。进口权，是专利权人在专利的有效期内享有自己进口或禁止他人未经许可以生产经营为目的而进口其专利产品或者进口依其专利方法直接获得的产品的权利。

⑤禁止权。禁止权，是专利权人有权禁止他人未经许可使用或销售其专利产品或依专利方法获得的专利产品的权利。

⑥诉讼权。诉讼权，也称请求保护权，专利权人的权利受侵害时，有权通过诉讼的方式解决。

⑦禁止许诺销售权。禁止许诺销售权，是发明人或实用新型专利的专利权人有权禁止任何单位和个人未经其许可"许诺销售"其专利产品或依照专利方法直接获得的产品的权利。

4.3.3 专利权取得的条件

从各国的立法看，要取得专利必须具备一些实质条件。一般规定，对于发明专利和实用新型要具新颖性、创造性和实用性，对于外观设计要有新颖性、实用性和美感。

1. 新颖性

新颖性，是指一项发明在申请人提出申请时，必须是未曾公开发表、公开使用或以其他形式为公众所知的。实际上，专利申请技术与现有技术即已公开的技术相比不相同。

（1）判断新颖性的标准

对新颖性的判定标准，各国的专利法的规定有所不同，主要体现在对时间标准和地域标准的不同规定上。

①时间标准

依该标准，判断一项发明是否具有新颖性，是指公开发生在什么时间才导致新颖性丧失。国际上有两种标准：一是以申请日为标准，即在申请日前未被公开就没有丧失新颖性；二是以发明日为标准，即其发明之日前未被公开即为有新颖性。申请日标准在确定新颖性时较简单，发明日标准在实践中较复杂，执行起来难度大，所以现在大多数国家包括中国在内都是以申请日为标准。

②地域标准

判断新颖性的地域标准主要有两个：一是世界标准，即申请专利的发明在提出申请时，必须是在世界上任何国家都未公开发表或公开使用才具有新颖性；二是本国标准，即某项发明在提出专利申请时，只要在申请国未公开发表与使用就具有新颖性。目前大多数国家专利法都采用世界标准，只有少数国家用一国标准。但是在采用世界标准的国家中，具体规定又有所不同。有的国家对公开发表、公众知晓、公开使用等不同的项目采用不同的标准，美国、日本、加拿大、瑞士、瑞典、比利时与罗马尼亚等国就属于此类，如美国专利法规定，在专利申请人完成发明之前，该项发明未在本国已为他人所知或使用、或者在本国或外国已以取得的专利或在印刷出版物上叙述过；在申请日之前该项发明未在国内外公开使用或为他人所知、或者在本国或外国获专利或在印刷出版物上叙述超过一年的。有的国家则要求公开发表、公知、公用都要具备世界标准，即申请的专利发明在提出时，必须是在世界范围内未被公知、公用和未在公开刊物上发表。英国、德国、法国、荷兰、中国都采用这种标准。

（2）中国《专利法》关于新颖的要求

中国《专利法》第二十二条、二十三条对发明与实用新型和外观设计的新颖性作了规定：

①发明与实用新型新颖性的要求。第一，该发明或者实用新型不属于现有技术。所谓现有技术，是指申请日以前在国内外为公众所知的技术。第二，在申请日前没有同样发明或实用新型在国内外出版物上发表过、公开使用过或者以其他方式为公众所知，也没有同样的发明或实用新型由他人向国务院专利行政部门提出过申请并记载在申请日以后公布的专利申请文件中。

②外观设计的新颖性。第一，授予专利权的外观设计，应当不属于现有设计，现有设计是指申请日以前在国内外为公众所知的设计；第二，没有任何单位或者个人就同样

的外观设计在申请日以前向国务院专利行政部门提出过申请，并记载在申请日以后公告的专利文件中；第三，授予专利权的外观设计与现有设计（指申请日以前在国内外为公众所知的设计）或者现有设计特征的组合相比，应当具有明显区别；第四，授予专利权的外观设计不得与他人在申请日以前已经取得的合法权利相冲突。

可见，我国对新颖性的要求在时间标准上采用的是申请日标准，在地域标准上采用的是世界标准，而且对公开发表、公知、公用均采用世界标准。

（3）新颖性的例外情形

各国专利法对新颖性的要求都有例外规定，主要是对在科学讨论会上发表的有可能取得的专利权的学术报告，以及在官方主办或承认的展览会上展出的有可能取得专利权的专利产品，在其发表或展出后的一定时间内（3~6个月）不丧失其新颖性，只要在规定的时期内申请人提出专利申请，仍可能依法获得专利权。

中国《专利法》规定，申请专利的发明创造在申请日以前6个月内，有下列情形之一的，不丧失新颖性：第一，在中国政府主办或者承认的国际展览会上首次展出的；第二，在规定的学术会议或者技术会议上首次发表的；第三，他人未经申请人同意而泄露其内容的。

2. 创造性

创造性，即申请专利的发明和实用新型和以前的技术相比，应具有实质性的特点和显著进步。美国专利法将这一条件称为"非显见性"，其表述是：如果申请专利的内容与现在技术之间的差别甚小，以致在该项发明完成时对于本专业具有一般技术的人员而言是显而易见的，即使不存在丧失新颖性的情况，也不能获得专利。

中国《专利法》对发明和实用新型的创造性要求不同。发明创造性的要求是要有突出的实质性特点和显著的进步，而实用新型创造性的要求则是有实质性特点和进步。

3. 实用性

实用性，是指发明或实用新型能够制造或使用并能产生积极效果。也就是说客体可以实施或再现。

4.3.4 不授予专利权的情况

1. 一般不授予专利权的情况

各国出于社会安全、政治与经济以及工业保护政策的需要，都在专利法中规定了不列为保护的发明。如欧洲共同体在1973年签订、1977年10月生效的《欧洲专利公约》中规定了不具有专利性的发明：违反法律、法规和公共秩序的发明；动植物品种及单纯的生物方法制造动植物的方法（微生物除外）；科学发现、科学理论及数学方法；智力活动的规则、游戏规则及商业活动规则；计算机程序；美术创作。

综合主要国家专利法，一般以下情况不予保护：违反法律与社会道德或公共利益的发明；纯科学原理或理论；动植物新品种；化学物质；食物与药物；原子能技术。

2. 中国《专利法》规定的不授予专利权的情况

中国《专利法》第五条、第二十五条规定了不授予专利的情况：

（1）对违反法律、社会公德或者妨害公共利益的发明创造，不授予专利权。

（2）对违反法律、行政法规的规定获取或者利用遗传资源，并依赖该遗传资源完成的发明创造。依赖遗传资源完成的发明创造，申请人申请专利权不能违反国家法律、法规的规定，申请人应当依法在专利申请文件中说明该依赖遗传资源的直接来源和原始来源，申请人无法说明来源的，应当陈述理由，否则不授予专利权。

（3）科学发现。

（4）智力活动的规则和方法。

（5）疾病的诊断和治疗方法。

（6）动物和植物品种。动物和植物品种不授予专利权，但是其生产方法可以授予专利权。

（7）用原子核变换方法获得的物质。

（8）对平面印刷品的图案、色彩或者二者的结合作出的主要起标识作用的设计。

4.3.5　专利申请的原则与程序

1. 专利申请的原则

综合各国专利法，专利申请主要有以下原则：

（1）先申请原则

先申请原则，是指两个或两个以上的人分别就同样的发明创造申请专利，专利权授予最先申请的人。现在世界上大多数国家用先申请原则，中国专利法也是采用先申请原则。

（2）先发明原则

先发明原则，是指承认发明的先后，在两份专利申请的技术内容相同或相近时，将专利权授予最先完成发明的人。美国专利法就是采用这一原则，据美国专利法的规定，影响一项发明申请专利的时间因素主要有三个，即构思时间、构思的实施时间和努力的时间。但需注意的是，这一原则只适用于在美国完成的发明，而对于在外国完成的发明则实行申请在先原则。

（3）优先权原则

优先权原则，是《巴黎公约》规定的基本原则，这一原则在各成员的立法中主要表现为国内优先和国外优先。国内优先，据中国《专利法》，是指申请人在中国第一次提出专利申请日，可以在一定时间对其专利进行改进与先前专利合并，另外提出申请，以以前的申请日为申请日。国外优先，按巴黎公约的规定，是指成员国国民在首次向一个成员国提出专利申请后，发明、实用新型 12 个月，外观设计 6 个月，又以同一内容向其他成员国提出申请，可以享受优先权，以首次申请日作为申请日。

（4）一发明一专利原则

一发明一专利原则，是指一件专利申请的内容只能包含一项发明创造。中国《专利法》第三十一条规定，一件发明或者实用新型专利申请应当限于一项发明或者实用新型。属于一个总的发明构思的两项以上的发明或者实用新型，可以作为一件申请提出。一件外观设计专利申请应当限于一项外观设计。同一产品两项以上的相似外观设计，或者用于同一类别并且成套出售或者使用的产品的两项以上外观设计，可以作为一件申请提出。

（5）充分公开原则

充分公开原则是 WTO《与贸易有关的知识产权协议》对成员方的要求。这一原则是说，发明和实用新型的申请说明书应该具有完整的内容，即专利申请人对信息的披露要以清晰、完整的方式公开，以便本专业领域的技术人员能按专利文件实施专利。

2. 专利权获得的程序

（1）专利权获得的不同程序规定

专利权的取得与一般财产的取得不同，一般各国都规定专利权的取得申请人必须经过法定的程序，主要是审查与批准程序。但各国的具体规定又有所不同，有的国家规定，发明专利的申请必须经过：申请、初步审查、早期公开、实质性审查、专利审批、最终授予阶段。而对于实用新型和外观设计则不需经过实质性审查阶段。如中国《专利法》就是采取这一制度。有的国家对专利申请不予早期公开，而是在初步审查之后直接进行实质性审查，在授予专利权之后予以公布。如美国专利法不实行早期公开制度，所有的申请在审查期间都是保密的，这种制度对于那些申请被驳回来的人来说，可能让他们有机会就同一内容继续利用保密提出来维护自己的利益。

（2）中国《专利法》关于专利权获得程序的规定

中国《专利法》对发明、实用新型和外观设计采用不同的审查与批准程序。

①发明专利的审查和批准。发明专利采用"早期公开、延期审查制度"，主要经过初步审查和实质审查两个阶段。

国务院专利行政部门收到发明专利申请后，即确定申请日，发受理书；然后进入初步审查阶段，经初步审查认为符合专利法要求的，自申请日起满 18 个月，即行公布。国务院专利行政部门可以根据申请人的请求早日公布其申请；发明专利申请自申请日起 3 年内，国务院专利行政部门可以根据申请人随时提出的请求，对其申请进行实质审查；申请人无正当理由逾期不请求实质审查的，该申请即被视为撤回。在经过实质性审查后，国务院专利行政部门认为不符合专利法规定的，通知当事人，要其在指定的时间内陈述或对专利提出修改，逾期不答复的视为撤销。经陈述或修改后，认为不符合专利法规定的，则作出驳回决定；若符合专利法的规定，则作出授予专利权的决定，发给专利证书，并予登记和公告，发明专利自公告之日起生效。

②实用新型和外观设计专利的审查和批准。对实用新型和外观设计实行初步审查

制度。即申请被受理后，就进入了初步审查，没有发现驳回理由的，即作出授予专利的决定，发给相应的专利证书，同时予以公告，实用新型和外观设计专利权自公告之日起生效。

3. 国际专利的申请程序

根据地域性原则，当事人若想在他国获得专利保护，必须向所希望得到保护的国家或地区提出专利申请。依据《专利合作条约》的规定，成员国的国民可以用一种规定的文字，向受理局提出国际申请，并就其希望申请对哪些成员国生效而进行指定。受理局认为申请文件和手续完备，即确定国际申请日，自该申请日起，国际申请在每一个指定国家即具有国内申请的效力。我国专利行政主管部门是专利合作条约的受理局、国际检索单位和国际初步审查单位，因此我国申请人可以用中文向我国知识产权组织提出申请。但中国的单位或个人申请国际专利必须具备的条件是：将在国内完成的发明或者实用新型向国外申请专利的，应先报国务院专利行政部门进行保密审查，保密审查的程序、期限等按国务院的规定执行。

4. 专利的保护期

专利权具有时间性，所以各国专利法都规定了专利权的保护期限，但各国对专利的保护期限的规定不同，期限的计算办法也不同。专利的保护期限一般为 5 年、10 年、15 年、17 年、20 年。发达国家的专利的保护期限一般为 15~20 年，发展中国家的情况较复杂，在 5~20 年之间。

在专利期的计算方法上，多数国家是从专利申请日算起，也有部分国家从专利授予日算起，如法国、英国、比利时等。还有些国家是从专利申请被公告之日算起，如日本专利法规定，从公告之日起 15 年，但不能超过从申请之日起 20 年，以较长者为准。中国《专利法》规定，发明专利的保护期限是 20 年，实用新型和外观设计的保护期是 10 年，均自申请日起计算。超过保护期限就进入了公共领域，任何人都可以使用。

4.3.6 专利权的实施

专利权的实施，除专利权人自己实施外，主要通过专利许可证贸易以及专利的强制许可方式实现。

1. 专利许可证贸易

（1）专利许可证贸易及特点

专利许可证贸易，是指专利权人与他人签订专利许可证合同，允许他人使用其专利，同时收取使用费的贸易。

专利许可证贸易的特点是：标的是无形财产，而不是现成产品；专利许可证贸易不同于一般的货物买卖，专利许可贸易的被许可方得到的是专利的使用权，而不是财产的绝对权，即占有、使用、收益和处分权，即许可方并没有出售专利所有权；专利许可证贸易的标的受严格的时间和地域限制，超过有效期或在未申请专利保护的国家里，该专利是不存在的，它不能为合同的标的；专利许可证贸易受国家的管制多；专利许可证贸易是一种长期交易，是一种合同关系。

（2）专利许可证贸易的种类

专利许可证贸易有不同的种类，不同的种类决定了许可的不同范围、费用以及许可的程序。按照专利许可的权限和许可范围，专利实施许可合同可以分为以下 5 种类型：

①独占许可合同。独占许可合同，是指被许可方在一定的地域范围和一定的期限内，对许可方的专利技术享有独占使用权的专利许可合同。也就是说，在合同规定的地域和期限内，被许可方是该专利技术的唯一许可使用者，连许可方也不得在该地域和期限内使用该专利技术，但专利权仍属许可方。根据这种许可方式，虽然专利权人可以获得较高的专利技术使用费，但也束缚了专利权人自己，所以在实践中这种许可方式较少使用。

②独家许可合同。独家许可合同，是指许可方在一定地域和期限内只允许被许可方独家使用其专利，而不再许可任何第三方使用其专利，因此也称为排他许可合同。但是许可方仍然保留在该地域和期限内使用该专利的权利，许可方与被许可方可以共同占有市场，通过专利技术的实施，获得经济利益。

③普通许可合同，普通许保合同，也称非排他许可合同，即在规定的地域和期限内允许被许可方使用其专利技术，许可方有权再许可第三方使用其专利技术，并保留自己的使用权。这种许可方式的好处是有利于专利技术的推广应用，但如果专利权人没有限制地签订这种许可合同，会导致专利产品的生产过剩，影响专利权人与被许可方的利益。

④分售许可合同，分售许可合同，是指被许可方再向他人转售的许可合同，或称为转售许可合同，原许可合同称为主许可合同。一般来说，许可方有权从被许可方收取的分售许可合同使用费中提成。

⑤互惠许可合同，也称交叉许可合同，是指两个专利权人以互惠的方式交换许可对方使用各自专利的许可合同。至于具体利益如何分享，双方还可以合同的形式作出约定。

（3）专利许可合同的主要条款

①序文。该条款的主要内容是：合同的目的、当事人及法律地位、当事人住址、专利的批准日期及批准号等。

②定义。该条款主要是确认许可合同中所使用的术语的明确含义，以避免争议。一般是关键词，如专利、技术诀窍、改进、产品、工艺、实施材料、技术服务、销售额、投产日期等。

③许可证范围。该条款是许可合同的中心条款，主要内容包括使用的领域、适用的地域等。

④许可方对专利有效性的保证。在许可合同中，一般应订明，许可方是标的合法拥有者，或有权许可技术。第三方提出异议或侵权时，由许可方应诉或起诉，承担费用或

赔偿损失等。

⑤专利申请未获批准或专利失效的处理。专利未获批准或失效，会对合同产生极大影响，因此要在合同中规定出现这种情况时的处理，如被许可方中止合同，不再向许可方支付使用费；一项专利失效，合同是否保留专有技术，如何支付使用费等。

⑥技术的改进与发展。在该条款中要对改进的权利归属作出规定，许可方是否有义务将改进技术告知或售给被许可方，被许可方是否有义务将改进的技术告知许可方或售给许可方。

⑦费用及支付。该条款的主要内容是，谁缴纳年费，使用费用如何支付。是总付还是分期付，通常还涉及费用的基数（一般以净销售额计算）、使用费率、提成方式、入门费等。

⑧技术秘密的提供。该条款中要规定技术秘密的提供方式、费用及保密的范围与时间等。

⑨合同的生效。规定合同的有效期、期满及延期，但要注意的是合同的有效期不得长于专利的有效期。

⑩）违约及救济方法、不可抗力、争端及法律适用等。

（4）关于专利许可合同中的限制性条款

限制性条款，是许可方在专利许可证合同中规定的对被许可方实施专利时的各种限制性条件。在国际专利贸易中，技术的控制方为了获得高额利润和控制对方，往往会加一些限制。主要是：

①连带条文。许可方在许可合同中规定被许可方按指定的来源购买原材料、零部件或设备（可能不是合同涉及的，但证据表明，只有连带产品才能保证专利成功实施的除外）。这限制了被许可方以合理的价格自由选择的权利，对发展中国家是极不利的。

②一揽子许可。许可方在许可合同中硬搭一些被许可方不需要的其他专利，如不相干或已失效的专利，这会增加专利使用费。

③使用领域（范围）的限制。许可方在许可合同中限制被许可方对专利的使用范围。通过这种限制可以使许可方得到更多的报酬，并增加未来产品的竞争力。当然这种限制对被许可方企业、国家经济利益没有影响时可以接受。

④领土限制。许可方在许可合同中规定只许可在被许可方领土内实施，生产的产品不能出口等。当然独家许可和独占许可合同除外。

⑤许可产品价格的限制，许可方在许可合同中规定，只允许按规定的价格销售。

⑥使用费的支付。许可方在许可合同中规定，在被许可方支付的使用费中增加一些不合理的费用，如未使用其专利制造的产品而收取使用费，对过期、期满的专利支付使用费。

⑦技术反馈条款。许可方在许可合同中规定，被许可方要向许可方提供改进的技术，一般是单向的技术反馈，对此一般不能接受。

2. 专利的强制许可

（1）专利强制许可的一般情况

专利强制许可，是指一国专利主管机关基于法律规定的条件，不经专利人的同意就许可他人实施其专利。由于专利强制许可并非出自专利权人的自愿，所以对专利权人来说，强制许可是对权利的一种限制，也是对专利权人不履行传播义务滥用专利权的一种救济。

在各国专利法的立法和实践中，专利强制许可一般都有多种理由。虽然强制许可有违私法意思自治的原则，也在一定程度上动摇了专利保护的根基，但对克服专利制度的弊端却发挥着重要作用。

关于强制许可制度的规定，早在 1883 年的《巴黎公约》的第五条第二款中就规定：本联盟的每一国家有权采取立法措施规定授予强制许可，以防止由于专利赋予的排他权而可能产生的滥用，例如未实施。这是关于强制许可的最早规定。此后，基于该公约的规定，世界上除了少数发达国家外，大多数国家尤其是发展中国家都建立了专利强制许可制度。

WTO《与贸易有关的知识产权协议》第三十一条规定了强制许可的具体事由：

①拒绝交易。《协议》规定，"在此种使用之前，拟使用者已以合理的商业条款和条件争取权利人的授权，但在合理的期限内该争取未获成功，才允许此种使用。"为了获得基于强制交易的强制许可，利害关系人应当证明其已以合理的商业条款和条件争取权利人的自愿授权，但在合理的期限内被拒绝或未答复。

②紧急状态或极端情势。《协议》规定："在成员处于国内紧急状态、其他紧急情势或者为非商业公共使用的情况下，可以豁免这些条件，但是，在国内紧急状态或者其他情势的情况下，应当在合理的时间内及时通知权利人。"如与公共健康和营养相关的情势，在这种情况下无须要求事先提出请求而被拒绝，但应当在合理的时间内及时通知权利人。

③反竞争行为。强制许可可以为救济反竞争行为而授予，许多国家有这种规定，如美国的《谢尔曼法》适用这种强制许可，中国的《反垄断法》也适用于这种强制许可。

④非商业公共使用。这种情况可以发生在政府机关为完成使命而使用受保护的专利的情况下。此种使用无须政府直接使用，也可以由私人享有。此类强制许可无须事先请求和通知。

⑤依赖型专利。《协议》规定的情形是："如果此种使用是为了利用一项专利（第二专利），而该专利不经侵犯其他专利（第一专利）即无法利用，则应当适用下列附加条件：第一，与第一专利中的发明相比，第二专利中的发明应当涉及具有重大经济意义的重要技术进步；第二，第一专利的所有人应当有权以合理的条件以交叉许可方式使用第二专利中的发明；第三，对第一专利授予的使用条件不得转让，除非与第二专利一并转让。"

⑥其他情形。如公共利益事由、环境保护事由、没有实施可充分实施事由。

（2）中国《专利法》规定的强制许可情形与条件

中国《专利法》规定有下列情形之一的，国务院专利行政部门根据具备实施条件的单位或者个人的申请，可以给予实施发明专利或者实用新型专利的强制许可：

①未获专利权人许可的强制许可。此种应满足的条件是：专利权人自专利权被授予之日起满三年，且自提出专利申请之日起满四年，无正当理由未实施或者未充分实施其专利的；申请强制许可的单位或个人应当提供证据，证明其以合理的条件请求专利权人许可其实施专利，但未在合理的时间内获得许可。

②专利权人行使专利权的行为被依法认定为垄断行为，为消除或者减少该行为对竞争产生的不利影响的。此种应满足的条件是：强制许可的实施应当主要为了供应国内市场。

③根据公共利益的强制许可。此种情形应满足的条件是：在国家出现紧急状态或者非常情况时，或者为了公共利益的目的。

④为了公共健康的强制许可。此种情形应满足的条件是：已取得专利权的药品。为了公共健康目的，对取得专利权的药品，国务院专利行政部门可以给予制造并将其出口到符合中华人民共和国参加的有关国际条约规定的国家或者地区的强制许可。

⑤从属专利的强制许可。此种情形应满足的条件是：一项取得专利权的发明或者实用新型比之前已经取得专利权的发明或者实用新型具有显著经济意义或重大技术进步，其实施又赖于前一发明或者实用新型的实施的，国务院专利行政部门根据后一专利权人的申请，可以给予实施前一发明或者实用新型的强制许可。也可以根据前一专利权人的申请，也可以给予实施后一发明或者实用新型的强制许可。

取得实施强制许可的单位或者个人不享有独占的实施权，并且无权允许他人实施。取得实施强制许可的单位或者个人应当付给专利权人合理的使用费，或者依照中华人民共和国参加的有关国际条约的规定处理使用费问题。付给使用费的，其数额由双方协商；双方不能达成协议的，由国务院专利行政部门裁决。

4.4　国际商标权法

4.4.1　商标

1. 商标及特征

人们很早就在商品上使用商标，但在知识产权的法律体系中，商标法律制度却产生较晚。商标作为一种权利受到法律的保护是从 1804 年法国的《拿破仑法典》开始的，该法典第一次肯定了商标权将与其他财产权同样受到保护。此后各个国家相继建立了自己的商标制度，同时也出现了商标保护的国际公约，商标真正成为了知识产权的重要组成部分。

各国的法律和学者对商标的定义与理解不同，但对其实质的理解是相同的。世界知识产权组织（WIPO）对商标的界定是"将一企业的产品或服务区别开来的标记"。

WTO《与贸易有关和知识产权协议》从成员必须受商标保护的客体的角度，对商标界定如下："能够将任何一个企业的商品或服务与其他企业的商品或服务区别开来的任何标识的组合，即可构成商标，此类商标，特别是包括人名的单词、字母、数字、图案、颜色的组合以及此类标识的组合，均符合注册商标的条件。如果标识不具有区别相关商品或者服务的固有属性，成员可以根据其通过使用取得的区别性，给予注册。成员可以将视觉上可感知作为注册条件。"

从可以获得商标权的标记形式来看，美国法律规定得最宽，可以获得商标权的不仅包括传统文字、图形或其组合，还包括可以用视觉感知的三维形状①、颜色②，用听觉和嗅觉感知的气味③、声音④、广告语⑤等。

《中华人民共和国商标法》（以下简称《商标法》，1982 年颁布，已先后作过两次修改）对商标的界定是："任何能够将自然人、法人或者其他经济组织的商品与他人的商品区别开来的可视性标志，包括文字、图形、字母、数字、三维标志和颜色组合，均可作为商标申请注册。"

商标具有的特征是：商标是商品或服务上使用的标记，它具有从属于商品或服务的特征。商标是区别相同或类似商品或服务的标记，这也是商标的重要功能；商标必须具的显著特征；商标具有明显的财产性，是一种无形财产。

2. 商标的分类

可以从不同的方面对商标进行分类：

（1）按商标的结构可以分为：文字商标、图形商标、字母商标、数字商标、三维标志、组合商标，记号商标等。

文字商标，即以文字组成的商标。此类商标含义明确，便于记忆。图形商标，即以图形、图画、图像构成的商标。此类商标通常以一种艺术作品或工艺美术作品的形式出现，不受语言限制，便于人们懂得其含义。但由于称呼困难，以及不易设计，所以，人们越来越少选择单纯的图形作商标。字母商标，即以字母组成的商标。此类商标简单、便于记忆、便于称呼，现在广泛为人们选择。数字商标，即以数字组成的商标。此类商标具有字母商标的特点，因此也多为人们选择。三维标志，即以三维图形、标志组成商标。此类商标近些年为人们选择使用。组合商标，即由文字、图形、字母、数字等组合

---

① 可以获得商标注册的立体形状必须不具备功能性，典型的是可口可乐的玻璃瓶。

② 美国专利商标局允许颜色作为商标注册，其要求是该颜色不应当对商品有描述，也不能具备功能。但法院在具体的案例中掌握的标准差别较大。

③ 1990 年，美国商标上诉委员会第一次确认了气味的可注册性，Clark 公司的缝纫机线和刺绣用纱具有独特的自然香气最终获得注册。

④ 如美国全国广播公司的栏目前奏音乐。

⑤ 麦当劳公司的广告语"你今天有资格休息"获得注册商标，Elias Brothers Restaurants 公司在电视上用了"我今天有资格休息吗？"被认定为侵权。

成的商标。此类商标图文并茂，形象生动，现在被广泛使用。记号商标，即以简单、明了的图形、符号、特定的记号构成的商标。但由于受图形商标同一因素的影响，现在单纯选择用记号作商标比较少。

（2）商标按不同的用途可以分为证明商标和等级商标。证明商标，也称保证商标，是用以证明使用该商标的商品的质量，达到某种标准、信誉的商标。如我国"绿色食品"标志、地理标志等属于证明商标。证明商标不能随意使用。等级商标，是指同一企业为区别质量、规格不一的同一产品而使用的商标。此类商标主要是标明同一企业的同一种商品的质量、规格的等级和档次，以便使消费者鉴别和选购。

（3）按商标使用者可以分为制造商标、销售商标和集体商标。制造商标，是表示商品制造者的商标，是指商品的生产者或制作者将自己企业的名称作为商标。制造商标主要是与销售商标相对而言。销售商标，又称商业商标，是商品的经销者使用的商标，说明商标的使用者是经销商。集体商标，是指某工商协会、集团企业或其他经济组织申请注册，由该集体组织成员共同使用的商标。集体商标可以表示商品来源于由若干厂家组成的集体组织，也可以表示来源于特定的地区，如在我国地理标志就可以作为集体商标注册，表示某种商品的特定质量、信誉及其他特征主要是由某地区的自然因素或人文因素决定。

（4）商标按向消费者提供的对象可以分为商品商标和服务商标。商品商标，是专门在商品上使用的商标。服务商标，是服务的提供者使用的商标。

（5）商标按使用者的目的可以分为联合商标和防御商标。联合商标，是指在相同或同类商品上使用的相近似的商标。它是相对于正商标而言的，它的作用是防止他人假冒，保护正商标不受侵害。防御商标，是在非同类但性质相同或近似的商品上使用的同一商标。它的作用与联合商标的作用一样，主要是为了保护正商标。

（6）商标按不同的信誉可以分为普通商标和驰名商标。普通商标，是指经过法定的程序，就可以获得商标权的商标。普通商标是针对驰名商标而言的。驰名商标，是具备驰名商标的因素，经过认定机构认定的商标。驰名商标是所有者的无形巨大财富。

我国商标法保护的商标是商品商标、服务商标、集体商标、证明商标和驰名商标。

4.4.2　商标权

1. 商标权的含义

商标权，也称商标专用权，是商标所有人对其注册商标所享有的权利，它是由国家商标管理部门依法授予并由国家强制力保护的权利。商标专用权是法律赋予的商标权人的一种合法垄断权，是商标所有权人的一种无形财产。

2. 商标专用权的客体

许多国家都规定，要取得商标权，必须要依法注册。我国《商标法》规定，自然人、法人或者其他组织对其生产、制造、加工、拣选或者经销的商品，需要取得商标专用权的，应当向商标局申请商品商标注册。经过注册的商标为注册商标，注册商标人享有商标专用权。

作为商标专用权的客体，即注册商标，应当具备一定的条件，依《巴黎公约》、WTO《与贸易有关的知识产权协议》、中国《商标法》以及《商标法实施条例》的规定，注册商标应具备的条件是：

（1）显著特性

显著性，是特定的标识所具有的区分特定商品或服务的显著性特征，它是商标法的核心，也是《巴黎公约》以及 WTO《与贸易有关的知识产权协定》的要求，显著性在各国商标法中得到了普遍的承认，如中国《商标法》第九条规定："申请注册的商标，应当有显著特征，便于识别……"；第十一条、十二条则从反面规定了商标的显著性："下列标志不得作为商标使用：①仅有本商品的通用名称、图形、型号的；②仅仅直接表示商品的质量、主要原料、功能、用途、重量、数量及其他特点的；③缺乏显著特征的。前款所列标志经过使用取得显著特征，并便于识别的，可以作为商标注册。""以三维标志申请注册商标的，仅由商品自身的性质产生的形状、为获得技术效果而需有的商品形状或者使商品具有实质性价值的形状，不得注册。"

而另有一些国家对于一些不具有区别性的标志是否能作商标有一些特殊的规定，如在美国，美国联邦专利商标局将注册分为"主簿"和"附簿"两个部分，不违反商标法规定的标记一般都可以在主簿注册。在主簿注册的商标在全国有效，在诉讼时，注册是权利的初步证据，另外还可以在海关登记，要求海关保护。而带有描述性的标记、地名或美国人常用的姓氏，如果被审查认为不具有区别作用，则可以先在附簿注册；如果经过一段时间的使用，证明它已获得了"第二含义"，即消费者看到这个标志就会将它和某种商品联系起来，原注册人就可以申请在主簿注册。在附簿注册的商标虽然也在全国有效，但没有主簿注册商标的其他功能。

（2）不能违反禁用商标的规定

各国商标法为了维护公共利益、公共道德，为了遵守所参加的相关公约的义务，都在商标法中规定了一些虽然具有显著性特征的标识，但不能作为商标进行注册的情形。

如中国《商标法》第十条规定："下列标志不得作为商标使用：①同中华人民共和国的国家名称、国旗、国徽、军旗、勋章相同或者近似的，以及同中央国家机关所在地特定地点的名称或者标志性建筑物的名称、图形相同的；②同外国的国家名称、国旗、国徽、军旗相同或者近似的，但该国政府同意的除外；③同政府间国际组织的名称、旗帜、徽记相同或者近似的，但经该组织同意或者不易误导公众的除外；④与表明实施控制、予以保证的官方标志、检验印记相同或者近似的，但经授权的除外；⑤同"红十字"、"红新月"的名称、标志相同或者近似的；⑥带有民族歧视性的；⑦夸大宣传并带有欺骗性的；⑧有害于社会主义道德风尚或者有其他不良影响的；⑨县级以上行政区划的地名或者公众知晓的外国地名，不得作为商标。但是，地名具有其他含义或者作为集体商标、证明商标组成部分的除外；已经注册的使用地名的商标继续有效。"

以上禁止性的规定，也是世界各国商标法普遍禁止的。另外一些国家由于历史或宗教的原因，还规定了另一些不能注册为商标的标记，如原来实行国王制度的国家都规定了王室的徽记或纹章不能注册为商标。

3. 商标专用权的内容

商标专用权的内容，即商标所有权人受法律保护的基本权利。WTO《与贸易有关的知识产权协定》第十六条规定："注册商标所有权人应当享有下列专有权，即阻止所有第三人在贸易过程中不经所有权人同意，在具有造成混淆的可能性的情况下，在相同或近似的商品或者服务上使用相同或者近似的商标。在对相同商品或者服务使用相同标记的情况下，应当推定具有混淆的可能性。上述权利不得侵害任何现有的在先权利，也不得影响成员根据使用授予权利的可能性。"这一规定，填补了其他知识产权公约的空白。

中国《商标法》第五十一条、五十二条实际上规定了商标专用权的内容或范围。第五十一条规定："注册商标的专用权，以核准注册的商标和核定使用的商品为限。"第五十二条从侵犯商标专用权行为的角度对商标专用权的内容进行了规定："有下列行为之一的，均属侵犯注册商标专用权：①未经商标注册人的许可，在同一种商品或者类似商品上使用与其注册商标相同或者近似的商标的；②销售侵犯注册商标专用权的商品的；③伪造、擅自制造他人注册商标标识或者销售伪造、擅自制造注册商标标识的；④未经商标注册人同意，更换其注册商标并将该更换商标的商品又投入市场的；⑤给他人的注册商标专用权造成其他损害的。"

商标专用权的具体内容可以概括为：

（1）独立的所有权

独立的所有权，是指商标所有人对其注册商标具有完全的所有权，有权在核定的商品或包装上使用，因此可以自己占有和使用，也可以许可他人使用，可以通过使用或许可他人使用获得经济利益，还有由这项权利可派生出的其他的权利，如转让权、禁止权、续展权、请求保护权等。

（2）许可权

许可权，是指商标专有权人有权许可他人使用其注册商标，并通过许可他人使用注册商标而收取使用费。

（3）转让权

转让权，是指商标专有权人有权转让其注册商标，中国《商标法》规定，商标所有权人转让注册商标的，转让人和受让人应当签订转让协议，并共同向商标局提出申请。受让人应当保证使用该注册商标的商品质量。转让注册商标经核准后，予以公告，受让人自公告之日起享有商标专用权。

（4）禁止权

禁止权，是指当出现侵犯注册商标专用权行为时，商标所有权人有权禁止他人侵犯商标权的权利。即商标所有人有权禁止他人未经许可，在同一商品或者类似商品上使用与注册商标相同或近似的商标，有权禁止他人在同一种或类似商品上将与其注册商标相同或者近似的标志作为商品名称或者商品装潢使用，有权禁止他人伪造、擅自制造其商标标识或者销售伪造、擅自制造其注册商标标识的商品等。

（5）续展权

续展权，是注册商标的保护期到了法定的期限后，为了延长保护期，使得商标所有权人对注册商标继续拥有专用权而行使的权利。WTO《与贸易有关的知识产权协定》第十八条规定：商标首次注册和每次注册不得少于七年，商标注册应当准许无限续展。中国《商标法》第三十八条规定："注册商标有效期满，需要继续使用的，应当在期满前六个月内申请续展注册；在此期间未能提出申请的，可以给予六个月的宽展期。宽展期满仍未提出申请的，注销其注册商标。每次续展注册的有效期为十年，续展注册经核准后，予以公告。"

（6）请求保护权

请求保护权，是指当发生侵犯注册商标专用权的行为时，商标专有权人有权选择行政或诉讼等方式请求保护。

4.4.3 商标权取得的原则与程序

各国为了保护商标所有权人的利益，为了加强商标的管理，也为了遵守所参加的公约的义务，都制订了商标法，虽然各国商标法有所不同，但相同的是，都规定商标应按法定的原则、通过一定的程序而获得专用权。

1. 商标权取得的原则

依《巴黎公约》以及 WTO《与贸易有关的知识产权协定》的规定，并综合各国的商标法，商标权取得的原则是：

（1）注册在先原则

注册在先原则，是指商标专用权属于最先注册的人。在采用这种制度的国家中，商标的注册是取得商标权的必要程序。依该原则，首先注册人的权利可以压倒任何其他人的权利，包括首先使用人的权利。如法国商标法就规定，商标所有权只有通过首先有效的申请注册而取得，仅凭使用商标这一事实的本身并不能产生任何权利。目前大部分国家采用这一制度，如日本、法国、德国、意大利、比利时、荷兰、丹麦等。依此原则取得商标权可以使权利相对稳定，能保证其有效性。但是通过注册取得专用权的人未必是商标的实际使用人，实践中可能通过注册取得本来不应取得的权利，如抢注等。

（2）使用在先原则

使用在先原则，是指商标专用权属于最先使用者，只要存在使用的事实，即使商标未办理注册，法律也承认商标所有权人的专用权并对其保护。

在采用这种原则的国家，办理注册手续只具有声明的性质，并不能确定商标权的归属，该商标的使用人可以在法定的时间（英国 7 年，美国 5 年）内对已注册的商标提出异议，要求予以撤销。采用这一原则的国家有美国、英国等。使用在先原则更具有公正性，目的在于保护商标使用在先人的利益，它排斥了在后使用人或未使用因抢注在先而取得权利。但实践中容易产生商标混同和权利的冲突，因此很少有国家单纯采用使用在先方式，大多数国家采用申请在先原则，但同时也规定了使用在先原则。

（3）在规定的时间内无人对已注册的商标提出指控原则

这一原则，实际上是以上两个原则的折中。根据这一制度，首先使用某个商标者，也受到法律保护，即使未注册，他也有权阻止他人注册同样或相类似的商标。如果已被他人注册，他可以在法定的期间内对此提出异议，要求宣告该注册商标无效。但如果超出法定的时间未提出异议，则商标注册人就可以获得商标专有权。英国的商标法、美国的联邦商标法一些英联邦成员国（如澳大利亚、加拿大、印度、新西兰、斯里兰卡等）以及奥地利、西班牙、科威特等国家的商标法都采用这一原则，但各国对提出异议期限的规定不同。如美国采用使用在先原则，但不论是已注册的商标还是未注册的商标，都受到法律的保护。未注册的商标可以受到普通法的保护，如果所有人的权益被侵害，他可以援引普通法中的"不公平竞争法"请求法律上的保护。而已注册的商标既可以享受联邦商标法的保护也可以享受普通法的保护。据《美国联邦商标法》的规定，商标注册人申请注册的前提是，必须证明该商标已经实际使用。商标注册是享有该商标所有权的初步证据，而不是最终证据，商标注册后，任何第三人都可以在批准注册后五年内提出异议，但五年期满后，则不得再提出异议。

此外，有些国家保护商标首先使用人的利益，在授予商标注册人的商标权时，允许首先使用该商标但未办理注册的人继续使用该商标。如英国商标法规定，商标的首先注册人无权限制与干涉该商标的首先使用人继续使用该商标。但是商标首先使用人的权利仅限于自己使用该商标，或只能在将其业务转让给他人的同时连同商标一起转让给他人，而不能像商标注册人那样可以任意将商标的使用权许可他人使用，从中收取商标使用费。

（4）优先权原则

优先权原则，是指依公约或协议，申请人在一国第一次提出商标注册之日起 6 个月内又在另一国就相同商品以同一商标提出商标注册申请的，可以享受优先权。

2. 中国《商标法》关于商标权取得的原则

（1）自愿注册与强制注册相结合原则

自愿注册，是指商标使用人可以根据自己的意志自行决定是否注册，但要取得商标专用权，必须依法定的程序申请商标注册，经核准注册后，商标的注册人才享有专用权。强制注册，是指对于少数商品法律规定必须进行注册，否则不得生产和在市场上销售，属于此类的商品是：人用药品和烟草制品。

（2）申请在先辅之于使用在先原则

申请在先原则，是指商标权授予先申请的人，发生商标权冲突也以谁先申请来确定商标权的归属。使用在先，是指当两个以上的人同时申请时，则授予最先使用的人。《商标法》第二十九条规定："两个或两个以上的商标注册申请人，在同一种商品或类似商品上，以相同或近似的商标申请注册的，初步审定并公告申请在先的商标。同一天申请的，初步审定并公告使用在先的商标。"

如果两个或两个以上的当事人同时申请一个商标并且同时使用或同时未使用的，《商标法实施条例》第十九条规定，如果两个或两个以上的申请人，在同一种商品上或者类似的商品上，在同一天分别申请注册相同或者近似的商标时，各申请人应当在收到商标局通知之日起三十日内提交其申请注册前在使用该商标的证据。同时使用的，或者均未使用的，各申请人可以自收到商标局通知之日起三十日内自行协商；不愿协商或者协商不成的，商标局通知各申请人以抽签的方式决定，并驳回其他的注册申请。

（3）优先权原则

优先权原则，是指商标注册申请人在外国第一次提出商标注册之日起六个月内又在中国就相同商品以同一商标提出商标注册申请的，依照该外国同中国签订的协议或者共同参加的国际公约，或者按照相互承认的优先权的原则，可以享受优先权。申请人主张优先权的，应当在申请商标注册的同时，提交书面声明，并在三个月内提交在巴黎公约成员国中第一次提出商标注册申请的副本，未提出书面声明或者逾期未提交商标注册申请文件副本的，视为未要求优先权。

商标在中国政府主办的或者承认的国际展览会展出的商品上首次使用的，自该商品展出之日起六个月内，该商标的注册申请人享有优先权。但商标注册申请人请求优先权的，应当提出书面声明，并在三个月内提交有关证明文件，否则视为放弃优先权。

（4）不得损害他人在先权利原则

申请商标注册不得损害他人现有的在先权利，也不得以不正当的手段抢先注册他人使用并有一定影响的商标。

（5）扩大使用范围和改变其标志应重新申请注册原则

3. 商标权取得的程序

（1）商标权取得程序基本情况

各国在商标权取得的程序规定方面都大同小异，商标权取得的程序一般要经过申请人申请、初步审查、公告、异议期及对异议的审查、核准注册并予公告。主要区别在于对注册异议提出的时间。一些国家规定了商标正式批准注册前先作审定公告，此后经过一个异议阶段，如无异议或异议不成立，该申请才正式获得批准。世界上大部分国家商标权获得采用这一程序，中国《商标法》也采用这一程序。另一些国家没有规定注册前的异议，而是规定在注册后一定的时间（如3年、5年或7年）内任何人都可以申请撤销注册。还有一些国家的商标法规定，除了注册前的异议阶段外，还规定商标注册后的一定时间内，任何人可以提出要求撤销不符合法律规定的注册商标。

（2）中国《商标法》商标权取得的程序

①申请人申请。商标注册申请人先向所在地的市、县工商局提交"注册商标申请书"，按规定的商品分类表填报使用商标的商品类别和商品名称。明确指明在哪一类商品的哪些商品上使用该申请注册的商标；并提交申请书一份、商标图样十份，对于药品和烟草制品等则要提交有关部门的生产许可证或生产的其他证明文件；要求优先权的在

申请时要提交书面申请并在三个月内提交第一次申请文件副本或者展会的名称、在展出的商品上使用该商标的证据及展出日期等文件。

《商标法实施条例》规定，申请注册商标或者办理其他商标事宜，应当使用中文。如果提交的各种证件、证明文件和证据材料是外文的，应当附送中文译文；未附送的，视为未提交该证明文件或者证据材料。

注册商标的申请日期，以商标局收到申请文件的日期为准。申请手续齐备并按规定填写申请文件的，商标局予以受理并书面通知申请人，申请人手续基本齐备或者申请文件基本符合规定，但是需要补正的，商标局通知当事人予以补正，限其自收到通知之日起三十日内，按照指定内容补正并交回商标局。在规定的期限内补正并交回商标局的，保留申请日期；期满未补正的，视为放弃申请。

②审查。商标局依商标法的规定，对申请的注册商标进行形式审查和实质性审查，对申请作出准予或驳回的结论。经过审查，认为符合商标法的规定，予以公告，进入异议期；不符合商标法的规定则驳回申请不予公告。对于驳回申请的，商标局应当书面通知申请人，申请人不服的，可以自收到通知之日起十五日内向商标评审委员会申请复审，对于商标评审委员会作出的裁定不服的，可以自收到通知之日起三十日内向人民法院起诉。

③公告。对于符合商标法规定的申请予以公告，进入异议期。

④异议。自公告之日起三个月内，任何个人均可以对公告的商标提出异议。对于异议不服的，可以在收到裁定书之日起十五日内申请复审，对于复审不服的，可以在收到通知之日起三十日内向人民法院起诉。

⑤核准注册。异议期限满，没有人提出异议，或经裁定异议不能成立的，予以核准注册。商标注册申请人自公告期满三个月之日起取得商标专用权。

4.4.4　商标专用权的有效期及续展

1. 商标专用权的有效期

商标权具有时间性，是一种有期限的权利，各国商标法都规定了商标权的期限，如《美国联邦商标法》规定，1989 年 11 月 16 日（商标法修订生效日）以前注册的商标有效期为核准注册日起 20 年，以后核准注册的商标有效期为 10 年。商标有效期 20 年的国家还有瑞士、意大利、西班牙、菲律宾和厄瓜多尔等。1988 年 12 月欧洲共同体理事会颁布的《欧洲共同体商标指令》规定，商标注册有效期为 10 年。另外，日本、法国、德国、奥地利、瑞典、丹麦、挪威、比利时、荷兰、卢森堡、希腊、泰国以及大多数中东与拉美国家均规定为 10 年。中国注册商标的有效期也是 10 年，自核准注册之日起算。英国商标法的有效期是 7 年，英联邦国家商标的有效期也是 7 年。

但要注意的是，许多国家的商标法一般规定注册商标必须使用，否则可能因被撤销而丧失商标专用权，尽管具体的规定有差别。如日本商标法规定，注册商标必须使用，连续 3 年不使用的商标可以裁定撤销；英国商标法规定，注册的商标必须使用，连续 5

年不使用的商标将被商标局撤销；《欧洲商标指令》规定，如果商标注册 5 年内不使用，该注册商标将被撤销；美国的商标法也有注册商标必须使用的规定。中国《商标法》也规定，注册商标连续 3 年停止使用的，由商标局责令限期改正或者撤销其注册商标。

依有关公约的规定，国际注册后的商标有效期是 20 年，并且 5 年内不受国内变化的影响。

2. 商标专用权的续展

虽然注册商标专用权是一种有时间性的权利，但与专利的时间性不同的是，各国商标法都规定了延长有效期的程序，并赋予商标权人对注册商标的续展权。各国商标法对续展的次数都不加以任何限制，只要商标专用权人在法定的期间内行使了续展权，办理相关手续并缴纳规定的费用，就可以长期受到法律保护。一般续展后的保护期与注册的有效期相等，但也有一些国家的商标法规定续展后的保护期长于注册的有效期，如英国商标法就规定，商标注册的有效期为 7 年，但续展后的保护期是 14 年。我国注册商标的有效期是 10 年，每次续展期为 10 年。

4.4.5 商标权的保护

各国的《商标法》及相关法律对商标专用权的保护都作了规定，现在的趋势是商标保护的范围增大，同时法律所规定的侵权的范围也在扩大。如一些国家的《商标法》规定，商标侵权行为包括不公平商业竞争、对进口商品的商标侵害、商业上的虚伪描述以及原产地的虚伪表示等。在措施方面，也更加严厉，对侵犯商标专用权的行为可以处以一定数额的罚款，对有些行为还要承担刑事责任。

在商标的保护方面已有《巴黎公约》以及 WTO《与贸易有关的知识产权协定》，由于中国是这两个公约的参加国或缔约国，中国有义务遵守公约的规定，《商标法》中对于商标保护的规定已基本与公约一致，所以我们主要以中国《商标法》为例介绍商标专用权的法律保护问题。

1. 驰名商标的保护

商标是企业的无形资产，驰名商标更是企业的宝贵财富，因此在现实中侵权行为经常针对驰名商标，所以有关知识产权的国际公约都十分强调对于驰名商标的保护。我国《商标法》将驰名商标的保护提到了非常重要的地位，并将驰名商标的保护作了细分，将其分为已注册的驰名商标和未注册的驰名商标，这已超过了《巴黎公约》的要求，《巴黎公约》主要是解决未注册商标的抢注问题。

（1）驰名商标的认定

1999 年世界知识产权保护组织和工业产权保护巴黎联盟《关于驰名商标保护规定联合建议》关于驰名商标的认定因素是：与商标有关的价值。WTO《与贸易有关的知识产权协议》规定，认定驰名商标应考虑在相关行业的公众知晓程度，包括因商标的宣传而在有关成员中取得的知名度。据此,《商标法》第十四条具体规定了认定驰名商标应考虑的五种因素:公众对该商标的知晓程度;该商标使用的持续时间;该商标的任何宣传工作的持续时间、程度和地理范围;该商标作为驰名商标受保护的记录;该商标驰名的其他因素。

(2) 驰名商标的保护

《巴黎公约》规定了未注册的驰名商标在成员国受保护。WTO《与贸易有关的知识产权协议》规定了对已注册的驰名商标的特殊保护。我国《商标法》将驰名商标分为未注册的驰名商标、已注册的驰名商标,两类驰名商标都保护,但两类驰名商标的商标人的权利不同,保护程度不同。

据《商标法》第十三条的规定,未注册的驰名商标的保护是:"就相同或相类似商品申请注册的商标是复制、摹仿或者翻译他人未在中国注册的驰名商标,容易导致混淆的,不予注册并禁止使用。"可见其保护范围适用"近似原则",即以具有狭义上的竞争关系为限,抢注他人已经驰名而未在中国注册的驰名商标,为法律所禁止。

已注册的驰名商标的保护:"就不相同或不相类似的商品申请注册的商标是复制、摹仿或者翻译他人已经在中国注册的驰名商标,误导公众,致使该驰名商标注册人的利益可能受到损害的,不予注册并禁止使用。"这一规定将已注册商标的保护范围扩大到不相同或不相类似的商品上,保护范围不受"近似原则"的限制,超越了《巴黎公约》的要求。

2. 地理标识的保护

WTO《与贸易有关的知识产权协定》要求成员对地理标识进行保护,地理标识是识别一商品来源于一成员的地域或者该地域中的地区或地点的标识,而该商品的特定质量、信誉及其他特征主要归因于其地理来源。也就是说,该商品的特定质量、信誉及其他特征由该地区的自然因素或人文因素决定的标志。

为了保护将地理标志作为证明商标进行商标注册的注册人的利益,保护符合使用该地理标志的使用者的合法利益,《商标法》规定"商标中有商品的地理标志,而该商品并非来源于该标志所标志的地区,误导公众的,不予注册并禁止使用;但已经善意取得注册的继续有效"。

为了保护地理标志这种无形资产,并使其得到合理、充分的使用,限制对地理标志使用权的垄断,《商标法实施条例》规定,地理标志可以作为证明商标使用受保护。以地理标志作为证明商标的,其商标符合使用该地理标志条件的自然人、法人或其他经济组织,可以要求使用该证明商标,控制该证明商标的组织应当允许。以地理标志作为集体商标注册的,其商标符合使用该地理标志条件的自然人、法人或其他经济组织,可以要求参加以该地理标志作为集体商标注册的团体、协会或者其他组织,并应当被接纳为会员;不要求参加这些团体、协会或者其他组织的,也可正当使用该地理标志,该团体、协会或者其他经济组织无权禁止。

3. 侵犯商标专用权的行为

根据中国《商标法》第五十二条的规定，下列行为属于侵犯注册商标专用权行为：（1）未经商标注册人的许可，在同一种商品或者类似商品上使用与其注册商标相同或者近似的商标的；（2）销售侵犯注册商标专用权的商品的；（3）伪造、擅自制造他人注册商标标识或者销售伪造、擅自制造的注册商标标识的；（4）未经商标注册人同意，更换其注册商标并将该更换商标的商品又投入市场的；（5）给他人的注册商标专用权造成其他损害的。

根据《商标法实施条例》第五十条和《最高人民法院关于审理商标民事纠纷案件适用法律若干问题的解释》（2002年）的规定，有下列行为之一的，属于商标法第五十二条第（五）项所规定的"给他人注册商标专用权造成其他损害"的行为：（1）在同一种或者类似商品上，将与他人注册商标相同或者近似的标志作为商品名称或者商品装潢使用，误导公众的；（2）故意为侵犯他人注册商标专用权行为提供仓储、运输、邮寄、隐匿等便利条件的；（3）将与他人注册商标相同或者相近似的文字作为企业的字号在相同或者类似商品上突出使用，容易使相关公众产生误认的；（4）复制、摹仿、翻译他人注册的驰名商标或其主要部分在不相同或不相类似的商品上作为商标使用，误导公众，致使该驰名商标注册人的利益可能受到损害的；（5）将与他人注册商标相同或者相似的文字注册为域名，并且通过该域名进行相关商品交易的电子商务，容易使相关公众产生误认的。

4. 商标保护的措施

在保护措施方面，中国《商标法》中规定了比较有效的"禁令"制度，即临时性措施、申请撤销或制止、赔偿损失、行政处罚等，基本实现了对WTO的承诺。

临时措施。临时措施，是商标注册人或利害关系人在诉讼前为了保护其权利而向人民法院申请保护的措施。主要是财产保全和证据保全。商标注册人或利害关系人有证据证明他人正在实施或即将实施侵犯注册商标专用权的行为，如不及时制止，将会使其合法利益受到难以弥补的损害的，可以在诉讼前向人民法院申请采取责令停止有关行为和财产保全措施。为制止侵权行为，在证据可能灭失或以后难以取得的情况下，商标注册人或利害关系人可以在起诉前向人民法院申请保全证据。法院收到申请后在48小时内作出裁定，裁定作出后立即执行。法院可以要求申请人提供担保，申请人不提供担保的，驳回申请。在采取保全措施后，申请人15天不起诉的，法院解除保全措施。

申请撤销或制止。以欺骗手段或其他不正当手段取得商标注册的，权利人或利害关系当事人可以向商标评审委员会提出撤销申请，时间是自注册之日起5年，但驰名商标的保护不受此时间的限制。

赔偿损失。赔偿的范围包括：侵权人在侵权期间获得的利益，或被侵权人在侵权期间所遭受的损失，损失包括为制止侵权行为所支付的合理开支。当侵权人的获利或被侵权人的损失难以确定时，法院根据情节判决给予50万元以下的赔偿。但是销售不知道是侵权注册商标专用权的商品，能证明该商品是自己合法取得的并说明提供者的，不承担赔偿责任。

行政处罚。《商标法实施条例》对侵犯注册商标专用权的行为作出了重罚的规定。对侵犯注册商标专用权者，处以非法经营所得额 3 倍以下罚款，非法经营额无法计算的，处以 10 万元以下的罚款。

商标侵权人应当承担的法律责任。主要是民事责任、行政责任、刑事责任。有些行为构成犯罪的除承担赔偿责任外还要承担刑事责任。需要承担刑事责任的行为是：未经许可在同一种商品上使用与注册商标相同的商标的；伪造、擅自制造他人注册商标标识或销售伪造、擅自制造的注册商标标识的；销售明知是假冒注册商标的商品的。

对伪造、变造《商标注册证》的行为依照刑法有关伪造、变造国家机关证件罪或者其他罪的规定，依法追究刑事责任。

4.4.6 国际商标权贸易

国际商标权贸易，是指以商标权为标的进行的交易活动。国际商标权贸易主要通过国际商标权转让贸易、国际商标权许可贸易的方式实现。

1. 国际商标转让贸易的有关法律问题

（1）国际商标权贸易的法律特征

国际商标转让贸易，是指商标所有权人在法律允许的范围内，依法定的程序将商标专用权转让给另一方，由另一方支付转让费的法律行为。国际商标权转让贸易具有以下法律特征：

①商标所有权发生了变化。原商标所有人不再拥有商标所有权，所有权由受让方拥有，原所有人不能在同类或相关产品上再使用已转让了的商标，若转让人已许可他人使用该商标，则需征得被许可人同意，否则不能将商标所有权转让给第三人。

商标转让后与（营业）企业是一种什么关系？国际上有两种做法：一是商标同企业一并转让，否则转让无效，如美国、德国、瑞典等国的商标法有类似的规定。这种规定实际上是限制了商标所有权的转让，因为商标的转让是连同有形财产一起转让。在现实中，这种转让很少。二是商标与（营业）企业分开，转让商标不等于转让（营业）企业，因此商标可以自由转让。英国、法国、日本、印度、墨西哥、阿根廷等大多数国家采用此种做法。

《巴黎公约》规定，商标贸易中商标与企业的关系依成员国法律。若成员国法律规定商标与营业（企业）一并转让，则只需将在该成员国的（营业）企业一并转让，在国外的企业无需转让。

我国《商标法》没有具体规定商标转让时（营业）企业与商标的关系，但规定了受让方有保证使用转让商标的商品质量的义务。在这里可以理解为：商标的转让与（营业）企业分开，原所有人拥有（营业）企业，另一方拥有无形资产商标，在使用中要履行义务，否则，属于违约，原所有人可以收回。

②转让贸易是有偿的、支付对价的转让，不是继受转让。

③国际商标转让贸易是符合法定程序的转让。多数国家规定商标转让要符合法定程序，如要公告、办有关手续等。我国《商标法》规定：当事人要订立转让合同；转让方、受让方共同向商标局提出申请；受让人要符合法定的条件；转让注册商标，注册人对其在同一种或类似商品上注册的商标一并办理；要经商标局核准并公告；转让前已许可他人使用的，要经过被许可人同意。

④国际商标转让应符合法定的要求。转让方和受让方各自履行实施的法律文件，保证该转让文件的法律效力。

（2）国际商标转让合同的主要内容、双方的权利义务

当事人要订立书面合同，合同的主要内容一般是：①转让方、受让方的名称、地址、法定代表人姓名；②转让商标的名称、样式、国别、注册证号；③下次续展的日期；④转让价格；⑤转让方、受让方的权利与义务；⑥违约责任；⑦争议解决方式。

除转让合同约定外，转让方、受让方的法定的权利与义务是：

转让方的权利是收取转让费；转让方的义务是保证商标的所有权、保证完整的商标专用权并提供必要产销及维修服务、保证在有效期内不从事转让商标的商品产销和竞争活动。

受让方的权利是接受商标；受让方的义务是支付转让费、保证使用注册商标商品的质量、不得泄露转让人所提供的技术与商业秘密。

2. 国际商标许可贸易的有关法律问题

（1）国际商标许可贸易及其种类

商标许可贸易，是指商标所有权人根据自愿的原则，通过与他人签订许可合同许可他人使用其注册商标，并收取使用费的一种制度。当事人为许可方（商标专有权人）、被许可方（接受商标使用权的人）。

一般商标许可可以分为一般使用许可、排他使用许可、独占使用许可。

一般使用许可，是指商标专用权人在约定的时间、地点以约定的方式，允许两个或两个以上的人在同一地域同时使用同一注册商标。商标独占许可也称为专有许可，是指商标专有权人只许可一个被许可方在约定的地域、时间在指定的商品上独家使用其注册商标，独占使用许可的被许可方享有排他独占使用权，被许可方依据独占许可合同，可以行使禁止权。商标排他使用许可，是指商标注册人在约定的期间、地域以约定的方式，将该注册商标仅许可一个被许可人使用，商标注册人依约定可以使用该注册商标但不得另行许可他人使用该注册商标。

（2）商标许可合同的特征

①完整的商标专用权未发生转移。在商标许可合同中，许可方仍拥有商标所有权，被许可方获得的只是使用权，就是独占许可，许可方仍有商标的所有权，被许可方只获得一定期间的使用权，这和商标转让在本质上是不同的。这一特征决定在商标使用许可合同中许可方最大的义务就是监督使用商标产品的质量，被许可人最大的义务是保证使

用商标的产品的质量。

②履行必要的法定手续。我国《商标法》规定，许可方和被许可方应当在许可合同签订之日起 3 个月内，报商标局备案，并将许可合同副本交送其所在地区工商行政管理部门存查，如果是强制注册商标的使用许可，被许可人还应当附送有关部门的证明文件。

（3）商标使用许可合同的内容

商标许可贸易应当签订书面商标使用许可合同，明确双方的权利、义务与责任。一般商标许可合同的主要内容是：

①当事人的名称、地址、法定代表人姓名；②许可使用的商标名称、注册证号；③许可使用的注册商标的商品、许可使用的期限；④商标使用费的数额、计算方法、支付时间；⑤许可方监督商品质量、被许可方保证商品质量的措施；⑥规定被许可方在产品上注明本企业的名称及附加标志；⑦违约责任；⑧争议解决方式。

除合同约定外，许可方和被许可方的法定权利义务是：

许可方的权利：收取使用费；许可方的义务：监督产品质量，维护使用人的权利，未经被许可同意不得任意转让注册商标、不得放弃续展、不得申请注销等。

被许可方的权利：按合同规定使用商标、发生侵权行为时经许可方委托有权协助；被许可方的义务：支付使用费，保证使用商标的质量，在使用注册商标的商品上标明本企业名称、产地，不得在许可范围之外使用，不得任意改变商标的标志，发现侵权时及时通知许可方。

4.5　国际著作权法

4.5.1　著作权

著作权，是指作者本人对其作品依法享有的权利，是作者及著作权人对文学、艺术和科学作品所享有的人身和财产权利的总称。大陆法系的国家将作者的权利称为著作权，英美法系则称版权，我国《著作权法》规定著作权与版权同义。

关于著作权的法律制度有以下学说：

商业版权说。认为此种权利是为商业目的而复制作品的权利，因此作品是一种人们智力劳动创造的特殊商品，可以满足人们的需要。这一观点看重经济利益，而较少考虑人身权利。如美国的版权法就是建立在这一学说的基础上。天赋人权说。认为每个人都有言论、著作和出版的自由，著作权即是作者有权出版、销售自己的作品。此种观点侧重人身权和作者的人格权。如大陆法系的德国、法国等的著作权就是建立在这一学说的基础上。鼓励说，认为著作权法律制度，是为了激发人们从事科学、文化艺术的创作热情。这一观点更加注重社会利益，中国著作法以此为立法宗旨。

现在世界上的大多数国家都制定了著作权法，国际上也缔结了一些保护著作权的公约，如《伯尔尼公约》、《世界版权公约》，中国加入了这两个公约。中国于 1990 年颁布了《中华人民共和国著作权法》（以下简称《著作权法》），并于 1991 年 6 月 1 日起施行，该法施行后于 2001 年 10 月和 2010 年 2 月作了两次修改。

4.5.2　著作权的法律保护

1. 著作权的客体

（1）著作权法保护的作品

作品，是文学、艺术、科学领域等以一定客观形式表现出来的智力创造成果。作品是各国著作权保护的对象。

法律上的作品通常应具备一定的条件：必须是智力成果，是思想和情感的表现，具有文学、艺术和科学的内容，非智力成果在工业上的应用不是作品；具有独创性和原创性，独创性指形式，不是指内容。作品只要是独立完成的，是智力劳动的结晶，即使内容与其客观存在作品相同，也不影响著作权。即独创性只涉及作品的表达形式不涉及作品的内容；以客观形式表现，能感知并以某种形式复制，不能感知的思想观念、方法不是作品。

各国对作品范围的规定大体相似，我国《著作法》第三条规定："本法所称的作品，包括以下列形式创作的文学、艺术和自然科学、社会科学、工程技术等作品：①文字作品；②口述作品；③音乐、戏剧、曲艺、舞蹈、杂技等艺术作品；④美术、建筑作品；⑤摄影作品；⑥电影作品和以类似摄制电影的方法创作的作品；⑦工程设计图、产品设计图、地图、示意图等图形作品和模型作品；⑧计算机软件；⑨法律、行政法规规定的其他作品。

（2）著作权法不保护的作品

各国在著作权法中都规定了不保护的作品，中国《著作权法》第五条规定："本法不适用于：①法律、法规，国家机关的决议、决定、命令和其他具有立法、行政、司法性质的文件，及其官方正式译文；②时事新闻；③历法、通用数表、通用表格和公式。民间文学艺术作品的著作权保护办法由国务院另行规定。"

另外，各国出于对公共利益的考虑，规定了一些法律不保护的作品，如违反一般法律原则的作品；违反社会公共道德和社会伦理的作品；故意妨碍公共秩序的作品等。

2. 著作权的主体

著作权保护的主体是著作权人，即著作权权利和义务的承受者。可以分为两类，一类是原始著作权人，即以自己的创造性劳动创作作品而依法获得著作权的人；一类是继受著作权人，即通过合同、继承等方式而取得著作权的人。

以我国《著作权法》的规定为例，著作权人包括作者和其他依著作权法享有著作权的公民、法人或其他组织。

作者，是创作作品的人，首先是公民，享有完整的著作权（《伯尔尼公约》作者必须是自然人）；其次是法人或其他组织（WTO《与贸易有关的知识产权协定》允许法人作为作者），由法人或者其他组织主持，代表法人或者其他组织意志创作，并由法人或者其他组织承担责任的作品，法人或者其他组织视为作者。公民为完成法人或者其他组织工作任务所创作的作品是职务作品，除法律、行政法规规定或者合同约定著作权由法人或者其他组织享有的职务作品外，著作权由作者享有，但法人或者其他组织有权在其业务范围内优先使用。作品完成两年内，未经单位同意，作者不得许可第三人以与单位使用的相同方式使用该作品。

作者的合法继承人、受让人，可以取得特定的发表权和财产权。

3. 著作权的内容

《伯尔尼公约》中规定，作者对作品享有精神权利和经济权利。中国《著作权法》的规定与《伯尔尼公约》的规定一致，著作权保护的内容是人身权、财产权。

（1）著作人身权

人身权，是指作者基于作品依法所享有的以人身利益为内容的权利，《伯尔尼公约》中将人身权定义为：不受作者经济权利的影响，甚至在经济权利转移之后，作者仍保有要求其作品作者身份的权利，并有权反对对其作品的任何损害其声誉的歪曲、割裂或其他损害行为。人身权只有作者才享有，且没有期限。著作权人身权的主要内容是：

署名权，即作者在其作品及复制件上标上姓名的权利。作者有权以任何方式署名，但该权利只能由作者享有，且不得转让。

修改权，即作者对其作品修改或授权他人修改的权利。

以上是《伯尔尼公约》中的规定，我国《著作权法》中规定的人身权还包括以下权利：

发表权：即作者决定是否将作品公之于众和以何种方式公之于众的权利。

保护作品完整权：即保护作品不被歪曲、篡改的权利。

（2）著作财产权

著作财产权，是指作者及传播者通过某种形式使用作品，而依法获得经济报酬的权利。这是直接体现了作者的经济利益的权利。据我国《著作权》法的规定，著作财产权的主要内容是：

复制权，即以印刷、复印、拓印、录音、录像、翻录、翻拍等方式将作品制作一份或者多份的权利；

发行权，即以出售或者赠与方式向公众提供作品的原件或者复制件的权利；

出租权，即有偿许可他人临时使用电影作品和以类似摄制电影的方法创作的作品、计算机软件的权利；

展览权，即公开陈列美术作品、摄影作品的原件或者复制件的权利；

表演权，即公开表演作品，以及用各种手段公开播送作品的表演的权利；

放映权，即通过放映机、幻灯机等技术设备公开再现美术、摄影、电影和以类似摄制电影的方法创作的作品等的权利；

广播权，即以无线方式公开广播或者传播作品，以有线传播或者转播的方式向公众传播广播的作品，以及通过扩音器或者其他传送符号、声音、图像的类似工具向公众传播广播的作品的权利；

信息网络传播权，即以有线或者无线方式向公众提供作品，使公众可以在其个人选定的时间和地点获得作品的权利；

摄制权，即以摄制电影或者以类似摄制电影的方法将作品固定在载体上的权利；

改编权，即改编作品，创作出具有独创性的新作品的权利；

翻译权，即将作品从一种语言文字转换成另一种语言文字的权利；

汇编权，即将作品或者作品的片段通过选择或者编排，汇集成新作品的权利；

应当由著作权人享有的其他权利。

4. 著作权的取得

著作权的取得，是指作者因其创作作品在一定的条件下获得著作权法保护，享有著作人身权与著作财产权。由于各国著作权立法的差异，著作权取得的规定也不同，综合各国立法，著作权取得的方式主要有以下几种：

（1）自动取得

自动取得，是指著作权因作品创作完成，不需要履行任何手续，仅因形成作品这一事实而自然取得著作权。但是，自动取得并不是不要任何条件，而是受主体条件的限制，并非任何人的作品一经完成都受一国法律保护。只有以下主体的作品完成方才可取得著作权：一是本国公民或是长期居留在本国的外国人；二是作品第一次在本国出版的外国人；三是作品第一次在与本国签订有著作权保护双边协定的国家或者与本国共同参加了同一个著作权公约的国家出版的外国人。目前大多数国家都采用自动取得制。

（2）注册取得

注册取得，是指经登记注册作为取得著作权的条件，作品在创作完成后只有经登记注册方可获得著作权保护。著作权的登记制度最主要的作用在于方便诉讼时确认著作权，同时便于有关诉讼和国家全面有效地收藏作品。现在仍有一些国家采用注册取得制。

（3）以加著作权标记为获得著作权的条件

要求在作品上必须加注著作权标记，但不必履行登记手续，加注标记也不构成取得著作权的先决条件，只是以加注标记作为获得著作权的附加条件，因而实际上是一种有条件的自动取得制度。《世界版式权公约》规定，一切已发表的作品均应加注标记或称版权标记，内容是：一是"不许复版"或"版权所有"等声明，如以 C（Copyright）表示；二是版权所有人的姓名、名称或其缩写；三是作品出版日期。

我国著作权的取得一般采用自动取得，同时由于加入了《世界版权公约》，为了充分有效保护作品的著作权，所在在实践中采用加注标记的做法。现在，实践中大多数国家都采取了加注标记的做法。

5. 著作权的保护期限

著作权的期限，是指著作权受法律保护的时间界限，即依法给予保护的法定期限。著作人身权和著作财产权由于性质不同和保护的角度不同，保护的期限也不同。

在著作人身权（署名、修改、保护作品完整）的保护方面，大多数国家规定是无期限的。但英美法系国家和其他少数国家规定，著作人身权在经济权利期满后再延长一段时间，而且这段时间应受到限制。

在著作财产权的保护方面，各国一般区分是公民还是法人。若是公民的，一般规定是作者有生之年再加上一定的年限；是法人的，采用作品发表之后若干年的计算方法，若作品未发表，则为创作后若干年。

《伯尔尼公约》针对不同的作品规定了著作权财产权的不同期限：一般文学艺术作品最低保护期限是作者死后加 50 年；电影作品是公映后 50 年，如果摄制完成后 50 年内未公映，则为作品摄制完成后 50 年期满；不具名的作品，保护期限是自合法向公众发表之日起 50 年内，如据笔名可以确定作者或作者在保护期内公开身份，保护期是作者终身加 50 年；摄影作品和实用美术作品，最低保护期为作品完成之后满 25 年。

《世界版权公约》的保护期是 25 年。

中国《著作权法》对著作权的保护期也作了规定，著作权人身权（发表权除外）保护期不受限制，是永久性的保护。著作财产权、著作人身权的保护期限是作者终生及其死亡后 50 年，截止于作者死亡后第 50 年的 12 月 31 日；如果是合作作品，截止于最后死亡的作者死亡后第 50 年的 12 月 31 日；法人或者其他组织的作品、著作权（署名权除外）由法人或者其他组织享有的职务作品，其发表权、著作财产权的保护期为 50 年，截止于作品首次发表后第 50 年的 12 月 31 日，但作品自创作完成后 50 年内未发表的，著作权法不再保护。

电影作品和以类似摄制电影的方法创作的作品、摄影作品，其发表权、著作财产权的保护期为 50 年，截止于作品首次发表后第 50 年的 12 月 31 日，但作品自创作完成后 50 年内未发表的，著作权法不再保护。

6. 著作权的限制

《世界版权公约》除了强调保护作者的正当权利外，还规定了要在一定条件下对著作权人的权利进行一定的限制。在各国著作权法中，根据本国的经济文化发展水平，一般都规定了对著作权人的权利进行一定的限制。著作权的限制主要通过以下方式：

（1）合理使用

合理使用，是对已发表的作品不经著作权人的许可也不支付报酬就可以使用。但要符合一定的条件：①为个人学习、科研教学、社会公益事业；②对象是已发表的作品；③使用时须注明作者名称、出处。

我国《著作权法》第二十条规定了合理使用的情况："①为个人学习、研究或者欣赏，使用他人已经发表的作品；②为介绍、评论某一作品或者说明某一问题，在作品中适当引用他人已经发表的作品；③为报道时事新闻，在报纸、期刊、广播电台、电视台等媒体中不可避免地再现或者引用已经发表的作品；④报纸、期刊、广播电台、电视台等媒体刊登或者播放其他报纸、期刊、广播电台、电视台等媒体已经发表的关于政治、经济、宗教问题的时事性文章，但作者声明不许刊登、播放的除外；⑤报纸、期刊、广播电台、电视台等媒体刊登或者播放在公众集会上发表的讲话，但作者声明不许刊登、播放的除外；⑥为学校课堂教学或者科学研究，翻译或者少量复制已经发表的作品，供教学或者科研人员使用，但不得出版发行；⑦国家机关为执行公务在合理范围内使用已经发表的作品；⑧图书馆、档案馆、纪念馆、博物馆、美术馆等为陈列或者保存版本的需要，复制本馆收藏的作品；⑨免费表演已经发表的作品，该表演未向公众收取费用，也未向表演者支付报酬；⑩对设置或者陈列在室外公共场所的艺术作品进行临摹、绘画、摄影、录像；⑪将中国公民、法人或者其他组织已经发表的以汉语言文字创作的作品翻译成少数民族语言文字作品在国内出版发行；⑫将已经发表的作品改成盲文出版。前款规定适用于对出版者、表演者、录音录像制作者、广播电台、电视台的权利的限制。"

（2）法定使用

法定使用，是指超出合理使用，但法律仍许可使用。即对已公开发表的作品，进行某种使用时可以不经过著作权人的同意，但须注明作者姓名出处，并支付合理费用。合理使用符合的条件是：①作品是已发表的；②支付报酬；③著作权人未发表保留声明；④不损害原所有权人的利益。

我国《著作权法》第二十三条规定了法定使用的情形："为实施九年制义务教育和国家教育规划而编写出版教科书，除作者事先声明不许使用的外，可以不经著作权人许可，在教科书中汇编已经发表的作品片段或者短小的文字作品、音乐作品或者单幅的美术作品、摄影作品，但应当按照规定支付报酬，指明作者姓名、作品名称，并且不得侵犯著作权人依照本法享有的其他权利。前款规定适用于对出版者、表演者、录音录像制作者、广播电台、电视台的权利的限制。"

4.5.3　著作权贸易

著作权贸易，是通过合同的方式，以著作权中的一部分作为标的而进行的贸易。近些年来，以著作权作为标的的著作权贸易发展很快，实践中著作权贸易主要通过两种方式进行，即著作权转让贸易、著作权许可贸易。

1. 著作权转让贸易

（1）著作权转让

著作权转让，是指著作权人通过合同将作品的全部或部分财产权利转移他人的一种法律行为。著作权的内容是人身权，在转让时转让的标的是财产权，但是对人身权要保护，因为人身权是保障财产权的前提。

著作权转让的特征是：首先，著作权转让的法律效力受作品版权效力的制约。著作权法对著作财产权一般都规定了一定的有效期限，因此在有效的期限内，作者可以转让著作财产权，超过了期限转让行为无效；其次，著作权转让的标的是著作权中的财产权而不是人身权或作品原件，转让不一定发生原件所有权的转移，而原件的转让不视为著作权财产的转移，但有例外，原件转移后，受让人享有了部分著作权中的财产权，如展览权。

（2）著作权转让的合法性

关于著作权转让有不同的看法，在英国、美国及其他英美法国家，版权被看成是个人的流动财产，作者可以通过签订合同的方式将他的版权部分或全部转让给他人。而在大陆法系国家中，有的坚持版权"一元说"，认为版权的人身权与财产权是不可分离的，即是一种与作者本人不可分割的个人权利，因此不能作为流动财产转让，有的坚持"二元说"，认为版权人身权与财产权是分离的，版权法应允许部分版权转让，比如，可以作为使用权转让，通常采取发放许可证的方式允许他人行使其版权中的某些权利。

中国《著作权法》未明确规定著作权转让，但是根据《著作权法》第二十五条的规定："转让本法第十条第一款第（五）项至第（十七）项规定的权利①，应当订立书面合同。"第二十六条规定："以著作权出质的，由出质人和质权人向国务院著作权行政管理部门办理出质登记。"可以认为，首先，我国《著作权法》允许著作权转让（出质是可能的著作权转让），即在著作权有效期内著作权转让是合法的；其次，著作权转让的标的只能是著作权财产权。

综观各国的版权立法，大多数国家允许版权有偿转让，具体规定的情形如下：①著作权财产权可以转让，著作权人身权在某些情况下可以放弃，此种规定以英国版权法为代表。②允许转让著作权财产权部分或全部，不允许转让著作权人身权。此种规定以日本版权法为代表。③允许部分转让版权，禁止一次性全部转让版权，全部转让则无效，除非转让给作家协会或类似代表作者利益的组织。此种规定以突尼斯版权法为代表。④只允许版权中的特定几项财产权利转让，如作品的复制权和表演权，而其他权限禁止转让。此种规定以法国版权法为代表。⑤允许在版权有效期内转让部分版权，也允许一次性转让全部版权，即卖绝版权。此种规定以加拿大版权法为代表。

（3）著作权转让贸易合同

著作权转让贸易通过著作权转让合同实现，许多国家的版权法都对版权转让贸易合同作了法定的规定：在形式上必须采用书面形式，否则合同无效；版权转让贸易必须登记，否则受让人的版权无对抗第三人的效力；版权转让贸易必须在法定的期内进行。

一般受让人的权利是：有权向第三人转让著作财产权，或以许可使用方式许可第三人以规定的方式使用作品；有权追究侵权人的责任，受让人可以对侵犯财产权的行为提起诉讼，而著作权人可以对侵犯人身权提起诉讼。受让人的义务是：版权转让后，受让人不得对作品任意处置，如以自己的名字修改、发表等。

中国《著作权法》第二十五条规定，著作权财产权转让当事人应当订立书面合同。

---

①　即著作权财产权。

转让合同包括的主要内容有：①作品的名称；②转让的权利种类、地域范围；③转让价金；④交付转让价金的日期和方式；⑤违约责任；⑥双方认为需要约定的其他内容。

2. 著作权许可贸易

（1）著作权许可及特征

著作权许可，是著作权人通过许可合同的方式允许作品使用人使用其著作财产权。在现实中，大量的著作权贸易是通过许可合同进行的，著作权许可贸易的理论基础是，著作权的一些权利可以分开，分开后又可以恢复。

著作权使用许可的特征是：①著作权许可人仍为著作权人，未转移著作财产权的所有权，在一定的意义上是一种特殊的租赁关系；②被许可使用人只获得了有条件的使用权，而不享有禁止权；③被许可使用人只能在许可的范围内以允许的方式来使用，未经许可人授权无权向第三人转让许可，更不能转让许可范围内的其他著作权。

许可使用是中国《著作权法》立法的组成部分，通过许可贸易能使知识尽快进入商业领域，可以更好地发展对外版权贸易。

（2）著作权许可贸易合同

著作权许可贸易合同，是著作权人和使用者之间达成的明确双方权利义务关系的书面协议。合同的当事人是著作权人和被许可人。

许可合同可以依不同的财产权利分为多种合同，如出版合同（著作权人与图书出版者之间关于出版作品的协议，标的可以是已完成的作品，也可以是未完成的作品）、改编合同、表演合同等。

依中国《著作权法》的规定，使用他人作品应当同著作权人订立许可使用合同（著作法规定可以不经许可的除外），许可合同的主要内容是：

①著作权人、被许可人的姓名或名称，住址。②作品的名称。③许可使用的权利种类，许可使用的权利是专有使用权或者非专有使用权。一般未明确规定是专有使用权，则为非专有使用权。《著作权法》第三十一条规定："出版者对著作权人交付出版的作品，按照合同约定享有的专有出版权受法律保护，他人不得出版该作品。"即凡出版合同，出版者享有专有出版权。④许可使用的地域范围、期间。因为著作权具有时间性和地域性，所以在该条款中，要明确地约定地域范围和时间期限。范围是指许可使用合同的地域范围，在国内许可使用中，如未特别指明，仅指在大陆使用，是否在港、澳、台使用则需另外写明。期间，是合同的期间，法定 10 年，期满后可以续订。⑤付酬标准和办法。使用作品的付酬标准可以由当事人约定，也可以按照国务院著作权行政管理部门会同有关部门制定的付酬标准支付报酬。当事人约定不明确的，按照国务院著作权行政管理部门会同有关部门制定的付酬标准支付报酬。⑥违约责任。⑦双方认为需要约定的其他内容。

参 考 阅 读

1.《中华人民共和国专利法》（2008 年文本）。

2.《中华人民共和国专利法实施细则》（2010 年文本）。

3.《中华人民共和国商标法》（2001 年文本）。

4.《中华人民共和国著作权法》（2010 年文本）。

5. 孔俊祥 . WTO 知识产权协定及其国内适用 . 第 1 版 . 北京：法律出版社，2002.

6. 曹建明、陈治东 . 国际经济法专论（第五卷）. 第 1 版 . 北京：法律出版社，2000.

7. 曹建明 . 国际经济法学 . 第 1 版，北京：中国政法大学出版社，2000.

8. 曾咏梅、王峰 . 经济法 . 第 5 版 . 武汉：武汉大学出版社，2010.

9. 盛洪、陈宪 . WTO 与中国经济的案例研究 . 第 1 版 . 北京：世纪出版社，上海：上海人民出版社，2007.

复习思考

1. 什么是知识产权？其有哪些主要特征？

2. WTO《与贸易有关的知识产权协定》与《巴黎公约》相比在知识产权的保护方面有什么不同？

3. 专利权的内容有哪些？专利权取得的条件、原则与程序是什么？

4. 中国《商标法》对驰名商标以及地理标志是如何进行保护的？

5. 著作权的内容有哪些？著作权的合理使用与法定使用有什么区别？

案例分析

DVD 是一种数字化多功能光盘，与 DVD 相关的专利很多，已组成了专利库。但是，DVD 的专利基本属于大公司或其联盟拥有，主要拥有者是 6C（东芝、三菱、日立、松下、JVC、时代华纳，它们于 1999 年 6 月宣布 DVD 专利联合许可声明）、3C（飞利浦、索尼、先锋）、1C（汤姆逊）、MPEG-LA（由 16 个专利主体构成）以及杜比、DTS 等。从 1997 年开始，至 2001 年，中国 DVD 产业取得了快速发展，平均年增幅为 400%，此阶段中国 DVD 企业大多采用拿来主义，未考虑其知识产权风险，跨国公司虽就有关专利的问题与中国 DVD 企业联合委托的中国电子音像工业协会进行谈判，但未提出知识产权方面的太多要求，也未采取措施。这主要是由于跨国公司出于战略性的考虑，即使 DVD 兼容 VCD，以迅速增加 DVD 影碟机的供应派生出大量的 DVD 碟片的供应进而增强 DVD 产品的竞争力，中国是他们实现目标的首选，而此时中国企业生产的 DVD 也主要是在国内销售，对跨国公司的国外市场的影响不大。但从 2002 年开始，随着中国 DVD 企业的出口开始增加，中国成为 DVD 最大的生产国。但也就是此时，以 6C 为代表的跨国联盟指控中国 DVD 企业侵犯知识产权，英国、德国等对中国出口的 DVD 采取海关措施，进行扣押。同时提出了限期交纳每台 20 美元的专利使用费的要求，否则将对中国 DVD 企业提出侵犯知识产权的诉讼。在此情况下，中国电子音响工业协会代表中国 DVD 企业与跨国公司谈判，最终达成了交纳专利使用费的协议。具体交纳的专利使用费是：6C 每台 4 美元，3C 每台 5 美元，1C 每台 1 美元；DTS 每台 10 美元；杜比公司每台 1.5 美元；MPEG-LA 每台 4 美元。至此，中国企业 DVD 出口锐减，中国 DVD 产业濒临崩溃。

分析并回答：

1. 跨国公司指控中国企业侵犯知识产权的法律依据是什么？
2. 跨国公司向中国企业收取专利费的法律依据是什么？
3. 通过该案你从中得到哪些启示？

第 5 章

国际货物买卖法

◎**本章要点**

　　国际货物买卖是国际商务活动的重要内容，也是产生较早的一种国际商务活动，在长期的货物流通的实践中形成了一些国际惯例对国际货物买卖进行调整。同时各国也有相关法律对国际货物买卖进行调整，但各国关于国际货物买卖的法律又有差异，这种差异对国际货物买卖的发展形成了一些障碍，为了促进国际货物买卖的发展，在一些重要的国际经济组织的主持下，一些重要的国际货物买卖的国际公约得以缔结，许多国家都参加了这些国际公约。关于国际货物买卖的国际惯例、国际公约、国内立法等，是我们从事国际货物买卖所必须了解与掌握的。

　　本章对国际货物买卖的国际惯例、国际公约及主要国家的相关立法进行了较全面的介绍，本章共分六节，分别介绍了国际货物买卖法及国际货物买卖法的法律渊源、国际货物买卖合同的成立、卖方与买方的义务、违约及违约救济、货物所有权转移及风险转移。本章的重点是国际货物买卖法的法律渊源、买卖双方的主要义务、违约责任、违约的补救方式、货物的风险转移等。

5.1　国际货物买卖法概述

5.1.1　国际货物买卖法及其特征

1. 国际货物买卖法

　　国际货物买卖法，是调整国际货物买卖过程中所产生的各种权利与义务的法律制度和规范的总称。

2. 国际货物买卖法的特征

　　（1）国际货物买卖法调整的标的是货物

　　什么是国际货物买卖中的"货物"？不同国家的法律界定有所不同。如美国法的界定是，具有以下条件的物才是"货物"：货物自身必须有使用价值，必须是动产，必须是现实存在并已特定化了的物，必须是所有权不能有争议的物。英国法的界定是："作为买卖合同标的的货物可以是由卖方所拥有的现货，也可以是期货。也可以是即将于缔结买卖合同后加工制造的或由卖方取得的货物。"货物包括除诉权和金钱以外的一切动产。货物包括当年耕种收获的农作物、生长中的农作物、附着于土地或作为土地组成部分但约定在出售前或在买卖合同下将被分离的特品。①

《联合国国际货物买卖合同公约》则采用了排除法对货物进行了界定（见后面的论述）。《国际有体动产买卖所有权转移法律适用公约》从法律适用角度对货物进行了界定："本公约适用有体动产的国际性买卖。本公约不适用于证券的买卖、已经登记的船舶或飞行器的买卖以及司法机关主持的或有关扣押物的拍卖。本公约适用于单据的买卖。在交付为制造或生产所需要的有体动产的合同中，如果负责交付的一方所应供给的是为制造或生产所必需的原料，则这种合同在适用法律方面视同有体动产的国际性买卖。"

尽管对什么是货物有不同的看法，但比较一致的看法是，货物是物品而且是动产，货物可以是缔约后才加工制造或取得的物，也可以是要从不动产上或不动产中予以分离的物，还可以是尚未出生的动物或尚未长成的农作物。

（2）国际货物买卖法调整的行为是货物跨越国界的买卖

国际货物买卖是通过营业地位于不同国家的卖方将交付给买方而买方接受货物并支付货款的行为而实现，在这一过程中，货物通过国际买卖合同实际履行，实现了跨国界的流动。

（3）国际货物买卖法具有较高程度的统一性

各国都有调整国际货物买卖的买卖法，尽管存在一些差异，但他们都有一些共同的原则，如强调当事人订立合同自治、诚实订立合同履行合同等。另外，由于许多国家都参加了调整国际货物买卖的国际货物买卖合同公约，所以，作为国际货物买卖法重要组成部分的各国有关买卖立法就具有很大的相似性。

（4）国际货物买卖的法律渊源多样性

法律渊源，是指法律的表现形式，国际货物买卖的法律渊源具有多样性，如国际公约、国际商务惯例、各国的国内法等。

5.1.2 国际货物买卖的法律渊源

1. 关于国际货物买卖法的国际公约

目前关于国际货物买卖的国际公约主要有：1964 年《国际货物买卖统一法公约》、1964 年《国际货物买卖合同成立统一公约》、1980 年《联合国国际货物买卖合同公约》。

---

① 徐东根. 国际经济法论. 武汉大学出版社，2004：102-103.

（1）1964 年《国际货物买卖统一法公约》

1964 年《国际货物买卖统一法公约》（The Uniform on International Sale of Goods）1964 年在海牙会议上正式通过，1972 年 8 月 18 日起生效。主要批准参加的国家是：比利时、冈比亚、联邦德国、以色列、意大利、荷兰、圣马力诺、英国等。

（2）1964 年《国际货物买卖合同成立统一公约》

1964 年《国际货物买卖合同成立统一公约》（The Uniform Law on the Formation of Contract for International Sale of Goods）是 1972 年 8 月 23 日起生效的，参加国除以色列外，以上 7 国均参加。

以上两个公约由于受大陆传统影响多，晦涩难懂，所以在国际上没有被广泛采用和接受，没有起到统一国际货物买卖法的作用。

（3）1980 年《联合国国际货物买卖合同公约》

为了适应国际贸易发展的需要，统一国际货物买卖法，1969 年联合国国际贸易委员会组成了由 14 国代表参加的专门工作组，负责起草能够使不同社会制度、不同经济和法律制度的国家均可接受的国际货物买卖统一规则。经过近 10 年的努力，工作组拟定了公约草案，定名为《联合国国际货物买卖合同公约》（以下简称公约）。1980 年 3 月 11 日—4 月 11 日，联合国在维也纳召开会议，62 个国家代表对公约草案进行了讨论和修改，最后通过了该公约。该公约于 1988 年 1 月 1 日起生效。中国政府以观察员身份参加了会议，并提出了补充和修改意见。中国于 1981 年 9 月 30 日在《公约》上签字，1986 年 12 月 11 日批准加入该公约，公约于 1988 年 1 月 1 日起对中国生效。截至 2009 年 6 月，已有 73 个国家加入了该公约。

《公约》是目前为止国际上最有影响力的关于国际货物买卖的国际公约，我国与我国的主要贸易伙伴都是《公约》的缔约国。

①公约的适用。《公约》分为四个部分：公约的适用范围及总则；关于合同的成立；货物买卖；最后条款。共 101 条。《公约》适用于：

第一，缔约国营业地处于不同国家的当事人之间的货物销售合同。公约适用于国际货物买卖合同，而在判断合同的国际性时，强调的是合同当事人的营业地处于不同国家，而不考虑当事人的国籍。所谓"营业地"是指固定的、永久性的、独立进行营业的场所。代表机构所在地就不是该公约意义上的"营业地"，因为这些机构在法律地位上属于代理关系中的代理人，代理人以委托人的名义进行活动，由委托人享受权利并承担相应的义务。《公约》规定：如果当事人有一个以上的营业地，则以合同及合同履行关系最密切的营业地为其营业地；如果当事人没有营业地，则以其惯常居住地为准。

第二，由国际私法规则导致适用某一缔约国的法律。根据《公约》第一条第 1 款（b）项规定，如果国际私法导致适用某一缔约国的法律，则本公约将适用于营业地在不同国家的当事人之间所订立的货物销售合同。此项规定的意图旨在扩大《公约》的适用范围，据此只要当事人的营业地处于不同国家，即使这些国家并非公约的缔约国，但如果国际私法导致适用某一缔约国的法律，则该《公约》将适用于这些当事人之间所订立的货物买卖合同。

第三，公约适用于货物的买卖。什么是货物?《公约》未明确列明，但《公约》采取了排除的方法，对不适用《公约》的买卖作了排除。

《公约》第二条、第三条规定了不适用公约的买卖：购买供私人、家人或家庭使用的货物的买卖；以拍卖方式进行的买卖；根据法律执行令状或其他令状的买卖；股票、公债、投资证券、流通票据和货币的买卖；船舶、船只、气垫船或飞机的买卖；电力的买卖；供应货物一方的绝大部分义务是提供劳务或提供其他服务的合同；由买方提供制造货物的大部分原材料的合同。

②《公约》不涉及的事项。《公约》的适用范围仅限于国际货物买卖双方因合同所产生的权利义务关系，并不试图解决与合同有关的一切问题。《公约》第4条规定了不涉及下列方面：

第一，买卖合同的效力或惯例的效力等问题。由于各国法律对合同的有效性存在不同的规定，而有的规定属于国内法中的强制性范畴，对合同效力的诸项问题，各国法律分歧极大，难以弥合，故《公约》明文规定不涉及买卖合同的效力或惯例的效力问题。

第二，买卖合同对所出售的货物的所有权可能产生的影响问题。货物买卖合同所产生的所有权问题主要表现在两方面：一方面是货物所有权转移的时间，另一方面是买卖合同能否切断第三人对已出售的货物固有的权益问题。对货物所有权转移时间，各国的法律规定大相径庭，例如，法国法律规定所有权从买卖合同订立时起即由卖方转移给买方；而德国法律则规定，买卖合同本身并不能产生转移所有权的效果，只有卖方将货物交付买方，才能够将货物所有权转移给买方。鉴于各国的立法存在根本差异，无法统一，故《公约》亦对此不作规定。

第三，出售的货物引起的人身伤亡或损害的责任问题。因卖方的产品缺陷使买方或消费者的人身遭受伤害或者死亡、其他财产遭受损失所引起的法律责任，属于产品责任法或消费者保护法调整的范畴，各国对产品责任的归责原则、赔偿标准、买卖合同免责条款的效力等规定均各不相同，所以《公约》不涉及这些问题。

③《公约》不具有强制性。根据《公约》第六条规定，双方当事人可以不适用本公约，也可以在符合第十二条的前提下，减损公约的任何规定或改变其效力。换言之，《公约》的适用不具有强制性。即使双方当事人营业地分处公约的两个缔约国，只要当事人在合同中明确约定不适用《公约》，就可以排除对《公约》的适用，当事人未明确地约定法律适用，则《公约》就自动适用于营业地分处不同缔约国的当事人的货物买卖合同。

双方当事人还有权部分地排除《公约》的适用，或者以合同条款改变《公约》中任何一条规定。在此情况下，当事人的自主权受到其所在国在批准加入《公约》时所作的保留的限制。如果一缔约国在批准《公约》时，对合同的订立、修改采取书面形式以外的其他形式作出的规定声明保留，则营业地在该缔约国的当事人不得通过合同约定予以改变，有关当事人必须服从该国所作的保留，必须以书面方式达成合同或者修改合同。

《公约》在适用范围方面的上述规定，灵活地处理了国际货物买卖合同所涉及的各方面问题，避免与各国国内法与特定买卖交易有关或者涉及一般货物买卖的差异较大的法律或惯例发生冲突，从而使《公约》在世界范围内获得较普遍的接受。

④《公约》对中国的适用。中国在核准《公约》时，根据公约的规定作了两项保留：第一项保留是：中国不同意扩大《公约》的适用范围。《公约》的适用范围仅限于当事人的营业地位于不同缔约国之间的国际货物买卖合同，如果中国当事人与营业地位于其他国家（该国未参加公约）的当事人之间的国际货物买卖合同约定适用第三国法律，而该第三国亦为《公约》的缔约国，不能援用该第三国之国际私法转而适用《公约》。

第二项保留是：中国不同意合同的形式不受任何限制。《公约》第十一条规定："销售合同无须以书面订立或书面证明，在形式方面也不受任何其他条件的限制。销售合同可以用包括人证在内的任何方法证明。"中国核准《公约》提出的保留是，缔约国的当事人订立、修改合同必须以书面形式。

⑤《中华人民共和国合同法》（以下简称《合同法》）对合同形式的要求与《公约》对合同形式保留的关系。我国 1999 年 3 月 15 日通过的《合同法》第十条规定："当事人订立合同，有书面形式、口头形式和其他形式。法律、行政法规规定采用书面形式的，应当采用书面形式。当事人约定采用书面形式的，应当采用书面形式。"《合同法》第十一条对什么是书面形式作了规定，书面形式包括合同书、信件和数据电文（包括电报、电传、传真、电子数据交换和电子邮件）等可以有形地表现所载内容的形式。

由于《合同法》对合同形式适用同一标准。故现《合同法》第十条所规定的合同可采用口头形式亦同样适用于涉外的买卖合同，除非《合同法》及其他法律或行政法规另有规定。

然而，鉴于我国已经参加了《公约》，并在核准公约时对涉及合同形式规定的第十一条等声明予以保留，在此情况下，我国当事人与营业地位于《公约》其他缔约国境内的当事人进行贸易时，是否可采用口头的买卖合同，或仍然必须采用书面形式？《公约》所做的保留是否还有效？我们认为，我国在参加《公约》时对合同形式所作的保留仍有效，并不因《合同法》的生效而导致保留自动失效。与缔约国当事人订立合同，若选择适用《公约》，则合同必须采用书面形式。

2. 关于国际货物买卖的国际商务惯例

国际商务惯例，是商人们在商业实践活动中产生的、由国际民间组编纂成文的、规范国际商业秩序、无普遍约束力的准则。国际货物买卖的国际惯例是伴随着国际贸易、国际航运等活动产生和发展而形成的，它是国际货物买卖法的重要组成部分。国际货物买卖是否适用国际商务惯例，取决于当事人的约定，如果当事人约定适用国际商务惯例，则惯例适用于他们订立的国际货物买卖合同。

目前影响较大的国际商务惯例有：

（1）《1932 年华沙—牛津规则》

《1932 年华沙—牛津规则》，是国际法协会在 1932 年编制的，因先后在华沙、牛津等地讨论，故称《1932 年华沙—牛津规则》。该规则共有 21 条，主要说明 CIF 术语的性质和特点，具体确定了采用这一术语时买卖双方应当承担的责任、风险和费用。实际上它是对成本、保险加运费的解释。

（2）《1994 年美国对外贸易定义》

《1994 年美国对外贸易定义》，是由美国的一些商业团体于 1919 年编制的，1940年经美国第 27 届对外贸易会议修订改为现在的名称。它对美国对外贸易中经常使用的6 种贸易术语作了定义性解释，在南北美洲非常流行。但值得注意的是，该定义中对一些术语的解释与其他惯例的解释有较大的差别。例如，将运输工具上交货（FOB）分为六种，其中只有第五种即指定装运港船上交货与国际上常用的装运港船上交货含义相同，因此，在适用时应注意。

（3）国际贸易术语解释通则

①国际贸易术语。国际贸易术语，是指在国际贸易实践中形成的，用以确定买卖标的物的价格、买卖双方各自承担的费用、风险、责任范围以及货物所有权转移的一种贸易价格条件。

《国际贸易术语解释通则》（International Rule for the Interpretation Trade Terms）（以下简称《通则》），是国际商会为了统一对国际贸易术语的解释而在 1936 年制定的。此后为了适应国际贸易发展的需要，国际商会又分别制定了 1953 年、1967 年、1976 年、1980 年、1990 年的修订本。为适应现代电子技术发展，国际商会从 1997 年开始对《通则》进行修改，1999 年 9 月，国际商会公布了《2000 年国际贸易术语解释通则》（IN-COTERMS2000，以下简称《2000 年通则》）。

②《2000 年通则》

《2000 年通则》于 2000 年 1 月 1 日起生效。这次修订一方面是为了能够日益广泛地利用现代通信设备和电子数据处理系统来进行交易，另一方面是为了能够更广泛地利用集装箱运输和多式联运等新一代运输方式取代传统而单一的海上货物运输方式。此外，区域性经济组织的发展结果导致区域内各成员国的贸易免征关税，而以往的《通则》文本并未注意到这一事实，使得在有些术语下当事人的义务已经没有意义了。

第一，《2000 年通则》的适用范围。《2000 年通则》适用范围仅限于销售合同当事人的权利、义务中与已售货物的交货有关的事项。而所谓的货物，系指"有形的"货物。涉及与交货有关的事项，包括货物的进口和出口清关、货物的包装、买方领受货物的义务以及提供履行各项义务的凭证等。它不涉及货物所有权和其他财产权的转移、违约、违约责任以及免责等事项。

《2000 年通则》指出，它是一套国际贸易术语，既适用于跨越国境的货物销售，也适用于国内的货物销售。

第二，对国际贸易术语进行了分类。《2000 年通则》按照卖方承担义务由小到大，将 13 个贸易术语分为 E、F、C、D 四组。

E 组：EXW（工厂交货）。

F 组：FAS（船边交货）、FOB（船上交货）、FCA（货交承运人）。

C 组：CFR（成本加运费）、CIF（成本保险加运费）、CPT（运费付至）、CIP（运费、保险费付至）。

D 组：DAF（边境交货）、DES（目的港船上交货）、DEQ（目的港码头交货）、DDU（未完税交货）、DDP（完税后交货）。①

《2000 年通则》主要在两个方面对《1990 年通则》作了实质性修改，并且在当事人义务方面也作了相应的调整。一是 FAS（船边交货）和 DEQ（目的港码头交货）术语下，办理清关手续和交纳关税义务。明确了"清关"是指无论何时，当卖方或买方承担将货物通过出口国或进口国海关时，不仅包括交纳关税或其他费用，而且还包括履行一切与货物通过海关有关的行政事务的手续以及向当局提供必要的信息并交纳相关费用。将办理出口和进口清关手续的义务分别改为卖方和买方办理。二是在 FCA（货交承运人）术语下，明确了卖方交货、装货与卸货的义务。卖方交货只要将货物在指定地点交给由买方指定的承运人，并办理了出口清关手续，即已完成交货。

第三，将买卖双方的权利义务对应。规定了买卖的十项义务：提供符合合同规定的货物；许可证、批准文件及海关手续；运输合同与保险；交货；风险转移；费用划分；通知买方；交货凭证、运输单证或相等的电子单证；核查、包装及标识；其他义务。而相应的买方也有十项义务，具体内容取决于卖方承担权利义务的具体内容。

第四，明确电子单证。《2000 年通则》明确规定，在卖方必须提供商业发票或合同可能要求的其他单证时，可以提供"相等的电子单证"。

由于《通则》存在多个版本，若当事人在签订合同时愿意使用《通则》，应在合同中明确规定适用何种版本。

（4）国际商事合同通则

1971 年，国际私法协会提出，对国际商事合同进行一次国际性的重述，制定一套更符合国际贸易实践的、能为大多数国家接受的非强制性的规范，于是 1980 年成立了一个特别工作组，经过 14 年的努力，于 1994 年最终提出了《国际商事合同通则》（以下简称《商事通则》）草案，该草案于 1994 年 5 月由国际私法协会通过，同时向实务界推荐。

由于《商事通则》主要是为当事人订立商事合同提供的一套供参考和借鉴的基本规则，对当事人并无法律的强制性约束力，只有在当事人明确表示愿意接受《商事通则》约束的前提下，才能成为确定当事人权利与义务的准据法。从这一意义上，可以将该《商务通则》看做国际商务惯例。

《商事通则》由七章 118 条组成，主要内容是：明确了《商事通则》的基本原则，如缔约自由原则、合同必须守信原则、诚实信用和公平交易原则；规定了合同订立的有关问题，如规定了合同的效力问题，以及合同的解释、合同的内容、合同的履

---

① 由于本教材是针对国际商务专业的学生，所以对 13 种国际贸易术语关于买卖双方的责任、风险的转移等具体内容不展开，另有该专业的国际贸易实务教材介绍。

行等问题。

3. 各国的国内法

有关各国的国内法是重要的国际商务法的法律渊源，现有的国际公约与国际惯例不可能完全满足国际商务活动的需要，而个人或法人从事跨国的商务活动时，也可以选择某国的国内法作为准据法，因此，各国的国内法在国际商务法中占有十分重要的地位。

在大陆法系和英美法系中，调整货物买卖的法律只有一套，既适用于国内货物买卖也适用于国际货物买卖。

在大陆法系中民商合一的国家中，买卖法通常是作为民法典的一部分在债权篇中加以规定的，如瑞士债务法典、意大利民法典等，在民商分立的国家，除了民法典外，还有专门的商法典，民法典的规定适用于商法，而商法典作为民法典的特别法，主要是对商行为作出补充规定。如法国民法典和商法典。

在英美法系国家中，没有专门的民法典，除了普通法的原则外，主要以单行法规的形式制定了货物买卖法。例如英国《1893 年货物买卖法》（后经多次修改和补充，现行的是 1995 年 1 月 3 日起生效的修订本。该法对货物买卖的相关法律问题进行了全面的规定，在英美国家的货物买卖法中具有重要的影响。再如 1952 年公布的、由美国法学会全国统一州法代表会议加工制定的《美国统一商法典》（该法经多次修改，目前被多数州采纳的是 1994 年文本）的第二篇，就对货物买卖的相关问题作了规定，凡是该篇没有涉及的问题，则适用普通法的一般原则。

我国没有专门的商法典，有关货物买卖的法律在《中华人民共和国民法通则》中有原则性的规定，此外还有《中华人民共和国合同法》，当涉及国际货物买卖时，除了适用《中华人民共和国民法通则》规定的基本原则外，主要适用《中华人民共和国合同法》的规定。

5.2   国际货物买卖合同的成立

在国际商务活动中合同起着十分重要的作用，国际商务活动的各个环节，都有合同法律关系存在，因此买卖合同在国际商务活动中居于核心地位。大多数的商务纠纷都与合同有联系，合同是纠纷发生后，明确双方权利义务的重要依据。所以货物买卖合同法律关系是国际商务关系中最基本的法律关系。

国际货物买卖合同，是指营业地处于不同国家的当事人就某一货物的买卖表示一致的协议。由于跨国交易的特点，大部分合同是隔地订立的，不但具有涉外性，而且涉及某一国的国内法，更重要的是还涉及国际公约和国际惯例的适用，正因为如此，发生的纠纷往往很复杂，解决纠纷也比解决国内纠纷困难。

结合贸易实践，纠纷主要涉及以下几个方面：国际货物买卖合同的主体、国际货物买卖合同的成立、国际货物买卖合同的履行、货物所有权和风险的转移、违约及补救等。以下主要以《联合国国际货物买卖合同公约》为主，结合相关国家合同法规定的相关问题作介绍。

5.2.1 国际货物买卖合同的主体

（1）当事人的营业地分处于不同国家，且双方当事人的营业地分处公约的成员国之内，或由国际私法规则导致适用某一缔约国的法律

（2）当事人要具有民事权利能力和民事行为能力

民事权利能力，是指自然人、法人或者其他经济组织享有民事权利、承担民事义务的资格。自然人从出生之日起，法人、其他经济组织从成立或者注册时起，即具有民事权利能力。民事行为能力，是指自然人、法人或者其他经济组织通过自己的行为行使民事权利或者履行民事义务的能力。

在国际货物买卖合同中，当事人为自然人，要具有权利能力和完全行为能力。其身份状况的证明、经济状况和商业信誉等方面的证明，能够从一些主要方面说明当事人行为能力。综观各国有关立法，以下自然人不能成为合同主体：

①未成年人，各国法律对未成年人的缔约能力都作了限制性规定，认为未成年人无缔约能力或只有部分缔约能力。我国《合同法》将未成年人规定为限制行为能力的人或无民事行为能力的人。②精神病人，精神病人所订立的合同为无效合同，临时性的精神病人订立的合同是可以撤销的合同。但是否有精神病，法院依各国法定程序宣告。③禁治产人，大陆法系不少国家都有禁治产宣告制度。根据此制度，未成年人、精神病人或精神受损的人均可以被宣告为禁治产人，禁治产人无处分财产能力，也不能缔约合同。

法人和其他经济组织一般具有订立合同的行为能力，但是法律一般也对其行为能力进行一定的限制，如规定各自的经营或活动范围；法人的法定代表人订立合同，应当提供法定代表人的身份证书；当事人委托代理人代理自己签订合同时，应当向代理人进行委托授权行为，应当提供授权委托书或授权证书，代理人在代理的权限范围内，以被代理人的名义与第三人进行法律行为，由此产生的法律效果直接由被代理人承担。

5.2.2 国际货物买卖合同订立的程序

《公约》第二部分的标题是"合同的成立"，在这一部分中，对合同成立的两个基本问题即要约和承诺作了详细的规定，用折中的方法努力调和大陆法系和英美法系的分歧。中国是公约的缔约国，当中国在与营业地设在其他缔约国的一方当事人订立合同时，如果没有特别的排除约定，则会适用公约的规定。

1. 要约

（1）要约的含义及构成要件

《公约》第十四条规定："向一个或一个以上特定人提出订立合同的建议如果内容十分确定并且表明发价人得到接受时承受约定的意旨，构成发价。"要约可以由买方提出也可以由卖方提出，既可以用信函、电传、传真、电子数据等书面方式提出，也可以

口头提出。

发出要约的一方称要约人，接受要约的一方称受要约人。根据《公约》的规定，一项有效的要约应当包含下列几方面的条件：

①要约是向一个或一个以上特定的人提出的订立合同的意思表示。一般要约应当向一个或一个以上的特定人发出，如果一项要约不是向特定的人发出，但只要符合要约的其他要件，也视为要约。

②要约人必须清楚明白地表明愿意按要约内容订立合同的意思。要约的内容对自己有约束力，也就是说要约的内容中没有相反的意思表示。

③要约的内容必须十分明确和肯定。要约中列出的主要交易条件必须是明确、完整、无任何保留的，能够包括拟订立合同的主要条件，一旦对方承诺，合同就可以成立并能有效履行。《公约》还规定，若一项建议写明了货物的名称，明示或暗示地规定数量和价格或规定如何确定数量和价格的方法，即为十分明确。因此，货物名称、数量和价格为要约的必不可少的内容，缺少其中的任何一项，即表明要约的内容不明确肯定，仅为要约邀请，而非一项有效的要约。再者，如果一项建议的内容含有保留条件，也属于要约邀请，而不是要约。

④要约于送达要约人时生效。关于要约的生效，大陆法系采用的是到达主义，英美法系采用的是投邮主义，《公约》采用了到达主义，《公约》第十五条第一款规定，要约于送达受要约人时生效。因为要约是要约人的一种意思表示，只有在受要约人收到要约后，才能决定是否予以承诺。

（2）要约的撤回与撤销

①要约的撤回。要约的撤回是指要约人在发出要约后，在其尚未到达受要约人之前，或者在到达受要约人的同时，以适当的方式将该要约取消，使其失去作用。《公约》第十五条第二款规定："一项发价，即使是不可撤销的，得予撤回，撤回的通知于发价送达被发价人之前或同时送达被发价人。"

可见，要约撤回的条件是：第一，要约人已经发出要约，但该要约尚未到达受要约人的这一段时间，因为此时要约尚未生效。第二，要约人如欲撤回要约，必须将撤回通知在该要约到达受要约人之前，或者至少也应与该要约同时送达受要约人。由于发出要约在先，撤回要约的通知在后，因此要约人拟撤回一项先前发出的要约，必须以比要约更迅速的方式发出撤回要约的通知。然而在现代国际贸易中，除了大宗货物的买卖或成套设备的买卖等，其他一般货物的买卖均以传真、电传或电子邮件等方式进行合同的磋商，要约人发出要约的同时，受要约人即已收到了要约，所以要约的撤回对以此传输方式进行的交易并无实际意义。第三，即使是一项不可撤销的要约，只要符合上述条件，也可以撤回。

②要约的撤销。要约的撤销，是指要约人在其要约已经送达受要约人之后，即要约已经生效后，将该要约取消，从而使要约的效力消灭。

关于要约生效后能否撤销的问题，各国法律特别是英美法系和大陆法系存在着分歧。英美法系认为，要约原则上对要约人没有约束力，不论要约是否已经送达受要约人，在受要约人作出承诺之前，随时都可以撤销其要约或变更其内容（但承诺是投递生效，相对缩短了要约人撤销的时间）。大陆法认为（特别是德国法），要约原则上对发价人具有约束力，除非要约人在发价中已表明其不受约束，否则要约生效后，不得随意撤销，若撤销应负损失赔偿责任。

为了解决这一分歧，《公约》在经过长期的酝酿讨论之后，对要约的撤销作了两项规定：第一，在合同成立以前，要约人可以撤销，但撤销的通知须于受要约人作出承诺之前送达到受要约人。要约生效之后，只要受要约人尚未作出承诺，原则上仍可以撤销要约，如果受要约人已经发出了承诺通知，此时合同尚未成立，要约人就丧失了撤销的权利。第二，要约人如欲撤销要约，须向受要约人发出通知，且通知要先于受要约人发出承诺通知，否则撤销权终止。

在特定的情况下不得撤销。一是要约人在要约中规定了有效期以及以其他方式表示不可撤销的；二是受要约人有理由信赖该要约是不可撤销的，并据此行事。

（3）中国《合同法》关于要约的规定

《合同法》对要约的规定与《公约》基本一致。《合同法》第十三条规定"当事人订立合同采取要约、承诺的形式"。第十四条则就要约的含义进行界定：要约是希望和他人订立合同的意思表示，该意思表示应当符合下列规定：第一，内容具体确定；第二，表明经受要约人的承诺，要约人即受该意思表示约束。

《合同法》对于要约生效时间的规定是以要约送达要约人时生效。然而，针对电子商务交易的日益广泛，当事人可能更多地采取数据电文的形式订立合同，对此，《合同法》第十六条第二款规定："采用数据电文形式订立合同，收件人指定特定系统接收数据电文的，该数据电文进入该特定系统的时间，视为到达时间；未指定特定系统的，该数据电文进入收件人的任何系统的首次时间视为到达时间。"

2. 承诺

（1）承诺的含义及构成要件

《公约》第十八条第一款规定："被发价人声明或做出其他行为表示同意一项发价，即是接收。缄默或不行动本身不等于接收。"可以这样认为，承诺是受要约人无条件地对要约人在要约中所提出的交易条件表示同意，并作出愿意按此条件与要约人订立买卖合同的意思表示。

一项法律意义上的承诺通常必须具备的条件是：

①承诺必须由受要约人作出。由于要约是向特定的当事人提出的，所以只有受要约人或其授权的代理人作出的，才可以视为是当事人的意思表示一致，任何第三人即使知道要约的内容后作出完全一致的答复，仍不能构成有效的要约。

②承诺必须与要约的内容保持一致。按各国法律，承诺是同意要约所作出的订约条件的一种意思表示，因此承诺是对要约中所提的各种条件都表示同意，不能随意改变，否则是一项反要约。《公约》原则上采取了这一法律原则，第十九条第一款规定：对要约表示承诺时，添加、限制或其他更改，应当视为对要约的拒绝，并构成反要约。但

《公约》采取了一些灵活的处理办法。第十九条第二款规定，受要约人对要约表示接受，同时，对要约的内容作出了某些变动，但非实质性变动，且要约人对此项变动又未及时提出任何异议，仍可作为承诺，合同仍可成立。

也就是说，承诺不能对要约的内容作出"实质性"变更，什么是"实质性"变更？《公约》第十九条第三款规定：货物的价格、价款；货物的数量、质量；交货的时间、地点；当事人赔偿责任范围；解决争议方式。

③承诺必须在要约规定的有效期内作出。如果要约中未规定要约的有效期，受要约人一般应在合理期内作出承诺。逾期承诺，各国法律在原则上都认为无效。《公约》第二十一条规定，对于逾期承诺，如果要约人毫不迟延地用口头或书面形式通知受要约人表示接受，或者载有逾期承诺的文件或其他书面文件是在传递正常、能及时送达要约人的情况下寄发的，只有由于意外原因而未准时送达要约人，此类逾期承诺才仍具有承诺效力。如果要约人不愿意接受逾期承诺，应当及时通知对方，以免对方误认为其承诺已被接受。

通常承诺的方式必须和要约的规定相符合。如果要约对承诺的方式作了规定，承诺应当按规定的方式作出，若没有具体规定，受要约人通常应采用和要约相同的方式或更为快捷的方式来作出承诺。不过，在实践中通常会出现承诺和要约规定的传递方式不同的情况，只要承诺是在要约规定的有效期内到达要约人，承诺仍然应当被认为是有效的。

④承诺必须以一定的形式向要约人表示。承诺要以口头或书面形式向要约人表示出来。根据《公约》第十八条第一款规定，沉默或不作任何表示本身并不构成承诺。因为要约仅对要约人产生约束力，而受要约人并不存在答复的义务。事实上，受要约人的沉默往往表示拒绝意思。

承诺可以以某种行为作出。《公约》第十八条第三款规定：依据要约人或当事人之间已确立的习惯做法，受要约人可以做出某种行为来表示同意，而无须向要约人发出通知，则承诺于该行为作出时生效。

（2）承诺生效的时间

承诺生效的时间。承诺生效的时间是一个重要的问题，因为一旦承诺生效，合同即成立。承诺生效的时间、地点就是合同成立的时间、地点。在此问题上，英美法系与大陆法系有较大的分歧。

英美法系采取"投递生效原则"，即承诺的通知一经发出，该承诺立即生效，无论要约人是否实际收到承诺通知，或承诺通知在传递过程中发生问题而未及时送达到要约人，合同仍然成立。显然，这对要约人是不公平的。投递生效原则尽管在英美合同法实践中具有普遍的适用性，但该原则并不具有强制性，允许当事人在合同中自行约定承诺生效的时间和地点。

大陆法采取"到达生效原则"，即承诺只有传递到要约人时才发生法律效力。传递到的意思是，只要到达要约人支配的范围即可，不要求实际送达收件人手中。

《公约》原则上采用了"到达生效的原则"，但也有一些例外规定。受要约人作出接受通知表示承诺时，须于通知到达要约人时生效。也就是说应在要约人规定的时间内或合理的时间内，将通知送达要约人，否则合同无效。但是须考虑交易的情况，口头承诺的立即生效，非口头的则要通知到达，以作出某种行为表示承诺时，该项行为作出时承诺生效。

（3）承诺的撤回

依据《公约》第二十二条的规定，一项承诺可以撤回，但撤回通知应于承诺生效之前或在承诺生效同时送达要约人。就承诺的撤回而言而，其基础在于承诺生效采用"到达生效"原则，如果受要约人使用更迅速的撤回通知方法，仍有可能在承诺送达要约人之前将其撤回。

（4）逾期承诺的效力

逾期承诺，是指承诺通知到达要约人的时间已经超过了要约所规定的有效期，或者要约规定有效期时已超过了合理的时间。在国际商务活动中，导致逾期承诺大致有两种情况；一是受要约人未按要约规定的有效期间及时发出承诺通知；二是因承诺通知的传递延误导致该通知逾期送达要约人。

不论原因如何，多数国家的法律均不承认逾期的承诺为一项有效的承诺，而只是一项新的要约。但《公约》第二十一条规定，在特定条件下逾期的承诺仍然可以有效：

因受要约人自身的延误使承诺逾期的效力：该条第一款规定："逾斯承诺仍有接受的效力，如果发价人毫不迟延地用口头或书面形式将此种意见通知被发价人。"显然，此种情况下是否赋予承诺的法律效力，由要约人决定，要约人不作任何意思表示，合同就不成立。

因第三方的原因导致承诺逾期的效力：该条第二款规定："如果载有逾期接受的信件或其他书面文件表明，它是在传递正常、能及时送达发价人的情况下寄发的，则该项逾期承诺具有接受的效力，除非发价人毫不迟延地用口头或书面通知被发价人：他认为他的发价已经失效。"此情况下逾期承诺效力的决定权仍在于要约人。

从第一款、第二款的内容来看，虽然要约人对逾期承诺具有很大的自由裁量权，但在处理方式上二者是有区别的：若因受要约人自身的原因导致承诺逾期，除非要约人立即接受此项逾期承诺，否则承诺无效，合同不成立；若因邮递延误导致承诺通知迟到，除非要约人立即表示其要约已经失效，否则承诺仍然有效，合同仍然成立。

（5）中国《合同法》关于承诺的规定

中国《合同法》第二十一条规定，承诺是受要约人同意要约的意思表示。这一规定与《公约》的规定基本一致。关于承诺的内容，《合同法》第三十条规定：承诺的内容应当与要约的内容一致。如果受要约人对要约的内容作出实质性变更的，为新要约。所谓实质性变更，是指合同标的、数量、质量、价款或报酬、履行期限、履行地点和方式、违约责任和解决争议方法等事项的变更。若受要约人发出的承诺通知对要约的内容作出非实性变更的，除非要约人及时表示反对或者要约人表明承诺不得对要约的内容作出任何变更的以外，该承诺有效，合同的内容以承诺的内容为准。在变更的内容方面，合同标的和履行方式的规定是《公约》中所没有的，这种区别的原因在于《公约》仅调整货物买卖合同关系，而《合同法》调整的对象较广，即一般合同关系。

此外，《合同法》第三十三条规定，当事人采用信件、数据电文等形式订立合同的，可以在合同成立之前要求签订确认书，签订确认书时合同成立。

对于承诺的撤回、逾期承诺的效力以及承诺到达生效等规定，《合同法》与《公约》基本一致。

5.2.3　合同的内容与形式

1. 合同的内容

合同的内容体现了合同双方当事人的权利和义务，合同主要内容通过合同条款体现出来。一个完整的合同，内容中应当具有以下条款：

（1）货物的品质、规格条款

货物的品质与规格是货物的内在质量与外观形态。品质条款的主要内容是：品名、规格或品牌名。关于货物的品质和规格，首先应当符合合同的规定，其次还应符合有关国家的规定，对于某些商品还需要符合国家特定的要求。

品质、规格确定的方法是：凭样品和凭文字或图样。如凭样品要与样品一致，如凭文字与图样的，则要与文字图形一致。

（2）数量条款

数量，是指一定的度量衡表示商品的重量、个数、长度、面积、容积等的量。主要内容是：交货数量、计量单位、计量方法等。

在该条款中，首先，应当明确计量单位和度量制度。其次，应规定机动幅度，增订"溢短装条款"，明确规定溢短装的幅度，以防对"约数"理解发生争议。再次，要规定溢短装的作价方法，计算方法主要有两种：一是按合同价格计算，二是按装船时的市场价格计算。如果未规定，通常是按合同价格计算。

（3）包装条款

包装，是指为了保护商品的质量与数量完整，将货物装进适当的容器。包装是确定货物是否与合同相符的内容之一。《公约》规定卖方交付的物货必须与合同所规定的数量、质量和规格相符，并需按合同规定的方式装箱或包装；除当事人另有约定，货物应按同类货物通用的方式装箱或包装，如无通用方式，由按照足以保全货物的方式装箱或包装。

包装条款的内容是：包装的方式、规格、材料、费用、标志等。首先，这些内容都要明确，不能用含糊的词句，如"适合海运的包装"、"标准出口包装"等；其次，还要注意一些国家对包装材料的特别要求和环保要求；再次，要注意费用，一般包装费在货价中，但买方要求特制的包装，则要在合同中注明，费用由买方承担；最后，还要注意各国有关包装的法律与禁忌以及国际上通用的要求。

（4）价格条款

价格，是指每一计量单位的货值。价格条款主要内容是：计价货币、每一计量单位的价格金额、总价、贸易术语、商品的作价方法等。

第一，要正确表示计价货币名称。第二，贸易术语要准确、完整，写明解释的依据，因为贸易术语不同，货物的价格不同，当事人的义务也不同。一般发生争议后，法院先以合同的贸易术语确定合同的性质以及当事人的责任。第三，贸易术语的选择要和合同中的条款一致，如果在 CIF 合同中订有"运输途中的货物遭受损失，应由卖方负责"的条款，则该合同就不是 CIF 合同。在美国以及其他一些国家的法院判例中，都有因在 CIF 合同中包含了与 CIF 合同相抵触的条款而使合同被宣判无效的情况。第四，货物的作价方法要明确。货物的作价方法主要有：固定价格（一般短期交货合同采用固定价格，双方当事人商定，在合同的有效期内不提变更价格）、滑动价格（一般用于长期交货合同，通常双方在合同中暂定一个价格，在交货时再根据行情及生产成本的情况作相应的调整）、后定价格（双方在合同中只规定确定价格的时间和方法，而不具体规定商品的价格）、混合价格（即将固定价格与滑动价格混合，对于分期交货可以采用此方法定价）。

（5）装运条款

装运，是指将货物装上运输工具。该条款主要包括：装运时间、运输方式、装运地（港）与目的地（港）、装运方式（分批或转船）、装运通知等。

装运条款中要注意：第一，装运的时间要明确，留有余地；第二，目的地港与装运港要注明，如有选择，要注明增加的费用由谁负责；目的地港不固定的要有转船条款；第三，装运方式、条件要明确，如果条件差，要注明滞期费、驳船费的承担。

（6）保险条款

国际货物买卖中的保险，是指投保人按合同规定的一定险别向保险公司投保并交纳保险费，运输中的货物发生保险责任范围内的风险时，从保险公司得到赔付。该条款的主要内容是：投保人或被保险人、保费支付、投保险别、保险金额等。

在国际货物买卖中，保险责任与保费的分担大部分由当事人在合同中选择的国际贸易术语决定，即便如此，在合同中对投保的险别、保险金额也要进行约定。

（7）支付条款

支付，是指在国际货物买卖中以什么工具、方式，在什么时间地点支付货款或收取货款。支付条款的主要内容是：支付工具、支付方式、支付时间和地点等。支付工具主要有货币、票据（常用的是汇票）。支付方式主要是托收、汇付、信用证、国际保付代理等。合同中要具体约定，因为不同的支付方式当事人的义务不同，法律地位不同。支付时间与地点，通常是按交货或交单与付款的先后，分为预付货款、即期付款、延期付款。

（8）检验条款

检验，是指由商品的检验检疫机构对进出口商品的品质、数量、重量、包装、标记、产地、残损等进行检验分析并出具检验报告。该条款主要内容是：约定检验检疫机构、检验权与复验权、检验与复检的时间与地点、检验标准与方法、检验证书等。

（9）不可抗力条款

不可抗力，是合同订立后发生的、当事人不能预见的、不能避免的、人力不可控制的意外事故。不可抗力发生后，会对合同的履行产生影响。一般而言，不可抗力主要包括自然因素和社会因素，但也有一些国家认为不可抗力通常仅限于自然因素，如美国。

并不是所有的事故都产生对合同产生影响的不可抗力，当事人需在合同中订明双方公认的不可抗力事故的范围。另外，不可抗力产生后的法律效力也要在合同中约定，如是解除合同还是暂缓合同履行等。

（10）仲裁条款

仲裁条款是当事人发生纠纷时提交仲裁机构仲裁不可缺少的条款，是双方当事人自愿地将争议提交仲裁机构裁决的意思表示。

该条款的主要内容是：确定仲裁机构、仲裁程序与规则、仲裁地点等。

（11）法律适用条款

该条款是双方当事人选择的解决争议的准据法，各国法律都允许当事人通过合同自由选择合同适用的法律，可以选择当事人国法、与合同有联系地国法、与合同无联系地国法、国际公约、国际惯例等作为准据法。

2. 合同的形式

合同形式，是当事人意思表示一致，达成协议的外部表现形式。合同的形式应符合所依法律规定的形式。大陆法系规定了要式合同的法定形式，而对于非要式合同则灵活。英美法系将合同分为签字蜡封合同和简式合同，对于蜡封合同则要履行法定的手续才能成立，对于简式合同则无形式的要求。

《公约》对合同的形式没有作限制，但考虑到一些国家合同法的不同规定，《公约》允许成员国在核准加入时作出保留。如我国在加入《公约》时就对合同的形式作出了保留。但我国《合同法》对合同形式的限制较小，《合同法》第十条规定，当事人订立合同，有口头形式、书面形式（合同书、信件以及数据电文包括电报、电传、传真、电子数据交换和电子邮件等，可以有形地表现所载内容的方式订立合同的形式）、其他形式（如实际行为）。法律、行政法规规定或当事人约定采用书面形式的，应当采用书面形式。当事人应当采用书面形式但未采用的，或当事人虽采用了书面形式但未签字或盖章的，属于形式有欠缺的合同，对这类合同，只要当事人一方已履行了主要义务，对方接受的，合同应被推定为成立。采用书面形式合同的当事人应在书面合同上签名或盖章。

5.3 卖方与买方的义务

一般来讲，买卖双方当事人通过合同可以作出不同于本国买卖法的规定，即使在当事人约定适用《公约》的前提下，仍然可以作出与公约不同的涉及当事人权利义务的规定。当然如果当事人未在合同中就有关事项作出明确约定，一旦确定适用《公约》，则必须以《公约》的规定来确定双方的义务。以下是《公约》规定的卖方与买方的义务。

5.3.1　卖方的义务

《公约》规定：卖方必须按照合同和本公约的规定交付货物，移交一切与货物有关的单据，同时还要对货物的品质、权利进行担保。国际货物买卖合同中卖方承担的义务是主要的方面，有些事项在国内交易中不会产生。

1. 交付货物

交付货物，是指自愿地转移货物的占有权，也就是说将货物的占有权从卖方手中转移到买方手中。《公约》规定，卖方有必须按照合同规定的地点、时间和方式完成交付货物的义务。

（1）交货地点

关于交货地点，大多数国家一般都规定在卖方的营业地，并区分买卖的货物是特定物，还是非特定物，对特定物都规定在物之所在地交货。具体而言，《公约》对交货的地点作了以下规定：

①合同中规定了交货地点，则按规定的地点。

②合同中没有规定交货地点，则根据不同情况履行交货义务。

情况一：如果合同未规定具体的交货地点，而该合同又涉及货物运输时，卖方将货物交给第一承运人，即履行了交货义务。货物的风险交第一承运人时发生转移。但根据《公约》第 23 条规定，卖方还应当承担以下的附属义务：

将货物特定化：即把货物确定在合同项下，就是以某种行为明确指定以该项货物作为履行合同的标的。如在货物上标明买方的姓名和地址、填写装运单据等。未以上述方法将货物特定化的，则必须向买方发出一份具体指明货物的发货通知书。

如果卖方有义务安排货物的运输，则必须负责运输，以适当的运输工具按通常的运输条件，将货物运送至指定地点。如采用 CIF 或 CFR 等条件成交，卖方就有义务自费安排运输。如果采用 FOB，则卖方并无义务安排货物的运输，但必须将货物运送至指定的装运港口。

若卖方无义务对货物的运输办理保险，则他必须在买方提出要求时，向买方提供一切现有的重要资料，使买方能够办理保险。如在 FOB 或 CFR 条件下，运输保险是买方的义务。但是，即使如此，卖方也必须在买方提出请求时提供一切必要的资料，否则，因资料导致买方无法投保，卖方就可能要对货物运输过程中的风险承担责任。

情况二：如果买卖合同中未规定具体的交货地点，也未规定卖方必须将货物运交给买方，即合同中未涉及卖方应负责办理货物的运输事项，如果该合同的标的是特定物，或者是从某批特定的存货中提取的货物，或者是尚待加工制造的未经特定化的货物，而双方在订立合同时已知这些货物存放的地点，或者知道这些货物在某个地点制造或生产，则卖方应当在该地点将货物交给买方处置。

情况三：其他情况下卖方应在他订立合同时的营业地把货物交由买方处置。即采取一切必要的措施，使买方得以取得货物。

（2）交货时间

《公约》第三十三条对交货的时间作了规定：

如果合同规定了交货日期，或根据合同可以确定一个交货日期，则应在该日期交货。由于货物运输可能受到许多不可测因素的影响，若规定在某一天交货，则构成违约的可能性较大，所以在实践中一般不采用这种交货的时间安排。

如果合同中规定了一段期间，或从合同中可以确定一段期间，则除情况表明买方有权选择一个具体的日期外，卖方有权决定在这一段时间内的任何一天交货。这是实践中最普遍采用的确定交货时间的安排。

其他情况下，卖方则应在订立合同后的一段合理的时间内交货。合理时间主要是据交易情况决定。在卖方提前交货的情况下，买方对是否领受货物有选择权。

2. 移交有关货物的单据

在国际货物买卖中，有关单据很重要，特别是在单据贸易中就更为重要。《公约》第三十四条规定了交单义务的主要内容：如果卖方有义务移交有关货物的单据，则必须在合同规定的时间、地点提交符合合同要求的一切与货物有关的单据。单据主要包括：提单、保险单、商业发票、原产地证书、各类商品检验证书等，但不限于以上单据。

3. 对货物的品质担保

货物的品质担保和权利担保义务，是与其交货义务相联系的，即使货物已经交付，但所交付的货物存在品质和权利问题，也不应认为已经履行了交货义务。

（1）大陆法系、英美法系的规定

①大陆法系的规定。大陆法系将卖方对货物的品质担保义务称为对货物的瑕疵担保义务，即卖方应保证其所出售的货物没有瑕疵。如《德国民法典》规定，卖方应当向买方保证他所出售的货品在风险责任转移于买方的时候不存在失去或减少价值、或降低其通常用途或合同规定的使用价值的瑕疵。

但在以下情况下，卖方不承担责任：如果买方在订立合同时，已经知道所出售的货物有瑕疵，卖方可不承担责任；如果买卖标的是根据抵押权或质权以公开拍卖的方式出售的，卖方可不承担责任。

②英美法系的规定。英美法系对卖方对货物品质担保义务的规定更为具体。1893年《英国货物买卖法》（后又进行了修改）对卖方所出售的货物必须符合的默示条件作了规定：

第一，凡是凭说明进行的交易，卖方所提交的货物必须与说明相符；如果卖方是在营业中出售货物，一项默示的条件是：提供的货物应当具有商销性；第二，如果卖方是在营业外出售货物，而且买方已明示或默示地让卖方知道他要求货物适合于特定的用途，则卖方所提供的货物应合理适合于这种特定的用途，除非情况表明，买方并不信赖也没有理由信赖卖方的技能或判断能力；第三，凡是凭样品进行交易的，应当包含的默示条件是：卖方所交付的货物在品质方面应当与样品相符，买方应该有合理的机会将样品与整批货物进行比较，交付的货物应当没有对样品进行检验所不能发现的、不合商销性的缺陷；第四，如果在交易中既有样品又有说明，则卖方所交的货物应当与样品与说明一致。

英国《1994 年货物销售与供应法》中，使用了"令人满意的品质"的概念。如果考虑到货物的说明、价格以及其他有关情况，货物达到被合理地认为满意的标准，则该货物应具有令人满意的品质。属于货物的品质内容有：适合一般供应该种类货物的所有目的；外观良好且完整；不存在微小的缺陷；安全而且具有持续性。

英国法中，不允许排除默示担保，默示担保是法定的担保。

《美国统一商法典》中将卖方对货物的担保义务称为担保，并将担保区分为明示担保和默示担保。

明示担保，是卖方明白地、直接地对其货物所作出的保证，它是买卖合同中的重要组成部分。明示担保产生的方式是：第一，卖方保证他所出售的货物与他所作的确认或许诺相符。确认或许诺可以通过货物的标签、商品说明及目录等方式表示，也可以通过记载在合同中的条款表示。第二，卖方的任何说明，只要是交易基础的一部分，就是明示担保。第三，作为交易基础的样品、模型等也是明示担保。只要符合上述情形中的一种即产生成明示担保，并不需要使用"担保"或"保证"字样或设定担保义务的特别意思才产生明示担保的效力。

默示担保，是依法产生的担保。卖方对货物品质默示担保的内容是：第一，适销性的默示担保，即卖方保证他所出售的货物必须适合商销性的品质。适合商销性的品质，是指合同项下的货物在该行业中可无异议地通过检查；如果出售的货物是种类物，则所提交的货物应当在该规定的范围内具有平均良好的品质；货物应该适合该商品一般用途；除合同允许有的差异外，所有货物的每一单位在品种、品质和数量方面都应该相同；货物应当与容器或标签上所许诺或确认的事实一致。如果违反了适销性的默示担保，卖方不但要承担违约责任，而且要承担产品责任，卖方不得在合同中约定排除产品责任。第二，适合特定用途的默示担保。如果卖方在订立合同时有理由知道货物将要用于某种特定的用途，而且买方相信卖方具有挑选或提供适合该商品的技能和判断力，则卖方必须承担由此而产生的适合特定用途的默示担保。

美国法中，允许卖方在合同中排除明示担保或默示担保，但产品责任的担保除外。

（2）《公约》对货物品质担保义务的规定

《公约》第三十五条第一款、第二款中，对卖方对货物品质担保的义务作了规定：卖方交付的货物必须符合合同的规定，除非当事人另有协议，货物应符合以下规定，否则即为与合同不符：

货物适用于同一规格货物通常使用的目的。

货物适用于在订立合同时买方明示或默示通知卖方的任何特定目的，除非情况表明买方并不依赖卖方的技能和判断能力，或者这种依赖对他是不合理的。

货物的质量与卖方提供的货物样品或样式相同。

货物按照同类货物通用的方式装箱或包装，如果没有通用方式，则按照足以保全和保护货物的方式装箱或包装。

以上义务，是在双方没有其他约定的情况下，由《公约》规定的卖方的义务。

另外《公约》还对卖方承担上述义务的时间作了规定：

①卖方应对货物在风险转移于买方时所存在的任何不符合合同的情形承担责任，即使这种不符合合同的情况是在风险转移于买方之后才明显表现出来的。也就是说，卖方对货物品质担保的责任，原则上是以风险转移的时间作为标准，即只要货物在风险转移于买方的时候符合合同的要求，卖方就算履行了义务。

②如果货物的缺陷在风险转移于买方之前就已存在，则卖方仍要承担责任。

③在某些情况下，卖方对货物在风险转移于买方之后发生的任何不符合合同要求的情形也应承担责任。也就是说，这种不符合合同的情形的发生是由于卖方违反了他的某项义务，包括关于货物在一定的期限内将继续适合于通常用途或某种特定用途的保证。

4. 对货物的权利担保义务

权利担保义务，是指卖方应保证对其出售的货物享有合法的权利，不得侵犯任何第三人的权利，并且任何第三人都不会就该项货物向买方主张任何权利。权利担保义务是一项法定的义务，即使未在买卖合同中约定，卖方依法仍然应当承担该项义务。

（1）英国法对货物权利担保义务的规定

1979 年的《英国货物买卖法》规定卖方对货物权利担保应当承担以下义务：

①在任何买卖合同中，卖方有一项默示的义务，卖方有权出售的货物，当货物的财产权发生转移时，他享有货物的权利。

②保证他所出售的货物不存在而且当货物的财产权发生转移时保证不存在任何订约时未曾披露或告知买方的担保权益，使买方能安静地占有货物，不受第三人的干扰。

③如果买卖合同表明卖方所能转移给买方的权利只是他享有的那一部分权利，或者表明某个第三人对货物享有一部分权利，则卖方应当保证凡是他知道而买方不知道的有关物的一切债务，已于订立合同之前告知买方。

卖方不得在合同中排除以上的担保义务。卖方的权利担保义务是一项法定的义务，权利担保义务属于买卖合同中的要件，如果卖方违反了该项义务，则构成重大违约。

（2）《公约》对货物权利担保义务的规定

①卖方所交付的货物必须是第三方不能提出任何权利或要求的货物。《公约》第四十一条规定：卖方所交付的货物，必须是第三方不能提出任何权利或要求的货物，除非买方同意在这种权利或要求的条件下收取货物。此项规定要求卖方对其所出售的货物享有合法的权利，若有任何第三方对货物提出权利主张或请求，卖方必须对此承担责任。此项规定意在保护善意买方的正常期望，即订立合同是为购买所需的货物，而非一项法律诉讼。若卖方所交付的货物存在所有权的争议，则会影响买方在订约时的期望。

②卖方应担保货物上不存在任何不为人知的担保物权等他人权利要求。如果设定了抵押权，则抵押权的受偿顺序先于债权，肯定影响买方权利的实现。

③卖方所交付的货物不得侵犯任何第三方的工业产权或知识产权。《公约》第四十

二条明确规定："卖方所交付的货物，必须是第三方不能根据工业产权或其他知识产权主张任何权利或要求的货物，但以卖方在订立合同时已知道或不可能不知道的权利或要求为限。"

在国际贸易中，货物价值中所含的工业产权或知识产权的比例越来越高，所以一些国家逐步将知识产权的保护延伸到货物的进出口。但是由于知识产权的地域性，以及知识产权贸易的复杂性，同一种商品在一国被认为不侵犯知识产权，而在另一国则可能被认为侵犯了知识产权。所以，不是绝对要求卖方保证这一义务，而是规定仅在有限的条件下承担责任：

第一，卖方在订立合同时已知或不可能不知货物将销往的国家，他才有义务担保货物目的地工业产权或知识产权。即卖方对于第三人根据该国法律提出的有关工业产权或知识产权的权利请求，应对买方承担责任。第二，卖方对第三方根据买方营业地所在国法律所提出的有关侵犯工业产权或知识产权的请求，应对买方承担责任。第三，如果第三方提出的侵犯工业产权或知识产权的权利请求，是由于卖方依买方提供的图纸、规格为其制造或生产而引起的，则应由买方负责。第四，买方擅自将货物销往卖方不知道的国家或地区引起的侵犯第三人的工业产权或知识产权，卖方不承担责任。买方在已知或理应知道第三方对货物的权利请求后，应在合理的时间内通知卖方，否则丧失其权利。

5.3.2　买方的义务

买方的义务主要是支付货款和领受货物，对此大陆法系国家和英美法系国家都作了规定，《公约》也作了规定。

1. 大陆法系国家、英美法系国家的相关规定

（1）大陆法系国家的相关规定

大陆法系国家对买方支付货款和收取货物义务的规定，代表性的体现是《德国民法典》和《法国民法典》。

①《德国民法典》的有关规定。《德国民法典》规定，第一，买方负有支付价金以及领受买得物的义务。第二，如果双方订约时未约定价金而依市价约定价金的，则以清偿时清偿地市价为标准；如果合同对付款地点未作出约定，则根据一般金钱债务的清偿原则，债务人（买方）应当在债权人（卖方）的所在地进行清偿。

②《法国民法典》的有关规定。《法国民法典》规定，第一，买方应当根据买卖合同规定的时间及地点支付价金，否则卖方可以要求解除合同。第二，如果在交易时对于支付价金的时间与地点未作出约定，则买方应在卖方交货的时间、地点支付价金。第三，对于商品及动产的买卖，如果买方逾期不领受买得物，则为了买方的利益，不需要催告，买卖合同即可解除。

（2）英美法国家的相关规定

①《英国货物买卖法》的有关规定。《英国货物买卖法》规定，第一，买方有义务根据合同的规定支付价金和领受货物，除双方当事人另有协议外，卖方交付货物与买方

支付货款是对流条件，两者应同时进行。第二，买方接受货物的义务与对货物的检验权结合。当卖方交付货物时，除另有协议，买方有权要求让他有合理的机会检验货物，以确定货物是否与合同规定相符。凡是事先未曾检验货物的买方，都不能被认为接受了货物，因而没有丧失其拒绝收货的权利。至于买方在有机会检验货时，是否利用这种机会，取决于买方的决定，如果买方放弃了检验的权利，就同时丧失了拒绝收货物的权利。第三，买方收到货物与接受货物区别。收到货物不等于接受货物，买方如果仅仅是收到了货物，而后发现货物与合同不符，他仍可拒收货物。只有具有以下情况之一者，买方才被认为已经接受了货物：买方通知卖方他已接受了该货物；如果货物已交付给买方，而买方对货物作出任何与卖方的所有权相抵的行为。如买方将货物留下来，经过一段合理的时间之后并未通知卖方拒收该货物，买方将被认为是接受了货物。

②《美国统一商法典》的有关规定。《美国统一商法典》规定，第一，买方的付款义务、接受货物义务同检验货物的权利联系在一起。除当事人另有约定，买方在支付货款和接受货物之前，有权对货物进行检验，检验的时间、地点与方法依合同约定。如果合同未约定，则在卖方负责将货物运至目的地的情况下，应在目的地进行检验。其他情况下，应在合理的时间、地点，以合理的方法进行检验。如果检验结果与合同相符，则费用由买方承担；如果检验结果与合同不符，费用则卖方承担。第二，如果合同规定有采用交货付款或交单付款等条款，则买方必须在检验之前付款。在这种情况下，并不影响买方以后对货物检验的权利，也并不构成对货物的接受。

2. 《公约》的规定

（1）支付货款

支付货款的义务包括以下内容：

①履行必要的手续。《公约》第五十四条规定：买方支付货款的义务包括根据合同或任何有关法律和规章规定的步骤和手续，以便支付货款。《公约》将付款准备作为付款义务的一个组成部分，因为国际贸易支付复杂，涉及汇率、政府的外汇管制、支付方式的确定等问题。

一般主要的手续是：第一，申请银行开出信用证或银行保函。买方应当作为开证申请人，向银行申请开立以卖方为受益人的信用证；买方应当在合同规定的期限内申请开立信用证，不得延迟；买方开立的信用证的内容应当与买卖合同一致，主要条件不能有遗漏；开立信用证后，如果卖方提出修改，应当及时通知开证行修改，使信用证与合同相符。第二，办理取得外汇的手续。这是一项绝对的义务，如果买方向本国政府申请汇出外汇，但政府不批准，买方无权引用《公约》第七十九条的规定，即因买方不能控制的障碍不能履行合同义务的免责条款。因为买方对于本国政府对外汇的管制情况，在订立合同时就知道，作为一个合理谨慎的商人理应知道此项风险。

②确定货物的价格。在一般情况下，买卖合同中会规定货物的价格或确定价格的方法，买方则应依合同中的规定确定货物的价格。但是，如果合同没有明示或默示地规定货物的价格或确定价格的方法，则以这种货物在国际贸易中类似情况下出售的通常价格

为货物价格。

③支付货款的地点。合同中约定了支付的地点则按约定的地点，如果合同中没有约定支付货款的地点，则买方应按《公约》第五十七条的规定，在下列地点支付货款：

第一，在卖方的营业地。若有两个或两个以上的营业地，则以与合同或合同履行关系最密切的营业地为支付地。第二，凭移交货物或单据付款的，则在移交货物或单据的地点支付货款。当代国际贸易大多数情况下以单证交易为特点，卖方交付货物是象征性交货，如 CIF、CFR、FOB 以提交装运单作为条件，交单地为付款地，但对在何地交单，《公约》未作规定，一般若是跟单托收方式，则在买方营业地交单，若是信用证方式，则在卖方营业地由议付行凭单付款。

④支付货款的时间。《公约》第五十八条规定了支付货款的时间。

第一，如果合同未规定买方在特定时间内支付货款，则买方应当在卖方把货物或单据交付给他处置时付款。即交货交单是付款的条件；第二，买方在未有机会检验货以前，没有支付货款的义务，除非这种机会与双方当事人约定的交货或支付程序相抵触。属此情况的是 CFR 或 CIF 条件，凭单付款在前，检验货物在后。但即便如此，也并不是说买方放弃了验货和索赔的权利，即使买方支付了货款，但发现货物与合同不相符，仍可要求卖方赔偿损失。

（2）接受货物

接受货物是买方的又一项基本义务，《公约》第六十条规定了买方收取货物的义务的主要内容：

①采取一切理应采取的行动，以便卖方能交付货物。该项义务的规定，主要是使买方合作，以便卖方能够交货。此项规定在以 FOB 条件交货时具有实际意义，在 FOB 条件下，买方有义务安排货物的运输，如果不按合同规定的时间将运输工具派往装运港，卖方就无法出运货物、履行交货义务，甚至还要承受额外费用和损失。所以买方采取措施使卖方得以交货，就构成了买方收取货物义务的一方面。

②接收货物。买方有义务在卖方交货时接收货物。这不仅是买方订立合同的目的，也是其基本义务。因为买方拒绝接收货物，卖方将承担滞期费及滞港费和仓储费等，还要承受货物灭失的风险。虽然货物的风险自交第一承运人后即转移给买方，但是如果买方违约而拒收货物，该项风险又实际上转给了卖方。所以买方无理拒收货物构成根本违约，卖方有权解除合同并索赔。

5.4　违约及违约救济

5.4.1　违约

1. 违约以及构成要件

（1）违约

违约，是指合同当事人无正当合法理由不履行或不按合同约定履行合同项下义务的行为。包括未履行约定义务、法定义务以及根据立法的原则与精神应当履行的义务。

（2）违约的构成要件

综合各国立法以及《公约》的规定，违约的构成要件是：

①当事人未履行或部分履行合同义务或当事人未按合同的约定履行合同义务。但是，是由于什么原因造成当事人未履行合同义务，对于是否构成违约很重要。对此大陆法系与英美法系有不同的看法。大陆法系认为，只有主观上有过失，才构成违约。英美法系则认为，不履行合同义务就是违约，除非有正当理由。《公约》认为，当事人不履行合同就是违约。

但是，若合同未规定履行期限呢？大陆法系认为，经债权人催告后，债务人不履行义务则构成违约。英美法系则认为，要在合理的期限内履行义务，未在合理的期限内履行义务才是违约。《公约》认为，要在合理的期限内履行义务，合理的期限是一个实践问题。

②当事人未履行合同给另一方造成损失。造成损失，就是违约，但损失包括哪些内容，是直接损失，还是直接损失和间接损失？大陆法系认为，给另一方当事人造成损失是违约的必要要件，而且认为损失应是直接的、是订立合同时可预见的。英美法系则认为，给另一方造成的损失可以是间接的，一方可以要求名义上的损害赔偿。《公约》认为，造成的损失是订立合同时可以预见的损失，包括实际损失、费用以及合理的利润。

中国《合同法》对违约构成的规定是：第一，当事人有违约行为。即当事人有不履行或不完全履行合同义务的行为。其表现形式主要有：当事人在客观上已不能履行、延迟履行、不完全履行、拒绝履行等。第二，抗辩事由不成立。即违约方的违约行为发生的原因既不属于当事人依法约定的免责条款规定的事由，也不属于法定的抗辩免责事由。法定的抗辩事由主要有三种情形：一是不可抗力。因不可抗力不能履行合同的，根据不可抗力的影响，可以部分或者全部免除责任，但法律另有规定的除外。当事人延迟履行后发生不可抗力的，不能免除责任。二是依法行使抗辩权。即当事人因依法行使同时履行抗辩权、不安抗辩权、后履行抗辩权而没有履行合同义务的，不承担违约责任。三是符合可变更、可撤销合同要件的合同，当事人一方在向对方提出协商，或已向法院或仲裁机构请求变更或撤销的情况下没有履约的，不构成违约。

2. 违约责任的归责原则

违约责任，是当事人不履行合同义务所应承担的责任。但当事人是否承担违约责任，与法律规定的违约责任的归责原则相关。违约责任的归责原则，是指合同当事人违约时，确定其承担民事责任的根据和标准。各国法律规定的违约责任的归责原则主要有：严格责任原则、过失责任原则。

（1）严格责任原则

严格责任原则，是指不论违约方主观上是否有过错，只要有不履行合同或不完全履行合同的行为，就应当承担违约责任。它以违约行为与违约后果之间的因果关系作为承担违约责任的要件。

（2）过错责任原则

过错责任原则，是指违约方不履行或不完全履行合同时，是以主观上存在过错作为承担违约责任的要件。依过错责任原则，行为人只有在过错的情况下才承担民事责任，而且据过错的大小承担民事责任。

过错责任原则又可以分为一般过错责任原则和过错推定责任原则。在一般过错责任原则中，违约方主观上的过错是要未违约方来证明。而在过错推定责任原则中，未违约方不需要对行为人的过错举证证明，法律推定行为人存在过错，除非行为人能够证明自己没有过错。

过错责任原则是 1804 年《法国民法典》中正式确立的，现在大陆法系国家大多采用过错责任原则，而英美法系国家则采用严格责任原则。中国《合同法》以采用严格责任原则为主，过失责任原则为辅，只对缔约过失、无效合同、可以撤销合同以及少数合同适用过错责任原则。

《公约》在违约责任归责原则的问题上采取的是严格责任原则，即当事人不履行合同或不完全履行合同就应承担责任，不得以自己无过错作为未履行合同义务的抗辩。只要违反合同义务，当事人就应当承担约责任，除非违约方能够证明，是由于某种非他所能控制的障碍，而且对于这种障碍，没有理由预期他在订立合同时能考虑或能避免或能克服它或它的后果。

3. 违约的分类

根据不同的情况，违约又可以进行分类，英美法将违约分为实际违约和预期违约，《公约》吸收了英美法系的分类，也将违约分为实际违约和预期违约。

（1）实际违约

实际违约，是指在合同履行期内当事人违反合同义务，不履行合同或不完全履行合同。根据违约的程度，可以分为根本违约和一般违约。

①根本违约或根本违反合同。美国法将根本违约称之为重大违约，即一方当事人违约，使另一方当事人不能得到交易的主要利益的行为。在此情况下，未违约一方有权终止合同并要求赔偿。英国法认为，违反条件和允诺属于重大违约。条件或允诺是，A 履行允诺的义务是 B 实现他允诺的条件（如一方给付货物的允诺，对方要实现他支付款项允诺的条件）。条件与允诺是合同的重要条款，违反条件，就是违反了合同的主要内容，所以当事人有权终止合同并获得赔偿。

《公约》第二十五条规定："一方当事人违反合同的结果，如使另一方当事人蒙受损害，以至于实际上剥夺了他根据合同规定有权期待得到的东西，即为根本违反合同，除非违反合同一方并不预知而且一个同等资格、通情达理的人处于相同情况中也没有理由预知会发生这种结果。"可见，当事人的行为是否构成根本违约，主要以违约给另一方所造成的损害程度作标准。但由于当事人的买卖标的千差万别，违约行为的发生情况也不相同，所以《公约》无法对损害情况作出规定。一旦因违约发生争议，有待法院或仲裁庭根据情况进行处理。

②一般违约。美国法中将一般违约称之为轻微违约，即一方当事人违约，但未违约一方仍从交易中得到了主要利益的行为。在此情况下，未违约一方只能要求赔偿。英国法认为，担保是合同的次要条款，违反担保类似于一般违约，因此受害人无权终止合同，只能获得赔偿。

《公约》未对一般违约作出具体界定，但与根本违约相比，可以理解为，一般违约是除了根本违约以外的其他违约行为。

由于违约性质的不同，当事人所采取的违约补救方法也不同：如果某种行为已构成根本违约，受损失方有权解除合同，反之则无权宣告解除合同，只能以其他的方式补救。

（2）预期违约

美国法认为，预期违约，是指合同一方在合同规定的履行期到来之前，毁弃合同，即否认合同的有效性，明确表示自己不承担合同义务。明示可以是明确宣告不履行合同，明确宣告必须是明确的、绝对的、不容置疑的。

《公约》认为，预期违约，是指在合同规定的履行期到来之前，已有根据预示合同一方的当事人将不会履行其合同义务。

5.4.2 违约救济

根据不同的违约分类，可以采用不同的救济方式。

1. 实际违约的救济方法

（1）损害赔偿

在国际货物买卖中，损害赔偿是最常用的一种承担违约责任的方式，特别是英美法系将损害赔偿作为一种最主要的承担违约责任的方法。损害赔偿也是《公约》规定的一种主要违约补救方法。当事人要求损害赔偿这一救济方法可以与其他方法并用。

但是，在有关损害赔偿的范围以及认定标准上，各国法律又有不同。

①大陆法与英美法的相关规定。大陆法认为，赔偿的范围主要包括积极损失和消极损失。积极损失是指受害方现有财产的减少、灭失以及费用的支出。消极损失，也称"可得利益的丧失"，是指本来应该得到的利益没有实现。期待利益与消极利益是相对应的，但是信赖利益损失中可能既包括积极损失也包括消极损失，如受害一方放弃与他人订立合同的机会而受到的利益损失。

但在确定损失范围标准时又有不同，如法国法律按两条原则来确定赔偿范围：一是损失的直接性，二是损失的可预见性。德国法律规定，赔偿损失与违约之间有"相当的因果关系"，对于积极损失判断因果关系较简单，对于消极损失，法院则引入了"可得预期利益"标准。

英美法系认为，赔偿损失的范围主要包括期待利益和信赖利益。确定赔偿范围的方法是：第一，期待利益。是合同当事人在签订合同时希望通过合同的履行面获得的利益，包括在合同顺利履行时可能给受害方带来的利润。在具体计算期待利益时，应考虑通过计算受害方实际取得的价值与其预期取得的价值之间的差额来确定赔偿数额；在瑕疵履行中，如果修理是更合理的选择，就可以通过计算修理成本来确定赔偿数额，但修理成本是由法官认定的一个合理成本。第二，信赖利益。是受害方因为信赖对方的承诺而付出的各种代价或费用，包括受害人放弃与他人订立合同的机会而受到的利润损失。这是当受害方很难准确地预计出合同顺利履行后所获得的利润，或在估计出的利润具有较大的投机性时，可能难以取得法官支持时，就可以将信赖利益作为赔偿的范围。

但为了公平，在英美法系中，又通过判例确定了两条规则来对以上损失范围进行限制。一是可预见性规则，违约一方所应赔偿的损失，只能是在其订立合同时已经预见到其违约行为可能给对方造成的损失范围之内；二是减损规则，一方违约后，受害一方应当积极采取措施减少损失，受害方可以就减少损失而支出的合理的费用向违约方请求赔偿。如果未采取合理的措施减少损失，由此造成了损失的扩大，则扩大的部分就不能得到赔偿。

②《公约》的规定。《公约》规定，赔偿范围包括实际损失与利润损失，在具体判定时，引入了"可预见性标准"和"减轻损失标准"。

《公约》第七十四条规定："一方当事人违反合同应承担的损害赔偿数额，应与另一方当事人因他违反合同而遭受的包括利润在内的损害额相等。但这种损害赔偿不得超过违反合同一方在订立合同时，依照他当时已知道或理应知道的事实和情况，对违反合同预料到或理应预料到的可能损失。"

可见，《公约》关于损害赔偿的具体内容是：第一，损害赔偿的责任范围。一方当事人违反合同应承担的损害赔偿额，应与另一方当事人因他违反合同而受的包括利润在内的损失额相等。即实际损失加利润（包括预期利润）。第二，损害赔偿责任的限制。损害赔偿额不超过违约一方在订立合同时，依照当事人已知道或理应知道的事实和情况，对违反合同预料到或理应预料到的可能损失。即以订立合同时可以预见到的损失为限，对于当事人在订立合同时不能预料的损失，违约方可以不赔偿。第三，受害人要求损害赔偿的数量与是否采取合理措施减少损失有关。一方当事人违约时，守约方有义务采取必要措施，以减少因对方违约而引起的损失，如果没有采取合理措施致使损失扩大，违约方赔偿损失时，有权要求扣除其扩大部分。

③中国《合同法》的有关规定。中国《合同法》的规定与《公约》的规定基本一致。《合同法》第一百一十三条的规定："当事人一方不履行合同义务或者履行合同义务不符合约定，给对方造成损失的，损失赔偿额应当相当于因违约所造成的损失，包括合同履行后可以获得的利益，但不得超过违反合同一方订立合同时预见到或者应当预见到的因违反合同可能造成的损失。"第一百一十九条规定："当事人一方违约后，对方应当采取适当措施防止损失的扩大，没有采取适当措施致使损失扩大的，不得就扩大的损失要求赔偿。当事人因防止损失扩大而支出的合理费用，由违约方承担。"

（2）实际履行

实际履行，是指在一方当事人违约时，另一方当事人要求其履行法院判决其履行合同规定的特定义务，而不允许其以金钱或其他方式代替履行。

①大陆法系和英美法系的规定。大陆法系把实际履行作为主要的救济方法，如《德国民法典》认为，守约方有权请求法院判决实际履行。只有出现法定的情形才只能请求损害赔偿：第一，实际履行成为不可能或者履行不足以赔偿债权人的损失。第二，实际履行的花费太大，以至于与实际的价值不相当。第三，守约方规定了宽限期，并声明逾期不接受履行，而宽限期届满时违约方仍未履行。《法国民法典》中规定，"作为或者不作为的债务"不能要求实际履行，"给付债务可以要求实际履行。在买卖合同中，如果标的物是特定物，买方可以要求交付，如果标的物是种类物，买方只能要求损害赔偿。"

英美法系则只将实际履行作为一种特殊例外的补救方法，认为：第一，主要救济方法是损害赔偿，只有当金钱赔偿不足以弥补损害时，实际履行才可用来强迫违约方履行合同；第二，只有合同的标的是独一无二的，因而金钱损害赔偿判决不构成充分的救济时，法院才通常作出实际履行的判决。①

②《公约》的规定。《公约》原则上认为实际履行是一种基本的救济方法，但《公约》第四十六条作了具体规定，实际上是规定了实际履行必须具备的条件。

实际履行必须具备的条件是：第一，买方未采取与这一要求相抵触的救济方法。如卖方不交货，可以要求他实际履行，但若买方已采取了撤销合同的方法，那就失去了要求卖方继续履行的权利，否则买方可以视自己的情况随时改变自己选择的补救方法，这实际上对卖方不公正，会给卖方造成不应有的损失。第二，当卖方交货与合同不符合时，只有这种不符合构成根本违约的情况时，买方才能要求卖方交替代物，而且应将交货不符的情况及时通知卖方。因为没有构成根本违约，要求卖方交替代物会给卖方带来重大损失，增加许多费用。这里关键是确定根本违约的问题。第三，法院是否作出强制卖方实际履行的判决依该国国内法规定。《公约》第 28 条规定：当事人一方要求另一方当事人履行某项义务，法院没有义务作出判决要求具体履行此项义务，除非法院依照本身的法律对不属于公约范围的类似销售合同愿意这样做。

③中国《合同法》的规定。《合同法》第一百一十条规定：当事人一方不履行非金钱债务或者履行非金钱债务不符合约定的，对方可以要求履行，但有下列情形之一的除外：法律上或者事实上不能履行；债务的标的不适于强制履行或者履行费用过高；债权人在合理期限内未要求履行。可见《合同法》将实际履行作为一种重要方法，但也加了一些限制。

（3）解除合同

解除合同是一种单方的救济措施，是指合同一方当事人违反合同义务，另一方当事人可以按合同或法律的规定终止合同。由于解除合同是一种单方采取的补救方式，所以各国法律都对解除合同有一定的限制。

①大陆法系和英美法系的有关规定。《德国民法典》根据违约的不同种类，规定了解除合同的不同情形。第一，如果一方当事人因自己的过失而使合同履行不能，对方

---

① ［美］罗纳德．安德森等．商法与法律环境．韩健等译．北京：机械工业出版社，2003.

当事人可以解除合同；第二，当一方当事人履行延迟或履行不完全时，对方应当催告并给予一定的宽限期，期限届满而违约方仍不履行义务，则未违约方可以解除合同；第三，违约方的违约行为使得合同的履行对于另一方当事人而言已无利益，对方可以解除合同。

②《法国民法典》的规定。第一，如果合同中订有明示的解除合同条款，则当事人可以据条款的规定解除合同。第二，若合同中没有明示的解除合同的条款，则解除合同要按法定的程序。当事人必须先发出履行催告，再向法院提出解除合同的主张，是否可以解除合同则由法官根据违约是否严重等事由作出决定。但未违约方在请求解除合同的同时，可以请求损害赔偿。

③《公约》的规定。《公约》第四十九条规定，解除合同是一种救济方式，但对适用解除合同的要件作了规定。第一，一方不履行合同，且构成根本违约时，才可用解除合同的救济方式。第二，卖方不在规定的额外合理时间交货，或自己宣布不交货时，才可以用解除合同补救方式。一般已交货，买方就失去了解除合同的权利。第三，解除合同方必须向另一方当事人发出通知，如果受害人未适当地发出通知，即使当事人的违约已构成了根本违反合同，合同也不能解除。另外还规定，解除合同的方式只能与损害赔偿的方式同时使用而不能与其他方式同时使用。

（4）进行修补

《公约》第四十六条规定，如果卖方所提交的货物与合同规定不符，买方可以要求卖方进行修补。适用修补的情形是：不符合合同的情况不严重，但又不构成根本违约，同时也不是轻微违约。轻微违约要求卖方进行修补是不合理的，在此情况下，可以买方自己或请第三人进行修补，其费用可向卖方提出赔偿。

（5）减少价金

减少价金，是指当卖方交货不符合合同规定时，买方提出要求把合同价金减少，按新价格计算价款后再收取货物的一种补救方式。《公约》第五十条规定，如果卖方所交货物与合同不符，不论买方是否已经支付货款，他都可以要求减低价格。实际上，通过请求减少价金，买方一般取得了与请求赔偿损失一样的结果。

2. 预期违反合同的救济

（1）中止履行合同义务

《公约》第七十一条规定，如果订立合同以后，另一方当事人由于他履行合同义务的能力或他的信用有严重缺陷，或者他在准备履行合同或履行合同中的行为表明，他显然不履行其大部分重要义务，一方当事人可以中止履行义务。中止履行合同义务一方的当事人必须通知另一方当事人，如另一方当事人提供了充分保证，则必须继续履行义务。

中止履行合同义务的一方是按照合同规定先履行义务的一方，中止履行合同是双方都可以采用的方式。

（2）中国《合同法》中的预期违约和不安抗辩

关于预期违约的问题，我国《合同法》第一百零八条规定，当事人一方明确表示或者以自己的行为表明不履行合同义务的，对方可以在履行期限届满之前要求其承担违约责任。这是《合同法》关于预期违约的规定。

但我国《合同法》的规定与《公约》的规定在内涵上是有差异的：第一，条件的差异。《合同法》规定的条件是一方当事人明示或者以自己的行为表示不履行合同义务，而《公约》规定的条件是对方当事人履约能力或信用的严重瑕疵等。第二，因预期违约而采取的措施不同。《合同法》规定，当事人可基于预期违约而要求不履行合同义务，对方当事人承担违约责任，至于何种违约责任，则不详。《公约》规定：一方当事人基于预期违约而采取的应对措施是中止履行自己的合同义务，而不是直接主张对方承担违约责任。

关于不安抗辩的问题，我国《合同法》第六十九条设立了不安抗辩权，该条规定：应当先履行债务的当事人有确切证据证明对方有下列情形之一的，可以中止履行：第一，经营状况严重恶化；第二，转移财产、抽逃资金，逃避债务；第三，丧失商业信誉；第四，有丧失或可能丧失履行债务的能力的其他情形。

《合同法》第六十九条还规定了当事人行使不安抗辩权的通知义务，以及对方当事人提供担保的义务：若对方当事人在合理的时间内未恢复履约能力并且未提供担保，中止履行合同的一方可以解除合同。

3. 分批交货合同发生违约的救济

分批交货是国际货物买卖中常采用的交货方式，在分批交货条件下，双方当事人对其中的一批货物未履行合同的义务，构成根本违约。分批交货情况下的违约会对整个合同产生不同程度的影响，故《公约》第七十三条就 3 种不同的情况分别予以规定：

（1）如果一方当事人不履行对任何一批货物的义务，便对该批货物构成根本违反合同，另一方当事人可以宣告合同对该批货物无效，但不得宣告整个合同无效。

（2）如果一方当事人不履行对任何一批货物的义务，使另一方当事人有充分理由断定对今后各批货物将会发生根本违约，则另一方当事人可以在一段合理的时间内宣告合同今后无效，即解除以后各批合同的效力，但对此前已经履行义务的各批货物不能解除。

（3）如果各批货物是相互依存的，不能单独用于双方当事人在订立合同时所设想的目的，一方违约，另一方可以宣布对已交付或今后交付的各批货物均为无效。

5.4.3 不承担违约责任的情形

合同一经成立就对双方当事人具有法律约束力，任何一方不履行义务都要承担违约责任。但非由当事人的原因、非由当事人在订立合同时可以预见、并能控制的因素出现或发生时，法律允许当事人免除或延缓其履行合同的义务，不承担违约责任。这一原则，在许多国家国内法规范中，由民法和合同法加以规定。大陆法系称为"情势变迁原则"，英美法系称之为"合同落空原则"，《公约》以及中国《合同法》称之为"不可抗力原则"。

1. 情势变迁免责原则

大陆法系国家承认的原则是情势变迁，意指合同的有效性应以合同成立的时间、地点、环境为基础，如果合同成立后，由于不可归责于当事人的原因，使这一基础发生了当事人预想不到的变化或不复存在，对当事人来说，坚持履行合同显然不合理，那么可以不再履行合同或者对合同作出相应的变更。

情势变迁发生后，可据不同的情况进行处理：一是如果情势变迁使合同完全不能履行，如标的物灭失，不可替代，则按履行不可能处理。由于履行不可能，债务人可以免除义务。二是情势变迁后，债务人还能履行合同，则债务人继续履行合同。但若履行引起巨大困难，或标的已被征收，很难以他物替代，则债务人可以解除合同。

2. 合同落空免责原则

合同落空原则，是英美法系承认的原则。是指非因当事人自身过失，是事后发生的意外情况使当事人缔约时所谋求的目标受挫。该原则主要是从对合同履行影响的条件角度进行规定，原指海事合同因"冒险落空"而解除，以后扩大适用于一切超出当事人控制的事件，导致合同终止的情况。合同落空原则以合同默示条件为基础，意指合同订立以后，不是由于双方当事人的过失，致使订立合同的商业目的受到挫折。这时对于未履行合同义务的可以免除。

这一原则英国于 1863 年在一案中确立，其后又被进一步明确表述为：合同由于商业目标落空而解除的学说是建立在一种默示即假定的当事人共同意图之上的。如果意外发生的事件或情况是当事人不可能预料的，倘若能料到该事件或情况可能发生，他将不会签订这种合同，而该事件或情况的发生的一个默示条件是解除合同，所以解除合同不是依赖于任何一方当事人的选择，而是合同的必然结果。《美国合同法重述》将落空定义为：凡以任何一方应取得某种预定的目标或效力的假设的可能性作为双方订立合同的基础的，如果这种目标或效力已经落空或肯定全落空，则对于这种落空没有过失或受落空损害的一方，可以解除其履行合同的责任，除非发现当事人另有相反的意思。

可以使合同落空的情况是：第一，标的灭失，合同特定的物或特定的人不存在，使合同不可能履行而落空；第二，违法，不是当事人的违法或合同本身违法，而是由于国家的一些特殊行为，致使合同履行违法；第三，发生了根本性的变化，情况十分严重，合同失去了基础；第四，政府实行封锁和禁运。

3. 不可抗力免责原则

（1）不可抗力。《公约》和我国《合同法》称不可抗力原则。《公约》规定，不可抗力是指："非他所能控制的障碍，没有理由预期他在订立合同时能考虑到或能避免或克服它或它的后果。"

我国《合同法》规定，不可抗力是指不能预见、不能避免并不能克服的客观情况。

据以上表述，我们可以将不可抗力表述为：在合同订立后发生的，在订立合同时不能预见的，当事人不能避免、不能克服的意外事故，使合同不能履行或不能全部履行。一般而言，不可抗力的范围主要包括两个方面，即自然因素和社会因素。

构成不可抗力应具备四个条件：第一，事故是在当事人订立合同之后发生的。第二，事故是在订立合同时双方不能预见的。是否能预见依当事人的职业、身份、知识水平而定。第三，事故不是由任何一方的疏忽或过失引起的。第四，事故的发生是不可避免的而且是人力所不能抗拒、不可控制的，对合同的义务产生极端影响。

由以上可见，不可抗力尽管表述不同，但作为一项法律原则得到了各国的承认。作为合同的当事人，一方面自愿订立了合同就有履行合同的义务，但另一方面，由于不曾料到的意外事故发生而阻碍其履行合同时，法律仍承认可以免责，这是不违背法理的。

（2）不可抗力的法律效力。不可抗力发生后，产生的法律效力是：

第一，免除合同责任效力。按《公约》的规定，受不可抗力影响的一方可以免除全部或部分责任，但并不必然导致解除自己履约的责任。导致解除合同还是延缓履行合同是不同的，可以从以下几个方面考虑：不可抗力对履约的影响程度。是暂时的还是持续的，是部分不能履行还是全部不能履行。只有持续的、全部不能履行的才能解除合同；合同的标的是金钱还是货物，一般而言，没有任何不可抗力可以解除当事人履行金钱债务的义务；标的是特定物还是种类物，一般如果标的物是种类物，则不能解除合同，只有标的物是特定物时才可以解除合同。

第二，解除合同的法律效力。如果因不可抗力而解除合同，实际上是消灭合同效力，但不是合同自始无效。因不可抗力解除合同，解除的是当事人尚未履行的债务，由此造成的损失，由各方自负。

由于对不可抗力的内容及适用范围，各国并无统一规定，所以只要具备不可抗力的条件，当事人可以在合同中对不可抗力进行具体的约定。

5.5 货物所有权转移及风险转移

5.5.1 货物所有权转移

货物的所有权何时由卖方转移于买方，在国际贸易中是关系到买卖双方利益的一个重要问题，因为涉及由谁承担可能的货物风险、谁对货物有保险利益、未违约一方可以采取何种救济方法等。因此，在各国的民法或买卖法中对所有权转移都有明确的规定，但各国的规定却有较大有差异。

1. 主要国家关于货物所有权转移的有关规定

（1）《英国货物买卖法》的有关规定

《英国货物买卖法》主要区分两种情况，即特定物的买卖和非特定物的买卖，分别规定所有权转移问题。

①特定物买卖的所有权转移。《英国货物买卖法》规定，在特定物或已经特定化的货物买卖中，货物的所有权应在双方当事人意图转移的时候转移于买方，即货物所有权的何时转移取决于当事人的意旨，取决于合同的规定。如果当事人在合同中没有作出明确规定，则由法院确定当事人何时转移货物所有权的意旨，通常法院可依据合同条款，当事人的行为以及当时的具体情况来确定。

法院具体确定当事人意旨的规则是：

第一，凡属无保留条件的特定物的买卖合同，如该特定物已处于可交付的状态，则货物所有权须于卖方履行了此项义务，并在买方收到有关通知时才转移于买方。

第二，在特定物的买卖合同中，如果卖方还要对货物作出某种行为，才能使之处于可交付的状态，则货物的所有权须于卖方履行了此项行为，并在买方收到有关通知时才转移于买方。

第三，如果特定物已处于可交付状态，但卖方仍须对货物进行衡量、检验或其他行为才能确定价金，则须在上述行为业已完成，并在买方收到有关通知时，货物的所有权才转移于买方。

第四，当货物是按"实验买卖"或"余货退回"条件交付给买方时，货物的所有权转移于买方的时间是：当买方向卖方表示认可或接受该项货物，或以其他方式确认该项交易时，所有权转移于买方；买方表示认可或接受该项货物，但他在收到货物后，在合同规定的退货期限届满之前没有发出退货通知，或在合同没有规定退货期限时，则在经过一段合理的时间后，货物的所有权转移于买方。

"实验买卖"或"余货退回"的买卖，属于一种特殊的交易，即卖方将货物交付给买方，合同中规定在约定期限内可以退货，如届时不退货，其所有权即转移于买方。如果合同没有规定退货期限，则买方应于合理的期限内将货物退回，若合理的期限不退货，其所有权转移于买方。

②非特定物的买卖所有权的转移。非特定物是仅凭说明进行交易的货物。《英国货物买卖法》将货物所有权的转移与对货物的特定化以及卖方是否保留对货物的处分权相联系。规定，凡凭说明买卖未经指定或未经特定化的货物，在将货物特定化之前，其所有权不转移于买方。如果按照合同规定，卖方以运交买方为目的而将货物交给了承运人而又没有保留对货物的处分权，即可认为卖方已无条件地将货物划拨于合同项下，对货物进行了特定化，一般认为货物所有权转移于买方。但是，如果卖方对货物特定化后仍保留了对货物的处分权，则在卖方所要求的条件（主要是买方支付货款）未得到满足之前，货物的所有权仍未转移。

卖方保留对货物的处分权，可以通过以下情况表现：

第一，在合同条款中作出保留对货物处分权的规定。如合同中规定的在买方支付货款前，所有权不发生转移的条款。

第二，可以通过对提单抬头的写法表示保留对货物的处分权，就是通常说的指示提单。在将提单交付给买方或其代理人之前，应推定卖方保留了对货物的处分权。如果货物装运后，卖方取得的提单的抬头是买方或买方的代理人，货物所有权的转移仍取决于卖方是否将提单交付买方，如果交付了，则可认为货物所有权转移于买方。

第三，可以通过对装运单的处理方法表示卖方保留对货物的处分权。如卖方开出以买方为付款人的汇票，买方拒绝承兑或付款，即使提单在买方的手中，货物的所有权也不发生转移。

（2）《美国统一商法典》的有关规定

《美国统一商法典》与《英国货物买卖法》的区别是，不将货物所有权转移作为决定风险转移及救济方法的重要因素，而是将货物所有权转移问题同风险转移及救济方法分开，分别作出具体规定。

①货物所有权转移的基本原则。《美国统一商法典》规定的货物所有权转移的一项基本原则是：在将货物确定在合同项下以前，货物的所有权不转移于买方。当事人可以在合同中约定所有权转移的时间，除另有特别约定外，货物的所有权应于卖方完成其履行交货义务时转移于买方，而不论卖方是否保留所有权凭证来保留其对货物的所有权，因为保留货物所有权的凭证只能起到担保的作用。

②不同情况货物所有权转移的不同时间。《美国统一商法典》具体规定了不同的情况下货物风险转移不同时间：

第一，在需要运输交货的情况下，如果按合同规定，卖方需要将货物运交买方，但并未规定具体的目的地，则货物的所有权应于货物装运的时间和地点转移于买方。如果合同规定卖方将货物运达指定的目的地，则货物的所有权应于目的地交货时转移于买方。

第二，当不需移动货物交货时，如卖方已经将货物交给第三人保管，卖方在交货时不需移动货物，而只要将收据交给买方，让其自行提货，此时货物所有权转移于买方的时间是：如果作为第三方的保管人对货物出具了可转让的物权凭证，则货物的所有权在卖方将此项物权凭证背书交给买方时转移于买方；如果保管人没有出具任何可以转让的物权凭证，而且货物在订立合同时已确立在合同项下，则货物的所有权应于订立合同时转移于买方。

（3）《法国民法典》的有关规定

①一般原则。货物买卖合同成立时，货物所有权转移于买方。即只要合同成立，标的物的所有权即依法转移于买方，而无论标的物是否交付。

②具体原则。在具体的案件中，法院会根据具体的实际情况适用一些原则：如果买卖合同的标的物是种类物，则必须经过特定化后，所有权才能转移于买方，但无需交付；如果是附条件的买卖，则必须待所附条件满足后，所有权才转移于买方；双方可以约定所有权转移的时间，如有约定则从其约定。

（4）《德国民法典》的有关规定

《德国民法典》将所有权转移与买卖合同区别为两个不同的范畴，所有权转移属于物权范畴，买卖合同属于债权范围，因此，买卖合同本身并不能起到所有权转移的效力。

《德国民法典》规定，所有权转移需满足一定的要求：第一，如果标的物为动产，则必须以交付标的物为必要条件。在卖方有义务交付物权凭证的场合，卖方可以通过交付凭证而将货物所有权转移于买方。第二，如果标的物为不动产，所有权转移需以向主管部门登记为条件。

（5）中国《合同法》的有关规定

《合同法》第一百三十三条规定，在买卖合同中，标的物的所有权自标的物交付时起转移，但法律另有规定或者当事人另有约定的除外。第一百三十四条规定，当事人可以在买卖合同中约定买受人未履行支付价款或者其他义务的，标的物的所有权属于出卖人。

由以上可见，《合同法》允许当事人在合同中约定标的物所有权转移的时间，如有约定则从其约定；如果当事人在合同中没有特别的约定，法律也没有专门的规定，则货物所有权转移自货物交付时起转移于买方。

2. 《公约》的有关规定

《公约》将货物所有权问题与风险转移问题区别开来，《公约》只涉及风险的转移，而不涉及货物所有权的转移，即不涉及买卖合同对所出售的货物所有权可能产生的影响问题。主要是因为，关于货物所有权转移问题，各国法律的规定有很大的不同，难以调和，为了使更多的国家能够加入《公约》，从而使《公约》具有更广泛的适用范围，《公约》回避了所有权的转移问题，只是原则性地规定，卖方有义务将货物的所有权转移于买方，并保证他所交付的货物必须是第三方不能提出任何权利或请求的货物。

3. 国际惯例的有关规定

在国际货物买卖的国际惯例中，只有《华沙—牛津规则》对所有权转移于买方的时间、条件作了规定。该规则规定，在 CIF 合同中，货物所有权转移于买方的时间，应当是卖方将装运单据（提单）交给买方的时候。即在 CIF 合同中，货物的所有权不是在订立合同时转移，也不是在发运货物时转移，而是在卖方将代表货物所有权的单据（提单）交给买方的时候才转移于买方。

5.5.2 货物风险转移

在国际货物买卖中，可能产生各种风险。国际货物买卖中的风险是：货物在高温、水浸、火灾、严冬、盗窃或查封等非正常情况下发生的短少、变质或灭失等损失。国际货物买卖中的风险转移就是：风险由谁来承担，其中关键是风险转移的地点和时间界限。确定风险的转移就是确定以上损失由何方承担。在国际货物买卖中风险转移问题是一个十分重要的问题，因为它涉及双方的基本权利义务。

1. 主要国家关于货物风险转移的规定

（1）英国法、法国法的有关规定

英国法、法国法对于货物风险转移适用"物主承担风险原则"，即将风险转移与所有权联系在一起。如《英国货物买卖法》规定，除双方当事人另有约定外，在货物的所有权转移于买方之前，货物的风险由卖方承担。但是，如果由于买卖双方中任何一方的过失，致使交货延迟，则货物的风险应由过失的一方承担。如果买卖合同涉及海上运输，而依照通常情形需要投保海上货物运输保险，卖方有义务通知买方保险，如卖方未向买方发出通知，致使买方不能向保险公司投保，则卖方必须承担货物在运输途中的风险。

（2）美国法、德国法的规定

美国法、德国法是以交货时间来决定风险转移时间，而不是以所有权转移来决定风险转移。如《美国统一商法典》作的具体规定是：

①当事人可以通过协议来划分双方承担风险的界限，也可以采用某种国际贸易术语来确定各方所应承担的风险。

②当事人若在合同中未对风险转移问题作出规定，则在没有发生违约的情况下，应按法定的情形确定风险的转移。第一，当货物需要交承运人运输时，如果合同授权或要求将货物由承运人交买方，但并不要求卖方将货物交到某个特定的目的地，则货物的风险于卖方将符合合同的货物适当地交付给承运人时起转移于买方；如果合同要求卖方将货物交到指定的目的地，则货物的风险须于卖方在目的地向买方提交货物并让买方能领受货物时转移于买方。第二，当货物存放于受托人处，无需移动交付时。如果受托人所出具的是可转让的物权凭证，则货物的风险应从卖方将物权凭证交付买方时起转移于买方；如果受托人未出具可转让的物权凭证，则应经过一段合理时间，在该受托人承认买方有权占有货物时，货物的风险才转移于买方。

③违约对风险转移有影响。在卖方违约的情况下：第一，如果是卖方违约，足以使买方有权拒收货物，则在卖方消除了货物缺陷或在买方接受货物以前，货物的风险仍由卖方承担；第二，如果买方有正当的理由撤销他对货物的接受，买方得以在保险合同所不包括的限度内，认为卖方自始就承担了货物灭失的风险。

在买方违约的情况下：如果卖方已经将合同规定的货物确定在合同下，而买方在货物的风险尚未转移给他以前，拒绝履行合同或有其他违约行为，则卖方得以在他的保险合同所不包括的差额的限度内，认为在商业上合理的时期内，货物的风险应由买方承担。

（3）中国《合同法》的规定

《合同法》对买卖合同中货物风险转移问题作了具体的规定，主要体现在《合同法》第一百四十二条、第一百四十九条中。

①当事人可以在合同中约定风险转移的时间

②当事人未在合同中约定风险转移时间，原则上以货物交付为风险转移时间。标的物毁损、灭失的风险，在标的物交付之前由出卖人承担，交付之后由买受人承担。

③当事人没有约定交付地点或者约定不明确，标的物需要运输的，出卖人将标的物交付给第一承运人后，标的物毁损、灭失的风险由买受人承担。

④当合同的标的是在途标的物时，除当事人另有约定的以外，毁损、灭失的风险自

合同成立时起由买受人承担。

⑤当卖方交付的货物因标的物质量不符合质量要求，致使买方拒绝接受标的物或者解除合同，则标的物毁损、灭失的风险由出卖人承担。

⑥因买受人的原因致使标的物不能按照约定的期限交付的，买受人应当自违反约定之日起承担标的物毁损、灭失的风险。

⑦如果卖方按约定将标的物置于交付地点，买受人违反约定没有收取的，标的物毁损、灭失的风险自违反约定之日起由买受人承担。

⑧即使标的物毁损、灭失的风险由买受人承担的，但不影响因卖方履行债务不符合约定，买方要求其承担违约责任的权利。

2. 《公约》关于货物风险转移的规定

（1）风险转移的后果

《公约》第六十六条规定，货物在风险转移到买方承担后发生的遗失或损失，买方支付价款的义务并不因此解除，除非这种灭失或损害是由于卖方的行为或不行为所造成的。

可见风险转移的后果是：自货物风险转移于买方时起，即使货物因自然灾害或意外事故而损害或灭失，买方仍有义务履行合同规定的付款义务，不得以此为理由而不付货款，买方也不得主张《公约》规定的各种救济措施。

（2）货物涉及运输的风险转移

如果买卖合同涉及货物的运输，但卖方没有义务在某一特定地点交付货物，此时风险于货物交第一承运人时起转移给买方；如果卖方有义务在某一特定地点交货，此时风险从在该地点货物交承运人时起转给买方。卖方保留控制货物处置权的单据，不影响风险的转移。虽然可能买方已付款，所有权属于买方，但在转交买方之前，风险由卖方承担。

《公约》货物交第一承运人时风险发生转移，这一规定是合理的，因为，当货物交第一承运人时，卖方就失去了对货物的控制，无法知道货物是否因风险而受损。另外，卖方交货后，通常将提单和保单交付给银行，他因此既不能凭单检货，也不拥有合法的索赔权，到了目的地后，只有买方有可能采取措施。

（3）在途货物的风险转移

在途货物买卖，是指卖方先将货物装上船舶，将正在运输途中的货物作为标的，与第三方订立合同并将货物出售给第三方的交易。也就是说，先装运货物，然后再找适当的买主订立合同，这种交易是在途中进行的买卖。

在途货物买卖的风险划分是困难的，因为在订立合同时货物已装在运输工具上，双方可能都不清楚货物是否有损害或灭失等情况。这样如果货物在目的地被发现有损害或灭失，就很难确定是在运输过程中的哪一个阶段发生的，对此，《公约》制定了三项原则或解决办法：

①原则上从订立合同时起风险转移到买方。

②以交运单作为交货依据的，由从货物交付给签发载有运输合同单据的承运人时起，风险转移于买方。这里将风险提前到订立合同之前。卖方交承运人后，虽然货物还没有找到买方，但风险已由承运人转移到未来的买方。

③如果卖方在订立买卖合同时已知或理应知晓货物已发生灭失或损害，而又不告知买方，则损失由卖方负责。

（4）风险分担原则

①时间分担原则。原则上应当以交货时间来确定风险转移的时间。这是《公约》规定的一个总原则。

②过失原则。违约对风险具有影响。据《公约》第六十六条规定，货物在风险转移到买方后灭失或损害，买方仍需要履行付款义务，除非这种灭失或损害是由卖方的作为或不作为造成的。即如果卖方在交货过程中有违约行为，货物风险转移将受到影响，而不论卖方是否已履行交货义务，风险都不转移到买方。

③划拨对风险的影响。在货物未确定到合同项下（特定化）之前，风险不发生转移。划拨、特定化是指对买卖合同项下的货物进行包装、加上标记，或以装运单据向买方发出通知或其他方式清楚地注明货物已归于合同项下。无论任何情况，未特定化之前，风险不转移于买方。

④优先适用国际惯例。在国际货物买卖中，对于货物风险的转移，一些国际惯例有明确的规定，如果当事人选择适用了这种惯例，则在国际贸易术语中规定的风险转移要优于《公约》的规定。目前有两项影响较大的国际贸易惯例对风险转移的时间作了明确规定：《1932 华沙—牛津规则》、《1990 年国际贸易术语解释通则》。如 CFR、CIF、FOB 三种合同，风险的划分应以船舷为界，而不是卖方交货或交单时为界。

参考阅读

1. 王传丽. 国际贸易法. 第 2 版. 北京：法律出版社，2004.

2. ［美］罗纳德. 安德森等. 商法与法律环境. 第 1 版. 韩健等译. 北京：机械工业出版社，2003.

3. 沈四宝、王军、焦律洪. 国际商法. 第 1 版. 北京：对外经济贸易大学出版社，2003.

4. 曹祖平. 新编国际商法. 第 1 版. 北京：中国人民大学出版社，2004.

5. 陈素玉. 国际商法. 第 1 版. 成都：西南财经大学出版社，2002.

6. 《中华人民共和国合同法》（1999 年文本）.

7. 曹建明、陈治东. 国际经济法专论（第二卷）. 第 1 版. 北京：法律出版社，2000.

8. 中华法律学习网，www. 1000f1. com.

复习思考

1. 《联合国国际货物买卖合同公约》的适用范围有哪些？中国参加时提出了哪些

保留？

2. 在国际货物买卖中，国际公约、国际惯例如何适用？

3. 什么是要约、承诺？大陆法系与英美法系的规定有什么不同？《联合国国际货物买卖公约》是如何规定的？

4.《联合国国际货物买卖公约》对买卖双方的义务有哪些规定？

5. 什么是违约？违约有哪些种类？

6. 违约的补救方法有哪些？

7. 什么是不可抗力？其法律后果是什么？

8.《联合国国际货物买卖公约》对在途货物风险转移如何确定？

案 例 分 析

2002 年 11 月 22 日，美国泰克公司与中国欣宇公司签订服装订单一份，合同约定美国泰克公司向中国欣宇公司订购服装一批。货款共计391432.2 美元。后来中国欣宇公司将其中五个型号的服装交中天公司加工生产，加工期间，美国泰克公司曾随中国欣宇公司多次前往加工单位验货，发现存在明显质量问题，如起皱、线头未修剪等，故验货不合格。但是 2003 年 1 月，欣宇公司仍将质量不合格的服装向泰克公司发运，共计57271 件。泰克公司收到该批服装后，因质量低劣只能每件削价 1 美元销售，共计损失57271 美元。同时，泰克公司通知欣宇公司，对尚未发运的9335 件服装予以退货。

泰克公司向欣宇公司提出对因质量不合格而造成的57271 美元的损失进行赔偿，并对未交付的服装予以撤销。

欣宇公司认为，所生产的不合格的服装，是中天公司生产的，而转让中天公司生产是泰克公司知道并默示同意的，因此，自己不应当承担责任，而应当由中天公司承担赔偿责任。另外，未交付的9335 件服装由自己生产，这批服装的质量不存在问题，因此不能撤销合同，如果单方面撤销合同就是违约。在协商未果的情况下，泰克公司于 2004 年 1 月 9 日向法院提起诉讼，请求法院判令欣宇公司赔偿其因提供质量不合格的服装而造成的57271 美元的损失，并对未交付的9335 件服装予以撤销。

分析并回答：

1. 欣宇公司是否应当对泰克公司57271 美元的损失承担赔偿责任？为什么？

2. 泰克公司是否可以撤销9335 件服装的加工？为什么？

第6章
电子商务法

◎**本章要点**

　　当今世界，电子商务已经成为一大热点。无论是传统的制造业还是新兴的金融企业，都把电子商务作为企业经营的一种新方式，纷纷投入巨资建立网站，在国际互联网上从事各类商业活动，电子商务的发展和自身的规范要求导致电子商务法产生。本章分三节，重点介绍电子商务的含义和分类、国内外电子商务法的立法情况、电子合同区别于传统合同的法律问题的处理以及电子签名法。

6.1　电子商务法概述

6.1.1　电子商务的含义和分类

1. 电子商务的含义

　　电子商务，也称电子交易、电子商贸易等，英文一般表示为 Electronic Commerce（简称 EC）、Electronic Business（简称 EB）等，它是随着电子技术的发展而发展起来的。第一台能够通过特定指令（程序）执行一定任务的计算机产生于 1946 年的美国。20 世纪 50 年代后半期，在商业组织和公共机构中开始建立计算机系统。将电子技术运用于商业活动就产生了电子商务问题。但对于究竟什么是电子商务，人们有着多种理解。从技术的角度比较有代表性的观点有广义和狭义之分，广义的电子商务是指一切以电子技术手段进行的与商业有关的活动。狭义的电子商务，根据商务部发布的《电子商务模式规范》（2009），是指依托网络进行货物贸易和服务交易，并提供相关服务的商业形态①。即 I-Commerce。本章主要介绍狭义的电子商务。

---

　　①　参见中国商务部《电子商务模式规范》（2009）

2. 电子商务的分类

电子商务可以按照不同标准进行分类。

按照参加交易对象不同分为企业之间（Business to Business，简称 B2B）的电子商务、企业和消费者之间（Business to Consumer，简称 B2C）的电子商务、个人之间（Consumer to Consumer，简称 C2C）的电子商务。

按照电子商务使用的网络类型分为电子数据交换网络电子商务、互联网电子商务和内联网电子商务。

电子数据交换（EDI）是按一个公认的标准和协议，将商务活动中所涉及的文件加以标准化和格式化，通过计算机网络在交易伙伴的计算机网络系统之间进行数据交换自动处理。主要应用于企业之间。该技术在 20 世纪 90 年代有较大的发展，在技术上也比较成熟，但要求企业有较高的管理、资金和技术等条件。互联网电子商务是指利用互联网开展的电子商务，全世界各个企业和个人都可以参加，是目前最广泛的电子商务类型。内联网电子商务是指在一个大型企业内部或一个行业内部开展的电子商务活动。

6.1.2　电子商务法的立法情况

1. 美国电子商务的立法情况

美国是开展电子商务活动最早的国家，早在 1995 年美国犹他州就颁布了《数字签名法》，美国在电子商务立法上遵循的是最小程度原则，即在最小程度上为电子商务订立新的规定，尽可能将现存的规则适用到电子商务中。美国关于电子商务的规范性文件主要有：

（1）《全球电子商务纲要》（A Framework for Global Electronic Commerce，以下简称《纲要》）

《纲要》颁布于 1997 年，是全球第一个由官方正式发表的关于电子商务立场的文件。《纲要》确立了电子商务发展的五个基本原则，即①私人企业应居领导地位；②政府应避免对电子商务做不必要的限制；③政府参与的目的应该是支持和维护一个可预测的、介入程度最低的、持续一致的、简单的商业法律环境；④政府应承认互联网的独特性质；⑤互联网中的电子商务应在国际化的基础上被推进。另外《纲要》针对电子商务最迫切需要解决的九大问题提出了解决的建议。该九大问题包括关税与税捐、电子付款系统、针对电子商务制定的统一商法典、知识产权保护、隐私权保护、网络安全、电信建设与信息科技、网络内容和广告、网络相关科技标准。

（2）《儿童在线隐私权保护规则》（Children's Online Privacy Protection Rules）

该规则于 1999 年 4 月由美国联邦贸易委员会发布，并于 2000 年 10 月起生效。专门针对儿童的有关隐私保护和商业交易的关系进行了规定。

（3）《统一计算机信息交易法》（Uniform Computer Information Transations Act，UCITA）和《统一电子交易法》（Uniform Electronic Transations Act，UETA）

这两个示范法于 1999 年 7 月由美国发布，供各州在立法时参考。主要用于解决电子交易中产生的各种法律问题。

（4）《国际及国内商务电子签名法》（Electronic Signatures in Global and National Commerce Act）

该法于 1999 年 10 月，由美国众议院法律制定委员会通过，为跨国（跨州）商务场合中使用电子签名提供了法律基础。该法于 2000 年 6 月获美国政府批准成为正式法律。该法除了有关电子签章的内容外，主要还有四个比较有特色的部分：（1）以"最低限度"模式来推动电子签名的使用，不规定使用某一特定技术；（2）电子签名适用的例外；（3）当事人意思自治与保护消费者；（4）电子代理人。

（5）《反网络侵占消费者保护法》（The Anti-Cybers quatting Consumer Protection Act，ACPA）

该法于 1999 年 11 月由美国总统签署通过。

2. 欧洲联盟电子商务立法情况

欧洲联盟，简称欧盟（EU），是由欧洲共同体（European Community，又称欧洲共同市场）发展而来的，集政治实体和经济实体于一身、在世界上具有重要影响的区域一体化组织。1991 年 12 月，欧洲共同体马斯特里赫特首脑会议通过《欧洲联盟条约》，通称《马斯特里赫特条约》。1993 年 11 月 1 日起，《马斯特里赫特条约》正式生效，欧盟正式诞生。欧盟关于电子商务的规定主要有：

（1）《关于电子商务的欧洲建议》（A European Initiative in Electronic Commence）

该建议发布于 1997 年，主要就发展电子商务的问题阐明了欧盟的观点。

（2）《欧盟电子签字法律框架指南》和《欧盟关于处理个人数据及其自由流动中保护个人的权利的规则》（或称《欧盟隐私保护规则》）（1998）

（3）《内部市场电子商务法律架构指令》

该指令发布于 1998 年 12 月。其主要目的是消除阻碍欧盟境内电子商务发展的法律，促进欧盟内部电子商务的发展。该指令对内部市场规划、硬件设施服务提供者、商业信息传递、在线电子缔约、媒介者的责任、行为规范、法庭外纠纷解决机制、司法行为及各成员国之间应建立的合作关系等重大议题做了规定。

（4）《数字签名统一规则草案》

该草案发布于 1999 年，由 15 个条款和 4 个附件组成，主要用于指导和协调欧盟各国的电子签名立法。其中比较有特色的主要有四个方面：电子认证服务的市场准入、电子认证服务管理的国际协调、认证中的数据保护、电子认证书内容的规范。

（5）《关于建立电子签名共同法律框架指令》（EU Directive on a Community Framework for Electronic Signatures，以下简称《电子签名指令》）

随着电子商务的发展，为了在欧洲的层面上制定一个统一的电子签名法律框架，欧洲议会和欧洲理事会于 1999 年 12 月 13 日颁布了《电子签名指令》。其主要目标是：（1）推动电子签名的使用，促进法律承认；（2）协调成员国之间的规范；（3）提高人们对电子签名的信心；（4）创设一种弹性的、与国际的行动规则相容的、具有竞争性的跨境电子交易环境。

（6）《共同体内部市场的信息社会服务，尤其是电子商务的若干法律方面的指令》（简称《电子商务指令》）

该指令由欧洲议会和欧洲理事会于 2000 年 8 月颁布，根据《共同体条约》第 251 条的规定，各成员国必须于 18 个月内调整国内法律，以执行《电子商务指令》。《电子商务指令》的调整范围涵盖了所有信息社会服务，可在成员国市场之间适用。其目标在于推动电子商务的发展。其主要内容包括：信息服务者的设立与管理、在线契约、媒介的责任、商业通信、指令的执行、相互承认与不予适用的情形。

（7）《远程销售指令》（DSD）

该指令由欧洲议会和欧洲理事会于 1997 年 5 月颁布，对各类远程销售行为和消费者的权利作了较为全面的规定。

3. 联合国电子商务立法情况

电子商务的国际立法是随着信息技术的发展而展开的，其立法活动开始于 20 世纪 80 年代。早期的电子商务立法主要围绕电子数据交换制订相关规则，80 年代初随着互联网商业化和社会化的发展，电子商务立法主要围绕互联网制订相关规则。联合国制定的对各国电子商务方面立法影响较大的规范性文件主要有：

（1）《电子商务示范法》（Model Law on Electronic Commerce）

该法于 1996 年由联合国国际贸易法委员会（UNCITRAL）通过，该法属于以电子签章为主的电子商务基本法类型，分为两个部分，第一部分规定电子商务的一般问题，内容集中围绕数据电文的法律效力展开，就数据电文的概念、法律效力、发送与接收及其归属等问题作了基本规定。第二部分规定特殊领域中电子商务的问题，目前只有一章，即货物运输领域的电子商务。该法确立了电子商务法律制度的五大基本原则，这些原则组成了电子商务法律制度的基石，也成为各国电子商务立法的核心内容，并不断得到各国的补充与完善。这些原则是：数据电文在一定条件下满足"书面形式"要求的原则，电子签章在一定条件下与传统的签字盖章等同的原则，数据电文在一定条件下符合法律上对"原件"的要求的原则，不得仅仅因为文件是数据电文的原因否认其证据力的原则，以数据电文形式存在的要约、承诺和合同有效的原则。

该法的目的就是要通过这些原则的确立，促成和便利电子商务的应用，给基于计算机信息的应用者提供基于纸面文件的应用者同等的法律待遇，这对电子商务是必不可少的。正是在该法的基础上，各国的电子商务立法活动才得以大力推进，并且较好地保持了法制的统一和兼容性。所以，该法也被人们比喻为国际电子商务立法中的标准。

该法的适用范围非常广泛，包括任何商业活动中所使用的以数据电信形式存在的任何类型的信息。其中"商业"一词应给予最广泛的解释，以涵盖所有商业性质关系所生之事实，不论是否有契约存在。商业性质关系包括但不限于下列交易事项：货物及服务的供给和交换的贸易、经销协议、商业代理或者中介、制造、租赁、建筑工程、咨询服务、工程、授权、投资、金融、银行、保险、勘探协议或特许、合资或其他形式工业或商业的合作、以海陆空方式运输人员与货物等。所谓"数据电信",是指经由电子、光学或其他类似方法,包括但不限于电子资料交换、电子邮件、电报、电传、电子复制等所产生、传送、收受或储存之信息。

《电子商务示范法》总则的内容集中围绕数据电文的法律效力展开,其规定成为各国有关电子票据的电子签名立法的基础。其中对电子签名法律效力的确定最具指导意义的是规定了"功能等同原则"。所谓"功能等同"指的是一种将数据电文的效力与纸面形式的功能进行类比的方法,其目的是要摆脱传统书面签名或签章这一单一媒介条件下产生的束缚,而通过在传统签名的具体功能中抽象出功能标准,再以此确定具有相应效果的电子签名的法律效力。在此之前,人们尝试过采取扩大"签名"概念的外延,简单地把电子签名列为"签名"的一种形式以解决电子签名和传统签名的效力等同的问题。然而,由于电子签名的形式具有多样性,因采取的技术方案不同,其可靠性、真实性、稳定性可能会有较大的不同,因而导致了其法律效力也不应在同一水平上。而"功能等同原则"可以较好地解决这一问题,其基本模式有三个:第一,只有符合一定条件的电子签名才具有与传统签名同等的法律效力;第二,不同模式和特性的电子签名以其稳定性、可靠性、真实性为标准对应不同的法律效力;第三,达到相应要求的电子签名即可具备与传统签名等同的法律效力,而不管具体的技术解决方案是什么。以此作为判断电子签名是否具有法律效力的依据,减少了电子技术的多样性对电子签名效力造成的不稳定影响。"功能等同原则"已逐渐成为各国电子商务立法中消除法律上因虚拟环境产生的不公平待遇的最重要的法律方法。

(2)《电子签字示范法》(Commission International Trade Law Model Law on Electronic Autograph)

为了贯彻实施《电子商务示范法》确立的原则,1999年9月,联合国国际贸易法委员会电子商务工作组根据"功能等同"和"技术中立"等原则,对使用电子签名做了进一步的规范,颁布了《电子签名统一规则(草案)》,具体内容主要表现在以下三个方面:一是强调要无差别地对待签名技术;二是设定了一些判断电子签名是否可靠的条件,使得对电子签名效力的规定更科学、完善;三是具体规范了电子认证中服务提供者和签名者的一些行为。之后,在广泛吸取各国方法文件的基础上,工作组于2001年3月23日正式公布了《电子签字示范法》。

该法共十二条,分别规定了电子签字的适用范围;定义;签字技术的平等对待;解释;经由协议的改动;符合签字要求;第六条的满足;签字人的行为;认证服务提供人的行为;可信赖性;依赖方的行为;对外国证书和电子签字的承认。

该法是对《电子商务示范法》的补充,是国际上关于电子签字方面的最重要的立法文件,为电子签字的使用带来了法律的确定性,有助于各国加强利用现代化核证技术的立法,为尚无这种立法的国家提供参考,并对发展和谐的国际经济关系作出了贡献。

(3)《国际合同中使用电子通信公约》(United Nations Convention on the Use of Electronic Communications in International Contracts,以下简称《电子通信公约》)

尽管两个示范法已经为各国规范电子合同提供了法律框架,但示范法本身不具有直接的国际法效力。为了提升国际电子商务法律的确定性和可预见性水平，2002 年联合国国际贸易法委员会根据《电子商务示范法》和《电子签字示范法》的基本原则提出了《电子通信公约（草案）》，并于 2005 年 7 月通过公约最终文本，供联合国大会批准。2005 年 11 月 23 日联合国大会通过该公约，并于 2006 年 1 月 16 日起开放签署。2006 年 7 月，中国签署了该公约。

《电子通信公约》"适用于营业地位与不同国家的当事人之间订立或履行合同有关的电子通信的使用"。公约分为四章，其中对国际贸易中电子合同的规范主要集中在四个方面：（1）在线交易人要约和要约邀请的判断；（2）电子通信（要约和承诺）发出、到达时间；（3）自动交易或自动电文系统工程；（4）电子错误。

此外，为了适应提单、信用证电子化以及电子资料交换系统的普及和应用的发展要求，国际上还先后制定了《国际海事委员会电子提单规则》和《跟单信用证统一惯例关于电子交单的附则》、《计算机记录法律价值的报告》、《电子资金传输示范法》、《联合国行政、商业、运输电子资料交换规则》、《电讯贸易资料交换实施统一规则》和《国际数字保证商务通则》等。这些电子商务的立法，对互联网迅速发展和应用产生了深刻的影响，也为世界各国、各地区的电子商务立法开辟了广泛的前景。

4. 我国电子商务立法情况

我国电子商务立法是伴随着电子商务的开展而逐渐推进和完善的。我国在 1999 年的《合同法》中就增加了有关数据电文的内容，确认了电子合同的法律效力。截至目前，我国制定的有关电子商务的规范性文件主要有：

（1）《网上证券委托暂行管理办法》

该办法于 2000 年 4 月，由中国证券监督管理委员会颁布，对证券公司开办网上证券委托作出了具体的规定。

（2）《网上银行业务管理暂行办法》

该办法于 2001 年 7 月由中国人民银行颁布，对银行机构在中国境内开办网上银行业务作出了规定。

（3）《互联网上网服务营业场所管理条例》

该条例于 2002 年 9 月由国务院发布，对营业性场所通过计算机等装置向公众提供互联网上网服务作出了比较具体的规定。

（4）《电子签名法》

该法于 2004 年 8 月由全国人大常委会通过，自 2005 年 4 月 1 日起实施。该法共五章，包括总则、数据电文、电子签名与认证、法律责任和附则。该法的颁布和实施，为规范电子签名行为、确立电子签名的法律效力、维护有关各方的合法权益提供了法律依据。

（5）《电子认证服务管理办法》

该办法于 2005 年 1 月由信息产业部发布，自 2005 年 4 月 1 日起施行。该办法的颁布和实施，为规范电子认证服务行为，对电子认证服务提供者实施监督管理提供了法律依据。

(6)《电子支付指引（第一号）》

该指引于2005年10月由中国人民银行发布并实施。该指引的颁布和实施，为规范电子支付业务、防范支付风险、保证资金安全、维护银行及其客户在电子支付活动中的合法权益、提供了法律依据。

(7)《网络商品交易及有关服务行为管理暂行办法》

该办法于2010年5月31日由国家工商行政管理总局发布，自2010年7月1日起施行。该办法主要包括五个方面内容：（1）立法依据、立法宗旨和原则、立法调整对象、网络商品经营者和网络服务经营者经营原则、工商行政管理部门促进网络商品交易及有关服务行为发展的职责和任务以及行业自律等；（2）网络商品交易及有关服务行为；（3）提供网络交易平台服务的经营者的义务与责任；（4）网络商品交易及有关服务行为监督管理职责；（5）违反此《办法》的法律责任。

该办法的颁布和实施，为规范网络商品交易及有关服务行为、保护消费者和经营者的合法权益、促进网络经济持续健康发展，提供了法律依据。

6.2　电子合同法律制度

6.2.1　电子合同法概述

1. 电子合同的含义和特征

电子合同，是指在平等的主体之间以数据电文的形式达成的，用于设立、变更、终止民事权利义务关系的协议。所谓"数据电文"，根据《电子通信公约》第四条第三款的定义，是指"经由电子手段、电磁手段、光学手段或类似手段生成、发送、接收或存储的信息，这些手段包括但不限于电子数据交换、电子邮件、电报、电传或传真"，我国《电子签名法》与之类似，该法第二条第二款规定，"本法所称数据电文，是指以电子、光学、磁或者类似手段生成、发送、接收或者储存的信息"。根据《合同法》第十一条规定，数据电文包括电报、电传、传真、电子数据交换和电子邮件等形式。

电子合同建立在电子通信和数据电文基础之上，与传统合同相比，其法律特征主要表现在以下几个方面：

（1）无纸性

书面形式是确认合同内容最常用的证据形式。而电子合同通常不是以纸张作为记录合同内容的凭证，而是将信息或数据记录在计算机硬盘或其他具有存储功能的载体中，这使传统的合同"原件"不复存在。这种方式在有效降低交易成本、加快信息传递速度的同时，也因电子数据易改动、出错或丢失而增加了交易风险。

（2）虚拟性

电子合同的签订可以完全借助设备，当事人不需要见面，只要操作电脑，即可完成合同的签订。这种方式为确认对方的真实身份、合同签订和履行的地点增加了难度。

（3）即时性

现代科技的发展，使数据电文在网上的传递变得非常快捷。信息从发出至到达对方之间的时间差通常可以忽略不计。这种即时性在提高效率的同时，也使要约和承诺的撤销难以实现。

2. 电子合同的种类

电子合同依据其使用的交易平台的不同主要分为三种：

（1）电子数据交换（EDI）合同

电子数据交换合同，是指利用电子数据交换系统订立的合同。所谓电子数据交换，根据《电子商务示范法》第二条的定义，"系指电子计算机之间使用某种商定标准来规定信息结构的信息电子传输"。一个企业通过电子数据交换合同系统签订合同一般要经过的流程是：通过网络收到一份订单后，该系统按预设程序自动处理该订单，检查订单是否符合要求，向订货方发文确认报文，通知企业管理系统安排生产，向零配件供应商订购零配件，向运输部门预订货运集装箱，到海关、商检等部门办理出口手续，通知银行结算并开具电子数据交换发票，从而将整个订货、生产、销售过程连接起来。

电子数据交换合同无纸化的运行模式是商业发展史上的里程碑，它极大地节约了时间和交易费用，并有比较可靠的安全保障。但建立该系统需要有一整套计算机软硬件条件支持，成本较高，中小企业一般难以承受。

（2）电子邮件合同

电子邮件合同，是指以网络协议为基础，从终端机输入信件、便条等，最后通过邮件服务器将其传送到另一端的终端机上。简单地说，就是当事人可以通过发送电子邮件的方式进行要约与承诺，签订合同。发送电子邮件成本低，而且比较快捷，较之电子数据交换合同，双方的意思表示更清楚，沟通更及时方便。但电子邮件在传输过程中容易被截取、修改，安全性较差，所以一般需要附加电子签名以保障其安全性和真实性。

（3）点击合同

点击合同，是指由提供商品或服务的人通过计算机程序预先设定合同条款，以规定其与相对人之间的法律关系，想与其签订合同的人必须点击"同意"其合同条款后才能订立的合同。点击合同是典型的格式合同，对于格式合同，对方当事人只能对格式条款表示愿意或不愿意接受，一般不能对其进行修改，因此，非格式合同提供方当事人在签订此类合同时处于不利地位。有鉴于此，为维护当事人之间的公平，2004 年修订的《国际商事合同通则》（以下简称《通则》）规定，"如果一方当事人使得另一方当事人产生某种理解，且该另一方当事人依赖该理解合理行事，并对自己造成不利后果，则该方当事人不得以与该另一方当事人理解不一致的方式行事"。我国《合同法》第三十九条至第四十一条规定：（1）采用格式条款订立合同的，提供格式条款的一方应当遵循公平原则确定当事人之间的权利和义务，并采取合理的方式提请对方注意免除或者限制其责任的条款，按照对方的要求，对该条款予以说明。（2）格式条款具有本法第五十二条和第五十三条规定情形的①，或者提供格式条款一方免除其责任、加重对方责任、排除对方主要权利的，该条款无效。（3）对格式条款理解发生争议的，应当按照通常理解予以解释。对格式条款有两种以上解释的，应当作出不利于提供格式条款一方的解释。我国《网络商品交易及有关服务行为管理暂行办法》第十三条规定："网络商品经营者和网络服务经营者提供电子格式合同条款的，应当符合法律、法规、规章的规定，按照公平原则确定交易双方的权利与义务，并采用合理和显著的方式提请消费者注意与消费者权益有重大关系的条款，并按照消费者的要求对该条款予以说明。网络商品经营者和网络服务经营者不得以电子格式合同条款等方式作出对消费者不公平、不合理的规定，或者减轻、免除经营者义务、责任或者排除、限制消费者主要权利的规定。"

使用点击合同方便商家对自己合同的管理，提高签约效率。但格式合同是商家单方拟定的，有可能存在损害相对人利益的条款，所以用户在点击同意前应认真阅读合同条款。目前在网络上消费和交易商家普遍使用点击合同。

3. 电子合同的法律适用

在国际商务活动中，合同的准据法适用的基本原则是，尊重当事人的意愿，由当事人选择合同适用的法律。如果当事人没有做出选择，则根据与合同有最密切联系的法律确定。

我国《合同法》采用的是这一原则。该法第一百一十六条第一款规定："涉外合同的当事人可以选择处理合同争议所适用的法律，但法律另有规定的除外。涉外合同的当事人没有选择的，适用与合同有最密切联系的国家的法律。"从中可以看出，我国涉外合同当事人可以自主选择合同适用的国家的法律，但要在法律允许的范围内。最密切联系原则在实际操作中需要结合合同的签订地、履行地、双方的住所地和营业地、法院、标的物所在地等因素来加以判定。

结合电子商务的特点，美国《统一计算机信息交易法》第 109 条规定，在使用最密切联系原则之前增加了两种除外情形。即在当事人没有选择准据法的情况下，除两种情况外，其他都采用最密切联系的原则处理。除外的两种情形是：（1）访问合同或规定拷贝的电子交付合同应适用缔约时许可所在地法。一方当事人所在地，在其只有一个营业地的情况下，为该营业地；在有一个以上的营业地的情况下，为其管理中心所在地；在没有实际营业地的情况下，为其成立地或主要注册地；在其他情况下，为其主要居所所在地。（2）要求以有形介质交付拷贝的消费者合同应适用向消费者交付该拷贝

---

① 《合同法》第五十二条规定，有下列情形之一的，合同无效：（一）一方以欺诈、胁迫的手段订立合同，损害国家利益；（二）恶意串通，损害国家、集体或者第三人利益；（三）以合法形式掩盖非法目的；（四）损害社会公共利益；（五）违反法律、行政法规的强制性规定。第五十三条规定，合同中的下列免责条款无效：（一）造成对方人身伤害的；（二）因故意或者重大过失造成对方财产损失的。

的地方或本应向消费者交付拷贝的地方的法律。

此外，电子合同是合同的一种，所以合同法关于合同的规定当然适用于电子合同，但考虑到电子合同的特点，电子商务方面的法律对电子合同有特别规定的，应优先适用。本节重点介绍法律对电子合同的特别规定。

6.2.2　电子合同的订立

1. 当事人订约能力及身份的确定

合同当事人应当具有订立合同的民事行为能力，是合同有效的基本要件之一。在传统交易中，当事人面对面签订合同，可以对彼此的订约能力有一个基本的了解。但在电子商务活动中，双方当事人可能互不见面，确认对方订约能力变得困难。

（1）买方订约能力及身份的认定

各国对自然人的民事行为能力都有明确的法律规定，一般根据自然人的年龄和智力发展状况确定。我国《民法通则》规定："公民的民事权利能力一律平等。18 周岁以上的公民是成年人，具有完全民事行为能力，可以独立进行民事活动，是完全民事行为能力人。16 周岁以上不满 18 周岁的公民，以自己的劳动收入为主要生活来源的，视为完全民事行为能力人。10 周岁以上的未成年人是限制民事行为能力人，可以进行与他的年龄、智力相适应的民事活动；其他民事活动由他的法定代理人代理，或者征得他的法定代理人的同意。不满 10 周岁的未成年人是无民事行为能力人，由他的法定代理人代理民事活动。不能辨认自己行为的精神病人是无民事行为能力人，由他的法定代理人代理民事活动。不能完全辨认自己行为的精神病人是限制民事行为能力人，可以进行与他的精神健康状况相适应的民事活动；其他民事活动由他的法定代理人代理，或者征得他的法定代理人的同意。"《合同法》第 47 条规定："限制民事行为能力人订立的合同，经法定代理人追认后，该合同有效，但纯获利益的合同或者与其年龄、智力、精神健康状况相适应而订立的合同，不必经法定代理人追认。相对人可以催告法定代理人在一个月内予以追认。法定代理人未作表示的，视为拒绝追认。合同被追认之前，善意相对人有撤销的权利。撤销应当以通知的方式作出。"

此外，在 B2C 电子合同中，许多个人消费者会以虚拟主体身份出现，即客户登录时登记的姓名、年龄等个人信息都是虚假的，对于在此基础上签订的合同的性质应根据情况区别对待。对于一般的合同，如果能够确定具体的行为人，则可以认定合同成立。因为对于一般的合同，在传统交易方式中法律也没有要求买方一定要提供真实姓名，只要能确定真实的交易主体即可。如果不能确定具体的行为人，则合同不能成立。对于冒用他人之名和密码登录并从事交易的，应适用民法及合同法关于无权代理的规则进行处理。

由于存在上述规定，在电子商务中商家在设计交易环节中要注意了解买方的订约能力，设置一定的确认流程。在发货前最好通过电话或其他方式与买方联系，进一步确认对方的行为能力和身份。

（2）卖方订约能力及身份的确定

在电子商务中卖方的订约能力对买方的利益也有重大影响。在电子商务发展的初期，为鼓励人们开展电子商务活动，各国对网上商家的资格一般不做限制，网上开店既不必办理商业登记，又不必在交易平台上实名注册。但随着交易额的快速增长，买卖双方的交易纠纷随之增加。但因买方找不到卖方，买方维权难的问题日益突出。

欧盟《远程销售指令》第四条第一款规定，在远程合同缔结前的适当时候，消费者可以要求供应商提供身份信息。对需要消费者预先支付的合同，供应商还应提供自己的地址。

1999 年 12 月，经济合作组织公布了《电子商务消费者保护指南》，要求商家披露更多自身信息，具体包括：（1）身份信息，包括法人名称、贸易商号名称、主要营业地地址、电子邮件地址或电子通讯方式或电话、登记地址、相关政府登记资料及许可证号码。（2）通信信息。使消费者可以迅速、简便、有效地与商家联络。（3）解决争议信息。（4）法律处理服务信息，包括联络司法部门的地址。（5）当商家公开声明其为某种自律性方案、商业协会、争议解决机构或认证组织的成员时，应当向消费者提供这类组织的联络资料，使消费能确认商家的会员身份并得到这些组织如何操作的细节。

我国国家工商行政管理总局 2010 年 5 月发布了《网络商品交易及有关服务行为管理暂行办法》，该办法第十条规定，"已经在工商行政管理部门登记注册并领取营业执照的法人、其他经济组织或者个体工商户，通过网络从事商品交易及有关服务行为的，应当在其网站主页面或者从事经营活动的网页醒目位置公开营业执照登载的信息或者其营业执照的电子链接标识。通过网络从事商品交易及有关服务行为的自然人，应当向提供网络交易平台服务的经营者提出申请，提交其姓名和地址等真实身份信息。具备登记注册条件的，依法办理工商登记注册"。第二十条规定，"提供网络交易平台服务的经营者应当对申请通过网络交易平台提供商品或者服务的法人、其他经济组织或者自然人的经营主体身份进行审查。提供网络交易平台服务的经营者应当对暂不具备工商登记注册条件，申请通过网络交易平台提供商品或者服务的自然人的真实身份信息进行审查和登记，建立登记档案并定期核实更新。核发证明个人身份信息真实合法的标记，加载在其从事商品交易或者服务活动的网页上"。

这套规则体系加强了对市场主体准入的管理，比较好地解决了虚拟空间条件下网络商品（服务）经营者主体资格真实性的识别问题，可以保障"虚拟主体"还原为真实的主体，为消费者有效识别查证网络商品交易主体真实身份、维护自身合法权益提供了基础性的制度保障。

2. 电子要约、要约邀请与承诺

合同的签订一般要经过要约和承诺两个阶段。有些还要经过要约邀请的阶段。要约和承诺是具有法律意义的行为，因此，确定要约和承诺生效的时间具有重要的法律意义。

（1）要约、要约邀请与承诺的含义及效力

　　要约，在国际贸易中也称为发盘、出盘、发价、出价或报价等，是当事人一方向他方提出的，希望和他方订立合同的意思表示。《通则》规定："一项订立合同的建议，如果十分确定，并表明要约人在得到承诺时受其约束的意旨，即构成一项要约。"我国《合同法》第十四条规定，要约是希望和他人订立合同的意思表示，该意思表示应当符合下列规定：（1）内容具体确定；（2）表明经受要约人承诺，要约人即受该意思表示约束。所谓内容具体确定，就是要具备合同成立所必需的条款，比如合同的标的、数量、价格或确定价格的方法等，法律没有明确规定，一般应根据合同的具体种类确定。

　　生效的要约对要约人具有法律效力，要约人在要约有效期内不得随意撤销或变更要约。否则给受要约人造成损失应当赔偿。如果受要约人依法作出承诺，在没有特别规定且符合合同有效要件的情况下，合同即成立并生效。要约人如果反悔，应当承担违约责任。

　　要约邀请是希望他人向自己发出要约的意思表示。我国《合同法》第十五条规定，寄送的价目表、拍卖公告、招标公告、招股说明书、商业广告等为要约邀请。商业广告的内容符合要约规定的，视为要约。《电子通信公约》第十一条规定："通过一项或多项电子通信提出的订立合同提议，凡不是向一个或多个特定当事人提出，而是可供使用信息系统的当事人一般查询的，包括使用交互式应用程序通过这类信息系统发出订单的提议，应当视作要约邀请，但明确指明提议的当事人打算在提议获得承诺时受其约束的除外。"

　　要约邀请不具有要约的法律效力。要约邀请人可以反悔撤回。

　　承诺是受要约人同意要约的意思表示。受要约人表示承诺后，就对自己产生约束力。有效的承诺应具备以下三个条件：（1）承诺必须由受要约人作出，并传达给要约人。（2）承诺应当在要约的有效期内传达到要约人。（3）承诺的内容应当与要约的内容基本一致。受要约人对要约内容作出实质性变更的，应视为新要约。所谓实质性变更，是指有关合同标的、数量、质量、价款或者报酬、履行期限、履行地点和方式、违约责任和解决争议的方法等的变更。在具体判断时还应考虑当事人提出有关条款的目的。承诺对要约的内容作出非实质性变更的，除要约人及时表示反对或者要约表示承诺不得对要约的内容作出任何变更以外，该承诺有效，合同内容以承诺的内容为准。

　　（2）要约与承诺生效的时间

　　对要约生效的时间，多数国家的法律和《公约》均规定为到达受要约人时生效。要约只要送达到受要约人所能支配的地方即可，至于受要约人是否拆开了这些信件或文件，则不必考虑。我国《合同法》第十六条第一款也规定，"要约到达受要约人时生效"。

　　承诺的生效时间。目前国际上主要有两种规定方式，即"投邮生效"和"到达生效"。英美法系一般采取"投邮生效"，即如果承诺的意思表示以邮件、电报表示，则承诺人将信件投入信箱或将电报交付电信局拍发起即生效，除非要约人和承诺人另有约定。按此规则，承诺发出后即不能撤回。英美法国家之所以采用投邮生效方式，主要是为了缩短要约人撤销其要约的时间。因为英美法规定要约人的要约被承诺之前，要约人可以撤销或变更要约。大陆法系国家一般采用"到达生效"。承诺到达相对人之前可以撤回。我国的规定与《公约》的规定相同，即在原则上采取"到达生效"的原则，但也有例外。根据我国《合同法》第二十六条的规定，承诺自通知到达要约人时起生效。承诺不需要通知的，根据交易习惯或者要约的要求作出承诺的行为时起生效。

对于采用数据电文形式订立合同的，要约或承诺的到达时间如何确定？《电子通信公约》第十条第二款规定，"电子通信的收到时间是其能够由收件人在该收件人指定的电子地址检索的时间。电子通信在收件人的另一电子地址的收到时间是其能够由该收件人在该地址检索并且该收件人了解到该电子通信已发送到该地址的时间。当电子通信抵达收件人的电子地址时，即应推定收件人能够检索该电子通信"。联合国《示范法》第十五条第二款也规定，除非发端人①与收件人另有协议，数据电文的收到时间按下述办法确定：（1）如收件人为接收数据电文而指定了某一信息系统：①以数据电文进入该指定信息系统的时间为收到时间；或②如数据电文发给了收件人的一个信息系统但不是指定的信息系统，则以收件人检索到该数据电文的时间为收到时间；（2）如收件人并未指定某一信息系统，则以数据电文进入收件人的任一信息系统的时间为收到时间。

我国《合同法》规定，要约或承诺的到达，以数据电文进入接收系统的时间作为到达时间，根据该法第十六条第二款规定，"收件人指定特定系统接收数据电文的，该数据电文进入该特定系统的时间，视为到达时间；未指定特定系统的，该数据电文进入收件人的任何系统的首次时间，视为到达时间"。我国《电子签名法》第十一条对数据电文的接收时间的规定与《合同法》相同，但增加了一条，即"当事人对数据电文的发送时间、接收时间另有约定的，从其约定"。

（3）要约的撤回、撤销与承诺的撤回

要约的撤回，是指要约生效前，要约人使其不发生法律效力的意思表示。要约在尚未到达对方时对要约人没有约束力，要约人可将其撤回。承诺的撤回，是指在承诺生效前，承诺人阻止其发生法律效力的意思表示。要约与承诺的撤回一般只发生在书面订约形式中。为阻止已发出的要约或承诺生效，撤回的通知应当采取比原要约或承诺更迅速的通知方式，在原要约或承诺到达对方之前或同时到达。

在电子合同中要约或承诺的撤回的可能性因交易平台的不同而有差别。如果当事人采用电子自动交易系统订立合同，整个订约过程都是在计算机自动操作下完成的，要约或承诺的撤回基本上不可能的，但是通过电子邮件交易时因邮件传输系统受客观因素影响大，比如系统故障等会影响邮件的传送，所以，在信息发出后，短时间内撤回的可能性还是存在的。

要约的撤销，是指要约生效后，承诺到达前，要约人使其要约丧失法律效力的意思表示。我国《合同法》第十八条规定："要约可以撤销。撤销要约的通知应当在受要约

---

① 根据《电子商务示范法》第十五条第二条规定，一项数据电文的"发端人"系指可认定是由其或代表其发送或生成该数据电文然后或许予以储存的人，但不包括作为中间人来处理该数据电文的人。一项数据电文的"收件人"系指发端人意欲由其接收数据电文的人，但不包括作为中间人来处理该数据电文的人。

人发出承诺通知之前到达受要约人。"在线交易中,如果当事人采用电子自动交易系统订立合同,承诺是即时作出的,则要约人没有撤销的机会;如果采用网上协商,则与口头方式无异;如果通过电子邮件发出要约,也有撤销机会。

3. 电子合同成立的时间和地点

（1）电子合同成立的时间

在传统交易中,在法律或当事人没有特别约定的情况下,合同自承诺生效时起成立。考虑到互联网的开放性和互联网技术的复杂性,要约或承诺在发送过程中发生系统故障或被他人截获的可能性比较大,所以,为了保证信息能够完整地传达到对方,当事人可以要求交易相对人对要约或承诺的送达给予确认。我国《电子签名法》第十条规定:"法律、行政法规规定或者当事人约定数据电文需要确认收讫的,应当确认收讫。发件人收到收件人的收讫确认时,数据电文视为已经收到。"《合同法》第三十三条规定:"当事人采用信件、数据电文等形式订立合同的,可以在合同成立之前要求签订确认书。签订确认书时合同成立。"

（2）电子合同成立的地点

在国际商事合同中,合同成立的地点涉及不同国家之间对合同的管辖权。因此确定承诺生效的地点具有重要的法律意义。在传统交易方式中,在当事人没有特别约定的情况下,承诺生效的地点即为合同成立的地点。然而,在电子商务中,由于许多当事人接收数据电文的设备是可以任意移动的,所以,收件人收到数据电文的信息系统或者检索到数据电文的信息系统所在地常常与收件人所在地不一致,为了确保收件人与作为收到地点的所在地有着某种合理的联系,确保发端人可以随时查到该地点,各国法律都采取了把数据电文的接收地与营业地联系在一起的做法。比如《电子通信公约》第十条第三款规定,"电子通信将发件人设有营业地①的地点视为其发出地点,将收件人设有营业地的地点视为其收到地点"。联合国《电子商务示范法》第十五条第四款规定,"除非发端人与收件人另有协议,数据电文应以发端人设有营业地的地点视为其发出地点,而以收件人设有营业地的地点视为其收到地点。就本款的目的而言:（1）如发端人或收件人有一个以上的营业地,应以对基础交易具有最密切关系的营业地为准,又如果并无任何基础交易,则以其主要的营业地为准;（2）如发端人或收件人没有营业地,则以其惯常居住地为准"。

我国《合同法》第三十四条第二款规定,"采用数据电文形式订立合同的,收件人

---

①　《电子通信公约》第六条 "一、就本公约而言,当事人的营业地推定为其所指明的所在地,除非另一方当事人证明该指明其所在地的当事人在该所在地无营业地。二、当事人未指明营业地并且拥有不止一个营业地的,就本公约而言,与有关合同关系最密切的营业地为其营业地,但须考虑到双方当事人在合同订立之前任何时候或合同订立之时所知道或所设想的情况。三、自然人无营业地的,以其惯常居所为准。四、一所在地并不仅因以下两点之一而成为营业地:一系一方当事人订立合同所用信息系统的支持设备和技术的所在地;二系其他当事人可以进入该信息系统的地方。五、仅凭一方当事人使用与某一特定国家相关联的域名或电子信箱地址,不能推定其营业地位于该国。

的主营业地为合同成立的地点；没有主营业地的，其经常居住地为合同成立的地点。当事人另有约定的，按照其约定"。《电子签名法》第十二条也规定，"发件人的主营业地为数据电文的发送地点，收件人的主营业地为数据电文的接收地点。没有主营业地的，其经常居住地为发送或者接收地点。当事人对数据电文的发送地点、接收地点另有约定的，从其约定"。

6.2.3 电子合同的书面形式、原件和保存

传统法律及交易习惯一般会对重要合同提出"书面形式"、"原件"和"保存"等要求。而数据电文自身的特点导致其难以满足这些要求，因此，解决这一问题对电子商务的发展至关重要。

1. 关于电子合同书面形式问题

目前国内外采取的主要方法是扩大"书面"的含义，并在此基础上根据功能等同原则，赋予在技术上能够达到与书面效果等同的数据电文与书面形式相等的法律效力。比如《通则》便采用了这一方式，将"书面"扩大定义为"保持其中所载信息的记录并能以有形形式复制的任何通信形式"的方式，从而将书面形式从传统的纸张形式扩展到电子复制件、传真、电脑磁盘存储的打印文件等多元的记载形式上。《电子商务示范法》借鉴了这种拓展书面形式的思路，在其第六条中对书面形式作出规定，即"（1）如法律要求信息须采用书面形式，则假若一项数据电文所含信息可以调取以备日后查用，即满足了该项要求。（2）无论本条第（1）款所述要求是否采取一项义务的形式，也无论法律是不是仅仅规定了信息不采用书面形式的后果，该款将适用"。《电子通信公约》第九条第二款规定，"凡法律要求一项通信或一项合同应当采用书面形式的，或规定了不采用书面形式的后果的，如果一项电子通信所含信息可以调取以备日后查用，即满足了该项要求"。

我国《合同法》也对书面形式的范围作了扩大，规定"书面形式是指合同书、信件以及数据电文（包括电报、电传、传真、电子数据交换和电子邮件）等可以有形地表现的记载内容的形式"。我国《电子签名法》第四条进一步规定，"能够有形地表现所载内容，并可以随时调取查用的数据电文，视为符合法律、法规要求的书面形式"。第三条第二款规定："当事人约定使用电子签名、数据电文的文书，不得仅因为其采用电子签名、数据电文的形式而否定其法律效力。"

2. 关于原件问题

原件在物权凭证和其他权利凭证以及票据单证方面具有重要意义。比如我国《民事诉讼法》第六十八条规定："书证应当提交原件。物证应当提交原物。提交原件或者原物确有困难的，可以提交复制品、照片、副本、节录本。"此外，涉及"原件"要求的文件还有：贸易文件，如重量证书、农产品证书、质量或数量证书、检查报告、保险证书等。书面形式的原件一般应具有下列特点，即除了具有可阅读、复制和保存的特点

外，还能确保其所载的原始数据的完整性与不被改动性。传统的原件总是和书面形式紧密联系在一起的，但如果把原件定义为信息首次固定于其上的媒介物，则任何数据电文都不可能成为原件。因为数据电文的收件人所收到的总是该原件的副本，这就给数据电文的可接受性和证据力带来了障碍。

根据"功能等同法"，《电子商务示范法》强调了作为数据电文原件信息的完整性与不被改动性，该法第八条将原件定义为："（1）如法律要求信息须以其原始形式展现或留存，倘若情况如下，则一项数据电文即满足了该项要求：（a）有办法可靠地保证自信息首次以其最终形式生成，作为一项数据电文或充当其他用途之时起，该信息保持了完整性；和（b）如要求将信息展现，可将该信息显示给观看信息的人。（2）无论本条第（1）款所述要求是否采取一项义务的形式，也无论法律是不是仅仅规定了不以原始形式展现或留存信息的后果，该款均将适用。（3）为本条（1）款（a）项的目的：（a）评定完整性的标准应当是，除加上背书及在通常传递、储存和显示中所发生的任何变动之外，有关信息是否保持完整，未经改变；和（b）应根据生成信息的目的并参照所有相关情况来评定所要求的可靠性标准。"《电子通信公约》第九条第四款规定："凡法律要求一项通信或一项合同应当以原件形式提供或保留的，或规定了缺少原件的后果的，对于一项电子通信而言，在下列情况下，即满足了该项要求：（1）该电子通信所含信息的完整性自其初次以最终形式——电子通信或其他形式——生成之时起即有可靠保障；而且（2）要求提供电子通信所含信息的，该信息能够被显示给要求提供该信息的人。"

根据同样的原则，我国《电子签名法》第五条规定："符合下列条件的数据电文，视为满足法律、法规规定的原件形式要求：（1）能够有效地表现所载内容并可供随时调取查用；（2）能够可靠地保证自最终形成时起，内容保持完整、未被更改。但是，在数据电文上增加背书以及数据交换、储存和显示过程中发生的形式变化不影响数据电文的完整性。"

3. 关于数据电文的保存问题

文件保存的目的是为了保证当事人可以在有需要的时候（比如审计或者税收目的）进行核对，或者保证行政机关在出现纠纷时有据可查。在电子商务中，文件的保存比传统方式更重要，比如在网上交易中，当事人协商谈判的内容如果不能保存下来，在交易发生纠纷时，当事人将无法通过法律来维权。

针对人们对信息保存的要求，《电子商务示范法》第十条确立了一套替代规则，即（1）如法律要求某些文件、记录或信息须留存，则此种要求可通过留存数据电文的方式予以满足，但要符合下述条件：（a）其中所含信息可以调取，以备日后查用；和（b）按其生成、发送或接收时的格式留存了该数据电文，或以可证明能使所生成、发送或接收的信息准确重现的格式留存了该数据电文；和（c）如果有的话，留存可据以查明数据电文的来源和目的地以及该电文被发送或接收的日期和时间的任何信息。（2）按第（1）款规定留存文件、记录或信息的义务不及于只是为了使电文能够发送或接收而使用的任何信息。（3）任何人均可通过使用任何其他人的服务来满足第（1）款所述的要求，但要满足第（1）款（a）、（b）和（c）项所列条件。

我国《电子签名法》第六条规定，"符合下列条件的数据电文，视为满足法律、法规规定的文件保存要求：（1）能够有效地表现所载内容并可供随时调取查用；（2）数据电文的格式与其生成、发送或者接收时的格式相同，或者格式不相同但是能够准确表现原来生成、发送或者接收的内容；（3）能够识别数据电文的发件人、收件人以及发送、接收的时间"。

比较我国《电子签名法》与《电子商务示范法》，两者关于留存或保存条件的规定基本是相同的，只是对于保存的原始性要求方面有不同，《电子商务示范法》没有将留存可据以查明数据电文的来源和目的地以及该电文被发送或接收的日期和时间的信息作为法定强制条件，而我国《电子签名法》将其作为法定条件之一予以规定，说明我国法律对数据电文保存的要求更高。

6.2.4 数据电文的证据性及定位

电子合同采用数据电文的形式，数据电文是否具有证据效力，对电子合同的普遍应用具有重要的意义。我国《民事诉讼法》规定的证据形式有七种，即书证、物证、视听资料、证人证言、当事人的陈述、鉴定结论和勘验笔录。《行政诉讼法》、《刑事诉讼法》也作了类似的规定。由于这些法律明确列举的证据种类中没有数据电文，所以数据电文是否可以作为证据在法庭上出示，曾经引起不确定性。

1. 数据电文的证据性

为满足电子商务发展的需要，《电子商务示范法》明确赋予数据电文具有可接受性和证据力，该法第九条规定，"（1）在任何法律诉讼中，证据规则的适用在任何方面均不得以下述任何理由否定一项数据电文作为证据的可接受性：（a）仅仅以它是一项数据电文为由；或（b）如果它是举证人按合理预期所能得到的最佳证据，以它并不是原样为由。（2）对于以数据电文为形式的信息，应给予应有的证据力"。第十二条进一步规定，"就一项数据电文的发端人和收件人之间而言，不得仅仅以意旨的声明或其他陈述采用数据电文形式为理由而否定其法律效力、有效性或可执行性"。我国《电子签名法》第七条也规定，"数据电文不得仅因为其是以电子、光学、磁或者类似手段生成、发送、接收或者储存的而被拒绝作为证据使用"。

法律明确赋予数据电文证据效力虽然消除了其证据力方面的不确定性，但这一规定并不意味着在具体个案中，以数据电文形式提出的证据就一定能成为认定事实的根据。因为根据证据学的一般理论，任何证据材料要作为认定事实的根据，必须具有三个特性，即客观真实性、与待证事实的关联性及其合法性。（1）所谓客观真实性，包括两个方面的含义，其一是证据必须有客观的存在形式；其二是证据的内容必须是客观真实的，即必须是对客观事物的真实反映，而不是主观臆断和猜测。（2）所谓关联性，是指作为证据的一切材料必须与具体案件中的待证事实之间有内在的、客观的联系，即能够全部或者部分地证明案件的有关事实存在或不存在。（3）所谓证据的合法性，是指对证据必须依法加以收集和运用。包括收集、运用证据的主体要合法，证据的来源要合法，证据必须具有合法的形式，必须经法定程序查证属实。证据的合法性是证据客观性和关联性的重要保证，也是证据具有法律效力的重要条件。

数据电文是以一种电子形式存在的数据，保存在一定的介质之上，可以借助于一定的工具和设备以人们能感知的形式显现，因此，其客观的存在形态应该是没有疑问的。数据电文内容是否具有客观性，则需要通过一定的途径来审查。《电子商务示范法》规定，"在评估一项数据电文的证据力时，应考虑到生成、储存或传递该数据电文的办法的可靠性，保持信息完整性的办法的可靠性，用以鉴别发端人的办法，以及任何其他相关因素"。我国《电子签名法》第八条规定："审查数据电文作为证据的真实性，应当考虑以下因素：（1）生成、储存或者传递数据电文方法的可靠性；（2）保持内容完整性方法的可靠性；（3）用以鉴别发件人方法的可靠性；（4）其他相关因素。"数据电文与待证事实之间有无关联性及证据的合法性，需要在具体个案中加以判断。如果提出数据电文作为证据的一方同时能证明其上述三种属性，那么裁判者就可以将其作为认定事实的根据。

在考察数据电文证据性时，一般可以从操作人员、操作程序、信息系统三方面的可靠性入手。比如在审查生成、储存或者传递数据电文方法的可靠性时，可以审查数据电文是否由合法操作人员生成、储存、传递，是否经未授权者侵入、篡改，电文是否严格按照操作程序来生成、储存、传递，有无违规改动、删除；用以生成、储存、传递数据电文的信息系统是否稳定、可靠，是否容易招致非法入侵等。

2. 数据电文在证据法中的定位

《电子商务示范法》和我国《电子商务示范法》虽然承认了数据电文的法律效力，但对于数据电文在证据法中的具体地位并未做出规定，严重影响了数据电文在司法实践中作用的发挥。目前学术界、立法及执法部门对于数据电文的定位的代表性观点主要有三种，即"视听资料说"、"独立证据说"和"书证说"。

（1）视听资料说

此种观点认为数据电文是视听资料的一种。在电子商务发展的早期这是比较流行的观点。支持该观点的理由主要是：数据电文与视听资料有很大的相似之处，都需要借助一定的技术存储和读取。这一观点被写入最高人民法院《关于民事诉讼证据若干问题的规定》（2001 年）和最高人民法院《关于行政诉讼证据若干问题的规定》（2002 年）之中。但如果将数据电文作为视听资料的一种，其证明力是比较低的，因为根据我国《民事诉讼法》，视听资料只能作为间接证据结合其他证据认定案件事实，不能独立直接证明待证明的事实。

（2）书证说

此种观点认为数据电文应作为书证的一种。主要理由是：（1）数据电文的核心特征与书证相同，即两者均是以其所载内容作为认定案件事实的依据。（2）数据电文通常以其所载内容来证明案件某一问题时，必需打印在纸上，才能为运用和提交，因而具有书证的特征。（3）《电子签名法》确定的功能等同方法，使数据电文可以达到诉讼法上的"原件"的要求。（4）将数据电文视为书证，其证据力大于视听资料。（5）不用创立新证据规则。①

（3）独立证据说

此种观点认为，数据电文与书证和视听资料都不同，从商事交易的现实需要来说，应该把数据电文作为一种独立性的新型证据，赋予其与传统的书面形式和视听资料同等的法律效力②。反对者认为，若将数据电文作为一种新的证据形式加以规定，需要确立起数据电文自身统一的收集、审查、判断规则，将要对现有的诉讼法做大的变动，严重影响法律的稳定性。

笔者认为，现代的数据电文技术是按照与书面形式功能等同的原则发展的，从技术角度看可以达到书面、原件及保存等书证的要求。采用"书证说"最有利于电子商务的发展，也符合国际电子商务立法所推崇的尽可能不改变现有法律的立法原则。我国《合同法》即采用这种观点。

6.2.5 电子错误的认定与处理

1. 电子错误的认定

在订立合同过程中可能出现的错误主要分为三种：一是信息系统的使用者在使用中输入了错误的指令，从而发出了错误的信息；二是信息系统本身出现错误，产生了错误信息并发送出去；三是信息在传输过程中发生了错误。减少第一种错误的方法是通过系统设置尽可能减少误操作。减少后两种错误的方法主要是尽可能提高系统的稳定性。

所谓电子错误，根据美国《统一计算机信息交易法》的规定，是指如果没有提供检测并纠正或避免错误的方法，消费者在使用一个信息系统时产生的电子信息中的错误。它包括两个条件：一是商家没有提供检测并纠正或避免错误的方法；二是消费者在使用一个信息系统时产生的电子信息中的错误。

在B2B交易的情况下，当事人所使用有信息处理系统一般是根据自己的需要购买或者定制的，对于采取什么信息处理系统、如何最大限度地防止出错，当事人可以根据自己的意愿预先设定做出选择，所以出现电子错误时，一般都由当事人自己承担责任。

在B2C交易的情况下，商家所使用的信息处理系统一般是根据自己的判断购买或者定制的，消费者并没有预先选择并确定的机会。所以，商家有义务尽可能使用稳定的系统，提供检测并纠正或提供避免错误的合理方法。基于此，在出现错误的情况下，法律会对弱势的消费者提供一定的保护。

---

① 参见尚明、阿拉木斯. 电子商务国际公约与我国电子商务立法. 第1版. 北京：法律出版社 2009：325-326.

② 曾庭基. 论电子商务中数据电文的法律效力. 载中国学位论文全文数据库，2004.

2. 电子错误的处理

国外的相关法律对电子错误主要从两方面加以规制，一是从经营者角度规定义务，比如预先设置检测并纠正或避免错误的方法，并详细告知潜在的使用人。二是从消费者角度规定必要的补救措施和步骤。比如《电子通信公约》第十四条第一款规定，"一个自然人在与另一方当事人的自动电文系统往来的电子通信中发生输入错误，而该自动电文系统未给该人提供更正错误的机会，在下列情况下，该人或其所代表的当事人有权撤回电子通信中发生输入错误的部分：（1）该自然人或其所代表的当事人在发现错误后尽可能立即将该错误通知另一方当事人，并指出其在电子通信中发生了错误；而且（2）该自然人或其所代表的当事人既没有使用可能从另一方当事人收到的任何货物或服务所产生的任何重大利益或价值，也没有从中受益。"美国《统一计算机信息交易法》第214条规定，"在一个自动交易中，对于消费者无意接受，并且是由于电子错误产生的电子信息，如消费者采取了下列行为，即不受其约束：于获知该错误时，立即将错误通知另一方；以及将所有的信息拷贝交付给另一方，或按照从另一方收取的合理指示，将所有信息拷贝交付给第三人，或销毁所有的信息拷贝，并且未曾使用该信息，或从该信息中获取任何利益，也未使信息可为第三方获得"。欧盟《电子商务指令》要求各成员国立法加以规定，提供商需说明的情况应包括"纠正人为错误的方法"。

对检测并纠正或避免错误的具体方法，现有法律没有规定，为避免在这方面产生纠纷，企业在设计程序时，要充分考虑可能引发错误的各种因素，比如对交易额较大、履行期限较长的合同，对其中的关键内容可以增加电话、电子邮件或者书面函件等交易确认程序。对于小额在线交易，可以增加一道交易确认提示按钮。

6.2.6　消费者的退货权

消费者在缔结合同前并不能实际看到商家提供的商品或服务的性质，对网上商品没有切身的体会，选择可能有一定的盲目性，同时网上看中的物品，拿到手时也可能并不满意，为了消除消费者的这种顾虑，欧盟《远程销售指令》明确赋予消费者享有撤销权。根据该指令第六条的规定，对于任意一个远程合同，消费者应该拥有 7 个工作日的时间来废除合同而没有罚款和不需要任何理由。唯一需要消费者支付的是当执行废除时所收回货物的直接成本。但下列合同除非当事人另有约定，不可行使撤销权：（1）提供服务的合同，在 7 个工作日届满之前消费者同意已经开始执行的服务；（2）供应商所不能控制的价格依赖金融市场波动的货物或服务；（3）按照消费者要求特性化或者个性化的、或那些由于他们的特性，不能归还的或很有可能很快就变质或过期的货物；（4）被消费者所打开的音像制品或电脑软件；（5）所提供的报纸，期刊和杂志；（6）游戏或抽奖的服务；（7）服务从缔结合同当天开始计算的情况。

我国《消费者权益保护法》、《产品质量法》、《合同法》等法律中也有关于消费者退货方面的规定，但一般均在产品质量不合格的情况下才能行使，为满足消费者无理由退货的需求，有些大型网上购物网站已自行向消费者承诺允许消费者在一定期限内无理由退货。

6.3 电子签名法

6.3.1 电子签名的含义和特征

根据联合国《电子签名示范法》第二条的规定，"电子签名是指在数据电文中，以电子形式所含、所附、或在逻辑上与数据电文有联系的数据，它可用于鉴别与数据电文有关的签名人和表明此人认可数据电文所含信息"。我国《电子签名法》借鉴联合国《电子签名示范法》，在第二条将电子签名定义为，"数据电文中以电子形式所含、所附用于识别签名人身份并表明签名人认可其中内容的数据"。

电子签名具有的与传统签名不同之处表现在：（1）电子签名一般是通过在线签署的，是一种远程认证方式，而传统签名需要签名人亲临现场。（2）电子签名本身是一种数据，很难像纸面签字一样将原件提交。（3）大多数人只有一种手写签名的样式，事实上可能发生演变。但一个人可以同时有多个电子签名，每使用一个信息系统，就可能配发一个。比如你在多家分行开户，就可能有多家的密钥。（4）传统签名一般是自己的本名，几乎不会被签名人完全遗忘，而电子签名一般不用本名，如果不常用，有可能遗忘。（5）传统签名可以通过视觉进行比较，而电子签名只能用计算机系统进行鉴别。

6.3.2 电子签名的基本要求

1. 电子签名的基本方式

目前电子签名的方式有多种，常用的方式主要有电子化签名、生理特征签名和数字签名等。

（1）电子化签名

电子化签名是一种将手写签名与数字化技术相结合的签名方式。在软件方面需要高度精确的模式识别技术、笔迹压缩技术和加密技术等，形成一个有效实用的系统，在硬件上需要一块与计算机相连的手写板及电子笔，使用者在特别设计的感应板上用笔手写上自己的姓名，电脑感应后经过密码处理，将该签名资料与其所要签署的文件绑定，达到原先以纸张作为媒介时签名所要完成的签署和证明，使他人无法修改已经签署过的文件。签署方要先把其签名样式交某认证单位留存，以备相验。在进行鉴定时，采用高度精确的模式识别技术对电子签名信息进行静态和动态识别。这种方式能维持传统的手写方式，符合大众的签名习惯。但配套的软件和硬件设备成本较高。

（2）生理特征签名

生理特征签名是一种基于自然人所具有的独一无二的指纹、视网膜结构、手掌掌纹等生理特征而设计的签名方法。其优点是使用方便，不易造假，不需要认证，但把这些生理特征转化为电子资料的设备及技术比较昂贵，所需成本较高。

（3）数字签名

指通过使用非对称密码加密系统对电子记录进行加密、解密变换来实现的一种电子签名，目前它在各国的电子商务实践中是应用最普遍、可操作性最强的一种电子签名方法。作为第三方的数字签名认证机构通过给从事交易活动的各方主体颁发数字证书、提供证书验证服务等手段来保证交易过程中各方主体电子签名的真实性和可靠性。

2. 电子签名方式的立法选择

对于电子签名方式的立法选择，国际上主要有三种做法：

（1）技术特定主义

也称数字签名方案、技术特定化方案。它确定以数字签名作为合法的电子签名技术，对认证机构提出了某些技术和财务的条件要求，规定钥匙持有人的责任并明确了判别电子签名可靠性的条件。美国律师协会 1996 年制定的《ABA 数字签名指南》（ABA-Digital Signature Guidelines）和欧盟制定的《欧洲电子签名标准化行动计划》（EU-Wide Satandardisation Initiatives，EESSI），便采用这种模式。但此种方式因存在限制其他同类技术的发展，不利于对消费者进行保护，并且该技术本身仍因存在漏洞等问题而受到批评。

（2）技术非特定主义

也称最低要求方案、技术非特定化方案。它确立技术的"中立"（Technology-neutral）地位，认为电子签名存在多种技术手段，应由市场和消费者去做出判断和选择，法律只需要对电子签名提出原则性要求，不应对具体技术做出选择。联合国《电子商务示范法》便采用这一模式。该法第七条第一款规定："如法律要求要有一个人签字，则对于一项数据电文而言，倘若情况如下，即满足了该项要求：（a）使用了一种方法，鉴定了该人的身份，并且表明该人认可了数据电文内含的信息；和（b）从所有各种情况来看，包括根据任何相关协议，所用方法是可靠的，对生成或传递数据电文的目的来说也是适当的。"此种方式虽然可以包括各种电子签名技术，由于过于宽泛，有些安全性不高的技术也可以混入其中。

（3）折中主义

即法律为电子签名规定一个基本要求，达到要求的电子签名就可以具有最低限度的法律效力，在此基础上，对可靠性的技术标准作出细化规定，达到要求的电子签名可以具有较高的法律效力。这种方式既可以保证交易安全，又可以让各种电子签名技术公平竞争，以产生安全程度更高、程序更简便且使用成本更低的电子签名技术。联合国《电子签名示范法》即采用此种方式。该法在第六条第一款为电子签名规定了一个基本要求，即"凡法律要求有一人的签字时，如果根据各种情况，包括根据任何有关协议，使用电子签名既适合生成或传送数据电文所达到的目的，而且也同样可靠，则对于该数据电文而言，即满足了该项签字要求"。在第六条第三款对技术可靠性的标准进行了细化，规定"就满足第一款所述要求而言，各个领域符合下列条件的电子签名视作可靠的电子签字：（a）签字制作数据在其使用的范围内与签字人而不是还与其他任何人相关联系人；（b）签字制作数据在签字时处于签字人而不是还处于其他任何人的控制之中；（c）凡在签字后对电子签字的任何篡改均可以被觉察；以及（d）如签字的法律要求目的是对签字涉及的信息的完整性提供保证，凡在签字后对该信息的任何篡改均可以被觉察"。当然，此款对技术可靠性的标准并不是强制性的，该法第六条第四款规定，为满足第一款所要求的目的，任何人可以任何其他方式确立某一电子签字的可靠性。

欧盟《电子签名指令》原则上采用折中主义，该指令集合了各成员国的不同趋向和政策，将电子签名分为一般电子签名、高级电子签名和合格的电子签名，分别规定了不同的法律效力。其中电子签名是指"电子形式的附于或逻辑上与其他电子数据关联数据，起到身份鉴定和验证的作用"。其基本条件是：（1）是电子形式的；（2）不是基于资格证书的；（3）不是基于合格证书服务提供者发行的资格证书的；（4）不是由安全签名创造工具创造的。高级电子签名是指"达到以下要求的电子签名：（1）签名人使用唯一签名且仅能由签名人使用；（2）可以通过它确认签名人；（3）签名的创造使签名仅仅能由签名人控制；（4）签名以可以追踪数据变化的形式与数据关联"。合格的电子签名是指采用非对称技术进行认证的电子签名。

我国《电子签名法》也采用折中主义规定方法，一方面在第二条中规定了电子签名的一般要求，另一方面又在第十三条第一款规定了可靠的电子签名的条件，即"电子签名同时符合下列条件的，视为可靠的电子签名：（1）电子签名制作数据用于电子签名时，属于电子签名人专有；（2）签署时电子签名制作数据仅由电子签名人控制；（3）签署后对电子签名的任何改动能够被发现；（4）签署后对数据电文内容和形式的任何改动能够被发现"。

该法仅对可靠的电子签名应当具备的法定条件作出了规定，并没有对达成上述法定条件的电子签名所需采取的技术作出统一规定。此外，由于电子签名技术手段的多样性，当事人在从事电子商务或者其他活动中所约定采用的电子签名技术如果能够满足当事人对于保障交易安全性的需求，法律同样承认其法律效力并予以保护。因此，该法第十三条第二款规定，当事人也可以选择使用符合其约定的可靠条件的电子签名。

6.3.3　电子签名的适用范围和法律效力

1. 电子签名的适用范围及例外

从国际上的规定看，电子签名可以普遍适用于商事活动中。比如《电子商务示范法》第一条规定，"本法适用于在商业活动方面使用的、以一项数据电文为形式的任何种类的信息"。《电子签名示范法》也规定电子签名适用于商务活动。

我国《电子签名法》对电子签名适用范围的规定也比较广泛，不仅适用于商事领域和其他民事领域，而且适用于政务活动和其他社会活动中。该法第三条第一款规定："民事活动中的合同或者其他文件、单证等文书，当事人可以约定使用或者不使用电子签名、数据电文。"第三十五条规定："国务院或者国务院规定的部门可以依据本法制定政务活动和其他社会活动中使用电子签名、数据电文的具体办法。"

电子签名在技术方案上、在安全性上、在应用上、在与法律的衔接上尚存许多需要进一步完善的地方，如果让它完全取代传统签章，在实际应用中会出现问题，在法律上的风险也较高。此外，由于电子交易是一种新兴的交易方式，广大民众对电子签名的认知度不高。同时，电子签名的应用需要借助于一定的技术手段，物质条件也会限制一部分民众使用这种交易方式。基于上述原因，一些国家和地区的电子签名法或电子商务法规定某些领域不适用这种交易方式。一般包括以下几种情况：（1）与婚姻、家庭等人身关系有关的文件。如美国《电子签名法》规定，"关于遗嘱、遗嘱修改书或遗产信托的制定法、条例或者其他法律规则"，"关于收养、离婚或家庭法其他事项的州的制定法、条例或者其他法律规则"，不适用该法关于电子签名效力的规定。我国香港地区《电子交易条例》规定，"遗嘱、遗嘱更改附件或任何其他遗嘱性质的文书的订立、签立、更改、撤销、恢复效力或更正"，不适用本条例。（2）与诉讼程序有关的文书。如美国《电子签名法》规定，该法关于电子签名效力的规定不适用于"与诉讼程序有关的需经签章的法庭传票或通知，或正式法庭文书（包括诉状、答辩状以及其他书面文件）"。（3）与公用服务事业有关的文书。美国《电子签名法》规定，该法关于电子签名效力的规定不适用于"公用服务（包括供水、供热及供电）的取消或终止"的通知。（4）与不动产权益有关的文书。新加坡《电子交易法》规定，"任何用于买卖不动产或以其他方式处分不动产的契约及不动产下所发生利益的契约"、"不动产转移或不动产利益的转让"以及"产权证书"，不适用本法。（5）其他文书。如澳大利亚《电子交易法》规定，与移民有关的文件或公民权证书，不适用本法；新加坡《电子交易法》规定，商业票据不适用本法；我国台湾地区《电子签章法》规定法令或行政机关之公告，可以排除其适用。

我国《电子签名法》参考外国和有关地区的立法例，并结合我国的实际情况，在第三条第三款规定了电子签名适用的除外情形，包括：（1）涉及婚姻、收养、继承等人身关系的文书；（2）涉及土地、房屋等不动产权益转让的文书；（3）涉及停止供水、供热、供气、供电等公用事业服务的文书。同时，为了使该法在实施过程中具有更大的灵活性，还规定了一个兜底条款，即法律、行政法规可以对其他不适用电子文书的情形作出规定。

2. 法律效力

电子签名虽然以电子形式出现而与手写签名不同，但有关国际组织、国家和地区的电子商务法或电子签名法一般均认为，不能仅因为签名采用了电子形式而不承认其法律效力，也不得以其采用电子形式而加以歧视。比如美国《国际国内商务电子签名法》规定，一项交易中的合同，不得仅因为其在缔结过程中使用了电子签名或电子记录而否定其法律效力或可执行性。联合国《电子商务示范法》规定，不得仅仅以某项信息采用数据电文形式为理由而否定其法律效力、有效性或可执行性。韩国《电子商务基本法》规定，除非法律另有特别规定，不得因为信息采用电子形式而否认其相对于其他的纸面信息形式具有法律效力。此外美国统一电子交易法、澳大利亚电子交易法、新加坡电子交易法、我国台湾地区电子签章法等也作了类似规定。

我国《电子签名法》规定："当事人约定使用电子签名、数据电文的文书，不得仅因为其采用电子签名、数据电文的形式而否定其法律效力。"

应当说明的是，承认电子签名的法律效力并不等于确认所有电子签名的效力一定等同于手写签名的效力。因为电子签名的技术水平不同，安全性可能有较大的差异，采用折中主义立法原则的国家，法律会根据电子签名安全性水平的不同，规定不同种类电子签名的法律效力。比如，根据欧盟《电子签名指令》规定，一般电子签名可以用以进行认证服务，但因不能杜绝欺诈，不能保证安全。高级电子签名可以专属于签名人，具有较强的识别性，但对于法律明文要求采用手写形式的，高级电子签名不适用。合格的电子签名被认为与手写签名具有同等的效力，且可以在法庭出示作为证据。

我国《电子签名法》第十四条规定，可靠的电子签名具有与手写签名或者盖章同等的法律效力。

6.4　电子商务纠纷的司法管辖

有利益冲突的地方就可能会有纠纷，电子商务纠纷在民商法律上归类为合同纠纷。那么如何确定网上交易合同纠纷？我国在这方面目前没有专门立法。因此，仍应按照我国现有法律的规定来确定。司法管辖电子商务活动中发生纠纷时的基本解决方式与传统交易并无本质区别，但由于电子商务本身的特点，传统的司法管辖权确定方法在实际应用中会遇到一些特殊的问题，需要法律提供有效的解决方案。

6.4.1　电子商务对于传统司法管辖体制产生的冲击

司法管辖权是一个国家司法主权的重要体现，由于各国所强调的管辖联系因素不同，就形成了不同的涉外民事诉讼管辖权的确定原则。传统的司法管辖权划分是建立在属地管辖、属人管辖、当事人意思自治和最密切联系原则的基础上的。然而，电子商务的运营模式对这些传统的管辖依据产生冲击。

1. 电子商务全球性与无界性对传统属地管辖中的"地域"标准产生冲击

（1）国际电子商务交易中，双方当事人、网站、服务器所处的国家可能并不相同，所以，交易在网上进行后，对于合同订立地、付款地的认定存在一定的困难和分歧。

（2）在传统交易中，当事人在清楚地了解交易对方所处的国家和地域的情况下，可以事先了解该地的法律制度以便在交易中遵循，然而，电子商务中交易双方经常在不知道或不可能知道对方所处区域的情况下进行交易。因此，如果把物理空间属地主义为本位的法律制度套用到网络空间，难免会出现一些错误。

2. 电子商务主体相对虚拟化对"属人管辖"标准产生冲击

（1）在传统属人管辖标准中，一般根据行为人的国籍或住所地来确定当事人是否具有法院所在地国的国民身份，进而主张对其的管辖权。但是对于电子商务而言，当事人在网络上仅以一个网址的形式存在，对方当事人无从知晓其真实国籍、住所等必要的连结点。

（2）法律对于电子商务管理的薄弱化以及网络的独特性使任何人都有可能成为交易主体，因此不具备行为能力的人也能成为电子商务的当事人，同时，访问网址的随意性，使得在网络上一个法律纠纷往往涉及众多的当事人，甚至达到成千上万，这给法院的实际操作带来了很大困难。

（3）在一般情况下，一国法院对本国人（无论处于境内还是境外）实施的侵权行为都具有管辖权，然而，对于一国法院是否对通过互联网与本国人进行通讯联系的外国人具有管辖权，国际上还没有达成一个基本共识。各国采取的做法往往大相径庭，由此也造成了很多的冲突。例如，法国的司法实践是，即便被告在法国境内没有实体性的存在，法国法院对任何通过网络与法国人联系的被告都有管辖权。美国则坚持用其"最低限度联系原则"对网络上的通讯联系进行限定，通过确定被告和原告管辖的法院之间是否有最低限度的接触来主张管辖权，两者之间的冲突在著名的雅虎案中可见一斑。①

3. 电子商务客体的信息化对于"最密切联系"标准产生冲击

所谓"最密切联系"标准，是指法院在审理某一涉外民商事案件时，权衡各种与该案当事人具有联系的因素，从中找出与该案具有最密切联系的因素，根据该因素的指引，适用解决该案件与当事人有最密切联系国家（或地区）的法律原则。该原则的本质在于法律选择适用的最适当性，即选择最适当的法律适用于特定涉外民商事法律关系。这一标准已成为当前国际私法领域中确定管辖法院最为重要的标准之一。传统"最密切联系"管辖标准中，合同签订地、单据签发地以及合同履行地等因素均为确定管辖法院的重要连结点，然而，在网络中没有实际物理意义上的空间，没有书面合同、单据，自然也就不存在合同签订地、单据签发地等连结点，此外，在一些以网络数据流为履行标的的电子商务交易中，合同履行地也难以确定，所以，在以网络联系为基础的电子商务中，确定何种程度的联系可以视为最密切联系也存在困难。

6.4.2　有关电子商务纠纷管辖的理论

尊重当事人意愿是国际上公认的原则，因此各国法律一般都允许当事人在合同中约定对其行使管辖权的法院。但在当事人没有选择时，如何确定与合同有最密切联系的法院便变得非常重要。电子商务纠纷的管辖权问题涉及各国的主权和当事人的利益，协调

---

① 参见李双元、王海良．电子商务法．北京：北京大学出版社，2004：460.

各国管辖权的分配，对维护网络和各国正常的社会秩序，有着重要的作用。针对网络的特性，国际上在电子商务案件的管辖问题上已形成了一些理论，其中有代表性观点主要有以下几种：

1. 以网址为依据确定管辖权

该理论认为，由于网址存在于网络空间中，它在网络中的位置是可以确定的，且在一定时间内也具有相对的稳定性——它受制于其 ISP 所在的管辖区域，这就足以构成比较充分的关联因素。因此，网址应当成为新的管辖基础。① 根据被告在因特网上进行商业活动的性质，美国法院在确定管辖权时又分为三种类型：（1）主动网站（也称积极网站），是指在因特网上从事积极商业行为的网站。如在网上推销自己的产品并且完成交易行为。在这种情况下，法院可以对被告行使属人管辖。（2）被动网站（又称消极网站），是指仅提供信息或广告，而不从事任何其他行为的网站。法院不宜对该被告行使属人管辖。（3）交互性网站，该网站往往为用户提供信息查询服务、广告服务、寄发软件及邀请用户加入邮件组以便于收到被告产品信息等。这些情况一般被认为用户和网站之间存在交互，法院对双方都会行使管辖。从实践情况看。对前两种管辖权的确立是十分明确的。而对于交互性网站管辖权的确立则存在着不同的司法判例。

然而，有学者提出不同的意见，他们认为：（1）在现实空间中，居所是个人生活中心所在地，其与个人的联系是真实可靠的。而网址在网络空间的确定性并不必然指向具体确定的行为个体，比如偶然在出差地上网的人，就不能单凭网址进行确定。因此网址虽然在网络中的位置是可以确定的，但其地位并不等同于现实空间的居所。因为很多人在注册上网时会提供伪造的姓名、地址、电话等个人资料。这种个人资料的虚假性无疑会冲淡网址的确定性，而使网址失去确定管辖权的效用。（2）从技术上考虑，上网者完全有可能通过技术手段隐藏真实的网址，从而使他人难以通过网址确定其身份。（3）虽然网址与管辖区域存在一定程度的关联，但数字传输具有全球性的特点，如一个电子邮箱的拥有者可以在世界上任何联网的地方收发电子邮件，而在这种情况下，对方往往难以判断其真实的所在地，因此以网址来确定管辖区域，必然会造成管辖权的难以确定。另外，当网址活动涉及其他参与者时，仅凭与其他参与者的接触也不应成为该区域法院获得管辖的充分理由。

2. "最低限度联系" 理论

该理论是美国法院"长臂管辖权"理论中的基本理论。根据"最低限度联系"原则，如果一州与诉讼所及的事务有"最低限度联系"，则该州可以对位于该州边界以内的人和组织行使管辖权。所谓最低限度联系，美国第八巡回法院主要从以下五个方面认定：（1）被告在管辖地域和原告通过互联网所进行的活动的性质；（2）双方所接触的数量；（3）原、被告之间的接触与诉因之间的关系；（4）原告管辖地对其本地居民提

---

① 陈运生．网络民事案件的司法管辖权探析［J］．华侨大学学报，2002（2）：50-56.

供管辖对管辖地有何利益；（5）双方在受理法院进行诉讼的方便程度。如果法院认为网站和法院所在地的州之间存在最低限度的接触，法院就可行使管辖权。该标准源于英美法系属人管辖中的"最低限度关联点"原则。

在实践中，不同法院对于"最低限度联系"有不同的理解，分别有"最低联系原则"、"有意接受原则"和"营业活动原则"等。该理论本质上是体现了美国扩张的域外管辖权。美国的"最低限度联系"理论一开始曾受到许多国家的批判和反对，但是随着国际经济关系的发展，为了保护本国公司不受国外垄断和不正当竞争行为的影响，这一理论已经被越来越多的国家采用①。对于原告所在地法院是否可以对辖区以外的被告行使管辖权的做法是采用"最低接触"标准。

3. 服务器所在地法院管辖论

该理论认为，服务器位置所在地相对稳定，其稳定性比网址更高；服务器位置所在地与管辖区域之间的关联度体现在"服务器"所在地是一种物理位置，与虚拟的"网址"相比，其关联度更高。因此，服务器类似于"居所"，由服务器所在法院管辖网络侵权纠纷案件，与传统的管辖权原则更容易融合。② 反对者认为，服务器虽然是网站的物质基础，但一般与电子商务纠纷本身无关。服务器上保留的电子商务交易信息在其他地方也可以看到。很多大型互联网服务提供商的服务器群中可能装载着数以千计个网站的数据，如果托管在该互联网服务提供商的网站中有很少的一部分被诉，互联网服务提供商所在地的法院都要承担非常繁重的诉讼工作。

欧盟《电子商务指令》对欧盟内部有关电子商务的法律适用作出了原则性规定。欧盟并不主张建立任何新的冲突法规则或者管辖权规则，但是认为依照原有规则适用的法律，不应限制电子商务活动的自由，而且为了保证法律适用的确定性，电子商务活动应当受服务提供者机构所在地的法院管辖。该机构所在地是指服务提供者在一段时间内实际从事经济活动的固定机构所在地。对于互联网来说就是指该网站从事经济活动的地点而不是支持网站运行的技术所在地或网站可以被访问的地点。可见欧盟较多地采用了属地管辖的原则。

6.4.3　我国在电子商务诉讼中管辖权的确定

目前我国法律对发生电子商务诉讼的管辖权问题没有专门的规定，原则上仍应按照我国现有法律的规定来确定。我国《民事诉讼法》第二十四条规定："因合同纠纷提起的诉讼，由被告住所地或者合同履行地人民法院管辖。"第二十五条规定，"合同的双方当事人可以在书面合同中协议选择被告住所地、合同履行地、合同签订地、原告住所地、标的物所在地人民法院管辖，但不得违反本法对级别管辖和专属管辖的规定"。第

---

① 参见李双元. 走向 21 世纪的国际私法——国际私法与法律的趋同化. 法律出版社，1999：349.

② 参见侯捷. 网络侵权案件管辖权探析［J］. 当代法学，2002，（8）：23-26.

二百四十二条规定"因合同纠纷或者其他财产权益纠纷，对在中华人民共和国领域内没有住所的被告提起的诉讼，如果合同在中华人民共和国领域内签订或者履行，或者诉讼标的物在中华人民共和国领域内，或者被告在中华人民共和国领域内有可供扣押的财产，或者被告在中华人民共和国领域内设有代表机构的，可以由合同签订地、合同履行地、诉讼标的物所在地、可供扣押财产所在地、侵权行为地或者代表机构住所地人民法院管辖"。第二百四十四条规定："涉外合同或者涉外财产权益纠纷的当事人，可以用书面协议选择与争议有实际联系的地点的法院管辖。选择中华人民共和国人民法院管辖的，不得违反本法关于级别管辖和专属管辖的规定。"这就是说，法院管辖权的确定有三种方式：（1）在合同双方当事人没有选择的情况下，被告住所地、合同履行地法院有管辖权；（2）合同的双方当事人可以在书面合同中协议选择被告住所地、合同履行地、合同签订地、原告住所地、标的物所在地人民法院管辖；（3）如果因合同纠纷对在我国境内没有住所的被告提起诉讼，则由：合同签订地、合同履行地、诉讼标的物所在地、可供扣押财产所在地、代表机构住所地、当事人用书面协议选择与争议有实际联系的管辖地点的法院管辖。

　　网络交易仍然是人（或者法人）实施的行为，其根本的性质还是交易，因此对网络交易纠纷司法管辖的确定，在我国这方面目前没有专门立法的情况下，仍然应当适用上述民事诉讼法的规定。就网络交易合同履行地而言，针对标的物为一种信息软件，交货是通过网络传递的，网络交易合同的履行地的确定，笔者考虑两种方法：第一，适用我国《合同法》第62条第三款之规定：履行地点不明确的，给付货币的，在接受货币的一方所在地履行；交付不动产的，在不动产所在地履行；其他标的，在履行义务一方所在地履行。根据这条法律的规定，合同的履行地在卖方所在地，而不管产品或服务是以何种方式提供。第二，在用户（买方）自行下载的情况下，应视为自提货物，由卖方的住所地法院管辖。如果是卖方采取发送电子邮件的方式提供产品或服务，应视为送货，由用户（买方）住所地法院管辖。这里没有必要去考虑接收或下载软件那一时刻的地理位置，因为计算机、网站（主页）、服务器、网络只是可以被用来进行交易的工具。当然，以买卖各方（ISP）所在地为履行地尚可考虑，但是如果与双方相距甚远的话，也是极为不便的。

　　鉴于我国目前的立法情况，我国从事电子商务的公司可以根据国际上通用的合同意思自治原则，在网页的醒目位置或者和顾客所签订的合同中放置法院管辖条款，同时在交易中表明这种法院管辖选择或者排除的愿望。并设置专门程序将除外国家的潜在顾客排除在其交易之外，从而排除某些国家法院的管辖。

参 考 阅 读

1. 尚明、阿拉木斯. 电子商务国际公约与我国电子商务立法. 第1版. 北京：法律出版社，2009.

2. 高尚平、Thomas Hoeren. 中欧电子合同立法比较研究. 第1版. 北京：法律出版社，2009.

3. 李双元、王海良．电子商务法．北京：北京大学出版社，2004.

4. 陈霁．网络侵权纠纷的司法管辖问题研究．《集美大学学报（哲学社会科学版）》，第 9 卷，2006（1）.

5. 宁烨、杜晓君．国际商法．第 1 版．北京：机械工业出版社，2010.

复习思考

1. 什么是电子商务？有哪些分类？
2. 什么是电子合同法？其特征是什么？
3. 电子合同要约与生效时间的确定依据是什么？
4. 我国电子合同成立的时间和地点的确定依据是什么？
5. 电子错误的认定与处理方法有哪些？
6. 什么是消费者的退货权？
7. 什么是电子签名？有什么特征？
8. 可靠的电子签名应具备条件有哪些？
9. 我国电子签名的适用范围和法律效力是什么？

案例分析

2009 年 12 月 23 日 0：00—5：00 期间，卓越亚马逊网站原本售价数千元、数百元的图书，如《史记》、《明史》、《全宋词》、《李太白全集》、《苏轼文集》、《资政通鉴》等，一律标出售价 25 元。随后，这一"佳音"在热爱读书的网友群体中传播，很多网友开始抢购，一些书籍很快被抢购一空，显示处于缺货状态。事后这些订单在没有与消费者沟通的情况下被卓越亚马逊片面取消，一些已网上付出的货款被退到了用户的账户中，一些已发货的订单被取消并被追回。据不完全统计，受此影响的至少有数百位网友。

2009 年 12 月 25 日，卓越亚马逊发布了《关于图书价格标错事件的致歉声明》①，该声明称，25 元标价属于"系统问题导致部分图书商品页面价格出现错误"，对在此期间形成的订单，公司采取的处理方式是："以错标价格所下订单均被取消，对于相应受到影响的用户以及由此带来的不便，卓越亚马逊表示深深的歉意，并恳请大家对我们此次失误给予谅解"。对在"此次事件中受到影响的用户，均可以用 75 折的价格优惠购买在原订单中受影响的图书产品。"

据查，卓越亚马逊的客户服务中心在发给订购者邮件的末尾注意栏中有一行小字，"此订单确认信仅确认我们已收到了您的订单，只有当我们向您发出送货确认的电子邮件通知您我们已将产品发出时，我们和您之间的订购合同才成立。"

---

① 参见《卓越亚马逊就图书价格标错事件道歉》，http://tech.sina.com.cn/i/2009-12-25/15033712040.shtml.

分析并回答：

1. 卓越亚马逊的图书销售合同属于什么种类的电子商务合同？
2. 卓越亚马逊的图书标价是要约，还是要约邀请？
3. 本案购书合同成立的条件是什么？
4. 商家标错图书单价是否属于电子错误？
5. 卓越亚马逊公司单方取消订单的处理方式是否合法？

第7章
国际货物运输法

◎**本章要点**

在国际贸易中，买卖双方除了订立货物买卖合同外，还需要一些其他的合同来保证买卖合同的实现，其中主要是国际货物运输合同、国际货物运输保险合同等，这些合同都是以国际货物买卖合同为中心并以促进国际货物买卖合同为目的而订立的，也称为辅助性的合同，但这些合同又独立于买卖合同，属于不同的法律关系，受不同的法律关系调整。因此在了解国际货物买卖法律之外，我们还需要对国际货物运输法律进行了解。

本章共分五节，较全面地介绍了国际货物运输的相关法律。其中主要介绍了国际货物运输一般问题、国际海上货物运输法、提单及规范提单的国际公约、租船合同、国际航空运输法律、国际铁路运输法律、国际多式联运法律等。本章的重点是：国际货物运输的主要方式及其特点、国际海上货物运输合同基本规则、有关提单的国际公约及其主要内容、国际货物航空运输主要规则、国际货物铁路运输主要规则、国际货物多式联运规则。

7.1 国际货物运输概述

7.1.1 国际货物运输的含义和特点

1. 国际货物运输的含义

国际货物运输是指采用一种或多种运输方式，将货物从一国的某一地点运至另一国的某一地点的运输①。国际货物运输又可分为国际贸易物资运输和非贸易物资（如展览品、个人行李、办公用品、援外物资等）运输两种。由于国际货物运输中的非贸易物资的运输往往只是贸易物资运输部门的附带业务，所以，国际货物运输通常被称为国际

----

① 姚梅镇. 国际经济法概论. 武汉：武汉大学出版社，1989：330.

贸易运输。

2. 国际货物运输的特点

（1）政策性很强的涉外活动

国际货物运输是国际贸易的组成部分，在组织货物运输的过程中，需要经常同国外发生直接或间接的广泛业务联系，这种联系不仅是经济上的，也常常会涉及国际间的政治问题，是一项政策性很强的涉外活动。例如，战争期间某些中立国为保持中立，往往采取禁止向交战国运送军需物资的禁运措施。那么，中立国所属从事国际货物运输的经营者，在办理各种国际货物运输业务时，不仅要考虑市场因素和价值规律，还应当注意与其本国对外政策保持一致。

（2）中间环节很多的长途运输

国际货物运输一般运输距离较长，往往需要使用多种运输工具，通过多次装卸搬运，经过许多中间环节，经由不同的地区和国家，要适应各国不同的法规和规定。而其中任何一个环节发生问题，都会影响整个运输过程。

（3）具体情况复杂多变

国际货物运输涉及国内外多个部门，会与不同国家和地区的货主、交通运输、商检机构、保险公司、银行或其他金融机构、海关、港口以及各种中间代理商等产生各种商事或行政法律关系。而不同国家或地区的法律、政策规定不尽相同，贸易、运输领域的惯例规则往往存在差异，再加上一国或某地区范围内政治、经济和自然条件可能发生变化的不确定性，这些都会对国际货物运输造成重大影响。

（4）时间性强

国际货物运输的主要对象是国际贸易商品，按贸易合同约定的装船期和交物期完成货物运输，是相关国际贸易合同得以全面严格履行和重要保证。一些鲜活商品、季节性商品和敏感性强的商品，更要求运输的安全和迅速，以便提高其竞争力并巩固和扩大其销售市场。

（5）风险较大

由于在国际货物运输中环节多，运输距离长，涉及面广，情况复杂多变，加之时间性强，在运输沿途国际形势的变化、社会的动乱，各种自然灾害和意外事故的发生，以及战乱、封锁禁运或海盗活动等，都可能直接或间接地影响到国际货物运输，以至于造成严重后果。所以，国际货物运输风险较大。为了转嫁运输过程中的风险损失，各种进出口货物和运输工具，都需要办理运输保险。

7.1.2　国际货物运输的方式

1. 海洋运输

海洋运输简称海运，是指使用船舶（或其他水运工具）通过海上航道运送货物和旅客的一种运输方式。海洋运输具有运量大、通过能力强、不受道路和轨道的限制、运费低廉等优点，尽管海洋运输也存在着速度慢、风险大等不足，但仍然是国际贸易中最重要的运输方式。

2. 铁路运输

铁路运输是一种陆上运输方式，具有安全程度高、运输速度快、运输距离长、运输能力大、运输成本低、连续性强、风险较小、手续相对简单、可就近托运及提货等优点，且具有污染小、潜能大、不受天气条件影响的公路、水运、航空、管道运输所无法比拟的优势。

3. 航空运输

航空运输是使用飞机、直升机及其他航空器运送人员、货物、邮件的一种运输方式，具有速度快、不受地面条件影响、安全性相对较高、可节约包装、保险和利息等费用等优点，为国际贸易中的贵重物品、鲜活货物和精密仪器运输所不可缺。不过，航空运输由于运费相对较高且航空器舱容有限，所以，既不适合低值货物运输也不适合大件或大宗货物运输。此外，飞行安全受气候条件影响较大。

4. 公路运输

公路运输是在公路上运送旅客和货物的运输方式，现代所用运输工具主要是汽车。因此，公路运输一般即指汽车运输。公路运输具有机动灵活应急性强、投资少收效快、可实现短距离内"门到门"运输等优点，同时，也有着运距短、多单程、运费和成本较海运和铁路运输高、载货量小、货损风险较高等不足。

5. 集装箱运输

集装箱运输是指以集装箱这种大型容器为载体，将货物集合组装成集装单元，以便在现代流通领域内运用大型装卸机械和大型载运车辆进行装卸、搬运作业和完成运输任务，从而更好地实现货物"门到门"运输的一种新型、高效率和高效益的运输方式。

集装箱运输虽然是一种高效率的运输方式，但同时又是一种资本高度密集的行业，船舶和集装箱的购置，港口、内陆设施和货运站、道路、桥梁、涵洞等的建设或改造，均需巨额资金投入。此外，集装箱运输涉及面广、环节多，是一个复杂的运输系统工程，如果所涉各部门互相配合不当，就会影响整个运输系统功能的发挥；如果某一环节失误，必将影响全局，甚至导致运输的停顿和中断。

6. 国际多式联运

国际多式联运简称多式联运，是在集装箱运输的基础上产生和发展起来的一种运输方式。是指按照多式联运合同，以至少两种不同的运输方式，由多式联运经营人将货物从一国境内的接管地点运至另一国境内指定交付地点的货物运输。国际多式联运具有责任统一、手续简便、降低运营成本、加速货运周转等优点，适用于水路、公路、铁路和航空多种运输方式。在国际贸易中，由于 85% ～90% 的货物是通过海运完成的，故海运在国际多式联运中占据主导地位。

7.2 国际海上货物运输法

7.2.1 国际货物海上运输的方式

国际货物海上运输依据营运方式的不同可划分为班轮运输和租船运输两种方式。

1. 班轮运输

班轮运输，又称定期船运输，是指在固定的航线上，以既定的港口顺序，按照事先公布的船期表航行并按事先公布的费率收取运费的一种运输方式。班轮运输多用于运输数量少、货价高、交接港分散的货物，是海上货物运输中使用最为广泛的一种方式，其服务对象是非特定的、分散的众多货主。由于承运人或其代理人在接受交付托运的货物后会签发提单，而提单是班轮运输合同的形式和证据，所以，班轮运输又称提单运输。

班轮运输的特点是：

（1）"四固定"，即：固定航线、固定港口、固定船期和相对固定的费率。

（2）班轮运价内包括装卸费用，即：货物由承运人负责配载装卸，承托双方不计滞期费和速遣费。

（3）承运人对货物负责的时段是从货物装上船起，到货物卸下船止，即"船舷至船舷"或"钩至钩"。

（4）承运双方的权利义务和责任豁免以提单为依据，并受统一的国际公约制约。

2. 租船运输

租船运输又称不定期船运输，是指将船舶的全部、部分或指定舱位出租给承租人的货物运输。这种运输没有固定的航线、船期、港口和运费，运费或租金视市场行情而定。租船运输一般适用于批量大、货种单一、交货港口集中的大宗货物的运输。

依据租船的不同方式，租船运输可分为航次租船和定期租船。

（1）航次租船

航次租船，又称定程租船，简称程租，是指以航次为基础的租船方式。船方必须按租船合同规定的航程完成货物运输任务，并负责船舶的运营管理及其在航行中的各项费用开支。程租船的运费一般按货物装运数量计算，也有按航次包租金额计算。

20 世纪 70 年代，国际上又新发展起一种租船方式，即包运租船。包运租船是指船舶所有人提供给租船人一定运力，在确定的港口之间，以事先约定的期限、航次周期和每航次较均等的货运量，完成运输合同约定总运量的方式，这种方式下所缔结的合同称为"包运租船合同"（COA 合同）或"运量合同"。由于这种方式的性质、费用和风险的划分基本与程租方式相同，所以，国际上一般认为包运租船是程租派生出来的一种方式。

（2）定期租船

定期租船，又称期租船，是按一定时间租用船舶进行运输的方式。船方应在合同规定的租赁期内提供适航的船舶，并负担保持适航的有关费用。

7.2.2　国际海上货物运输合同

1. 国际海上货物运输合同及其特点

（1）国际海上货物运输合同的含义

国际海上货物运输合同，是指由托运人与承运人订立的，由承运人使用船舶将货物经海路从一国或地区运至另一国或地区指定港口并交付收货人，由托运人支付运费的协议。

（2）国际海上货物运输合同的特点

①双务合同。合同双方当事人均负有义务、享有权利。例如，承运人一方负有安全运送货物的义务，享有收取运费的权利；托运人负有支付运费的义务。

②有偿合同。承运人取得运费等权利，需以将货物从约定的一港运至另一港为对价；货方（托运人或收货人）在目的港收取货物等权利，以支付运费等为代价。

③要式合同。海上货物运输合同一般应采用书面形式。

④具有约束第三人的性质。托运人通常不是收货人，承运人应向第三者收货人交付货物。收货人虽不是运输合同的订立者，但可直接取得合同约定的某些利益，并受该合同的一定约束。

2. 海上货物运输合同的种类

（1）件杂货运输合同与航次租船合同

件杂货运输合同，又称零担运输合同，是承运人负责将件杂货由一港运至另一港，由托运人（收货人）支付运费的合同，通常是班轮运输采用。国际件杂货运输合同多以提单为表现形式，所以国际件杂货运输又称为提单运输。

航次租船合同，又称航程租船合同，主要用于不定期船运输，具体可分为单航次租船合同、往返航次租船合同、连续单航次租船合同和连续往返航次租船合同。

（2）海上货物联运合同与货物多式联运合同

海上货物联运合同，是指承运人负责将货物自一港经两段或两段以上的海路运至另一港，由托运人（收货人）支付运费的合同。在此种合同下，货物由不属于同一船舶所有人的两艘或多艘船舶从起运港运至目的港。除作为合同当事人一方的承运人外，参加货物运输的还有与承运人具有另外合同关系的其他海上承运人，称为区段承运人、实际承运人或执行承运人。国际海上货物联运合同通常以海上联运提单为表现形式。

货物多式联运合同是由承运人（多式联运经营人）负责将货物以包括海上运输在内的两种或多种运输方式，从一地运至另一地，而由托运人（收货人）支付运费的合同，一般以多式联运单证为表现形式。

（3）海上货物运输总合同

海上货物运输总合同，又称包运合同或货运数量合同，是指承运人负责将一定数量的货物，在约定时期内，分批经海路由一港运至另一港，而由托运人（收货人）支付运费的合同，一般适用于大批量货物的运输。在这种合同中，通常订明一定时期内托运人交运的货物数量或批量、承运人提供的船舶吨位数、装货和卸货的港口或地区、装卸期限、运价及其他运输条件。每一批货物装船后，承运人签发提单，或双方就每一批货物的运输签订具体的航次租船合同。

3. 国际海上货物运输合同的订立

与一般民商事合同的订立一样，国际海上货物运输合同订立的过程，就是船货双方协商的过程，需经过要约和承诺两个阶段。只是在合同订立的具体方式和程序方面，班轮件杂货运输合同与不定期船航次租船合同存在较大差别：班轮件杂货运输合同一般通过订舱的方式成立；航次租船合同除由船舶出租人和承租人直接洽谈达成外，经常通过中间人即船舶经纪人而达成。此外，为了简化手续、节省费用，一些航运组织、船公司、货主组织和大货主，事先拟订了各种租船合同格式（又称租船合同范本），用租约代号表示。绝大多数租船合同，都是在双方当事人协议选用的某一格式基础上，对格式中所列条款按双方共同意愿进行修改、删减和补充而达成。

在合同形式方面，无论是班轮件杂货运输合同还是航次租船合同，一般都以书面形式订立。各国法律一般也要求海上货物运输合同以书面形式订立。

4. 国际海上货物运输合同当事人的主要权利和义务

（1）承运人的主要义务

①谨慎处理使船舶适航。承运人在船舶开航前和开航当时，应当谨慎处理，使船舶处于适航状态，即船舶的船体、船机在设计、结构、性能和状态等方面能够抵御航次中通常出现的或能合理预见的风险；此外，还应妥善配备船员、装备船舶和配备供应品，并使货舱、冷藏舱和其他载货处所适于并能安全收受、载运和保管货物。

②妥善和谨慎地管理货物。承运人管理货物的义务贯穿货物从装船至卸船的整个过程，具体包括货物的装载、搬移、积载、保管、照料和卸载等环节。"妥善"是指技术上的要求，即承运人、船员或其他受雇人员在管理货物的各个环节中，应发挥通常要求的或为所运货物特殊要求的知识和技能。"谨慎"，通常指责任心上的要求，即承运人、船员或其他受雇人员在管理货物的各个环节中，应表现出作为一种能胜任货物装卸或海上货物运输工作的人可预期表现出来的、合理程度的细心慎重。

③船舶不进行不合理绕航。即船舶不得驶离承运人和托运人事先约定的或者习惯的或者地理上的航线。不过，船舶在海上救助或者企图救助人命或者财产而发生的绕航，为了船货双方共同利益而发生的绕航，以及因其他合理需要（如躲避战争风险、送危重病员上岸治疗等）而发生的绕航，不属于对此义务的违反。

④船舶合理速遣。货物装船后，船舶应及时开航；在运输过程中，应尽快完成航次，将货物运至卸货港交给收货人，不应有任何不合理的延误。

（2）承运人的主要权利

①运费、亏舱费、滞期费及其他费用的请求权。运费是承运人完成货物运输所享有的报酬，又分为预付运费和到付运费两种。前者除承运人和托运人另有约定外，托运人应在货物装船后，承运人、船长或承运人的代理人签发提单之前付清；后者通常是由收货人在卸货港提取货物之前支付，并且，只有货物安全运抵目的港，承运人才有权收取。

亏舱费又称空舱费，是指托运人因其提供的货物少于约定的数量，使船舶舱位发生剩余，而对承运人因此受到的运费损失的赔偿。亏舱费中应扣除因船舶亏舱承运人所节省的费用以及另装货物所取得的运费。

滞期费通常是指航次租船情况下，承租人因未能在合同规定的装卸时间内完成货物装卸，而向出租人支付的费用。

其他费用是指应由货方支付的共同海损分摊费用、承运人为货物垫付的必要费用，以及其他应当向承运人支付的费用。

②货物留置权。当托运人或收货人不支付运费、亏舱费、滞期费、共同海损分摊费用和其他应付的费用，又没有提供适当担保时，承运人有权按照合同的约定或法律的规定，对处于其合法占有之下并属于应付上述费用的托运人或收货人的货物，在合理的限度内进行留置，以担保其请求权的实现。

③承运人的免责。根据《海牙规则》，在承运人责任期间，货物发生的灭失或者损坏如果是由于下列原因造成的，承运人不负赔偿责任：船长、船员、引水员或承运人的雇用人在驾驶或管理船舶中的行为、疏忽或不履行职责；火灾，但由于承运人实际过失或者私谋所造成的除外；海上或其他可航水域的风险、危险或者是意外事故；天灾；战争行为；公敌行为；君主、统治者或人民的扣留或拘禁或依法扣押；检疫限制；货物托运人或货主、其代理人或代表的行为或不行为；不论由于何种原因引起的局部或全面的罢工、关厂、停工或劳动力受到限制；暴乱和民变；救助或企图救助海上人命或财产；由于货物的固有瑕疵、性质或缺陷所造成的容积或者重量的损失，或者任何其他灭失或损害；包装不当；标志不清或不当；尽适当的谨慎所不能发现的潜在缺陷；不是由于承运人的实际过失或私谋，或是承运人的代理人或受雇人员的过失或疏忽所引起的任何其他原因。

由于《海牙规则》所规定的承运人可免责情形太多，对托运人不公，所以，《维斯比规则》对《海牙规则》进行了一些修改和补充。这些修改和补充包括加大了承运人的赔偿限额，从原来的每件或每单位不超过 100 英镑，变更为每件或每单位 1 万金法郎或每公斤 30 金法郎，两者以高者计算等。不过这种修改和补充并未从根本上改变规则总体仍对托运人不利的状况。

与《海牙规则》和《维斯比规则》相比较，之后的《汉堡规则》有关承运人责任的规定更趋公平合理。首先，在责任基础方面，《汉堡规则》采用了完全的过失责任制，取消了对于承运人的航行过失的免责；同时，《汉堡规则》还采用了推定过失责任制，即在货损发生后，首先推定是承运人有过失，如承运人主张自己无过失，则必须承担举证责任。其次，在承运人的免责事由方面，《汉堡规则》规定承运人对于火灾所引起的灭失、损坏或延迟交付负赔偿责任，但是索赔人需证明承运人、其代理人、受雇人有过失；再次，承运人的责任期间，是指货物在装运港、运送途中和卸货港在承运人掌管下的全部期间；最后，承运人的责任限额是每件或每单位835特别提款权，或每公斤2.5特别提款权，以高者记。

④承运人的赔偿责任限制。承运人赔偿责任限制又称承运人单位责任限制，是指将承运人因不能免责之原因所造成的货物灭失、损坏或迟延交付从而应负之赔偿责任数额，限制在一定的范围内，实质即是部分免除承运人的赔偿责任。

(3) 托运人（收货人）的主要义务和赔偿责任

①提供约定货物、妥善包装和申报货物。托运人应当按照与承运人的约定，将货物运至船边、码头仓库或其他地点，以供装船。除合同另有约定或事先征得承运人同意外，托运人不得擅自更改约定的货物种类或品名。此外，托运人对托运的货物，应当妥善保管，并向承运人保证货物装船时所提供的货物的品名、标志、包装或者件数、重量或者体积的正确性。由于包装不良或前述资料不正确，对承运人造成损失时，托运人应当负赔偿责任。

②及时办理货物运输手续。托运人应当及时向港口、海关、检疫、检验和其他主管部门办理货物运输所需要的各项手续，并将已办理各项手续的单证送交承运人。因办理各项手续的有关单证送交不及时、不完备或者不正确，使承运人的利益受到损害时，托运人应当负赔偿责任。

③妥善托运危险货物。托运人装运危险货物，必须事先与承运人达成协议，并且，应当按照有关海上危险货物运输的规定，妥善包装，做出危险品标志和标签，并将其正式名称和性质以及应当采取的预防危害措施书面通知承运人。托运人未通知或者通知有误的，承运人可以在任何时间、任何地点根据情况需要将货物卸下、销毁或者使之不能为害，而不负赔偿责任。托运人对承运人因此所受到的损害，应当负赔偿责任。即使承运人知道危险货物的性质并已同意装运，也仍然可以在该项货物对于船舶、人员或者其他货物构成实际危险时，将货物卸下、销毁或者使之不能为害，而不负赔偿责任，但是不影响共同海损的分摊。

④支付运费及其他费用。托运人应当按照约定向承运人支付运费以及亏舱费、滞期费、共同海损分摊费用、承运人为货物垫付的必要费用和其他应由其支付的费用。

⑤及时收受货物。货物运抵目的港后，收货人应及时在船边或与承运人约定的码头仓库或其他地点提供货物。在卸货港无人提取货物或者收货人迟延、拒绝提取货物的，船长可以将货物卸在仓库或者其他适当场所，由此产生的费用和风险由收货人承担。

当货物发生灭失或损坏时，根据灭失或损坏明显程度，收货人应在承运人向其交付货物的当时，或是在法定（约定）时限内将此种灭失或损坏情况书面通知承运人。收货人未提交书面通知的，此项交付视为承运人已经按照运输单证的记载交付以及货物状况良好的初步证据。不过，货物交付时，收货人已经会同承运人对货物进行联合检查或者检验的，无需就所查明的灭失或者损坏的情况提交书面通知。

当货物迟延交付造成收货人经济损失时，收货人也应在法定或约定时限内，提交书面通知，否则，承运人不负赔偿责任。

⑥托运人及其受雇人、代理人的赔偿责任。托运人对承运人、实际承运人所遭受的损失或者船舶所遭受的损坏，不负赔偿责任；但是，此种损失或者损坏是由于托运人或者托运人的受雇人、代理人的过失造成的除外。

托运人的受雇人、代理人对承运人、实际承运人所遭受的损失或者船舶所遭受的损坏，不负赔偿责任；但是，这种损失或者损坏是由于托运人的受雇人、代理人的过失造成的除外。

5. 国际货物海上运输合同的解除

国际海上货物运输合同的解除，通常有以下几种形式：

（1）任意解除

任意解除是指国际海上货物运输合同当事人一方，基于某种原因，在合同仍可履行的情况下，单方面解除合同。但是，当事人一方特别是托运人一方任意解除合同，往往会给承运人和船舶出租人遭受损失，因此，一些国家的海商法，对海上货物运输合同的托运人或承租人任意解除合同的赔偿责任进行了特别规定，即：在船舶开航前任意解除合同的，不论承运人因此受到的损失金额是多少，托运人均应向承运人支付规定的金额；而在船舶开航后，承租人或者托运人如不支付全部运费、垫款和其他费用，以及因共同海损或海难救助而应承担的款项，不赔偿因卸货所产生的损害，或者不提供与之相应的担保，不得终止合同。

（2）因当事人一方违反合同而解除

若合同一方当事人不履行合同约定的义务，则另一方当事人依合同条款或法律规定有权解除合同。具体包括如下情形：

①依合同约定解除。在航次租船合同情况下，除合同另有约定外，出租人未能使船舶在合同约定的解约日之前到达装货港口或泊位，并做好装货准备，不论由于何种原因所致，承租人有权按合同中的解约条款解除合同。但是，在承租人有权解除合同时，应在合同约定时间内（如无约定则是合理时间内）作出是否解除合同的选择，否则视为承租人放弃解除合同的权利。

②依法律规定解除。许多国家的海商法或合同法中都规定了合同未违约方的法定单方解约权，即：合同一方当事人违约，致使合同不能履行，或使合同的履行或继续履行失去意义，则另一方当事人可以解除合同，并请求损害赔偿。

（3）因非双方当事人应负责的原因而解除

因不可抗力或其他双方当事人可免责的原因，合同的目的不能达到，或者合同不能履行或不能继续履行，或者合同的履行或继续履行对当事人已无利益，任何一方当事人均可解除合同。

7.3 提单及有关提单的国际公约

7.3.1 提单

1. 提单的含义

提单（Bill of Lading，B/L），是承运人在接受所交托运的货物后，签发给托运人，用以证明双方已订立运输合同，并保证在目的港按照提单所载明的条款交付货物的一种书面凭证①。

2. 提单的作用

提单主要有以下作用：

（1）提单是托运人与承运人之间订立的海上货物运输合同的证明

提单是确定船货双方在货物运输关系中权利义务的依据。提单不仅证明在承运人与托运人之间存在海上货物运输合同，而且证明承运人与托运人之间达成的海上货物运输合同的条款和具体内容。每一船公司货物提单都事先印刷而且公开，因此，提单上的条款，除承运人与托运人事先另有相反协议，或者托运人能证明该条款不是其真实的意思表示外，属于承运人与托运人之间达成的海上货物运输合同的内容。

提单从托运人转移至第三者收货人、提单受让人或其他提单持有人，提单证明的海上货物运输合同也随之发生转移，承运人与提单持有人之间的权利义务关系依提单的规定确定。但是，提单只是海上货物运输合同的证明，不是合同本身。承运人与托运人之间在提单内容之外达成的协议，不因提单的转移或转让而转移，除非该协议已被并入提单而成为提单的内容。提单发生转移或转让后，托运人根据提单或与承运人另外达成的协议而承担的责任，并不因此被解除。

（2）提单是承运人签发给托运人的货物收据

在班轮运输中，有权签发提单的是承运人（船长或其代理人），托运人将货物交给承运人后，承运人签发提单，表明承运人已按提单所列内容收到了托运货物，并开始对托运的货物负有保管和运输的责任，在完成运输任务后，应按提单所列内容向提单持有人交货。

（3）提单是代表货物所有权的凭证

承运人收到货物并签发提单后，负有在目的地只向提单持有人交付货物的义务。谁持有提单，谁就有权提取货物。因此，在国际贸易中，提单可以作为押汇的担保品，也可以作为买卖合同的标的进行转让。

---

① 姚梅镇. 国际经济法概论（修订版）. 第三版. 武汉：武汉大学出版社，2002：245.

3. 提单的种类

根据不同的标准，提单可作不同的分类。

（1）已装船提单（Shipped B/L or On Board B/L）和收货待运提单（Received for Shipment B/L）

以货物是否已经装船为分类标准，提单可分为已装船提单和收货待运提单。已装船提单，是指在货物装船以后，承运人签发的载明船名及装船日期的提单。收货待运提单，是指承运人在收取货物以后，实际装船之前签发的表明货物已收管待运的提单，主要适用于集装箱运输。

（2）清洁提单（Clean B/L）和不清洁提单（Unclean B/L or Foul B/L）

以提单上有无对货物外表不良的批注为分类标准，提单可分为清洁提单和不清洁提单。清洁提单，是指货物交运时表面状况良好，承运人在提单上未加注货损或包装不良等字句提单。不清洁提单，是指承运人加注有"包装不固"、"某件损坏"等不良批语的提单。在国际贸易实践中，银行、买方或提单的受让人只接受已装船清洁提单。

（3）预借提单（Advanced B/L）与倒签提单（Anti-Dated B/L）

预借提单，是指货物在未开始装船情况下签发的提单，也就是先签单后装船。承运人签发这种提单，通常是信用证的装船日期和交单结汇日期将届满，应托运人的要求而签发的提单。倒签提单，是指货物装船后，承运人签发的一种早于货物实际装船日期的提单。承运人签发这种提单主要是应托运人的要求，以符合信用证规定的装运日期，使其能达到顺利结汇的目的。

（4）记名提单（Straight B/L）、不记名提单（Open B/L）和指示提单（Order B/L）

以收货人抬头为分类标准，提单分为记名提单、不记名提单和指示提单。记名提单，是指托运人指定特定人为收货人的提单，这种提单不能通过背书方式转让，也称作"不可转让提单"；不记名提单，指托运人不具体指定收货人，在收货人一栏填写"交与持票人"（To bearer）字样，又称作"空白提单"，因其不经背书即可转让，凡持票人均可提取货物，风险较大，所以在国际贸易中很少使用；提示提单，是指托运人在收货人栏内填写"凭指示"（To order）或"凭某人指示"（To order of …）字样，又称作"可转让提单"，通过背书可以转让，是国际贸易中使用较为普遍的一种提单。

（5）直达提单（Direct B/L）、转船提单（Tran-shipment B/L）和联运提单（Through B/L）

以运输方式为分类标准，提单可分为直达提单、转船提单和联运提单。直达提单，是承运人签发的、货物直接从装运港运往目的港的提单；转船提单，是指允许货物中途换船的提单；联运提单，是指货物由海运和另一种或两种以上不同方式进行运输的提单，由第一承运人签发，收取全程运费。

4. 提单的内容

各国法律对提单的内容未作强制性的规定，提单的内容不构成提单有效性的条件。

各远洋公司的提单并无大的区别，区别在于提单的背面，管辖权及法律适用条件，一般都有严格的规定。背面的基本条款当事人可以协商，并可插入一些条件。但为了保证提单的效力，国际公约和海商法对提单必要记载的内容均作了规定。

（1）提单正面记载事项

提单正面一般记载下列事项：船名；承运人；托运人；收货人；通知方；装货港和卸货港；货物描述（包括货物的名称和标志、包件的数量与种类、重量或体积等信息）；运费及其他费用；提单的签发（包括提单的签发人、签发的地点、日期和份数等事项）；货物外表状态等。

（2）提单背面条款

船舶公司事先拟订的各种提单内容不尽相同，但通常都订有下列条款：管辖权条款；首要条款①；承运人责任条款；责任期间条款；运费及其他费用条款；装货、卸货和交货条款；留置权条款；货物灭失或损坏的通知、时效条款；赔偿金额条款；危险货物条款；甲板货及活动物条款；集装箱货物条款；冷藏货物条款；选港条款；转运、换船、联运与转船条款；共同海损条款；新杰森条款②；双方有责碰撞条款；地区条款③等。

7.3.2　海上货物运输国际公约

1. 《海牙规则》

1924年欧美26个航运国家在布鲁塞尔缔结了《统一提单的若干法律规定的国际公约》（以下简称《海牙规则》），该公约于1931年生效。由于该公约是以"国际法协会"1921年在海牙制定的有关规则为基础的，所以又称《海牙规则》。《海牙规则》目前已被世界上大多数国家立法所采纳，各远洋运输公司也大多依照《海牙规则》确立的原则来制订自己的提单条款。我国没有加入该公约，但公约中有关承运人责任与免除责任的规定，基本上被我国《海商法》所采纳。

《海牙规则》的积极意义在于，它确定了承运人的最低责任，并限制了承运人单方面任意规定免责条款的自由。但是，由于参与制定《海牙规则》的主要是代表船主利益的海运大国，所以，《海牙规则》中仍然有许多明显偏袒船主利益的规定。

《海牙规则》共16条，主要是规定了承运人的最低义务、承运人承担责任的责任原则、最大限度的权利、诉讼时效等。具体内容是：

（1）适用的范围

《海牙规则》的各项规定，适用于在任何缔约国所签发的一切提单，不适用于租船合同，但是，如果提单是在船舶出租情况下签发的，则应符合《海牙规则》的各项规

---

① 即指明提单受某一国际公约或某一国内法制约的条款。

② 有的提单将该条款与共同海损条款合而为一。

③ 规定有关运往美国或从美国运出的货物，提单应受《1936年美国海上货物运输地》的约束。

定。换言之，根据租船合同或在船舶出租情况下签发的提单，当提单在非承租人的第三者发货人或收货人手中时，仍应适用《海牙规则》的各项规定来调整承运人与提单持有人之间的关系。在适用的货物范围方面，适用于除活动物、甲板货外的其他货物。

（2）承运人的最低义务

《海牙规则》规定了承运人的最低义务是船舶适航。其主要内容是：

①承运人必须在开航前和开航当时，谨慎处理。妥善地配备船员，包括适当地配备船员、装备船舶和配备供应品；使货舱、冷藏舱、冷气舱和该船其他载货处所适于并能安全地收受。

②管理货物。承运人应当妥善地、谨慎地装载、搬移、积载、运输、保管、照料和卸载所运货物。

（3）承运人的责任期间

《海牙规则》并未直接规定承运人的责任期间，所采用的是"钩至钩"或"舷至舷"。根据《海牙规则》第 7 条的规定，承运人与托运人对货物在装船前和卸船后的责任问题可自由协商以达成协议，只要该协议不违反装货港或卸货港强制性适用的法律法规。

（4）承运人的免责

《海牙规则》对承运人实行不完全过失责任原则。根据第 4 条第 2 款的规定，承运人或船舶所有人的免责理由多达 17 项，即：船长、船员、引航员或承运人的受雇人在驾驶船舶或管理船舶中的行为、疏忽或不履行职责；火灾，但由于承运人实际过失或私谋所造成者除外；海上或其他可航水域的风险、危险或意外事故；天灾；战争行为；公敌行为；君主、统治者或人民的扣留、拘禁或依法扣押；检疫限制；货物托运人或货主、其代理人或代表的行为或不行为；无论由于何种原因引起的局部或全面的罢工、关闭、停工或劳动受到的限制；暴乱和民变；救助或企图救助海上人命或财产；由于货物的固有瑕疵、性质或缺陷所造成的体积或重量的损失，或任何其他灭失或损坏；包装不当；标志不当或不清；谨慎处理所不能发现的潜在缺陷；不是由于承运人的实际过失或私谋，或是承运人的代理人或受雇人的过失或疏忽所引起的任何其他原因，但要求享有此项免责利益的人应负举证责任，表明有关的货物损失或损坏，既非承运人的实际过失或私谋，又非承运人的代理人或受雇人员的过失或疏忽所造成。

（5）承运人的赔偿责任限制

不论是承运人还是船舶，对货物或与货物有关的灭失或损害，在任何情况下，当每件或每单位超过 100 英镑或与其等值的其他货币时，概不负责，但托运人在货物装运前已将其性质和价值加以申报并在提单上注明的，不在此限。

（6）运输合同无效条款

根据《海牙规则》第 3 条第 8 款的规定，承运人可以与托运人另行协商订立运输合同条款，但只可加重而不可减少或免除他基于《海牙规则》所应承担的最低责任，否则，相应条款应作废或无效。

（7）托运人的义务与责任

根据《海牙规则》第3条第5款以及第4条第6款的规定，托运人应保证其提供的货物情况的正确性，并不得擅自装运危险品，否则，托运人应赔偿因此使承运人遭受的损失。而根据《海牙规则》第4条第3款的规定，托运人承担此赔偿责任的归责原则是完全的过错责任原则。

（8）灭失或损坏的通知、诉讼时效

如果收货人在卸货港发现货物灭失或损坏，应在收取货物之前或当时，将货物灭失或损坏的一般情况，用书面形式通知承运人或其代理人；如果损坏不明显，则应在3天之内提交此种通知。否则，视为承运人已按提单记载情况交付货物的初步证据。但是，如果在承运人交付货物时，双方已就货物的灭失或损坏进行联合检查或检验，则收货人无需提交此种通知。

在诉讼时效方面，根据《海牙规则》第3条第6款的规定，货方对承运人或船舶提起货物灭失或损坏索赔的诉讼时效期间为1年，自货物交付之日起，或者，当货物全部灭失时，自货物应交付之日起算。

2. 《维斯比规则》

由于《海牙规则》中的许多规定明显偏袒船主利益，代表货主利益的国家和海运业不发达国家一直表示不满，强烈要求对《海牙规则》进行修改。迫于压力，某些海运国家在国际海事委员会的协助下，于1968年在布鲁塞尔签订了《修改海牙规则的议定书》，又称为《1968年布鲁塞尔议定书》。因该议定书的准备工作是在瑞典维斯比完成，所以简称为《维斯比规则》，或《海牙—维斯比规则》，于1977年6月23日起生效。《维斯比规则》对于《海牙规则》中的基本原则并未作实质性的修改，只作了某些修补，主要是提高了承运人对货物损害赔偿的最高金额，明确了集装箱和托盘运输中计算货物损害最高赔偿责任的数量单位。

1979年12月31日，37国代表在布鲁塞尔召开外交会议并通过了修订《海牙—维斯比规则》的议定书，该议定书于1984年4月起生效。该议定书将承运人责任限制计算单位，从法郎改为特别提款权，按15法郎等于1特别提款权计算。但国内法支付不能使用特别提款权的缔约国，仍可以法郎作为计算单位。

《维斯比规则》的主要内容有：

（1）《维斯比规则》的适用范围

在《海牙规则》的基础上，《维斯比规则》将适用范围扩展至有关国际海上货物运输中，货物从缔约国起运的提单，以及规定受《海牙规则》或赋予该规则以法律效力的国内法约束的提单。

（2）提高了承运人的赔偿限额，实行双轨制

承运人对货物灭失或损坏的赔偿责任限额，为货物每件或每单位10000法郎，或按灭失或受损货物毛重计算，每公斤30法郎，二者以较高者为准。一个法郎是指含有纯度为千分之九百的黄金65.5毫克的单位。按1979年修订的《海牙—维斯比规则》议定书的规定，承运人责任限制金额为每件或每单位666.67特别提款权，或按货物毛重每

公斤 2 特别提款权计算，二者之中以较高者为准。

此外，当货物以集装箱、货盘或类似的工具集装时，如提单中载明装在这种运输工具中的货物件数或单位数时，由承运人责任限额按此件数或单位数予以确定。否则，这种运输工具视为一件或一个单位，而不论其实际内装货物的件数或单位数。

（3）加强了提单的证据效力，明确提出不得否认原则

载入货物主标志、包件数、数量或重量以及货物外表状态的提单，作为承运人已收到其上所载货物的初步证据。但是，根据《维斯比规则》第 1 条，提单转让至善意第三者时，提单便成为承运人收到其上所载货物的绝对证据。

（4）非合同之诉讼

《维斯比规则》第 3 条规定，《海牙规则》规定的抗辩和责任限制，应适用于就运输合同所载货物的灭失或损坏对承运人提起的任何诉讼，而不论该诉讼是以合同为依据还是以侵权行为为依据。

（5）明确了承运人的受雇人或代理人的法律地位

如果诉讼是对承运人的受雇人或代理人提起，则该受雇人或代理人有权援引《海牙规则》中承运人的各项抗辩或责任限制的规定。

（6）诉讼时效

《维斯比规则》在《海牙规则》规定的诉讼时效基础上进一步规定，即使在 1 年期间届满后，只在受诉法院所在地法律允许期间之内，便可向第三者提起追偿之诉讼。但是，允许的时间自提起此种诉讼的人已解决索赔案件，或向其本人送达起诉状之日起算，不得少于 3 个月。

3. 《汉堡规则》

1978 年 3 月，78 个国家的代表在汉堡召开会议，正式通过了《1978 年联合国海上货物运输公约》，简称《汉堡规则》。与《海牙规则》相比，《汉堡规则》主要是扩大了承运人的责任范围。《汉堡规则》于 1992 年起生效。《汉堡规则》的主要内容①有：

（1）实行承运人完全过失责任原则

《海牙规则》和《维斯比规则》采取不完全过失责任原则，《汉堡规则》采取完全过失责任原则。《汉堡规则》第 5 条规定：货物的灭失或损坏或延迟交付所造成的损失均由承运人负责赔偿，除非他能证明其本人、受雇人或代理人已经为避免事故的发生和后果采取了一切可能的合理措施。

（2）扩大了适用范围

《汉堡规则》在《海牙规则》和《维斯比规则》相应规定的基础上，又进一步扩大了其适用范围。根据《汉堡规则》，只要符合下列情形之一，公约即可适用：①装货港位于某一缔约国内；②提单在某一缔约国签发；③提单首要条款规定适用公约；④卸货港位于某一缔约国内；⑤备选卸货港之一为实际卸货港且位于某一缔约国内。

---

① 主要介绍与《海牙规则》和《维斯比规则》不同的规定内容。

在适用的货物范围方面,《海牙规则》和《维斯比规则》将舱面(甲板)货物和活动物和仓面货等排除在货物的范围之外;《汉堡规则》将活动物包括在货物范围之内。

(3) 明确了承运人的范围

《汉堡规则》既有承运人的概念,又有实际承运人的概念,此外,还规定了这两者对货方的责任以及两者间的相互关系:实际承运人要对托运人负责;实际承运人与承运人对货方负连带责任;实际承运人与承运人可相互追偿等。

(4) 延长了承运人责任期限

《海牙规则》和《维斯比规则》中所规定的承运人责任期限,是货物装上船起到货物卸下船止,一般称为"吊钩至吊钩"原则;《汉堡规则》所规定的承运人责任期限,是货物在装运港、运输途中及卸货港,在承运人掌管之下的全部时间。

(5) 提高了赔偿责任限额

《汉堡规则》规定,每件或每货运单位不超过835个记账单位或每公斤2.5个记账单位,两者以较高者为准。

(6) 明确了延迟交货的责任

由于《海牙规则》和《维斯比规则》未做规定,所以,承运人对延迟交货一般不承担责任。《汉堡规则》规定,若货物未能在明确商定的时间内,或虽无此商定时间,未能在合理时间内,在合同约定的卸货港交货,即为延迟交货,承运人应承担赔偿责任,以其运费的2.5倍为限,但不得超过运费总额。若货物在交货时间期满后连续60天未交付,可视为货物已经灭失。

(7) 明确了保函的效力

《汉堡规则》规定,提单既有初步证据效力,又有最终证据效力。保函的效力仅存在于承运人与托运人之间。

(8) 延长了诉讼时效

《汉堡规则》所规定的收货人向承运人提起诉讼的时效为2年,承托双方的诉讼时效也为2年,届满后,根据索赔人的要求,可延长时效。

(9) 可以选择管辖权

在运输合同争议的管辖权方面,《海牙规则》和《维斯比规则》未做具体规定,由国内法解决;《汉堡规则》则规定了四个可选择地:被告营业所或住所;提单签发地;装货港或卸货港;海上运输合同中为此而指定的任何其他地点。

4. 《鹿特丹规则》

2008年12月,联合国大会审议通过了《联合国全程或部分海上国际货物运输合同公约》,同时建议将该公约命名为"鹿特丹规则"。《鹿特丹规则》是继《海牙规则》、《海牙—维斯比规则》、《汉堡规则》后,国际海上货物运输合同法领域内的又一部重要的统一实体法公约,该公约致力于建立"和谐和现代化"的贸易与运输之间的法律关系,体现现代国际贸易、物流和信息化(电子商务)等多领域的最新发展成果,是海上国际货物运输合同各方长期谈判、协调、平衡各方利益的法律文件。2009 年 9 月 23 日，包括荷兰、挪威、美国、加纳和尼日利亚等在内的 15 个国家在荷兰港口城市鹿特丹签署了《鹿特丹规则》，而按规定，《鹿特丹规则》会在 20 个国家递交批准书的 1 年后生效。截至 2010 年 7 月，已有 21 个国家签署了该规则，但中国、日本、德国、英国等航贸大国尚未签署。

与原海运公约①相比，《鹿特丹规则》的主要创新和突破是：

（1）突破了海运公约界限而成为一个特殊的多式联运公约

《鹿特丹规则》不仅适用于单一的海上货物运输，还适用于至少包括一段海上货物运输在内的多式联运业务，且不论陆路运输在此项业务中是否为海运的附属环节。即国际海运或包括海运在内的国际多式联运货物运输合同均在公约调整范围之内。此外，《鹿特丹规则》排除了国内法的适用，确立了最小限度的网状责任制，有利于国际货物运输领域的法律适用之统一。

（2）突破了原海运公约限制公共承运人契约自由的传统

原海运公约都对承运人的权利义务和责任均做出了具体强制性规定，任何增加权力或者降低义务和责任的条款均无效。《鹿特丹规则》则赋予批量合同②双方当事人较大的合同自由，允许承运人和托运人在一定条件下，背离公约的规定自行协商合同条款，在批量合同中约定增加或减少公约中规定的权利、义务和赔偿责任。

（3）设立专章对托运人的义务进行规定

《鹿特丹规则》以专章形式对托运人的义务做出了如下规定：

托运人应当交付备妥待运的货物，即在任何情况下，托运人交付的货物应当处于能够承受住预定运输的状态，包括货物的装载、操作、积载、绑扎、加固和卸载，且不会对人身或者财产造成损害；

托运人应当及时向承运人提供承运人无法以其他合理方式获取而合理需要的有关货物的信息、指示和文件；

对于承运人遭受的灭失或者损坏，如果承运人证明，此种灭失或者损坏是由于违反本公约规定的托运人义务而造成的，托运人应当负赔偿责任；

托运人应当在货物交付给承运人或者履约方之前，及时将货物的危险性质或者特性通知承运人。若托运人未履行此项义务，且承运人或者履约方无法以其他方式知道货物危险性质或者特性的，托运人应当就未发通知所导致的灭失或者损坏向承运人负赔偿责任。

（4）首次在海上货物运输领域规定货物的控制权

货物控制权是指根据公约规定按运输合同向承运人发出有关货物的指示的权利。对于控制权，《鹿特丹规则》设专章就控制权的行使和范围、承运人执行指示、视为

---

①　即前文所述之《海牙规则》、《海牙—维斯比规则》和《汉堡规则》。

②　批量合同是指在约定期间内分批装运特定数量货物的运输合同，常见类型是远洋班轮运输中的服务合同。

交货、运输合同的变更、向承运人提供补充信息、指示或者文件、协议变更等做出了规定。

(5) 明确定义了可转让运输单证并专章规定了相关权利转让事项

在原海运公约确立的可转让提单相关法律规则基础上，《鹿特丹规则》将可转让运输单证明确定义为：通过"凭指示"或者"可转让"之类的措词或者通过该单证所适用的法律承认具有同等效力的其他措词，表明货物已经交运且应按照托运人的指示或者收货人的指示交付，或者应交付给持单人，且未明确声明其为"不可转让"、"不得转让"的运输单证。目前，国际货物运输中常用的可转让运输单证主要是海运提单和承运人签发的表明可转让的多式联运单证。

根据《鹿特丹规则》，签发可转让运输单证的，其持有人可以通过向其他人转让该运输单证而转让其中包含的各项权利，特别是请求提货权、控制权。权利转让的同时，义务并不当然同步转让。作为运输单证的受让人，即非托运人的持有人，只有在其主张行使运输合同项下的权利时，才承担运输合同项下的责任，并且这种责任以载入可转让运输单证或可转让电子运输记录为限或者可以从中查明。

(6) 建立了新的承运人制度

与原海运公约相关规定相比，在承运人责任制度方面，《鹿特丹规则》做出了如下改变：

①扩大了承运人的范围。原海运公约将承运人仅定义为与托运人签订海上货物运输合同，从事从港到港海上运输的海上承运人。《鹿特丹规则》新创设了"履约方"（含海运履约方）这一法律主体概念，将以往规则和实务中的实际承运人、区段承运人、分立契约人、雇用人员等均界定为履约方，进而确定其权利与义务。此外，国际货物运输中的场站经营人、码头经营人、船舶代理人、陆路运输经营人及物流配送经营人等合同相关方也被最大可能地纳入"履约方"的范畴，从而扩大了《鹿特丹规则》的适用范围。

②明确了承运人的责任基础。《鹿特丹规则》基本沿用《汉堡规则》所规定的承运人责任基础，采取完全过错责任原则，取消了"航海过失"免责和"火灾过失"免责。不过，在迟延交付的责任方面，《鹿特丹规则》规定，承运人承担迟延交付责任仅限于合同已有约定交付时间的情形，并未采纳《汉堡规则》规定的合理时间标准。

③扩展了承运人的责任期间。为适应国际集装箱货物"门到门"运输方式的变革，与《海牙规则》的"钩至钩"或"舷至舷"，以及《汉堡规则》的"港至港"不同，《鹿特丹规则》规定，承运人的责任期间自承运人接受货物开始，至货物交付终止。

④扩展了海上承运人的适航义务期间。原海运公约所规定的承运人适航义务期间仅限于"开航前和开航当时"，《鹿特丹规则》规定，承运人必须在开航前、开航当时和海上航程中谨慎处理，在整个航程中保持船舶处于适航状态。

⑤提高了货损单位赔偿责任限额。《鹿特丹规则》将货物赔偿责任限额分别提高为：每件货物（每个货运单位）875 个特别提款权，或者毛重每公斤 3 个特别提款权，以两者较高者为准，高于《汉堡规则》的规定。

⑥调整了承运人的免责事项。《鹿特丹规则》对《海牙规则》、《海牙—维斯比规则》中涉及承运人的 17 项免责事项进行了必要合并和调整，补充了某些新免责事项。如承运人避免或试图避免对环境造成危害的合理措施等免责。此外，《鹿特丹规则》对船货双方的举证责任的分配和顺序问题做出了较为具体的规定。

（7）为电子商务在国际海上贸易运输中的广泛应用清除了法律障碍

《鹿特丹规则》在电子运输记录①一章中分别就电子运输记录的使用和效力、可转让电子运输记录的使用程序、可转让运输单证或者可转让电子运输记录的替换做出了规定，使"电子记录"和"纸面运输单证"可以同时使用并具有同等的法律效力。

（8）不再将唯一凭单交货作为一项强制性义务加诸承运人

《鹿特丹规则》将航运实践中承运人凭收货人的保函和提单副本交货的习惯做法，改变为承运人凭托运人或单证托运人发出的指示交付货物，且只有在单证持有人对无单放货事先知情的情况下，才免除承运人无单放货的责任。如果单证持有人事先对无单放货不知情，承运人对无单放货仍然要承担责任，此时承运人有权向上述发出指示的人索要担保。《鹿特丹规则》为承运人无单放货免责所设定的前提条件是：可转让运输单证必须载明可以不凭单放货。

7.4 租 船 合 同

7.4.1 航次租船合同

1. 航次租船合同常用格式

实践中，航次租船合同多以标准格式合同为基础，加以增删或修改而订立。航次租船合同的标准格式大多由各个国际航运组织制订，供洽租双方在洽谈租船合同时选用。目前，世界上最常用的航次租船合同格式有：

《统一杂货租船合同》（Uniform General Charter），租船合同代号"金康"（GEN-CON），由波罗的海国际海事公会（以下简称 BIMCO）制订，并经 1922 年、1976 年、1994 年三次修订，目前国际上使用较多的是经 1976 年或 1994 年修订的格式。不过，该格式有许多条款比较明显地维护出租人的利益。金康格式可适用于各种航线和各种货物的航次租船，目前在世界上采用最广，我国进出口的航转租承租人也多用这一格式。

《巴尔的摩 C 式》（Baltime Berth Charter Party Steamer，Form C）。此格式广泛适用于北美地区整船谷物运输，由北美谷物出口协会制订并为 BIMCO 认可，租船合同代号

① "电子运输记录"是指承运人或履约方在运输合同下以电子通信方式发出的一条或者数条电文中的信息，包括作为附件与电子运输记录有着逻辑关系，或者在承运人或履约方签发电子运输记录的同时或者之后以其他方式与之链接，从而成为电子运输记录一部分的信息，该信息：①证明承运人或履约方收到了运输合同下的货物，并且②证明或者包含一项运输合同。

"NORGRAIN"。

《澳大利亚谷物租船合同》（Australian Grain Charter Party），租船合同代号"AUS-TRAL"。

《油船航次租船合同》（Tanker Voyage Charter Party），此格式由美国船舶经纪人和代理人协会于1977年制订，专门适用于油船航次租船，租船合同代号"ASBATANK-VOY"。

《油船航次租船合同》（Tanker Voyage Charter Party），由国际独立油轮船东协会制订，租船合同代号"INTERTANKVOY"。

2. 航次租船合同的主要内容

航次租船合同通常订有下列条款：

（1）船舶说明（Description of Vessel）条款

船舶说明是指出租人对船舶的情况，在合同中所作的陈述，通常包括船名、船籍或船旗、船级、船舶吨位和船舶动态等事项，是承租人决定是否租用船舶的重要依据。出租人应保证其陈述内容的正确性，若陈述与事实不符，即构成误述（Misrepresentation），将依法承担相应法律后果。

（2）预备航次（Preliminary Voyage）条款

当合同规定的航次与货物的运送航次（即从装运港至卸货港）不一致时，从装货港的前一港口至装货港的这一段航程，称为预备航次。预备航次是船舶出租航次的一部分，除合同另有约定外，出租人有义务将船舶按约定日期尽快安全驶往装货港或船舶所能安全抵达并始终保持浮泊的邻近地点。在预备航次条款中，通常会约定受载期限和解约（Cancelling）日。

（3）船东责任（Owners Responsibility）条款

在程租船合同中，船东责任主要为：提供适航船舶、对货物安全负责、及时将货物运到目的地交给收货人。由于有些船东会在其制定的格式合同条款中加列免责条款以减轻自己责任，实践中，合同双方经协商通常会将这类条款删除，并另外附加一个首要条款，约定船东对货物的责任与免责，适用《海牙规则》、《海牙—维斯比规则》、《汉堡规则》或相应国内法。

（4）运费支付（Payment of Freight）条款

航次租船合同双方通常会明确约定运费的费率、计算标准、支付方式和时间等事项。运费有运费率和包干运费两种表现形式，前者是指每吨运费若干金额；后者是指按提供的船舶，定一笔整船运费，不论实际装货多少，一律照付，但船东必须保证船舶的载重量和装货容积。按运费吨计算运费时，应在合同中明确约定计算运费吨标准。

在运费的支付方式和时间方面，双方既可约定"运费到付"，也可约定"运费预付"。运费到付是指运费在货物运抵目的港时支付，主要有：运费在交货时支付、运费在卸货前支付和运费在交货后支付。运费预付是指运费在船舶到达目的港之前支付，合同中常见的约定主要有：运费在签发提单时全部预付；运费在签发提单时预付90%，在目的港卸货时支付 10%；运费在签发提单 7 天内全部预付。在运费预付的情况下，运费的风险由租船人承担，因此，租船人通常要向保险公司投保运费险。

支付运费是租船人的合同义务，若租船人未按约定支付应付运费，船东可对货物行使留置权。

（5）装卸（Loading/Discharging）条款

装卸条款具体包括如下内容：

①装卸港口与泊位。合同中通常明确约定特定的装卸港，并由承租人指定具体的装货泊位或地点。若为选港货，则在合同中约定承租人可在几个港口或某一范围内港口中选择卸货港，但承租人应在出租人按合同签发提单之前做出选择并通知船方。

②装卸费用。有关货物装卸费用的条款内容，不仅包括装卸费用由何方负担，还包括由何方负责雇用装卸工人并承担装卸作业中的风险和责任。在装卸费用负担方面，租船合同中通常有以下几种约定情形：

班轮条款，又称泊位条款、总承兑条款、船边交货条款，指由出租人负担货物装卸费用；出租人不负担装货费用；出租人不负担卸货费用；出租人不负担装卸费用；出租人不负担装卸、积载及平舱费用，若在该约定之后加上"绑扎"一词，则表示在装运大件货物时，出租人还不负担绑扎费用；若在该约定之后加上"垫舱"一词，则表示出租人不负担垫舱费用；出租人负担装货费用，但不负担卸货费用；出租人不负担装货费用，但负担卸货费用。

在选择装卸费用负担情形时应注意与贸易合同价格条件相衔接。例如，CIF 价格条件之货物买卖合同中，卸货费用由买方负担，不计入货价，那么，相关航次租船合同中就应约定出租人不负担卸货费用。

（6）滞期费和速遣费（Demurrage/Despatch Money）条款

滞期费是指由于非应出租人负责的原因，承租人未能在合同约定的装卸期限内完成货物装卸作业，对于由此产生的船期延误，承租人应向出租人支付的款项。滞期费通常按船舶滞期时间乘以合同约定的滞期费率计算。滞期时间等于实际使用装卸时间与合同约定的可用装卸时间之差，主要有两种具体计算方法："滞期时间连续计算"或"一旦滞期，始终滞期"；"按同样的日"，即滞期时间与装卸时间一样计算。有些租船合同中会约定允许船舶滞期的时间，在此期限内，承租人支付滞期费；如在此期限内承租人仍未完成货物装卸作业，对于超过此期限的时间（即超滞期），承租人应向出租人支付延期损失赔偿。

速遣费指因承租人在合同约定的装卸期限届满之前完成货物装卸作业，而由出租人向承租人支付的款项。速遣费按船舶速遣时间乘以合同约定的速遣费率计算，速遣费率通常为滞期费率的一半。速遣时间主要有两种计算方法："按节省的（全部）工作时间计算速遣费"或"按节省的（全部）装卸时间计算速遣费"；"按节省的全部时间计算速遣费"。

在租船合同中，对于装货或卸货时间以及滞期费或速遣费，既可以约定由装货港和卸货港分别计算，也可以约定对装货时间和卸货时间进行统算，统算方法具体主要有两种："装卸时间平均计算"或"装卸时间平均计算的权利";"可调剂使用装卸时间"。

(7) 提单条款①

货物在装货港由出租人接管或装船后,承租人或发货人通常要求出租人、船长或出租人的代理人签发提单用以结汇,这种提单被称为根据租船合同签发的提单(Bill of Lading under Charter Party-B/L under C/P)。根据租船合同中的提单条款,船舶所有人或船长有及时签发提单的义务。

程租船合同项下的提单持有人不同,该提单的法律性质和作用也不同。承租人持有的提单,除租船合同另有约定外,不具有海上货物运输合同证明的性质,出租人与承租人之间的权利义务以租船合同为准。为非承租人的发货人或收货人所持有的提单,如果是以出租人、船长或出租人的代理人的名义签发,那么,在出租人与提单持有人之间就存在以提单为证明的海上货物运输合同关系,出租人是货物承运人,提单是确定双方当事人权利义务的依据;如果提单是以承租人或其代理人的名义签发,那么,除租船合同另有约定且提单持有人知道此约定外,承租人是货物承运人,而出租人是实际承运人。

根据租船合同签发的提单,出租人通常也是承运人。出租人为使其根据提单对货物运输承担的义务和享有的权利,尽可能与租船合同保持一致,常会在提单中订入可援引租船合同约定内容的条款,称为"并入条款"。如果提单中包含并入条款,那么,即使是非租船合同当事人的发货人或收货人,实际上也要受租船合同的约束。各国也都普遍承认这种条款的效力。

除上述主要内容外,合同双方还可以就程租船运输中可能涉及的共同海损、佣金、罢工、战争、冰冻、仲裁等问题做出明确约定。

7.4.2 定期租船合同

1. 定期租船合同常用格式

目前,国际上常用的定期租船合同格式包括:

《统一定期租船合同》,租约代号"巴尔的摩"(BALTIME),由波罗的海国际航运公会于1909年制订,该格式合同中有许多条款较为袒护出租人一方的利益。

《定期租船合同》,租约代号"土产格式"(Produce Form),由美国纽约土产交易所于1913年制订,因而航运界常称其为"纽约格式"或"NYPE"。该格式经美国政府批准使用,故又称为"政府格式"。该格式经数次修订,现普遍使用的是经1946年和1993年修订后的格式。土产格式在船舶出租人和承租人双方权益的维护上,并无明显偏袒,较为公允。

《定期租船合同》,租约代号"中租1980"(SINOTIME 1980),由中国租船公司制订,较多维护承租人的利益。

---

① 司玉琢等. 新编海商法学. 第1版. 大连:大连海事大学出版社,1999:233-234.

2. 定期租船合同的主要内容[1]

定期租船合同的主要内容一般包括以下几个方面：

（1）双方当事人名称地址

在期租船合同的开头部分，说明作为合同当事人的船方和承租人的名称和地址。

（2）船舶规范

由于在期租条件下，承租人负责船舶的经营管理并安排货物运输，所以，合同中关于船舶特征、主要规范和技术指标的描述，是极其重要的内容。

承租人需要审查的主要船舶规范包括：船东、船名、船旗、船级、建造年份、载重吨、载货容积、吃水、航速、耗油量、装卸设备等，其中，最易引起纠纷的是船舶的载重量、航速和燃料消耗。

船舶的载重量直接关系到承租人的经济利益，如果船舶的实际载重量小于合同中船舶所有人描述的载重量，致使承租人的经济利益受损，船舶所有人必须承担违约责任，且任何企图免责的抗辩或解释均无效。

关于航速及燃料消耗，合同中通常约定，"船舶满载时能在良好天气和风平浪静的情况下，每天消耗××吨燃料，以约××的速度航行"。因整个租期内是由承租人负责安排船舶的燃料，而燃料的品质，直接影响到船舶的实际燃料消耗量，所以，为避免发生争议，应在合同中订立"燃料品质条款"，对燃料品质做出明确约定。如果船舶使用的是合同约定的高品质燃料，而实际消耗量超过合同约定的数量，则船舶所有人必须承担违约赔偿责任。

（3）船舶航行区域与安全港口

期租船合同不对航线作具体约定，只约定某一航行区域，通常，船东会对航行区域作如下限制：以英国伦敦保险协会承保航行区域为限；不得去战争、冰冻区、罢工地区等不安全港口，否则由承租人支付附加保险费；不得去对方船旗有限制地区。

承租人必须在合同约定的航行区域内航行，否则船长有权拒绝执行航运指示；即使船长接受指示，由于超出约定航行区域范围而产生的一切后果，由承租人承担。

（4）货物的名称

在期租船合同中，通常只约定承租人有权运输合法贸易货物，同时列明除外货物。除外货物一般包括活动物和危险货物等。如果承租人使用船舶装运非约定的合法货物，或者擅自装运活动物或者危险货物，则应对出租人因此遭受的损失负赔偿责任。

（5）租期

租期又称租船期间，是承租人租用船舶的期限，租期由双方当事人协商确定，单位可用日、月、年表示。租期通常从交船之时起算，租期届满时，承租人应将船舶还给出租人。实务中，租期的计算方法主要有两种：约定上下限，由租船人选择。例如

---

[1]　姚新超. 国际贸易运输与保险. 第 1 版. 北京：对外经济贸易大学出版社，2006：101-106.

司玉琢等. 新编海商法学. 第 1 版. 大连：大连海事大学出版社，1999：278-291.

"最少 6 个月，最多 9 个月"；约定具体期限，另加伸缩条款。例如"租期 6 个月，伸缩 15 天"。

（6）交船与解约

交船是指船舶出租人按合同约定将船舶交给承租人使用。出租人应在合同约定的时间或期限内，在约定的交船地点将船舶交给承租人。通常情况下，交船期限的最后一天为解约日，如果出租人未能在这一天之前将船舶按约定条件交给承租人，承租人有权解除合同。有时，合同双方约定的解约日是交船期限届满之后的某一天，那么，如果出租人在交船期限届满之日与解约日之间交船，则为出租人违约，但承租人不能解除合同。

（7）出租人和承租人负责提供并支付费用的项目

出租人负责支付船长和船员的工资，提供船长和船员的伙食和给养，以及甲板和机舱的备用品及船用品并支付费用，支付船舶保险费、折旧费、检验费、修理费和船舶日常开支。

承租人负责提供船舶燃料、淡水（船员生活用水按约定除外）、垫舱物料和防移板（船上已有的除外）并支付费用，安排货物装卸，支付货物装卸费及其他港口使用费、代理费、税金等费用。合同中一般约定，如经船长要求，承租人应垫付船舶日常开支，但可在事后支付的租金中扣除；承租人可以免费使用船上的装卸设备及照明设备。

（8）租金的支付与撤船

承租人应按合同约定的数额、币种、方式、时间和地点支付租金。租金的数额或是按船舶载货能力每吨每月计算，或是按船舶每月的租金率计算。租金每一期时间的长短，或以日历月为准，或按 30 天为一个月计算，或是按半个月计算，承租人应在租金到期日将符合合同约定的租金支付到船东指定银行账户上。承租人未向出租人支付租金或者合同约定的其他款项时，出租人对船上属于承租人的货物和财产以及转租船舶的收入有留置权。

如果承租人未按合同约定准时、足额支付每一期租金，则不论承租人有无过错，出租人均有权通过撤回船舶而解除合同，并且不影响出租人对承租人的索赔。出租人撤船，无需征得承租人同意，但出租人应在合同约定时间或合理时间内行使该权利，否则即构成弃权。有的当事人还在合同中约定，出租人行使撤船权利，必须向承租人发出撤船通知，否则即构成对撤船权利的放弃。租船实务中，当事人还会在合同中订立抵御市场波动条款（也称反技巧性条款），约定：如承租人未准时和全额支付每一期租金，出租人应书面通知承租人在若干个银行工作日内予以弥补。只有在承租人未及时予以弥补时，出租人才能行使撤船的权利。

（9）停租

停租是指在租期内，并非由于承租人的原因，承租人不能对船舶按合同约定予以使用时，可以停付租金。停租的原因主要有：人员或物料不足；船体或设备的故障或损坏；船舶或货物遭受海损事故而引起延误；船舶入坞或清洗锅炉。

承租人可停租的时间，合同中一般约定为由于停租原因的发生而因此损失的营运时间。在停租期间，除合同另有约定外，承租人仍应提供燃料等并支付费用。但是，如果承租人能够证明，停租的原因系出租人一方违约所致，则有权通过损害赔偿途径，向出租人追偿其所支付的费用。

（10）还船

还船是指承租人按合同约定，在租期届满之时，将船舶还给船舶出租人。实务中，常会出现船舶最后航次结束之日并非租期届满之时的情况，因此，承租人有时会延期还船，而有时则会提前还船。

承租人延期还船情况下，若船舶的最后航次为合法的最后航次，即使承租人在该航次结束后还给出租人时租期已届满，也不会被视为违约，但是，对于超期的时间，承租人应按合同约定租金率支付租金。

若承租人指示船舶进行非法的最后航次，出租人或船长有权拒绝接受承租人的指示，并要求承租人另行指示合法的最后航次。如承租人不另行指示，出租人有权视合同已经终止，并以承租人违约为由，请求其赔偿合同提前终止期间的租金损失。如出租人或船长接受承租人的指示，承租人应支付约定租金直至租期届满，并且，对于超期的时间，如航运市场价格上涨，承租人应按市场租金率支付租金；如航运市场价格下跌，承租人仍应按约定租金率支付租金。

承租人提前还船时，出租人应接受船舶，同时有权就因此遭受的租金损失向承租人索赔，不过，出租人也应采取措施减轻损失。

合同中通常会约定两个或几个港口，或者一个区域，作为还船的地点，由承租人选择。至于还船时船舶的状态，通常约定：除自然耗损外，还船时，船舶应处于与交船时相同的良好状态。通常，通过比较交船检验报告和还船检验报告可以确定哪些船舶损坏属于自然耗损。如果还船时船舶损坏超出自然耗损的范围，承租人应当负责修复或者给予赔偿。此外，合同中通常还约定还船时船上所剩燃料的数量，且由出租人按当时当地的价格购买。

（11）转租

合同中一般会约定转租条款，即承租人可将船舶转租给第三者转租承租人，但原承租人始终负有履行原租船合同的责任。

承租人与转租承租人订立的转租合同，在船舶航行区域、装运货物的范围等方面，不能与原租船合同相抵触，否则，船长有权拒绝接受转租承租人的指示。

（12）仲裁

租船合同中通常订有仲裁条款，约定在租期内合同双方所发生的一切纠纷应交仲裁解决。在仲裁条款中，除明确选择仲裁这种解决争议方式外，一般还应明确约定仲裁地点、仲裁机构以及适用法律。

7.5 其他国际运输方式的国际规则

7.5.1 国际航空货物运输法

1. 有关国际航空货物运输的国际公约

目前，有关国际航空运输的国际公约主要有：1929 年的《华沙公约》、1955 年的《海牙议定书》、1961 年的《瓜达拉哈拉公约》以及 1999 年的《蒙特利尔公约》。

（1）《华沙公约》

《华沙公约》全称为《关于统一国际航空运输某些规则的公约》（CONVENTION for the Unification of Certain Rules for International Transportation by Air），于 1929 年 10 月获得参与国批准，并于 1933 年 2 月 13 日作为一项国际公约生效。《华沙公约》为调整国际航空运输创立了一整套相对完整的基本制度，虽经多次修改，迄今仍是调整国际航空运输的主要公约。我国在 1958 年加入该公约。

（2）《海牙议定书》

《海牙议定书》全称为《修改 1929 年 10 月 12 日在华沙签订的统一国际航空运输某些规则的议定书》（PROTOCOL to Amend the Convention for the Unification of Certain Rules Relating to International Carriage by Air），1955 年签订于海牙，1964 年 5 月 1 日生效。《海牙议定书》在航空运输凭证的规则以及航空承运人的损害赔偿责任规则方面都做出了重要的变更，但对《华沙公约》并未做出实质性的修改。由于在形式上《海牙议定书》与《华沙公约》构成了一个不可分割的完整的法律文件，所以在理论上被称为"华沙—海牙规则"。我国于 1975 年加入该公约。

（3）《瓜达拉哈拉公约》

《瓜达拉哈拉公约》全称为《统一非缔约承运人所办理的国际航空运输某些规则以补充华沙公约的公约》（CONVENTION SUPPLYMENTARY to the Warsaw Convention，for the Unification of Certain Rules Relating to International Carriage by Air Performed by a Person other than Contracting Carrier），于 1961 年在墨西哥的瓜达拉哈拉签订。《瓜达拉哈拉公约》对《华沙公约》所规定的"承运人"的概念进行了补充，在《华沙公约》尚未涉及的领域即实际承运人的损害赔偿责任规则领域，做出了补充规定，确立了统一的实际承运人损害赔偿规则。公约于 1964 年 5 月 1 日生效。我国至今并未加入。

（4）《蒙特利尔公约》

《华沙公约》以及在其之后制订出的公约或议定书的生效均依赖于签署国政府的批准，各自都构成独立的条约，这就使得《华沙公约》的缔约国并不当然是新公约或议定书的缔约国，一国法院在审理涉及不同国家的当事人的同一案件时，不得不针对不同国家的当事人适用不同的公约和责任限制。这样，随着华沙体系的法律文件数量的增加，以及各国在对同一公约解释上的差别，《华沙公约》对旅客、行李和货物运输规定的统一规则遭到了破坏，以《华沙公约》为主体的国际航空运输私法体系越来越庞杂与混乱。

1999 年，国际民航组织在加拿大的蒙特利尔召开外交会议，其缔约方中的 61 个国家和 4 个国际组织的共 182 人参加了会议。在这次会议上与会各方同意基于华沙公约制定一项新的公约以适应迅速发展的国际航空运输的现状，并于 5 月 28 日通过了一个旨在替代华沙公约及华沙体系的其他一系列议定书和协议，创立一个统一的航空运输责任体系的新国际公约，即新的《统一国际航空运输某些规则的公约》（CONVENTION for the Unification of Certain Rules for International Carriage by Air），因订立于蒙特利尔，所以一般简称为《蒙特利尔公约》。《蒙特利尔公约》于 2003 年 11 月 4 日正式生效。我国于 2005 年 6 月 1 日交存批准书，7 月 31 日起该公约对中国生效。

《蒙特利尔公约》是根据航空运输的发展现状所制定的形式上全新的统一规则，其框架结构和条款以《华沙公约》、修订《华沙公约》的议定书及国际航空运输人协会（IATA）的国际承运人协议为基础，包含了《海牙议定书》的部分内容，《蒙特利尔第 4 号议定书》① 稍做修改后几乎全文纳入，并编入了《危地马拉议定书》② 和《蒙特利尔第 3 号议定书》与新框架相符的部分内容，《瓜达拉哈拉公约》的规定作为单独一章纳入新公约。《蒙特利尔公约》制定的目的在于重新统一国际航空运输的规则，因此，公约第 55 条对公约与华沙体系其他法律文件的关系做出了专门的规定："在下列情况下，蒙特利尔公约应当优先于国际航空运输所适用的任何规则：（1）在蒙特利尔公约当事国之间履行的国际航空运输，而这些当事国同为 1929 年的华沙公约、1955 年的海牙议定书、1961 年的瓜达拉哈拉公约、1971 年的危地马拉议定书及 1975 年四个蒙特利尔议定书的缔约国；（2）在蒙特利尔公约的一个当事国领土内履行的国际航空运输，而该当事国是上述第（1）项所述及的公约中一个或者几个法律文件的当事国。"

2. 国际航空货物运输公约的主要内容

（1）国际航空货物运输凭证

①国际航空货物运输凭证及功能。国际航空货物运输凭证是航空运输合同的初始证据，如果没有相反的证据证明，该运输凭证就是国际航空运输合同内容的证据。在

---

① 《蒙特利尔议定书》一共有四个，是作为修订华沙体系的"附加议定书"于 1975 年在蒙特利尔举行的航空法外交会议上制定的。第 1—3 号议定书，自 1975 年推出以后，由于始终达不到议定书第 18 条第一款所确定的 30 个批准国的生效底线，至今未能生效。第 4 号议定书主要对《华沙公约》和《海牙议定书》的货物运输相关条款进行了修改，于 1998 年 6 月 14 日生效。

② 《危地马拉议定书》是以美国为首的 21 个国家于 1971 年 3 月 8 日在危地马拉的危地马拉城签订，其正式名称是《修改经 1955 年 9 月 28 日在海牙签订的议定书修正的 1929 年 10 月 12 日在华沙签订的统一国际航空运输某些规则的公约的议定书》（PROTOCOL to Amend the Convention for the Unification of Certain Rules Relating to International Carriage by Air Signed at the Warsaw on 12 October 1929 as Amended by the Protocol Done at the Hague on 28 September 1955）。该议定书的内容较为符合美国的利益，但却难以得到世界上其他国家的支持，迄今尚未生效。

《华沙公约》体系下，运输凭证包括旅客客票、行李票和航空货运单（Air Waybill）。《蒙特利尔第 4 号议定书》增加了"货物运输凭证（Documentation Relating to Cargo）"的概念，即除航空货运单外，货物运输凭证还包括对应电子货运凭证而出现的货物收据（Cargo Receipt）。这一概念和相关规定又为《蒙特利尔公约》所继承。

国际航空货物运输凭证的功能是：第一，是运输合同成立的证明。《蒙特利尔公约》第 11 条规定："在没有相反证据时，航空货运单和货物收据就是航空货物运输合同订立、运输条件及承运人已经接受托运人交付的货物的证明。"第二，是货物收据。货物运输凭证是承运人出具的托运人已交付货物和承运人已接收货物的收据。第三，国际航空货物运输凭证在实践中还有运费计算文书、结账文书、取得保险的证明文书以及承运人内部业务处理的依据等辅助功能。

②国际航空货物运输凭证的形式。国际航空货物运输凭证表现为航空货运单和货物收据的形式。航空承运人有权要求托运人填制和提交航空货运单，托运人有权要求承运人接受此项货运凭证。具体要求包括：托运人应当填写航空货运单正本一式三份，第一份由托运人签字并应注明"交承运人"，第二份由托运人和承运人签字并应注明"交收货人"，第三份由承运人签字且由承运人在接受货物后将其交给托运人；承运人和托运人的签字可以印刷或者盖章；承运人根据托运人的请求填写航空货运单的，在没有相反证明的情况下，应当视为代托运人填写。另外，如果货物不止一件，承运人有权要求托运人分别填写航空货运单或货物收据。

为了适应 20 世纪 70 年代后期以来出现的运输凭证电子化的趋势，《蒙特利尔第 4 号议定书》第 3 条规定："经托运人同意，可以用能够保持运输记录的任何其他方法代替出具航空货运单。在采用这种其他方法时，如托运人要求，承运人应向托运人开具货物收据，以便识别货物并获得此种其他方法所保存的记录资料。"由于电子货运凭证一般是由承运人在计算机上完成的，托运人在一定程度上无法完全确认电子航空货运单或其他运输记录的内容，所以，该议定书在其第 10 条第 3 款又特别补充规定："在遵循本条第 1 款和第 2 款规定的条件下，对于因承运人或以其名义在货物收据上或者在第 5 条第 2 款所指其他方法所保存的记录上载入的各项说明和声明不合规定、不正确或不完备而使托运人或者托运人对之负责的人和他人遭受的一切损害，承运人应承担责任。"

③货物运输凭证的内容。有关国际航空货运单的必备内容，《华沙公约》的规定十分详细、具体，且其第八条（一）至（九）和（十七）① 对承运人具有强制性。《蒙特利尔公约》对货运凭证的内容和形式已不再采取强制性的做法，其第五条所要求的内容只有三项，即：始发地点和目的地点；如始发地点和目的地点在同一缔约国领土内，

---

① 即：（1）货运单的填写地点和日期；（2）起运地和目的地；（3）约定的经停地点，但承运人保留在必要时变更经停地点的权利，承运人行使这种权利时，不应使运输由于这种变更而丧失其国际性质；（4）托运人的名称和地址；（5）第一承运人的名称和地址；（6）必要时应写明收货人的名称和地址；（7）货物的性质；（8）包装件数、包装方式、特殊标志或号数；（9）货物的重量、数量、体积或尺寸；……（17）声明运输应受本公约所规定责任制度的约束。

而在另一个国家领土内有一个或数个约定的经停地点，至少一个此种经停地点；货物的重量。

（2）承运人的责任制度

①华沙—海牙规则体系下的推定过失责任制。推定过失责任原则是指，当损失发生时，首先推定承运人有责任，应该赔偿因损失的发生而享有损害赔偿请求权的权利人的损失，除非其有证据能够证明该情形属于法定的免责情形。

在货物运输领域，根据华沙公约，承运人对航空运输期间所发生的货物因毁灭、遗失、损坏及延误而产生的损失应当承担责任。但是，如果承运人能够证明，自己和他的代理人为了避免损失的发生，已经采取一切必要的措施，或不可能采取这种措施时，就不负责任。而且，如果承运人证明损失的发生是由于驾驶上、航空器的操作上或领航上的过失，而在其他一切方面承运人和他的代理人已经采取一切必要的措施以避免损失时，承运人就可以免除责任。

《海牙议定书》继续采用推定过失责任制，但取消了驾驶、飞机操作和领航免责的规定。

②《蒙特利尔第 4 号议定书》与《蒙特利尔公约》规定的严格责任制。根据《蒙特利尔第 4 号议定书》，对于货物因毁灭、遗失或损坏造成的损失，只要造成这种损失的事件发生在航空运输期间，承运人即应承担责任，而不论承运人有过错与否。但是，如果损失是由下述原因之一所致，承运人可免除责任：货物的属性或本身缺陷；承运人或其受雇人以外的人包装不善；战争行为或武装冲突；公共当局采取的与货物入境、出境和过境有关的行为。

《蒙特利尔公约》基本上继承了蒙特利尔第 4 号议定书的严格责任制。

（3）承运人的责任限制

①责任限额。在货物运输中航空承运人的责任限额方面，《华沙公约》与《海牙议定书》均规定，在未经托运人事先声明货物价值并加付相应的运费的情况下，承运人的责任限额为每公斤 250 普安卡雷法郎；《蒙特利尔第 4 号议定书》则采用特别提款权为计算单位，其规定的责任限额和《蒙特利尔公约》的规定一致，都为 17 特别提款权，且不论损害赔偿请求权的产生是因为货物在运输中是毁灭、遗失、损坏还是延误；非国际货币基金组织成员的国家和法律不允许适用特别提款权的国家，可在批准或加入或其后的任何时候声明，在其领土内诉讼时，承运人的责任以每公斤 250 货币单位为限，此种货币单位相当于含有 900‰成色的 65.5 毫克的黄金，该货币单位的价值实际上与普安卡雷法郎相等。

②公约责任限额的适用范围。在适用公约的航空事故或事件中引起的航空运输责任，常常表现为违约责任与侵权责任的竞合，为了避免出现承运人责任因选择侵权之诉和违约之诉的不同而导致的适用法律的不同，以及由此产生的其他弊端。《蒙特利尔第 4 号议定书》明确规定，在货物运输中，任何责任诉讼，不论其根据如何（本公约、合同、侵权行为或者任何其他原因），只能按照公约规定条件和限额提起，但不妨碍确定谁有权提起诉讼以及他们各自的权利。

③责任限制的例外。第一，公约规定的责任限额是最低标准从《华沙公约》到《蒙特利尔公约》，都严格禁止承运人制定使自己免于承担责任或承担低于公约规定的责任限额的条款，但是，承运人可以在运输合同中与货方约定适用高于公约规定的责任限额，或者无责任限额。保价运输可突破公约规定的责任限制。第二，保价运输是指托运人在托运货物时基于自己的意志向承运人声明货物的实际价值，并缴纳相应的费用，当货物在运输过程中发生损坏时，承运人按照托运人的声明价值赔偿损失。《蒙特利尔公约》第 22 条第 3 款规定："在货物运输中造成毁灭、遗失、损坏或者延误的，承运人的责任以每公斤 17 特别提款权为限，除非托运人在向承运人交运包件时，特别声明在目的地点交付时的利益，并在必要时支付附加费。在此种情况下，除承运人证明托运人声明的金额高于在目的地点交付时托运人的实际利益外，承运人在声明金额范围内承担责任。"第三，承运人有意的不良行为所致损失赔偿责任不适用公约责任限额规定。《华沙公约》第 25 条规定："如果损失的发生是由于承运人的有意的不良行为（英文为 willful misconduct；法文为 dol），或由于承运人的过失，而根据受理法院的法律，这种过失被认为等于有意的不良行为，承运人就无权引用本公约关于免除或限制承运人责任的规定。"《华沙公约》在很大程度上是以法国航空法为蓝本制定，所以该条文引用了法国航空法中的"dol"这一概念。由于法律传统的差异，在 1929 年的华沙外交会议上，对于法文版《华沙公约》中"dol"一词的理解，各国意见相持不下，不过，最终还是达成了妥协：对于第二十五条的适用，可各自使用本国传统的法律概念。因此，有些大陆法系国家在将《华沙公约》译成本国文字时，将第 25 条直译为"依起诉法院地法视为相当于 dol 的严重过失"；而以英美两国为首的普通法系国家则多将"dol"译为"willful misconduct"；中国民用航空局（CAAC）网站上的汉语版《华沙公约》，译为"有意的不良行为"①

《海牙议定书》第 14 条按普通法系"willful misconduct"的概念在《华沙公约》第 25 条后加入三项条款，概括而言之，即是："如经证明造成损失系出于受雇人或代理人的故意，或明知可能造成损失而漠不关心的行为或不作为，则不适用第 22 条的规定。"在《海牙议定书》生效后的数年里，各国法院在实际适用"有意的不良行为"相关条款时，在涉及的主客观标准问题、解释问题方面仍出现了大量争议。

《蒙特利尔公约》对"有意的不良行为"的定义同《海牙议定书》相比基本上未发生改变，公约第 22 条第 5 款规定："经证明，损失是由于承运人、其受雇人或者代理人的故意或者明知可能造成损失而轻率地作为或者不作为造成的，不适用本条第 1 款和第 2 款的规定；对于受雇人、代理人的此种作为或者不作为，还应当证明该受雇人、代理人是在受雇、代理范围内行事。"

（4）索赔与诉讼

根据华沙—海牙规则，收货人如发现货物有损坏，最迟应在收到货物之日起 14 日内向承运人提出书面异议。如果延迟交货，最迟应在收货后 21 天内提出异议。异议必

---

① http://www.caac.gov.cn/B1/GJXD/200710/t20071017_ 8498. html。

须是书面形式。而且，只有已向承运人提出异议，才可提出诉讼。

根据《华沙公约》，收货人如发现货物有损坏，其诉讼时效为 2 年，自航空器到达目的地之日，或应到达之日，或运输终止之日起算。

根据《华沙公约》，货物运输争议之原告可选择在下列缔约国之一的法院起诉：承运人所在地；承运人主要营业场所所在地；签订合同的机构所在地；目的地。货物运输合同的解决争议条款或其他任何特别协议，均不得变更公约关于管辖权的规定，但当事人可在上述有管辖权的法院所在地范围内，协议选择仲裁地和仲裁机构进行仲裁。

7.5.2　国际货物铁路运输法

1. 有关国际货物铁路运输的国际公约

有关国际货物铁路运输的国际公约主要有：《国际货协》（CMIC）和《国际货约》（CIM）。

（1）《国际货协》

《国际货协》全称为《国际铁路货物联合运输协定》，1951 年在华沙订立。我国于 1953 年加入。现行的是 1974 年 7 月 1 日生效的修订本，其成员国主要是原苏联、东欧国家，以及中国、蒙古、朝鲜、越南等国。

（2）《国际货约》

《国际货约》全称为《关于铁路货物运输的国际公约》，1961 年在伯尔尼签字，1975 年 1 月 1 日生效。1980 年修订后形成了《关于铁路货物运输的国际公约》合成本，该合成本于 1985 年 5 月生效。

有些《国际货协》的国家同时又是《国际货约》的成员国，因此参加《国际货协》国家的进出口货物可以通过铁路直接转运到《国际货约》的成员国，国际间铁路货物运输就更为便利。

2. 《国际货协》的主要内容①

《国际货协》在以下几个方面作了规定：

（1）运输合同的订立

收货人在托运货物的同时，应对每批货物按规定的格式填写运单和运单副本，由发货人签字后向发运站提出。从发运站承运货物（连同运单一起）时起，即认为运输合同业已成立。

（2）运单的性质

运单既是铁路承运货物的凭证，也是铁路在终点站向收货人核收运杂费和点交货物的依据。在发货人提交全部货物和付清其所负担的一切费用后，由发运站在运单和

---

①　因中国参加的是《国际货协》，所以本部分结合《国际货协》介绍国际货物铁路运输合同的相关规则。

运单副本上加盖发运站日期戳记，证明货物业已承运。运单一经加盖戳记后，就成为运输合同的凭证。运单随同货物从发运站至到站全程附送，最后送交收货人。但运单不同于海运提单，不是所有权凭证，不能转让。运单副本在加盖印戳后退还发货人。运单副本不具运单的效力，不过，在中国，运单副本是卖方通过有关银行结算货款时的主要单证之一。

（3）运费的计算与支付

①发送路的费用。发送路是指发站国境内所属的一段铁路，其运送费用按发送国的国内运价计算，由发货人向始发站支付。

②到达路的费用。到达路是指到达国境内所属的一段铁路，其运送费用按到达国的国内运价计算，由收货人向终点站支付。

如果始发站和终点站分别属于两个相邻的国家，无须经第三国过境运输，且两国间订有铁路直通运价规程，则按运输合同订立当天有效的直通运价规程计算。

③过境路的费用。过境路是指货物须经第三国过境运输时，所经过的第三国的铁路。过境铁路的运输费用，应按运输合同订立当天有效的国际货协统一运价规程（简称统一货价）的规定计算，可由始发站向发货人核收，也可由到达站向收货人核收。但是，若按统一货价的规定，各过境铁路的运送费用必须由发货人支付时，则不得将该项费用转由收货人支付。

④各国铁路之间的结算办法。每一铁路在承运或交付货物时间向发货人或收货人按合同约定核收运费和其他费用之后，必须向参加该次运输业务的各铁路支付其应得部分的运送费用。

（4）运输合同的变更

发货人和收货人都有权对运输合同进行必要的更改，但各自均只能变更一次，且在变更合同时，不得将一批货物分开办理。发货人一方的变更，主要包括：在始发站将货物领回；变更到达站；变更收货人；将货物运还始发站。收货人一方的变更，主要包括：在到达国范围内变更货物的到达站；变更收货人。

（5）货物的交付、拒收和留置

①货物的交付和拒收。货物运抵到达站，在收货人付清运单所载的一切应付运费后，铁路必须将货物连同运单一起交给收货人；收货人则应付清运送费用并领取货物。只有在货物因毁损或腐坏，以致部分或全部货物不能按原用途使用时，收货人才可以拒绝领取货物。如果运单中所载的货物部分短少，也应按运单向铁路支付应付的全部款额，然后再根据《国际货协》第28条的规定要求铁路退还对未交付部分货物所付的款额。

如果铁路在货物运到期限届满后30天内，未将货物交付收货人或未交由收货人处理时，收货人无须提出任何证据即可认为货物已灭失。若货物在上述期限届满后运到到达站，到达站应将此事通知收货人。如货物在运到期限届满后4个月内到达，收货人应予领取，并将铁路所付的货物灭失赔款和运送费用退还给铁路，不过，收货人对货物的迟交或毁损，仍有权请求损害赔偿。

②货物的留置。为了保证核收运输合同项下的一切费用，铁路对货物有留置权。

（6）铁路的责任

①责任期间。按国际货协运单承运货物的铁路，应负责完成货物的全程运送，铁路的责任期间从承运货物时起至到站交付货物时止①。在这段期间内，铁路应对货物运到逾期以及因货物全部或部分灭失或毁损所产生的损失负责，并对发货人在运单内所记载并添附的文件由于铁路过失而遗失的后果，以及由于铁路的过失未能执行当事人提出的运输合同变更申请书的后果负责。

②免责事项。铁路的免责事项主要包括：由于铁路不能预防和不能消除的情况；由于发货人或收货人的过失或由于其要求，而不能归咎于铁路；由于货物的特殊自然性质，以致引起自燃、损坏、生锈、内部腐坏和类似的后果；由于发货人或收货人装车或卸车的原因所造成；由于发送铁路规章许可，使用敞车类货车运送货物；由于发货人或收货人的货物押运人未采取保证货物完整的必要措施；由于容器或包装的缺陷，在承运货物时无法从其外表发现；由于发货人用不正确、不确切或不完全的名称托运违禁品；由于发货人在托运按特定条件承运货物的货物时使用不正确、不确切或不完全的名称，或未按《国际货协》的规定办理；由于货物在规定标准内的途耗。

如果货损的发生是上述免责事项中的前两项所致，铁路应负举证责任；如果根据情况推定，货损的发生是可归责于上述免责事项中前两项以外的其他原因，若收货人或发货人不能证明货损是由于其他原因引起时，即可认定损失是由于这些原因引起，承运人可免除责任。

如果在运输过程中发生雷（沙）灾、火灾、崩陷和其他自然灾害，或发生其他致使行车中断或限制的情况，致使货物未能按合同约定的运到期限运达，铁路也可免除责任。

③货损赔偿额。铁路对货损的赔偿金额，在任何情况下，都不得超过货物全部灭失时的款额。货物发生全部或部分损失时，铁路应按外国售货者在账单上开列的价格，计算货物的赔偿金额；如果发货人对货物的价格另有声明，则铁路应按声明的价格计算货物的赔偿金额。货物遭受损坏时，铁路只赔偿相当于货物价格减损金额的款额，对于其他损失则不赔偿；货物运到逾期时，铁路应以所收运费为基础，按超逾期限的长短，向收货人支付逾期罚款。

（7）索赔与诉讼

①索赔。收货人和发货人有权根据运输合同的约定，以书面形式向发货站或收货站提出索赔：第一，当货物全部灭失时，由发货人提出，同时须提交运单副本；如由收货人提出，同时须提交运单副本或运单；第二，当货物部分灭失、毁损或腐坏时，由发货人或收货人提出，同时须提交运单及铁路在到达站交给收货人的商务记录；第三，逾期交付货物，由收货人提出，并提交运单；第四，多收运送费用时，由发货人按其已交付

---

① 如果是向未参加《国际货协》国家的铁路办理货物转发送时，铁路的责任则将到按另一种国际协定的运单办完运送手续时为止。

的款额提出，同时必须提交运单副本或发送站的国内规章等其他文件；也可由收货人按其所交付的运费提出，同时须提交运单。

②诉讼。根据《国际货协》的规定，只有在铁路拒绝全部或部分赔款，或在 180 天内不作答复的情况下，索赔者才有权提出诉讼。关于依据运输合同的索赔和关于支付运送费用、罚款和赔偿损失的诉讼请求，应在 9 个月内提出；关于货物逾期索赔的诉讼，应在 2 个月内提出。具体诉讼时效起算日如下：关于货物毁损或部分灭失以及运到逾期的赔偿，自货物交付之日起算；关于货物全部灭失的赔偿，自货物运到期限届满后 30 天起算；关于补充运费、杂费、罚款的要求，或关于退还此项款额的赔偿请求，或纠正错算运费的要求，应自付款之日起算；如未付款，应自交货之日起算；关于支付变卖货物的余款的要求，自变卖货物之日起算；在其他所有情况下，自确定赔偿请求成立之日起算。时效期间已过的赔偿请求和要求，不得以诉讼形式提出。

7.5.3　国际货物多式联运法

1. 国际货物多式联运及其特点

（1）国际货物多式联运的含义

国际货物多式联运，是指按多式联运合同，以至少两种不同的运输方式，由多式联运经营人将货物从一国境内接管货物的地点运至另一国境内指定交付货物的地点的货物运输。可见多式联运是两种以上的不同运输方式的连贯运输，是发货人与多式联运经营人订立一个运输合同，凭一张运输单证，综合多种运输方式的运输。

（2）国际货物多式联运的特点

国际货物多式联运是随着国际贸易和国际运输需要而产生的一种运输方式，其特点是：

①将单一运输方式联系起来，实现了门对门的运输方式；

②采用两种或两种以上的运输方式；

③有一个多式联运合同，并使用一份全程多式联运单据予以证明；

④只有一个多式联运经营人负责完成多式联运；

⑤制定全程统一运费，并一次收取。

2. 国际货物多式联运相关的法律问题

传统的货物运输是将运输分为几个部分，不同部分适用不同法律。但多式联运是将多种运输作为单一运输，这样确定当事人的法律关系就是一件困难的事。由此引起了一些法律问题：谁是多式联运合同的当事人（是联运经营人、海运经营人还是内陆经营人？）；是否有统一的多式联运单证，单证具有什么性质；对多式联运经营人实行什么样的责任制（网状责任制还是统一责任制）；多式联运经营人以什么原则承担赔偿责任（不完全过失原则、完全过失原则还是严格责任原则）；多式联运经营人赔偿的责任限制以及法律适用等。为了解决这些法律问题，国际组织进行了大量的工作，制定了有关规则和公约。

3. 有关国际货物多式联运的国际法规则

（1）《联合运输单证统一规则》

《联合运输单证统一规则》（Uniform Rules for A Combined Transportation Document，1973）由国际商会于 1973 年制定，1975 年进行了修改，通称为国际商会 298 号出版物。《联合运输单证统一规则》属于不具有强制约束力的国际惯例，不过，国际货物多式联运合同双方当事人经常通过协议方式选择适用该规则。

（2）《联合国国际货物多式联运公约》

《联合国国际货物多式联运公约》（United Nations Convention on International Multi-modal Transport of Goods，1980）（以下简称《多式联运公约》）是 1980 年 5 月 24 日在日内瓦举行的联合国国际联运会议第二次会议上，经与会的 84 个贸发会议成员国一致通过的。由于至今批准加入该公约的国家仍不足公约规定的 30 个，所以，该公约尚未生效。

（3）《联合国贸易和发展会议/国际商会多式联运单证规则》

20 世纪 90 年代，鉴于《联合国国际货物多式联运公约》迟迟未能生效，国际商会建议将国际商会《联合运输单证统一规则》与《多式联运公约》合并，制定新的规则，使之在《多式联运公约》生效之前，供当事人在多式联运合同中自愿选用，以暂时弥补国际货物多式联运领域适用公约的空缺。为此，联合国贸易和发展会议会同国际商会，在对国际商会《联合运输单证统一规则》作出修订的基础上，共同制定了 1991 年《联合国贸易和发展会议/国际商会多式联运单证规则》（以下简称《多式联运单证规则》）。但是，该规则仍属于国际惯例范畴，供合同当事人双方自愿选用，并不具有强制适用性。

（4）《联合国全程或部分海上国际货物运输合同公约》①

2008 年 12 月 12 日，第 63 届联合国大会第 67 次会议审议通过了联合国国际贸易法委员会提交的《联合国全程或部分海上国际货物运输合同公约》（UN Convention on the Contracts of International Carriage of Goods Wholly or Partly by Sea），由于公约于 2009 年 9 月 21—23 日在荷兰鹿特丹开放签署，所以又称为《鹿特丹规则》（Rotterdam Rule）。《鹿特丹规则》是专门针对"门到门"的运输方式制定的，国际海上货物运输合同以及包括海运在内的国际货物多式联运合同均在该规则的调整范围之内。由于批准国家数量至今未达到公约规定的生效标准，《鹿特丹规则》尚未生效。

4. 《联合国贸易和发展会议/国际商会多式联运单证规则》的主要内容

（1）定义条款

货运合同中的用语是否符合《多式联运单证规则》定义条款的规定，关系到该合

---

① 参见本章第三节有关《鹿特丹规则》的内容。

同是否适用该规则。《多式联运单证规则》对多式联运合同中的"多式联运合同"、"多式联运经营人"、"承运人"、"托运人"、"收货人"、"多式联运单证"、"接管"、"交付"、"特别提款权"、"货物"等10项合同常用的用语，做出了较为明确的定义解释。

（2）多式联运单证

多式联运单证是指证明多式联运合同的单证。根据《多式联运单证规则》，订立多式联运合同后，并不一定要签发多式联运单证。但是，如果签发了多式联运单证，它就具有证明多式联运合同的作用。多式联运单证可以在适用法律的允许下，用电子数据交换信息取代。在签发的单证形式方面，既可以可转让方式签发，也可表明记名收货人，以不可转让方式签发。

《多式联运单证规则》对于多式联运单证应具备的内容并未做出强制性规定，只对多式联运单证的证据效力做出了与海牙—维斯比规则相类似的规定，即：载入多式联运单证的资料应当是多式联运经营人按照此种资料接管货物的初步证据，除非已有相反的证明，例如"托运人计重、装载和计数"、"托运人装箱"或类似表述已在单证上印成文本或批注作出。在多式联运单证已经转让或者等同的电子数据交换信息已经传输给收货人并经其接受、收货人又是善意信赖并据以行动的情况下，多式联运经营人提出的反证不被接受。

（3）多式联运经营人的责任

关于多式联运经营人的责任，《多式联运单证规则》采用的是典型的网状责任制①。

①责任期间。多式联运经营人的责任期间自其接管货物之时起到交付货物之时为止，在责任期间内，多式联运经营人应当对货物的灭失、损坏和延迟交付负赔偿责任，除非多式联运经营人证明，其"本人、受雇人、代理人"、或"其为履行多式联运合同而使用其服务的任何其他人"对造成此种灭失或损坏或延迟交付没有过失或疏忽。

②免责事由。多式联运经营人不应当对延迟交付所造成的损失负赔偿责任，除非托运人对如期交付的利益作出声明，并经多式联运经营人接受。延迟交付是指"货物未在协议明确的时间交付，或者虽无此种协议，但未在按照具体情况，对一个勤勉的多式联运经营人所能合理要求的时间内交付"。如果货物未在按上述规定"确定的交付日期届满后连续九十日内交付，在无相反证据的情况下，索赔人即可认为该货物已经灭失"。此外，如果多式联运中包括了海运区段的运输，多式联运经营人对在海上或内河运输中由于下列原因造成的货物灭失或损坏以及延迟交付不负赔偿责任：承运人的船长、船员、引航员或受雇人在驾驶和管理船舶中的行为、疏忽或过失以及火灾；承运人的实际过失或私谋。

（4）多式联运经营人的赔偿责任

①赔偿额的计算。货物灭失或损坏的赔偿额应按交付给收货人的地点和时间或者按

---

① 网状责任制，是指在多式联运中，联运经营人对全程运输负责，但其只按发生货物灭失、损害或延迟交付的运输区段的责任制度承担赔偿或违约责任。

照多式联运合同应当交付的地点和时间的货物价值估算。货物的价值应按当时商品交换价格计算，或者无此价格时，按照当时市场价格，或者上述两者价格都没有时，则将按同类和同质量的货物正常价格计算。

②赔偿责任限额。除非在多式联运经营人接管货物之前，已由托运人对货物的性质和价值作出声明并已在单证上注明，多式联运经营人在任何情况下对货物灭失或损坏的赔偿额不得超过每件或每单位 666. 67SDR 或者毛重每公斤 2SDR，以其高者为准。

如果一个集装箱、货盘或类似运载工具载有一件或一个单位以上的货物，则在单证上列明的装载在此类运载工具中的件数或货运单位数即视为计算限额的件数或货运单位数。未按上述要求列明者，此种运载工具应作为一件或单位。

如果按照多式联运合同，多式联运不涉及海上或内河运输的，多式联运经营人的赔偿责任以不超过灭失或损坏货物毛重每公斤 8. 33SDR 为限；如果货物的灭失或损坏发生在多式联运中的某一特定区段，而且适用于该区段的国际公约或强制性的国家法律规定了另一项责任限额，如同对这一特定区段订有单独的运输合同一样，多式联运经营人对此种灭失或损坏的赔偿责任限额应当按照此种公约或强制国家法律的规定计算。

如果多式联运经营人对于延误交付所引起的损失或者非属货物灭失或损坏的间接损失负有赔偿责任，则其赔偿责任应当以不超过根据多式联运合同计收的多式联运运费为限。

多式联运经营人的赔偿责任总额，不超过货物全部灭失的责任限额。但是，如经证明货物的灭失或损坏或延迟交付是由于多式联运经营人本人故意造成，或者明知可能造成而毫不在意的行为或不为所引起的，那么，多式联运经营人就无权享受赔偿责任限制的利益。

（5）索赔通知和诉讼时效

①索赔通知。收货人接收货物时，若发现货物灭失或损坏，应当以书面形式通知多式联运经营人，并发出书面索赔通知。否则，此种货物的交付即为多式联运经营人已将多式联运单证所载明的货物交付给收货人的初步证据。但是，如果货物灭失或损坏不明显，收货人也可以在货物交付收货人之日后连续六日内将书面通知送交多式联运经营人，否则，此种收货人未在限期内及时提交书面通知的情形将构成联运经营人已将多式联运单证所载明的货物交付给收货人的初步证据。

②诉讼时效。除另有明确协议外，除非在九个月内提起诉讼，多式联运经营人应当被解除按《多式联运单证规则》规定所负的赔偿责任。诉讼时效期限从货物交付之日或应交付之日起算，或者，从延迟交付日期届满九十日内未交付已被收货人视为货物灭失之日起算。

5. 1980 年《联合国国际货物多式联运公约》的主要内容

（1）多式联运合同当事人的法律地位

多式联运合同是由多式联运经营人与发货人订立的合同。多式联运经营人是以"本人"身份与发货人立合同的当事人，他本人就是合同的当事人，而不是发货人或承运人的代表或代理。因此他有履行整个合同的责任，对全程负责。

发货人是以"本人"或以"本人"的名义与多式联运经营人订立合同的当事人。

（2）多式联运单据

多式联运单据，是指证明多式联运合同及多式联运经营人接管货物并按合同条款交付货物的单据。多式联运经营人接管货物时，即应签发多式联运单据。多式联运单据一般包括15项内容，其中缺1～2项内容，并不影响多式联运单据的性质。

多式联运单据的性质是：

①是多式联运合同的证明。尽管在一般情况下，多式联运合同的形式就是多式联运单据，但是本身并不是合同，只是合同的证明。

②是多式联运经营人接管货物的证明。多式联运单据是承运人从托运人处接管货物所签发的单据。如果多式联运经营人认为发货人所提供的资料没有准确地表明实际接管的货物的状况，或无适当方法核对，则他应在多式联运单上就此作出保留。如果没有批注就表明货物没有问题，那么他就要对货物全程负责。

③是收货人提取货物的凭据。多式联运单据可以依发货人的选择，签发可转让的单据或是不可转让的单据。可转让的多式联运单据具有物权凭证的性质和作用。

（3）多式联运经营人的责任

①多式联运经营人的责任制。采用统一责任制，即对货物的赔偿责任、运输全程适用共同的责任原则、共同的赔偿限额。也就是说，根据统一责任制，货物无论发生在哪一个区段，承运人都按同一个原则进行赔偿。

②责任期间与赔偿责任基础。多式联运经营人对于货物的责任期间，是自其接管货物起到交货物时止。这与《汉堡规则》相同，不同的是，多式联运经营人要对不是他履行的那部分运输负责。

赔偿责任基础是实行推定过失原则。多式联运人应对他的雇员、代理人和其他人员的过失负责，除非经营人能证明本人、受雇人或代理人为避免事故的发生已采取了一切所能合理要求的措施，否则则推定为有责任。

③赔偿责任的限制

多式联运经营人赔偿责任在一定的限度内，具体而言，对货物灭失或损坏的责任是：包括海运时，920特别提款权/件，或毛重2.75特别提款权/每公斤，以高者为准。不包括海运时，毛重8.33特别提款权/每公斤；对延迟交付造成损失的责任是：相当于延迟交付的货物应付运费的2.5倍，但不得超过多式联运合同规定应付的总额。

（4）诉讼时效与司法管辖

诉讼或仲裁的时效为2年，自多式联运经营人交付货物之日的次一日起算，如果货物未交付，则自货物应交付的最后一日的次一日起算。但是，如果在货物交付之日后6个月内，或在应当交付之日后6个月内，没有提出书面索赔通知，则在此期限届满后即失去诉讼权。

原告可以选择以下有管辖权的法院诉讼：被告主要营业所在地法院、多式联运合同订立地法院、多式联运合同和单据中所载明的法院、货物接收和交付地法院，如果合同当事人要求仲裁，应当有仲裁协议。

参考阅读

1. 姚梅镇．国际经济法概论（修订版）．第三版．武汉：武汉大学出版社，2002：245

2. 姚新超．国际贸易运输与保险．第1版．北京：对外经济贸易大学出版社，2006．

3. 司玉琢等．新编海商法学．第1版．大连：大连海事大学出版社，1999．

复习思考

1. 班轮运输合同与租船合同的主要区别是什么？
2. 什么是提单？它有什么作用？
3. 海运提单、空运单、铁路运单和多式联运单证之间有什么异同？
4. 《海牙规则》、《维斯比规则》、《汉堡规则》和《鹿特丹规则》有什么异同？

案 例 分 析

原告：ZG保险股份有限公司香港分公司。住所地：香港中环德辅道中×××号。

被告：荷兰ZH邮船公司。住所地：×××× 40，3011xb Rotterdam.

被告：福建T海运总公司。住所地：中国福建省福州市××商厦。

原告系一批货物的保险人，两被告系该批货物的承运人。第一被告荷兰ZH邮船公司的香港代理签发了提单，货物实际交由第二被告福建省T海运总公司所属"ZG28号"轮承运，起运港台湾高雄，目的港福州马尾。船舶在该航程运输途中因故沉没，货物灭失。原告在依保险合同理赔后，取得代位求偿权，提起诉讼，请求厦门海事法院判令二被告赔偿损失。第一被告荷兰ZH邮船公司在提交答辩状期间对案件管辖权提出异议，认为根据提单背面条款第25条的规定，运输合同项下的任何诉讼必须由荷兰鹿特丹法院审理，任何其他法院无权审理有关的纠纷，因此本案应由荷兰鹿特丹法院管辖。

分析并回答：
第一被告之管辖权异议是否成立？

第8章
国际货物运输保险法

在国际货物贸易中，货物通常要经过长途运输，面临着各种风险和损失，为了在风险损失后能得到一定的补偿，买方或卖方或托运人就要向保险人或保险公司投保货物运输保险，这样被保险人可以通过保险形式将风险转移给保险公司，而保险公司可以通过投保人缴的保险费筹措资金，当保险事故发生时，保险公司就可以通过聚集的资金对被保险人的损失进行赔偿。通过赔偿，不但被保险人可以得到经济补偿，而且还可以防止纠纷的产生。所以国际货物运输保险对国际货物买卖有十分重要的作用，国际货物运输保险合同是以国际货物买卖合同为中心订立的。

本章共分四节，对国际货物运输保险法律进行了较全面的介绍，主要内容有：国际货物运输保险的国际公约与国际惯例、国际货物运输保险合同、国际海上货物运输保险法、其他货物运输保险法等。本章重点是：国际货物运输保险相关基本概念；国际货物运输保险合同的基本原则；国际货物运输保险合同的订立、变更和终止；国际货物海上运输保险基本规则；国际货物航空运输保险基本规则；国际货物陆上运输保险基本规则等。

8.1 国际货物运输保险概述

8.1.1 国际货物运输保险的基本概念

1. 国际货物运输保险的概念与种类

国际货物运输保险，是指保险人对国际运输途中的货物因遭受保险事故所致损失，按照约定向被保险人承担赔偿责任的一种保险。国际货物运输保险直接由国际货物运输所引起，并服务于国际货物贸易，但国际货物运输保险法律关系独立于国际货物运输法律关系，是国际货物运输过程中的一种财产保险关系。

根据货物运输方式的不同，国际货物运输保险主要可分为货物海上运输保险、货物航空运输保险、货物陆上运输保险、邮包保险和国际货物联运保险等。

2. 国际货物运输保险的相关术语

（1）保险人

保险人（Insurer）又称承保人（Underwriter），是与投保人订立保险合同，收取保险费，并在保险事故发生后按约定承担保险责任者。世界上大多数国家的保险法均规定经营商业保险者应为法人组织。

（2）投保人

投保人（Policy-holder）是与保险人订立保险合同，并负有按约支付保险费义务者。在国际货物运输保险合同关系中，投保人可能就是被保险人，也可能是替被保险人代为办理投保手续者。

（3）被保险人

被保险人（Insurant）是其财产受保险合同保障并享有保险金请求权者。国际货物运输保险的被保险人通常是货物所有人或收货人。

（4）保险标的

保险标的（Object of Insurance）又称为保险对象（Insured Object），是指被保障的财产及其有关利益。在国际货物运输保险中通常是指运输中的货物。

（5）保险利益

保险利益（Insurance Interest）又称可保利益或可保权益，是指投保人或被保险人对保险标的因具有利害关系而享有的合法的经济利益。投保人或被保险人所享有的此种经济利益，因与保险标的有关的保险事故发生以致经济生活不安定从而遭受损失；因保险事故不发生、经济生活保持安定从而得以继续享有。保险利益是保险法律关系的重要构成要件之一，只有投保人或被保险人对保险标的具有保险利益，保险合同方为有效①。

（6）可保风险

可保风险（Insurable Risk）是指符合保险人承保条件的特定风险。可保风险必须具备下列条件：①是纯粹风险。纯粹风险是一种只有损失机会，没有获利可能的风险。②具有不确定性。不确定性是指：风险是否发生是不确定的；风险发生的时间是不确定的；风险发生的原因和结果是不确定的。③使大量标的均有遭受损失的可能。即大量的性质相近、价值相近的风险单位面临同样的风险。④损失程度较高。风险一旦发生，其所导致的损失是超出被保险人承受限度的，将会使被保险人面临极大的经济困难和不便。⑤损失的发生具有分散性。即此种风险不可能导致保险标的同时遭受损失。⑥具有现实的可测性。只有可测的风险才有可能通过数据分析计算风险发生的概率或某一风险单位的损失概率，并以此为据厘定保险费率。

（7）保险风险

---

① 各国的保险法通常都规定：人身保险的投保人在保险合同订立时，对被保险人应当具有保险利益。财产保险的被保险人在保险事故发生时，对保险标的应当具有保险利益。

保险风险（Insurance Risk），又称保险危险，是指可能发生而尚未发生的、会使保险标的遭受损害的危险或事故，包括自然灾害、意外事故或事件等。保险合同中有关保险危险的约定，是确定保险人责任范围的重要依据。

（8）保险事故

保险事故（Insurance Accident）是指保险合同约定的保险责任范围内的事故。发生保险事故并造成保险标的损失的，保险人就应按照保险合同约定承担相应保险责任。

（9）保险价值

保险价值（Insured Value）是指投保人与保险人订立保险合同时，作为确定保险金额基础的保险标的的价值，是保险标的在某一特定时期内以金钱估计的价值总额，也就是投保人对保险标的所享有的保险利益在经济上用货币估计的价值额。

（10）保险金额

保险金额（Insurance Amount），是指保险人承担赔偿或给付保险金责任的最高限额，同时，也是保险人计收保险费的基础。保险赔偿金额只应低于或等于保险金额而不应高于保险金额。

（11）保险费

保险费（Insurance Premium）是指投保人按合同约定向保险人支付的费用。国际货物运输保险的保险费率（Premium Rate），由保险公司根据一定时期、不同种类的货物的赔付率，按不同险别和目的地确定。保险费的计算公式是：保险费＝保险金额×保险费率。如按 CIF 或 CIP 价加成投保，则计算公式为：保险费＝CIF（或 CIP）价×（1+投保加成率）×保险费率。

（12）保险期限

保险期限（Insurance Duration）是指保险合同的有效期间，即保险合同对合同双方当事人具有约束力的起讫时间。需要指出的是，与一般民商事合同中所约定的当事人双方履行义务的期限不同，保险人实际履行其赔付义务可能不在保险期限内。

8.1.2　国际货物运输保险领域的国际公约与惯例

1. 国际货物运输保险领域的主要国际公约

（1）《设立亚洲再保险公司的协定》

《设立亚洲再保险公司的协定》（Agreement Establishing the Asian Reinsurance Corporation），由联合国亚洲及太平洋经济社会委员会的会员国于 1977 年 4 月 20 日在曼谷签订，自 1979 年 5 月 24 日起生效。该协定的宗旨是促进各国民族保险业务的迅速增长和充分利用外国分保的服务，同时减少亚太地区各国因对外分保而支出大量外汇。根据该协定成立的亚洲再保险公司，是政府间团体，为独立法人，其职能主要包括：作为一个专业再保险公司接受成员国分来的保险业务并通过股息的形式返还资金给各成员国；为适应健全的保险技术的需要而投资；收集保险情报，为成员国保险市场服务。会员国或准会员国中的所有发展中国家都可以通过加入而成为公司的成员国。1979 年 3 月 29 日中国政府批准加入，同年 5 月 24 日协定对中国生效。

（2）《1976 年海事索赔责任限制公约》

《1976 年海事索赔责任限制公约》（Convention on Limitation of Liability for Maritime Claims，1976）是 1976 年政府间海事协商组织在伦敦召开的外交会议上通过的公约，1986 年 12 月 1 日起生效。该公约采用"事故制度"及超额递减的"金额制度"，并以"特别提款权"作为计算单位，以《1969 年船舶吨位丈量公约》确定的总吨作为计算责任限额的吨位。《1976 年海事索赔责任限制公约》将船舶分成若干等级来计算有关人身伤亡和财产损失的责任限额，与 1957 年《船舶所有人责任限制公约》的规定相比，责任限额有了很大提高。

2. 国际货物运输保险领域的主要国际惯例

（1）《伦敦保险协会保险条款》

《伦敦保险协会保险条款》（Institute Cargo Clauses，简称 ICC）是对当今各国保险业影响最大、应用最为广泛的保险条款，现行版本 1982 年 1 月 1 日公布，并于 1983 年 4 月 1 日起生效。新版本中的（A）、（B）、（C）条款与旧版本中的一切险、水渍险和平安险分别相对应，在承保范围上基本相同，但是在险别划分和责任区分上更加明确肯定，同时还增加了一些旧版本中没有的条款。此外，旧版本规定附加险不能单独投保，而新版本允许不同的附加险作为独立的险别进行投保。《伦敦保险协会保险条款》在国际货运保险市场上应用十分广泛，据统计，在世界范围内约有 2/3 的国家，其中约有 3/4 的发展中国家都采用该条款。一些国家在制订本国保险条款时，也参考或部分地采用了该条款①。

（2）《约克—安特卫普规则》

《约克—安特卫普规则》（The York-Antwerp Rules）是由国际海事委员会制定的，供保险合同当事人处理国际海上货物运输中所发生的共同海损理算事宜时参照使用。该规则不是国际公约，而是民间规则，由当事人自愿采纳。但是，由于海运提单以及租船公司大多订有按照《约克—安特卫普规则》进行共同海损理算的条款，而且实践已证明这样可成功避免各国共同海损制度差异造成的消极影响，所以，该规则已成为国际海运以及保险界广泛接受的国际惯例。

《约克—安特卫普规则》的每次修改都不废止旧规则，目前国际上常用的是 1974 年和 1994 年的版本。2004 年，国际海事委员会对《1994 年约克—安特卫普规则》进行了修改，修改后的规则称为《2004 年约克—安特卫普规则》，新规则扩大了船方的赔偿额，减少了货方的共同海损分摊，船舶保险人要求增加、而货物保险人则可能降低保险费。这样，在船方、货方及其保险人之间将发生费用的转移。此外，新规则如果能普遍适用，将会影响到运输合同和保险合同的条款，各国的保险法规和海商法也可能需要做出相应的修改。

---

① 姚新超. 国际贸易运输与保险. 第 1 版. 北京：对外经济贸易大学出版社，2006：318.

8.2　国际货物运输保险合同

8.2.1　国际货物运输保险合同的含义

国际货物运输保险合同，是指投保人对进出口的货物按一定的险别向保险人投保，保险人按约定对于被保险人的货物遭受承保责任风险范围内的风险所造成的损失负赔偿责任，而由被保险人支付保险费的合同。

国际货物运输保险合同的种类依国际货物运输的方式的不同而不同，如果依货物的运输方式，国际货物运输保险合同可以分为：国际海上货物运输保险合同、国际陆上货物运输保险合同、国际航空运输保险合同、国际多式联运保险合同等。

8.2.2　国际货物运输保险合同的基本原则

1. 保险利益原则

（1）保险利益的含义及其构成要件

保险利益又称可保利益，是指投保人或被保险人在保险标的上因具有某种利害关系而享有的为法律所承认的经济利益。投保人或被保险人的这种经济利益，可因保险事故的发生而受到损失；也可因不发生保险事故而继续享有。

保险利益的成立必须符合下列要件：

①必须是法律认可的利益（Legal Interest）。保险利益必须符合法律规定，符合社会公共秩序要求，是为法律认可并受到法律保护的利益。凡是投保人以非法律认可的利益投保，保险合同均属无效。

②必须是经济上的利益（Pecuniary Interest）。经济上的利益是指可以用货币、金钱计算或估价的利益。经济上利益的认定以客观事实为依据，范围比较广泛，包括：由所有权、债权和担保物权等在法律关系上所产生的利益；由经济关系或基于某种责任而存在的利益等。不过，保险利益必须为经济上的利益这一要件，仅适用于财产保险，人身保险的保险利益不纯粹以经济上的利益为限。

③必须是确定的利益（Definite Interest）。确定的利益包括经济利益关系已经确定和能够确定两种情况。前者为现有利益，后者为期待利益。不论是现有利益还是期待利益，均应以客观事实为依据，不能单凭当事人主观估价认定。

（2）财产保险的保险利益

①财产保险利益的表现形式。广义的财产保险，其内容包括一般财产保险、责任保险、保证保险、信用保险和海上保险等。

财产保险的保险利益主要有以下几种：第一，财产上的现有利益。现有利益是指现在存在，并可以继续存在的利益。财产上的现有利益包括由财产的所有权、共有权、抵押权和留置权等而产生的保险利益。第二，财产上的期待利益。财产上的期待利益实际上是一种因财产上的现有利益而产生的期待利益。期待利益不是一种凭空产生的利益，它有可以实现的法律根据或合同根据。期待利益须以现有利益为基础。如果某种利益仅表现为一种希望或凭空期盼，但法律上并不确定，则不得视为保险利益。第三，财产上的责任利益。"责任"一词具有行政责任、刑事责任和民事责任之分。保险中的责任利益是指因民事责任而产生的责任利益，通常产生于合同责任、侵权行为责任等。对投保人而言，凡是具有发生经济损失赔偿责任的可能性，都可以被视为有保险利益，都可以投保财产或责任保险。

②财产保险利益的归属。一般而言，依法享有财产保险的保险利益的人员是：第一，所有权人对其所有的财产；第二，没有财产所有权，但有合法的占有、使用、收益、处分权中的一项或几项权利的人，对其所具有的上述权利；第三，他物权人对依法享有他物权的财产；第四，公民、法人对其因侵权行为或合同而可能承担的民事赔偿责任；第五，保险人对保险标的的保险责任；第六，债权人对现有的或期待的债权等。

③财产保险利益的存在时间。根据国际惯例，一般要求投保人在投保时即应具有保险利益，但也有例外。在以商品为保险标的物的保险合同中，一般不要求投保人在投保时必须具有保险利益，但要求在保险事故发生时，被保险人必须具有保险利益。

④财产保险利益的转移和消灭。在特定情形下，法律承认新的财产所有人可以自动取代投保人的地位，保险合同继续有效。这种情况称为保险利益的转移。发生财产保险的保险利益转移的原因主要有：让与、继承和破产。

保险利益的消灭是指由于保险事故的发生，或由于保险标的的灭失，而使保险合同归于终止的一种状况。在财产保险合同中，若保险标的的灭失，不论这种灭失是保险事故造成的，还是非保险事故造成的，保险利益均告消灭。

（3）保险利益原则及其作用

保险利益原则，是指投保人或被保险人必须对保险标的拥有保险利益；投保人或被保险人对保险标的不拥有保险利益的，保险合同无效。

世界各国的保险法都将投保人或被保险人对保险标的具有的保险利益，规定为保险合同的有效要件之一，此种规定具有如下意义和作用：

①避免赌博行为的发生。保险利益原则的确立，使得保险与赌博或类似赌博的行为严格区别开来。一方面，由于投保人对保险标的具有保险利益，保险事故的发生使被保险人遭受到事实上的损失，所以，保险金的给付是对被保险人提供的保险保障，而不是一种额外的获利；另一方面，坚持保险合同的成立必须以保险利益的存在为前提，可以消除投保人或被保险人侥幸获利的心理。

②预防道德风险的出现。道德风险是指投保人的投保目的不是为了寻求保险保障，而是为了谋取保险合同上利益的一种心理状态。抱此种心态者不是积极地预防保险事故的发生，相反会希望、促使保险事故的发生，甚至故意制造保险事故。保险利益原则的规定，可以消除产生被保险人道德风险的根源。

③限制损害赔偿的程度。保险补偿的限度在于投保人或被保险人对保险标的所具有的保险利益，如果补偿金额不受保险利益的限制，较小的损失可以获得较大的赔偿，势

必混淆保险与赌博的性质，进而诱发道德风险。因此，财产保险的被保险人的损失补偿，以其具有的保险利益为限。

2. 最大诚信原则

（1）最大诚信原则的含义

诚实信用原则是调整民事法律关系的基本原则之一，各国民法均规定，合同的订立必须出于当事人的诚意。在保险法律关系中，由于保险合同的特殊性，对当事人诚信程度的要求，比一般民事活动更为严格，当事人必须遵守最大诚信（Utmost good faith）原则。具体而言，协商签订保险合同时，各方当事人都必须将各自知道的有关保险标的的重要事实告知对方，如实陈述，不得不予告知、隐瞒、伪报或欺诈。如果一方当事人不遵守这一原则，对方有权解除保险合同。

最大诚信原则适用于保险合同的各方当事人：对于投保人，该原则要求他们履行如实告知和保证义务；对于保险人，该原则的要求具体体现在有关订约说明义务以及弃权与禁止抗辩的规定当中。

（2）最大诚信原则的基本内容

①告知。告知（Representation）也称披露，是指投保人或被保险人在签订合同时，应将其知道的或推定其应知道的有关保险标的的重要情况（Material facts），如实地向保险人进行说明。广义的告知既包括保险合同订立时投保人的告知义务，也包括保险期间保险标的危险增加时被保险人的通知义务，保险事故发生后被保险人的通知义务、说明保险标的的受损情况的义务以及提供有关单证的义务等。

告知义务主要有两种：第一，无限告知义务，又称客观告知义务，是指法律对告知的内容没有确定性的规定，只要事实上存在与保险标的危险状况有关的重要事实，投保人都要向保险人进行告知。英美法系国家以及法国、比利时等国的保险立法，大多采取这一形式。第二，询问回答告知义务。询问回答告知义务又称主观告知义务，即投保人对保险人询问的问题必须如实告知，而对询问以外的问题，投保人没有义务告知。保险人没有询问到的问题，投保人不告知不构成对告知义务的违反。除上述国家外，其他国家的保险立法，大多采用询问回答告知义务的形式。

违反告知义务的法律后果是：第一，宣告保险合同无效。告知是保险合同订立的基础和必要条件，若投保人违反了告知义务，则合同失去了存在的基础，保险合同自始无效。采用这种规定的国家有法国、荷兰、比利时等。第二，保险人得以享有保险合同解除权。一般情况下保险合同一经成立，保险人不能解除或变更。但是，如果投保人违反了告知义务，则保险人在规定期限内享有保险合同的解除权，保险人可以选择解除保险合同，也可以放弃解除保险合同，通过加收保险费或减少保险金额的形式，使得保险合同继续有效。目前，英国、日本、德国等基本上采用这种做法。

②保证。保证（Warranty）是指保险人与投保人或被保险人在保险合同中约定，投保人担保对某一事项的作为或不作为，或担保某一事项的真实性。被保险人违反保证，不论其是否有过失，也不论其过失是否给对方当事人造成损失，保险人均可解除保险合

同，并且不承担保险赔偿责任。

按照不同的标准，保证可以分成不同的种类。依据保证的存在形式，保证可以区分为明示保证（Express Warranty）和默示保证（Implied Warranty）。前者是双方当事人经特别约定并用文字记载于保险单的承诺，投保单或保险单中载明的保证条款一般均为明示保证，明示保证通常采用书面形式；后者是指保险单上无明确约定，但基于法律规定或惯例而应予遵守的一种保证。例如，海上保险合同中的默示保证，其内容包括：第一，船舶的适航、适货（Sea Worthiness）；第二，不得绕航（No Deviation）；第三，航行合法（Legality）。虽然这些内容并未记载于保险合同之上，但为双方知晓和遵守，否则，即构成对保证的违反。

保险活动中，无论是明示保证还是默示保证，保证的事项均属重要事实，因而被保险人一旦违反保证的事项，保险合同即告失效，保险人有权拒绝赔偿损失或给付保险金。而且除人寿保险外，保险人一般不退还保险费。

③订约说明义务①。订约说明义务，即保险人在保险合同订立之时，向投保人说明合同条款真实含义之义务。合同的成立，以合同双方当事人意思表示一致为要件；合同的有效成立，则还要求合同双方当事人形式上达成一致的意思表示，在实质上能反映双方当事人的真实意愿。由于保险活动具有高度专业性和技术性，一般投保人对于保险合同中保险专业术语的含义，以及保险合同订立过程中相关民事法律行为的法律后果不甚了解；另一方面，保险合同多为格式合同，保险合同条款为保险人单方事先拟就，一般投保人对保险合同的内容及其文字含义的理解，很难达到如保险人那样准确透彻的专业程度。因此，在订约过程中，基于诚实信用及公平原则，拥有专业优势的保险人应当对涉及双方当事人重大经济利益的相关保险专业术语的含义，以及重要的保险行为之法律后果，向投保人进行必要的解释与说明，以便最终成立的保险合同建立在双方充分理解合同条款内容及其含义的基础之上，并反映双方当事人的真实意愿。

订约说明义务具体包括对保险合同条款的一般说明义务，以及对保险合同中免除或减轻保险人责任条款的提示及明确说明义务。如果保险人在订立保险合同时，对于合同中免除或减轻保险人责任的条款未履行其提示及明确说明义务，则该条款依法不产生法律效力。

④弃权与禁止反言。弃权（Waiver）是指有意识地放弃某项已知的权利，保险法中的弃权，是指保险人放弃其在保险合同中可以主张的某种权利。弃权通常由一方当事人单方面做出，一般情况下，基于保险合同所产生的权利或抗辩权，保险人或被保险人均可放弃，但是，与社会公共利益有关的条件、法律所赋予的权利以及对于事实的主张，不得抛弃。

禁止反言（Estoppel）也称禁止抗辩，是指保险人既已放弃某种权利，日后便不得

---

① 将保险人的订约说明义务明确规定为一项法定的先合同义务，目前为中国《保险法》所特有。魏华林. 保险法学. 第 2 版. 北京：中国金融出版社，2007：40-41.

再向被保险人主张这种权利。通常，保险人满足下列情形之一，即可产生禁止抗辩的效果①：第一，保险人交付保单时，明知保险合同有违背条件、无效、失效或其他可解除的原因，但仍交付保险单并收取保险费的；第二，保险人的代理人，就投保申请书及保险单上的条款作错误解释，而使投保人或被保险人信以为真的；第三，代理人代替投保人填写投保申请书时，为使投保申请容易被保险人接受，故意将不实的事项填入投保申请书或隐瞒某些事项，而投保人在保险单上签名时，不知其为虚伪的；第四，保险人或其代理人表示已依照被保险人的请求为某一行为，而事实上未实施的；第五，保险人或其代理人对被保险人的身份或职业进行错误的分类，而被保险人不知道或未经被保险人同意的。

各国保险法中，对于弃权与禁止反言通常有特殊的时间规定，保险人只能在合同订立之后一定期限内（一般为两年），以被保险方告知不实或隐瞒为由解除合同，如果超过规定期限没有解除合同，则视为保险人已放弃这一权利，保险人不得再以此为由解除合同。

3. 损失补偿原则

（1）损失补偿原则的含义及特性

损失补偿原则是指被保险人发生保险事故所受的损失，应如数获得赔偿，以使被保险人在经济上恰好能恢复至保险事故发生以前的状态。损失补偿原则是补偿性保险合同（主要是财产保险合同）理赔的首要原则，它不适用于给付性人身保险合同、定值保险合同及重置价值保险合同的理赔。

与一般民事法律关系中的损害赔偿原则相比，保险的损失补偿原则具有如下特性：①保险合同约定的损失赔偿，其目的是为了补偿被保险人保险标的的实际损失，向其提供保险保障，最终实现社会秩序的稳定，促进经济的发展。②损失补偿的保险责任是保险人所承担的合同义务，是基于保险合同的约定而产生，是一种履约责任或合法行为。③保险损失补偿的适用前提是存在被保险人因保险责任范围内的保险事故发生而遭受损失或支出费用，其适用范围限于具体的保险合同的承保责任之内。④保险人所承担的保险赔偿数额是由各方当事人事先在合同内约定的，并以保险金额为限。如果损失系第三人的责任行为所致，保险人在向被保险人赔偿之后，有权按保险的代位求偿制度向负有损失赔偿责任的第三人追偿，由其最终承担赔偿后果。

（2）损失补偿的范围

损失补偿的范围主要包括：

①保险事故发生时，保险标的的实际损失。

②合理费用，即保险事故发生后，被保险人为防止或者减少保险标的的损失所支付的必要的、合理的费用和有关诉讼支出。

③其他费用，即为了确定保险责任范围内的损失所支付的受损标的的检验、估价、

---

① 李玉泉. 保险法. 修订版. 北京：法律出版社，2003：74.

出售等的费用。保险标的本身的损失与相关费用的支出应分别计算，合同费用与其他费用也应分别计算。

（3）损失补偿原则适用的限制条件

根据损失补偿原则，被保险人对于同一损失从各有关方面获得的损失补偿总额，不能超过其所遭受的实际损失。因此，各国保险立法和保险实务在损失补偿原则的适用方面均规定了一些限制条件①。

①以实际损失为限。在补偿性保险合同中，保险标的遭受损失后，保险赔偿以被保险人所遭受的实际损失为限，全部损失全部赔偿，部分损失部分赔偿。

②以保险金额为限。保险赔偿金额只应低于或等于保险金额而不应高于保险金额。

③以保险利益为限。保险人的赔偿以被保险人所具有的保险利益为前提条件和最高限额，被保险人所得的赔偿以其对受损标的的保险利益为最高限额。财产保险中，如果保险标的的受损时财产权益已全部转让，则被保险人无权索赔；如果受损时保险财产已部分转让，则被保险人对已转让的财产损失无索赔权。

除上述限制条件外，保险合同当事人通常还会在保险合同中作出其他有关限制赔偿的约定，如共保条款、自负额条款及其他限制性条款等，这些限制性条款也都会对保险人实际赔偿金额的计算结果产生影响。

4. 近因原则

保险损失的近因，是指引起保险事故发生的最直接、最有效、起主导作用或支配作用的原因。近因原则的基本含义是：在风险与保险标的的损失关系中，如果近因属于被保风险，保险人应负赔偿责任；近因属于除外风险或未保风险，则保险人不负赔偿责任。

在保险实务中，致损原因是各种各样的。当发生损失的原因不止一个时，判断何者为近因是确定保险人是否应当承担保险责任的重要前提。

如果造成损失的危险事故只有一种，那么，这种危险便是损失的近因。如果该危险属于保险合同的承保范围，保险人负责赔偿；否则，保险人不负赔偿责任。

如果数种原因同时发生，并且无法区分先后，各种危险对损失都有直接或实质性的作用，原则上，各危险都是损失的近因。如果这些不同的原因都属于保险危险，则保险人对其所致损害须负赔偿责任。然而，如果这些不同原因中含有"除外危险"，那么，保险人的责任须视损害的可分性如何而定。如果其损害是可以划分的，则保险人对所保危险所导致的损害部分负赔偿责任。

如果两个以上的原因连续发生，各原因之间因果关系未被中断，那么，其最先发生并造成一连串事故的原因为近因。在这种情况下，保险人的赔偿责任依下列四种情况而定：第一，前因和后因均为承保危险，保险人负责赔偿全部损失。第二，前因为除外危险，后因为承保危险，保险人不负赔偿责任。第三，前因是承保危险，后因是除外责任，保险人仍应负全部损失的赔偿责任。第四，前因和后因均为除外危险，保险人不负

---

① 魏华林、林宝清. 保险学. 第 2 版. 北京：高等教育出版社，2005：92.

赔偿责任。

8.2.3 国际货物运输保险合同的形式与内容

1. 国际货物运输保险合同的形式

（1）国际货物运输保险合同的形式

国际货物运输保险合同主要以保险单据为其表现形式。保险单据是保险单和保险凭证的统称，保险单是由保险人签发的，载有保险合同内容的书面文件；保险凭证则是一种简化的保险单，是表示保险人已接受保险的证明文件，由保险人或其代理人签发，其内容除不包含保险人的责任范围和保险人与被保险人的权利义务外，其他与保险单相同。保险单据除了是保险合同成立的证明之外，同时还是被保险人索取赔偿的主要依据，也是保险人理赔的主要依据。

（2）常见保险单据种类①

①定值保险单与不定值保险单。定值保险单是载明保险标的物约定价值的保险单，这一载明价值，如无欺骗行为，便是保险标的物的保险价值，如保险标的物发生损坏或灭失，保险人即应按此价值赔偿。不定值保险单是不载明保险标的物价值，仅订明保险金额的限额，在保险事故发生后再根据实际情况确定其保险价值的保险单。在国际货物运输保险中，通常使用定值保险单。

②航程保险单与定期保险单。航程保险单的保险人所承保的是保险标的物在从某一地点运至另一地点的特定航程过程中，因约定保险事故而发生货损的风险。如果更改航程，或者不当绕航，保险人则不承担保险责任，除非保险合同另有约定或法律允许。定期保险单，是订明对标的物保险固定期限的保险单，保险人的责任期限以约定的时间为限。国际货物运输保险大多采用航程保险单，较少采用定期保险单。

③流动保险单与预约保险单。流动保险单，是载明保险的总条件，包括保险标的物的总价值、承保的风险、保险费率以及约定期间等，而将运输工具的名称以及其他细节留待以后申报的一种保险单。按照这种保险单，在每批货物启运时，被保险人应及时将运载工具的名称和货物的价值向保险人申报，保险人即按流动保险单载明的总条件自动承保，直至总价值用尽，保险单便终止使用。预约保险单，是预先约定保险货物的范围、险别、保险费率或每批货物的最高保险金额，但不限定总的保险价值的一种保险单。按照这种保险单，属于预约保险范围内的每批货物启运时，被保险人应及时将货物的名称、数量、保险金额、运输工具的种类和名称以及航程起讫地点等详情通知保险人，保险人即按预约保险单的约定自动承保。以上两种保险单因手续简便，在国际货物运输保险中使用较为普遍。

④足额保单与不足额保单。足额保险单，是指被保险人声明的保险金额与实际标的物的保险价值一致。在足额保险情况下，保险标的物发生损失时，保险人应当按照保险

---

① 姚梅镇．国际经济法概论．修订版．第3版．武汉：武汉大学出版社，2002：261．

金额赔偿被保险人。不足额保单，是指被保险人声明的保险金额只是保险价值的一部分，发生损失时，保险人仅根据保险金额和保险价值的比例进行赔偿。

2. 国际货物运输保险合同的主要内容

保险单是载明保险合同的书面文件，它是保险合同的证明，是确定保险合同当事人之间权利义务关系的依据。

一般保险合同的主要内容包括：保险人和被保险人的名称；发票和保险单号；货物及包装、数量、唛头；保险价值；保险金额与承保的货币；运输工具的种类和名称；承保的险别和除外责任；开航日期；保险期限；保险起讫地点；保险费；查勘代理人和理赔地点；出单日期及保险人签单等。

8.2.4　国际货物运输保险合同的订立、变更与终止

1. 国际货物运输保险合同订立

国际货物运输保险合同的订立要经过要约与承诺过程，通常在实践中具体过程是：要保、核保、保险费报价、签发暂保单、签发保单、缴纳保险费等。

根据订立方式，国际货物运输保险合同的订立可分为间接签订和直接签订两种。间接签订，是指保险合同由投保人通过保险经纪人这一保险中介来订立。保险经纪人出具承保单，保险人在承保单上签字，保险合同成立，保险经纪人交纳保险费并从保险人处收取佣金。如投保人不向保险经纪人支付保险费，则不能从保险经纪人处取得保险单据。英美国家多采用这种方式。直接签订，是指不通过保险中介人，投保人直接与保险人签订保险合同。一般程序是：首先由投保人填写投保单，履行其如实告知义务，并向保险人提出保险要求，保险人审核同意后，依投保单出立保险单据。

投保人与保险人就保险合同条款达成协议，保险合同成立。一般而言，合同成立即生效。但是，保险合同较为特殊，往往是在合同成立后的某一时间生效。实务中，保险合同多为附条件合同，当事人通常约定以投保人按约交纳保险费为保险合同生效的条件。此外，保险合同生效的具体时间，在当事人无其他约定时，还适用"零点起保"的保险惯例规则。

2. 国际货物运输保险合同的变更与解除

（1）合同的变更

保险合同的变更，是指在保险合同有效期间内，当事人依法对合同条款所作的修改或补充。广义的保险合同变更包括合同主体、客体和权利义务的变更。

①主体变更。保险合同主体变更是指保险合同的当事人或关系人的变更，也即保险合同的转让。保险实务中，除保险人发生合并、分立、破产、因违法被撤销等情形外，保险人的变更一般不会发生。所以，通常财产保险合同主体的变更是投保人、被保险人的变更。导致财产保险合同主体变更的情形主要包括：保险标的所有权、经营权发生转

移；保险标的用益权的变动；债务关系发生变化。发生上述情形之一，即应通知保险人，收到通知的保险人可决定继续承保，也可决定终止相关保险合同。若保险人同意继续承保，应办理相应变更手续变更原保险合同的投保人、被保险人。

根据国际惯例，货物运输，特别是海上货物运输，货物保险单随货物所有人或提单的转移而转移，无须征得保险人同意。

②客体变更。保险合同的客体即保险利益。保险合同客体变更的原因主要是保险标的的价值增减变化，从而引起保险利益的变化。保险合同客体的变更，通常由投保人或被保险人提出，经保险人同意，加批后生效。而保险人往往根据变更后的保险合同客体调整保险费率，保险合同权利义务因此也发生变更。

③内容变更。保险合同内容的变更，为狭义的保险合同变更，是指保险合同主体在合同项下的权利义务的变更，即在保险合同当事人及关系人不变的情形下，变更合同条款。

保险合同内容的变更须符合法定程序和形式，即依法须经投保人和保险人协商同意，由保险人在原保险单或者其他保险凭证上批注或者附贴批单，或者由投保人和保险人另行订立变更原保险合同的书面协议。

（2）国际货物运输保险合同的解除与终止

保险合同的解除，是指保险合同有效期间，当事人依法律规定或合同约定提前终止合同效力的一种法律行为。保险合同解除的方式有协议解除和法定解除两种。基于意思自治原则，投保人有权解除保险合同是各国保险立法的通例。而为了维护投保人利益，各国保险立法大多按照"非因法定事由的出现，保险人不得解除保险合同"的原则，对保险人解除保险合同作了严格限制。

在国际货物贸易领域，由于货物运输和运输工具的航行都具有较大风险，其保险费和赔偿额都较大，涉及双方重大经济利益；同时，货物运输过程中的提单贸易也决定了这类合同的不可解除性。所以，各国保险法均规定：货物运输保险合同和运输工具航程保险合同，保险责任开始后当事人一方不得解除合同，但根据保险合同的规定，发生了某种可以解除合同的情况，双方分别要求解除合同的，则可以解除，保险费按规定退还。保险责任开始前，被保险人可以解除合同。其法律后果是，合同一切效力消灭，保险人退还被保险人已交的保费，被保险人向保险人支付若干手续费。

保险合同的终止，是指某种法定或约定事由的出现，致使保险合同当事人双方的权利义务归于消灭。国际货物运输保险合同终止的主要原因有：保险单的期限届满而终止；义务履行完毕而终止；财产保险合同保险标的的灭失、财产保险合同保险标的的部分损失而保险人履行了赔偿义务等法定或约定事由而终止；保险标的的危险增加，保险人要求增加保费，而被保险人不同意增加保费等。

8.2.5 国际货物运输保险合同的转让

在现实中，货物运输保险合同随货物的所有权的转移而转移，虽然货物的转移与保险单的转移在法律上不是一回事。保险单的转移不必先取得保险人的同意，但是要以原被保险人的背书或其他书面文件表示同意。货物运输保险合同转让后，保险人与受让人的权利义务不发生变化，因此货物运输保险合同转让后，不能任意增加或减少货物运输保险合同条款。例如，以 CIF 条件成交，卖方负责投保货物运输险，并将全部单证转让给买方，货物发生损失时，只要在承保的范围内，买方就有权凭保单向保险人提出赔偿请求。如果卖方未交或未交足保险费，买方或受让人有义务支付保险费。

国际货物运输中，保险标的受到损害后，保险单证仍然可以转让，这种转让是有效的。这在国际货物贸易中具有非常重要的意义，因为国际货物贸易中的大多数交易是单单交易，而不是物物交易。

8.3　国际货物海上运输保险法

8.3.1　国际货物海上运输保险的承保范围

1. 国际货物海上运输保险承保风险

国际货物海上运输保险是以进出口货物为保险标的的一种海上保险，国际货物海上运输保险合同的保险人对被保险人的货物在运输过程中因遭受灾害事故而造成的损失承担赔偿责任。传统的国际货物海上运输保险所承保的风险范围较为有限，合同形式也较为单一。随着国际贸易和国际航运业的发展，进入海上运输的货物种类日益增多，导致运输货物损失的风险事故也更加频繁，在传统的海上运输保险基础上，便产生了一些附加保险和新的专门性保险。国际货物海上运输保险发展到当代，其所承保的风险包括海上风险和外来风险；与之相应，国际货物海上运输保险合同可分为承保基本风险的合同、承保附加风险的合同和承保专门风险的合同三种类型。

（1）海上风险

国际货物海上运输保险所承保的海上风险一般是指船舶或货物在海上航行中发生的或附随海上运输所发生的风险，主要分为自然灾害和意外事故两类。

①自然灾害。一般是指不以人的意志为转移的自然界的力量所引起的灾害。但是，在海运货物运输保险中，自然灾害并不是泛指一切由于自然界力量引起的灾害，而是指保险合同双方当事人在保险单中或保险条款中有明确约定的自然灾害。例如，根据英国1982 年的《协会货物条款》，属于自然灾害性质的承保风险包括雷电、地震、火山爆发、浪击落海以及海水、湖水、河水进入船舶、驳船、运输工具、集装箱、大型海运箱或储存处所等；而根据中国保险条款（即 China Insurance Clause，简称 C. I. C.）①，自

---

　　①　在中国，进出口货物运输最常用的保险条款是中国保险条款（C. I. C），现行条款是由中国人民财产保险股份有限公司制订，中国人民银行及中国保险监督委员会审批颁布。中国保险条款按运输方式来分，有海洋、陆上、航空和邮包运输保险条款四大类；对某些特殊商品，还配备有海运冷藏货物、陆运冷藏货物、海运散装桐油及活牲畜、家禽的海陆空运输保险条款。

然灾害仅指恶劣气候、雷电、海啸、地震、洪水等人力不可抗拒的灾害。在上述海上货运保险人承保的自然灾害中，洪水、地震、火山爆发以及海水、湖水或河水进入船舶、驳船等风险，虽然并不是真正发生在海上的风险，但是对于海上货运保险而言，这些风险是附随海上航行而产生的且危害性极大，因此，在海上货运保险的长期发展过程中，它们便逐渐被列入海运货物保险所承保的风险范围之内了。

②意外事故。一般是指人或物体遭受外来的、突然的、非意料中的事故，如船舶触礁、碰撞、飞机坠落、货物起火爆炸等。但在海上货运保险业务中，与自然灾害的概念一样，意外事故并不是泛指海上发生的所有意外事故，具体内涵要依据双方当事人在保险合同中的明确约定而确定。例如，按照中国保险条款，海上货运保险中的意外事故是指运输工具遭受搁浅、触礁、沉没、互撞、与流冰或其他物体碰撞以及失火、爆炸；按照英国伦敦保险协会的协会货物条款，除船舶、驳船的触礁、搁浅、沉没、倾覆、火灾、爆炸等属于意外事故外，陆上运输工具的倾覆或出轨也属于意外事故的范畴。

（2）外来风险

国际海运货物保险的保险人除了承保各种海上风险外，还承保外来风险所致损失。外来风险是指海上风险以外的其他外来原因所造成的风险，可分为一般外来风险和特殊外来风险。

①一般外来风险。一般外来风险是指货物在运输途中由于偷窃、串味等外来原因所导致的风险。根据中国保险条款，中国海运货物保险业务中，保险人所承保的一般外来风险包括：偷窃、淡水雨淋、短量、渗漏、破碎、受潮受热、串味、玷污、钩损、生锈、碰损、提货不着等。

②特殊外来风险。特殊外来风险是指军事、政治、国家政策法令以及行政措施等特殊外来原因所造成的风险与损失。常见的特殊外来风险有战争、罢工、交货不到、拒收、没收等。

2. 国际货物海上运输保险承保的保险标的损失

国际货物海上运输保险所承保的损失，按照损失程度可分为全部损失和部分损失。

（1）全部损失

全部损失（Total Loss）简称全损，是指保险标的遭受全部损失，具体又可分为实际全损和推定全损。

实际全损（Actual Total Loss）是指保险货物完全灭失，或者完全丧失商业价值，失去原有用途，或者因丧失无法挽回。

推定全损（Constructive Total Loss）是指被保险货物受损后，虽未达到全部损失之程度，但其施救、修理、收回和运到目之地之费用总和估计将超过原货物在目之地之价值。

被保险货物发生全损，保险人应依约赔偿。被保险货物发生推定全损时，被保险人可以要求保险人按部分损失赔偿，也可以要求按全损赔偿。如果要求按全损赔偿，被保险人必须向保险人发出委付通知（Notice of Abandonment）。委付，即被保险人表示愿意将保险标的之一切权利和义务转移给保险人，并要求保险人按全损赔偿的一种行为。委付必须经保险人同意后方能生效，但是保险人应当在合理之时间内将接受委付或不接受委付之决定通知被保险人。委付一经保险人接受，不得撤回。

（2）部分损失

部分损失（Partial Loss），是指货物之损失没有达到全部损失之程度。根据部分损失的性质，又可分为共同海损和单独海损。

①共同海损。共同海损（General Average，简称 C. A.），是指载货船舶在海上遇到威胁船货各方之共同安全的灾害、事故，为了解除这种威胁，维护船货共同安全，或者使航程得以继续完成，由船方有意识地、合理地采取措施，从而造成的某些特殊损失或者支出的额外费用。

共同海损之构成，必须具备的条件是：第一，船方在采取紧急措施时，必须确定有危及船、货共同安全之危险的存在；第二，船方采取的措施必须是为了解除船货共同危险、有意且合理；第三，所作之牺牲为特殊牺牲，支出属于额外支出；第四，作出特殊牺牲和额外支出后必须有效果。

共同海损的牺牲和费用，由受益的船方、货方或付运费方按最后获救价值的多少共同按比例分摊。这种分摊叫共同海损之分摊。

②单独海损。单独海损（Particular Average），是指在海上运输途中因海上风险而造成的、不属于共同海损的部分损失。单独海损一般是因意外所致，不是人的有意行为引起；损失仅指保险标的物本身之毁损，并不包括由此而引起的费用。单独海损不涉及其他各方利益，由受损者单独承担。在保险业务中，对于单独海损是否予以赔偿，根据投保的险别以及相应保险条款而定。

3. 国际货物海上运输保险承保的费用损失

被保险货物遭遇保险范围内之事故，除了货物本身将会遭受损失外，还会产生费用方面之损失，对于这些费用损失，保险人也依约给予赔偿。这些费用主要包括施救费用和救助费用。

（1）施救费用

施救费用（Sue and Labor Expenses）是指被保险货物遭遇保险责任范围内之灾害事故时由被保险人或者其代理人、雇佣人员和受让人等为防止损失扩大而采取的抢救措施所支出的费用。施救费用必须是由承保危险所引起且是被保险人一方自救时产生的必要合理的费用。保险人应在保险标的损失赔偿之外另行支付施救费用。

（2）救助费用

救助费用（Salvage Charge）是指被保险人因保险人以外的第三人对遭受保险事故的被保险货物采取了救助行为，从而应向该第三人支付的相应报酬。在国际货运海上保险业务中，保险人应依约负责赔偿救助费用。

8.3.2　国际货物海上运输保险的险别及责任范围

1. 中国海上货物运输保险的险别及责任范围①

海上货物运输保险在中国被称为远洋运输货物保险，具体包括三种类别，即基本险、附加险和专门险。不同的保险类别，约定有不同的保险责任范围。

（1）基本险

远洋运输货物保险的基本险又分为平安险、水渍险和一切险三种。

①平安险的责任范围。平安险原则是单独海损不赔，只承保由于海损事故和自然灾害造成的全部损失及共同海损。

但平安险对单独海损不赔是相对的，以下损失属于平安险的责任范围：第一，被保险货物在运输途中由于恶劣气候、雷电、海啸、地震、洪水等自然灾害而造成整批货物的全部损失或推定全损；第二，由于运输工具遭受搁浅、触礁、沉没、互撞，与流冰或其他物体碰撞，以及失火、爆炸等意外事故而造成货物的全部或部分损失；第三，在运输工具已经发生搁浅、触礁、沉没、焚毁等意外事故的情况下，货物在此前后又在海上遭受恶劣气候、雷电、海啸等自然灾害所造成的部分损失；第四，在装卸或转运时，由于一件或数件整件货物落海而造成的全部或部分损失；第五，被保险人对遭受承保责任范围内危险的货物采取抢救、防止或减少货损的措施而支付的合理费用，但以不超过该批货物的保险金额为限；第六，运输工具遭遇海难后，在避难港由于卸货而引起的损失，以及在中途港、避难港由于卸货、存仓以及运送货物而产生的特别费用；第七，共同海损的牺牲、分摊和救助费用；第八，根据运输合同所订立的"船舶互撞责任"条款，应由货方偿还船方的损失。

②水渍险的责任范围。水渍险的责任范围是：第一，承保上述平安险所承保的全部责任；第二，承保被保险货物由于恶劣气候、雷电、海啸、地震、洪水等自然灾害而造成的部分损失。

③一切险的责任范围。一切险的责任范围是：第一，承保上述平安险和水渍险所承保的全部责任；第二，承保被保险货物在运输途中由于外来原因而导致的全部损失或部分损失。

（2）附加险

在保险实务中，附加险又分为一般附加险、特别附加险和特殊附加险三类。

①一般附加险。一般附加险的承保范围是：第一，偷窃、提货不着险的保险责任范围。该险别承保在保险有效期内，被保险货物被偷走或窃取，以及货物抵达目的地后整件短交的损失。"偷"一般是指货物整件被偷走；"窃"一般是指货物中的一部分被窃取。偷窃不包括使用暴力手段的公开劫夺。"提货不着"是指货物的全部或整件未能在目的地交付给收货人。第二，淡水雨淋险的保险责任范围。该险别承保货物在运输途

---

①　魏华林．保险法学．第 2 版．北京：中国金融出版社，2007：168-172.

中，由于淡水、雨水以及融雪所造成的损失。淡水相对咸水或海水而言，包括船上淡水舱、水管漏水等。由于平安险和水渍险只对海水导致的各种损失负赔偿责任，所以，淡水雨淋险是扩展平安和水渍险两种基本险责任的附加险别。第三，短量险的保险责任范围。该险别承保货物在运输过程中，因外包装破裂、破口、扯缝造成货物数量短缺和重量短少的损失。对散装货物损失的计量，通常以装船重量与卸船重量的差额作为货物短少的依据。第四，混杂、玷污险的保险责任范围。该险别承保货物在运输途中，因混进杂质而导致的损失，以及货物由于与其他物质接触而被玷污所导致的损失。第五，渗漏险的保险责任范围。该险别承保流质、半流质、油类等货物，由于容器损坏而引起的渗漏损失；或因液体外流而引起的用液体盛装的货物的变质、腐败所导致的损失。第六，碰损、破碎险的保险责任范围。该险别承保货物在运输过程中，因震动、碰撞、受压而造成的碰撞和破碎损失。所谓"碰撞"，主要是相对金属、木质等货物因上述原因而造成的损失。"破碎"主要是指对易碎性的物质因上述原因而造成的损失。第七，串味险的保险责任范围。该险别承保由于其他物品的气味影响而造成保险货物的串味损失。如果这种串味损失是承运人配载不当造成的，则不属于保险人责任范围，而由船方负责赔偿。第八，钩损险的保险责任范围。该险别承保袋装、捆装货物在装卸或搬运过程中，由于装卸或搬运人员操作不当，使用钩子将包装钩坏而造成的货物损失。第九，受潮受热险的保险责任范围。该险别承保货物在运输途中，由于气温突然变化或船上通风设备失灵，船舱内的水蒸气凝结而引起货物受潮，或温度增高使货物发生变质的损失。第十，包装破碎险的保险责任范围。该险别承保货物在运输过程中，因包装破裂而造成短少、玷污等损失。此外，运输过程中因续运安全需要而产生的修补包装、调换包装所产生的费用也属于其承保责任范围。第十一，锈损险的保险责任范围。该险别承保保险货物在运输过程中，因为生锈而造成的损失。这种损失不包括货物原装时已经存在的生锈；在海运过程中必然会发生生锈的裸装金属块、板、条、管等，也不在该险承保之列。

②特别附加险。特别附加险是一般附加险之外的、不属于一切险承保范围的一种附加险。该种附加险所承保的风险大多与国家行政管理、政策、措施、航运贸易习惯等因素有关。

特别附加险的范围是：第一，交货不到险的保险责任范围。该险别承保被保险货物从装上船时开始，如果在预定抵达日期起满 6 个月，仍不能运到原目的地交货，则不论何种原因造成的损失。"交货不到"的损失不是缘于承运人运输上的因素，而是由某些政治因素引起的。如果该险别的承保责任范围，在某些方面与"提货不着险"和"战争险"存在重复，那么，凡属于"提货不着险"和"战争险"应予赔偿的损失，该险概不负责。第二，进口关税险的保险责任范围。该险别承保由于货物受损，仍需按完好价值缴纳进口关税而造成的损失。第三，舱面损失险的保险责任范围。海运货物一般都是装在船舱内运输，保险公司承保的远洋运输货物保险，在其制定责任范围和费率时，均以舱内运输作为依据，对于货物装载于舱面而发生的损失，保险公司不予负责赔偿。但是，由于有些货物体积较大，或是有毒、易爆、易污染等，必须根据航运习惯装载于舱面上。舱面险即是为了对这类货物的损失进行补偿而设立的一种险别。此种险别一般在平安险的基础上附加承保。加保舱面险后，保险人除了按原来承保险别范围负责赔偿外，对于被抛弃或被风浪冲击落水的货物损失，也需承担补偿责任。第四，拒收险的保险责任范围。该险别承保货物在进口时，因某种原因被进口国的有关当局拒绝进口而没收所产生的损失。第五，黄曲霉素险的保险责任范围。黄曲霉素是一种致癌毒素，世界各国卫生部门对这种毒素的含量订有严格的限制标准，如果某种进口粮食作物的黄曲霉素含量超过限制标准，则会被拒绝进口，或者被没收，或者被强制改变用途。该险别就是承保由此所造成的损失而设立的一种特别附加险别。第六，出口货物到香港或澳门地区存仓火险责任扩展条款的保险责任范围。由于有些出口到港澳的货物是向我国在港澳地区的银行办理押汇，所以，货主在向银行还清贷款之前，货物的权益属于银行，同时，这些货物保险单上注明过户给贷款银行。如果保险货物运抵目的地后，货主尚未还款，往往被存放在过户银行指定的仓库中。为了使货物在存仓期间发生的火灾能得到赔偿，需特别附加这一险别。

③特殊附加险。特殊附加险是承保战争风险和罢工风险的一种保险，其险别分为战争险、战争险的附加费用险和罢工险三种。第一，海运战争险的保险责任范围。该险别的承保责任范围包括：直接由于战争、类似战争行为和敌对行为、武装冲突或海盗行为等而造成的运输货物损失；由上述原因引起的捕获、拘留、禁制、扣押等所造成的运输货物损失；由于各种常规武器，包括水雷、炸弹等而造成的运输货物损失；由本保险责任范围所引起的共同海损牺牲、分摊和救助费用。第二，海运货物战争险的附加费用险的保险责任范围。该险别承保由战争险后果所引起的附加费用。其保险责任范围是那些发生于战争险责任范围内的风险所引起的航程中断或挫折，以及承运人行使运输合同中有关战争险条款规定所赋予的权利，将货物卸在保险条款规定以外的港口或地点，因此产生的应由被保险人负责的那部分附加的合理费用。这些费用包括卸货、上岸、存仓、转运、关税和保险费等。第三，罢工险的保险责任范围。该险别主要承保罢工者、被迫停工工人、参加工潮或暴动的人员和民众斗争的人员，采取行动造成保险货物的损失；任何人的恶意行为造成的损失；由上述行为所引起的共同海损牺牲、分摊和救助费用。罢工险承保的损失只是保险货物的直接损失，不包括其间接损失。

（3）专门险

远洋运输货物专门险主要是海洋运输冷藏货物保险和海洋运输散装桐油保险。

①海洋运输冷藏货物保险的保险责任范围。海洋运输冷藏货物保险分为冷藏险和冷藏一切险两个险别。第一，冷藏险的保险责任范围。该险别的保险责任范围，除了冷藏机器停止工作连续达到24小时以上，造成被保险货物腐败或损失以外，其他赔偿责任与远洋运输货物保险水渍险的责任范围基本相同；第二，冷藏一切险的保险责任范围。该险别的保险责任范围，除了包括冷藏险的各项责任以外，还承保被保险货物在运输途中，由外来原因所导致的腐败或损失。冷藏一切险的责任范围与远洋运输货物保险一切险的责任范围基本相同。

②海洋运输散装桐油保险的保险责任范围。该险别的保险责任范围除了与远洋运输

货物保险的基本险的责任范围相同外，还承保下面三个方面的损失：

第一，不论何种原因所导致的保险桐油的短少损失或渗漏损失。但这种损失的赔偿受绝对免赔率的限制。第二，不论何种原因所导致的保险桐油的玷污损失或变质损失。第三，被保险人对遭受承保责任的危险的桐油采取抢救、防止或减少货损的措施而支付的合理 费用。但这种费用的赔偿以不超过该批被救桐油的保险金额为限。

（4）除外责任

①基本险的除外责任。基本险的除外责任包括：被保险人的故意行为或过失所造成的损失；属于发货人的责任所引起的损失；在保险责任开始前保险货物已经存在的品质不良或数量短差所造成的损失；被保险货物的自然损耗、本质缺陷，以及市场价格跌落、运输延迟所引起的损失或费用；远洋运输货物战争险和罢工险条款规定的承保责任和除外责任。

②战争险、罢工险的除外责任。战争险的除外责任包括：由于敌对行为使用原子或热核制造的武器所导致的损失和费用；由执政者、当权者或其他武装集团的扣押、拘留引起的承保航程的丧失或挫折所导致的损失。

罢工险的除外责任主要是由罢工等行为引起的间接损失。

③专门险的除外责任。冷藏货物运输保险的除外责任包括：远洋运输货物保险的基本险的除外责任；被保险货物在运输过程中的任何阶段，因未存放在有冷藏设备的仓库或运输工具中，或辅助运输工具没有隔温设备而造成的货物腐败；被保险货物在保险责任开始时未保持良好状态，包括整理加工和包扎不妥，冷冻上的不合规定及变质所引起的货物腐败和损失。

散装桐油专门险的除外责任与远洋运输货物保险的基本险的除外责任相同。

2. 伦敦保险协会关于货物海上运输保险的险别及除外责任

英国伦敦保险协会所制定的"协会货物条款"（Institute Cargo Clauses, I. C. C. ）是目前影响最大并为大多数国家采用的保险条款，该条款经过多次修订，现在使用的是1982 年修订后的条款。根据 1982 年条款，货物海上运输保险的险别主要包括：货物条款 A（简称 A 险）、货物条款 B（简称 B 险）、货物条款 C（简称 C 险）、战争险条款、罢工条款、恶意损害险条款六种险别，其中前五种可作为独立险别单独予以承保。

（1）A 险的承保范围及除外责任

①A 险的承保范围。A 险采取"一切险减去除外责任"的办法来确定保险人的责任范围，即除"除外责任"条款项下所列举的风险保险人不负责外，对其他风险保险人都负责承保。

②A 险的除外责任。A 险的除外责任包括：第一，一般除外责任，主要是指由可归因于被保险人故意的不法行为所造成的损失或费用；自然渗漏、自然损耗、自然磨损、包装不足或不当所造成的损失或费用；保险标的内在缺陷或特性所造成的损失或费用；直接由于延迟所引起的损失或费用；由于船舶所有人、租船人经营破产或不履行债务所造成的损失或费用；由于使用任何核武器所造成的损失或费用。第二，不适航、不适货

除外责任，是指保险标的在装船时，如被保险人或其受雇人已经知道船舶不适航，以及船舶、装运工具、集装箱等不适货，保险人不负赔偿责任。第三，战争除外责任。第四，罢工除外责任。

（2）B险的承保范围及除外责任

①B险的承保范围。协会货物条款对于B险的承保风险采用了"列举承保风险"方法，即凡在条款第一条中明确列出的风险，保险人均予以承保。B险承保的风险包括：火灾、爆炸；船舶或驳船触礁、搁浅、沉没或倾覆；陆上运输工具倾覆或出轨；船舶、驳船或运输工具同水以外的外界物体碰撞；在避难港卸货；地震、火山爆发、雷电；共同海损牺牲；抛货和浪击落海；海水、湖水或河水进入船舶、驳船、运输工具、集装箱、大型海运箱或贮存处所；货物在装卸时落海或摔落造成整件的全损。

②B险的除外责任。B险的除外责任与A险基本相同，但也有如下区别：第一，A险对于被保险人之外的任何个人或数人故意损害和破坏保险标的物或其他任何部分的损害要负赔偿责任，但在B险中，保险人对此不负赔偿责任；第二，A险将海盗行为所致损失列入保险责任范围，而B险对此不负保险责任。

（3）C险的承保范围及除外责任

①C险的承保范围。协会货物条款对于C险的承保风险同样采用了"列举承保风险"方法，与A险和B险相比，C险所承保的风险较少，只承保重大意外事故，自然灾害和非重大意外事故不在其承保范围之内。具体而言，C险承保的重大意外事故包括：火灾、爆炸；船舶或驳船触礁、搁浅或倾覆；陆上运输工具倾覆或出轨；在避难港卸货；共同海损牺牲；抛货。

②C险的除外责任。C险的除外责任与B险完全相同。

8.3.3　国际货物海上运输保险的责任期限

责任期限，是指保险人的责任起止期限。在国际货物海上运输保险领域，国际上通行的是"仓至仓"规则。

在正常运输情况下，保险人负"仓至仓"的责任，即自被保险货物运离保险单所载明的起运地仓库或储存处所开始运输时起，包括正常运输过程中的海上、陆上、内河和驳船运输在内，直至该项货物到达保险单所载明目的地收货人最后仓库或储存处所或被保险人用作分配、分派或非正常运输至其他储存处所为止。如未抵达上述仓库或储存处所，则至被保险货物在最后卸载港全部卸离海轮后满60天为止。如在上述60天内被保险货物需转运到非保险单所载明的目的地，则至该项货物开始转运时终止。

保险货物在运抵目的港，保险责任终止以前，若发生分派和分散转运等情况，通常遵循以下规则：

保险单所载目的地为卸货港，被保险人提货后，运到他自己的仓库，保险责任即行终止。如果他将保险货物再分配出售，保险人对此不再负责；保险单所载目的地不在卸载港，而是在内陆某地，经收货人或其代表将货提取后运到内陆某地，当货物进入内陆目的地收货人的仓库时，保险责任即行终止。

以内陆为目的地，如果被保险货物在运抵内陆目的地时，先行存入某一仓库，然后又将该批货物分成几批再继续运往几个内陆目的地另几个仓库，包括保单所载目的地，在此情况下，则以先行存入的某一仓库作为被保险人的最后仓库，保险责任在进入这一仓库时终止。这三种情况，均需受保险货物卸离海轮 60 天的限制。

8.3.4　国际货物海上运输保险的索赔与诉讼

1. 索赔

（1）索赔程序

①损失通知。一旦获悉被保险货物受损，被保险人应立即向保险人或其指定的代理人发出损失通知。如因特殊原因致使被保险人不能在合同约定期限内发出损失通知，被保险人应当及时向保险人申请延期通知。

②申请检验。被保险人在向保险人或其代理人发出损失通知的同时，还应立即向保险合同约定的检验、理赔代理人申请检验，并向有关当局索取货损货差证明；如涉及第三者责任，必要时还须取得延长索赔时效的凭证。

③索赔单证。向保险人索赔时，被保险人应提供下列单证：保险单正本、提单、发票、装箱单、磅码单、货损货差证明、检验报告及索赔清单。如涉及第三者责任，还须提供向责任方追偿的有关函电及其他必需的单证或文件。

（2）索赔中被保险人的义务

在索赔过程中，被保险人还应履行如下义务：

①对遭受损失的货物，被保险人应采取合理抢救措施，以减少损失；保险人或其指定的代理人接到损失通知后，也会对货物提出施救意见，同时也会尽快对货物的损失进行检验以核定损失原因。

②应在提取货物 3 天内以书面形式向承运人及有关责任方提出索赔，必要时还应申请延长索赔时效，以维护保险人的代位追偿权。

（3）索赔期限

索赔期限亦称索赔时效，是被保险货物发生保险责任范围内的风险与损失时，被保险人向保险人提出索赔的有效期限。各国的海上保险合同相关法规中通常都有明确规定，海上保险合同当事人也可在合同中另行约定索赔时限。当货损涉及第三者责任时，应注意向第三者索赔的时效。海上货物运输保险的第三者主要是承运人，按照国际有关运输惯例，收货人向承运人索赔的期限，一般为承运人交货日起 1 年内有效。

2. 仲裁与诉讼

（1）诉讼时效

索赔时效同时也是诉讼时效，只有在索赔时效内提起诉讼或仲裁，被保险人的权利才能得到保护。超过索赔时效，被保险人即丧失追诉权。

（2）诉讼与仲裁的管辖权

按国际私法规则，对于合同争议，当事人可协议选择管辖法院，若协商不成，则按最密切联系原则解决；对于所适用的法律，合同当事人同样可协议选择，若协商不成或未作选择，实务中一般倾向于适用保险人主营业所所在地国的法律。

8.4 其他方式国际货物运输保险法

8.4.1 国际货物陆上运输保险法

国际货物陆上运输保险，主要是指承保经铁路和公路运输的货物在运输过程中因遭受保险合同约定保险事故所致损失的一种保险。与陆上运输有关的水上驳运过程中的货损风险，也包括在此种保险的承保风险范围之内。

关于国际货物陆上运输保险合同的内容，尚无统一国际公约或国际惯例规则，不过，各国保险实务中的保险条款内容都大致相同。因此，本节主要介绍 C.I.C. 陆上运输货物保险条款。

1. 国际货物陆上运输保险的基本险

基本险包括陆运险和陆运一切险两种。

（1）陆运险和陆运一切险的责任范围

①国际货物陆运险责任范围。陆运险的责任范围是：第一，保险人负责赔偿被保险货物在运输途中遭受暴风、雷电、洪水、地震等自然灾害或由于运输工具遭受碰撞倾覆、出轨或在驳运过程中因驳运工具遭受搁浅、触礁、沉没、碰撞，或由于遭受隧道坍塌，崖崩或失火、爆炸等意外事故造成的全部损失或部分损失；第二，被保险人对遭受保险责任范围内危险的货物采取抢救、防止或减少货损的措施而支付的合理费用，但以不超过该被救货物的保险金额为限。

②国际货物陆运一切险责任范围。陆运一切险的责任范围除了陆运险的责任外，保险人还负责被保险货物在运输途中由于外来原因所致的全部损失或部分损失。

（2）国际货物陆运险的责任期限

国际货物陆上运输险的责任期限采用"仓至仓"责任条款，即保险人责任自被保险货物运离保险单所载明的起运地仓库或储存处所开始运输时生效，包括正常运输过程中的陆上和与其有关的水上驳运在内，直至该项货物运达保险单所载目的地收款人的最后仓库或储存处所或被保险人用作分配、分派的其他储存处所为止，如未运抵上述仓库或储存处所，则以被保险货物运抵最后卸载的车站满 60 天为止。

（3）国际货物陆运险的除外责任

保险人对下列损失不负赔偿责任：被保险人的故意行为或过失所造成的损失；属于发货人责任所引起的损失；在保险责任开始前，被保险货物已存在品质不良或数量短差所造成的损失；被保险货物的自然损耗、本质缺陷、特性以及市场跌落、运输延迟所引起的损失或费用；属于陆上运输货物战争险条款和货物运输罢工险条款规定的责任范围和除外责任。

2. 货物陆运附加险

（1）货物陆上运输战争险

货物陆上运输战争险，国外许多保险公司不予承保，中国的保险公司虽予承保，但以火车运输为限。

①货物陆上运输战争险的责任范围。货物陆上运输战争险（火车）（Overland Transportation Cargo War Risks "by Train"）是陆上运输货物险的特殊附加险，加保此险后，保险人负责赔偿在火车运输途中由于战争、类似战争行为和敌对行为、武装冲突所致的损失，以及各种常规武器包括地雷、炸弹所致的损失。

②货物陆上运输战争险的除外责任。由于敌对行为使用原子或热核武器所致的损失和费用，以及由执政者、当权者或其他武装集团的扣押、拘留引起的承保运程的丧失和挫折而造成的损失，保险人不负赔偿责任。

③货物陆上运战争险的责任期限。货物陆上运输战争险的责任起讫以货物置于运输工具时为限，即自被保险货物装上保险单所载起运地的火车时开始到保险单所载目的地卸离火车时为止。如果被保险货物不卸离火车，则从火车到达目的地的当日午夜起计算，满 48 小时为止；如在运输中途转车，不论货物在当地卸载与否，保险责任从火车到达该中途站的当日午夜起计算满 10 天为止。如货物在此期限内重新装车续运，仍恢复有效。但如运输契约在保险单所载目的地以外的地点终止，该地即被视作本保险单所载目的地，到货物卸离该地火车时为止，如不卸离火车，则保险责任从火车到达该地当日午夜起满 48 小时为止。

（2）货物陆上运输罢工险

货物陆上运输罢工险的有关规则与国际货物海上运输罢工险的相同。

3. 陆上运输冷藏货物险

陆上运输冷藏货物险（Overland Transportation Insurance Frozen Products）是国际货物陆上运输保险中的一种专门保险。

（1）陆上运输冷藏货物险的责任范围

保险人负责赔偿被保险货物由于暴风、雷电、地震、洪水；陆上运输工具遭受碰撞、倾覆或出轨；在驳运过程中驳运工具的搁浅、触礁、沉没、碰撞；隧道坍塌、崖崩、失火、爆炸；在运输途中由于冷藏机器或隔温设备的损坏或者车厢内贮存冰块的融化所造成的解冻融化而腐败等情况造成的损失。

（2）陆上运输冷藏货物险的除外责任

对由于被保险人的故意行为；发货人责任；被保险货物在运输过程中的任何阶段，因未存放在有冷藏设备的仓库或运输工具中，或辅助运输工具没有隔温设备或没有在车厢内贮存足够的冰块所致货物腐败等情况造成的损失不负赔偿责任。

（3）陆上运输冷藏货物险的责任期限

陆上运输冷藏货物保险的保险责任期限也采用"仓至仓"责任条款，但是，以被保险货物到达目的地车站 10 天内为限。

（4）陆上运输冷藏货物险的索赔与诉讼时效

陆上运输冷藏货物保险的索赔与诉讼时效为两年，从被保险货物自最后目的地车站全部卸离车辆后起算。

8.4.2 国际货物航空运输保险法

目前尚无关于国际货物航空运输保险的统一国际公约，保险实务中影响较大的是英国伦敦保险协会制定的 1982 年《协会航空运输货物险条款》以及《协会航空运输货物罢工险条款》。

1. 国际货物航空运输的基本险

国际货物航空运输保险的基本险分为航空运输险和航空运输一切险。

（1）国际货物航空运输基本险的责任范围

①航空运输险。航空运输险的责任范围是：保险人负责赔偿被保险货物在运输途中遭受雷电、火灾、爆炸或由于飞机遭受恶劣气候或其他危难事故而被抛弃，或由于飞机遭碰撞、倾覆、坠落或失踪意外事故所造成全部或部分损失，以及被保险人对遭受承保责任内危险的货物采取抢救、防止或减少货损的措施而支付合理费用，但以不超过该批被救货物的保险金额为限。

②航空运输一切险。航空运输一切险的责任范围除包括航空运输险的全部责任外，保险人还负责赔偿被保险货物由于被偷窃或短少等外来原因所造成的全部或部分损失。

（2）国际货物航空运输基本险的责任期限

保险人负"仓至仓"责任，自被保险货物运离保险单所载明的起运地仓库或储存处所开始运输起生效，包括正常运输过程中的运输工具在内，直至该项货物运达保险单所载明目的地收货人的最后仓库或储存处所或被保险人用作分配、分派或非正常运输的其他储存处所为止。如未运抵上述仓库或储存处所，则至被保险货物在最后卸载地卸离飞机后满 30 天为止。如在上述 30 天内被保险的货物需转送到非保险单所载明的目的地时，则以该项货物开始转运时终止。

（3）国际货物航空运输基本险的除外责任

保险人对下列损失不负赔偿责任：被保险人的故意行为或过失所造成的损失；属于发货人责任所引起的损失；保险责任开始前，被保险货物已存在的品质不良或数量短差所造成的损失；被保险货物的自然损耗、本质缺陷、特性以及市价跌落、运输延迟所引起的损失或费用；航空运输货物战争险条款和货物及罢工险条款规定的责任范围和除外责任。

（4）国际货物航空运输基本险的索赔时效

航空运输货物保险的索赔时效，从被保险货物在最后卸载地卸离飞机后起计算，最多不超过两年。

2. 国际货物航空运输的附加险

（1）战争险

航空运输货物战争险（Air Transportation Cargo War Risks）是航空运输货物险的一种附加险，只有在投保了航空运输险或航空运输一切险的基础上方可加保。

①责任范围。保险人承担赔偿在航空运输途中由于战争、敌对行为或武装冲突以及各种常规武器和炸弹所造成的货物的损失，但不包括因使用原子或热核制造的武器所造成的损失。

②责任期限。航空运输货物战争险的保险责任自被保险货物装上保险单所载明的启运地的飞机时开始，直到卸离保险单所载明的目的地的飞机时为止。如果被保险货物不卸离飞机，则以载货飞机到达目的地的当日午夜起计算满 15 天为止。如被保险货物在中途转运时，保险责任以飞机到达转运地的当日午夜起算满 15 天为止。若装上续运的飞机，保险责任再恢复有效。

（2）罢工险

航空运输险中有关罢工险的规定与国际货物海上运输罢工险的相同。

8.4.3　国际货物多式联运保险法

关于国际货物联运保险的规则，目前尚无统一的国际公约。保险实务中，对于国际货物联运的保险多是根据各个不同运输方式、按照各个承保区段分别计算的办法来处理。

参 考 阅 读

1. 姚新超．国际贸易运输与保险．第 1 版．北京：对外经济贸易大学出版社，2006.

2. 魏华林．保险法学．第 2 版．北京：中国金融出版社，2007.

3. 李玉泉．保险法．修订版．北京：法律出版社，2003.

4. 魏华林、林宝清．保险学．第 2 版．北京：高等教育出版社，2005.

5. 姚梅镇．国际经济法概论．修订版．第 3 版．武汉：武汉大学出版社，2002.

复 习 思 考

1. 海运货物保险单的主要内容有哪些？

2. 根据最大诚信原则，在货物运输保险合同订立过程中，被保险一方当事人应当履行哪些义务？

3. 国际海上货物运输保险承保的范围有哪些？有哪些险别？

4. 什么是海上风险及外来风险？

5. 什么是共同海损？它由哪些要件构成？

案例分析

案例 1：中国 A 公司向日本 B 公司和英国 C 公司分别以 CIF 和 CFR 价格出售速冻饺子，有关被保险人均办理了保险手续。该两批货物自启运地仓库运往装运港的途中均遭受损失。

分析并回答：

1. 这两笔交易分别应由谁办理货运保险手续？
2. 这两批货物损失的风险与责任分别由谁承担？
3. 承保的保险公司是否应当给予赔偿？

案例 2：卖方 A 公司按 CIF 条件成交一批货物并向 B 保险公司投保了 C. I. C 水渍险，货物在转船过程中遇到大雨，货到目的港后，收货人发现货物有明显的雨水浸渍，损失达 70%，因而向卖方及保险人提出索赔。

分析并回答：

卖方或保险人是否应当承担赔偿责任？请简要说明理由。

第 *9* 章

国际产品责任法

◎**本章要点**

随着国际商务活动的不断发展，商务活动交易产品的品种和数量也在不断增多，产品交易的增多，一方面，促进了商务活动的更快发展，另一方面，由于科学技术的发展，产品的科技水平越来越高，消费者很难以自己有限的知识对产品的质量做出判定，因产品缺陷而给消费者造成损害的事故在不断地增多，在国际商务活动中涉及产品责任的诉讼案也在不断增多，同时，产品责任的主体由于产品的缺陷给消费者、使用者或第三人造成的财产损失与人身伤害的赔偿数额也在不断增大。近些年来，西方发达国家为了保护消费者、使用者或第三人的财产与人身安全，都制定了严格而完善的产品责任法。产品责任风险已成为商务活动中的一项重要风险，产品责任问题已成为国际商务活动中的一个突出的、不可回避的重要问题。因而，为了降低国际商务活动的成本，我们有必要对国际产品责任法有一个较全面的了解。

本章共分三节对国际产品责任法进行了较全面的介绍，主要内容涉及国际产品责任、国际产品责任法、美国产品责任法、国际产品责任统一法律规范、中国产品责任法的立法状况等。本章的重点是：产品责任、产品责任与品质担保责任的区别；美国产品责任的诉讼依据；中国产品责任的立法状况。

9.1 产品责任与产品责任法

9.1.1 产品责任

1. 产品责任的含义

产品责任，是指产品的生产者或销售者由于生产或销售的产品存在缺陷，造成了生产者、使用者或第三人的人身伤害或财产损失，而要承担的一种法律责任。

产品责任是现代社会的一个概念，产品责任主要涉及的要素是：产品责任的主体，主要包括生产者、销售者；产品责任中的受害者，主要包括消费者、使用者、第三人；产品责任的赔偿范围，主要包括人身伤害、财产损失及精神损害。

2. 产品责任与合同责任的区别

产品责任不同于合同责任，虽然早期的产品责任与买卖法有密切的关系，但两者有很大的区别，与合同责任比较，产品责任主要具有以下特征：

（1）产品责任是一种侵权责任，具有强制性

在合同中，责任是由合同的约定而生成，合同的当事人没有履行合同或没有按合同的约定履行合同义务，违约一方必须对未违约一方承担因违约而造成的经济损失。在合同责任中，原则上是无合同无责任，合同义务具有任意性，当事人可以在合同中约定，甚至可以排除。而产品责任是一种特殊的侵权责任，是一种法律规定的强制性的责任，责任的主体是否有过失并不重要，注重的是侵权的结果，只要侵权造成损害，就要承担责任。

（2）产品责任是因产品缺陷造成损害的责任

承担合同责任的原因是违反了有效合同的约定，而承担产品责任的原因是因为产品缺陷。缺陷是指产品具有不适当的危险或没有提供使用者所期待的安全。

（3）产品责任的义务主体和权利主体范围大

在合同责任中，义务主体与权利主体是合同的双方，即责任主体是卖方，而请求权利主体是买方。而在产品责任中义务主体是卖方及生产、制造、加工、销售链上的任何人，权利主体是受到伤害的任何人，即消费者、生产者或第三人。

（4）产品责任的赔偿范围大

在合同责任中，违约一方承担赔偿的范围是实际损失以及为减少损失支出的费用，加上订立合同时可以预期的利润。而产品责任赔偿的范围则是人身伤害、财产损失以及精神损害，而且，赔偿必须是一次性支付，不得扣除被害人可能从其他途径取得的任何补偿或津贴。

9.1.2 产品责任法

产品责任法是随着现代工业生产的发展和广泛复杂的社会分工而逐步形成和发展起来的，凡是因产品缺陷造成消费者或使用者或第三人的人身或财产损失而引起的法律责任都应属于产品责任法调整的范畴。因此产品责任法是调整有关产品的生产者、销售者和消费者、使用者或第三人之间因产品缺陷而引起的侵权行为的法律规范总称。产品责任法的目的在于保护消费者、使用者或第三人的利益，确定制造者或销售者对其生产或销售的产品所应承担的责任。

产品责任法具有的特征是：调整因产品责任引起的人身或财产损害，不包括单纯的产品本身的损害；主要调整没有任何合同关系的产品责任的侵权行为；产品责任法具有强制性，带有公法性质，当事人不能排除。

9.1.3 产品责任法的主要内容

综合各国的产品责任法及有关公约，产品责任法主要包含以下内容：

1. 产品的界定

如何界定产品十分重要，这是承担产品责任的前提，各国法律有不同规定，但都对产品进行了界定。

美国《统一产品责任法示范》对产品的界定是："产品是指具有真正价值的、为进入市场而生产的，能够作为组装整件或者作为部件零件交付的物品。但人体组织、器官、血液组成成分除外。"美国产品责任法中的产品十分广泛，凡是经过加工制作用于销售的东西都是产品，只要由于使用它或通过它引起了伤害，都可视为发生了责任的产品。

1976 年欧洲理事会制定的《造成人身伤害与死亡的产品责任的欧洲公约》（以下简称《斯特拉斯堡公约》）对产品的规定是："产品这个词系指所有可移动的物品，包括天然动产或工业动产，无论是未加工的还是加工的，即使是组装在另一可移动或者不可移动的物品内。"①

1985 年《欧洲共同体产品责任指令》，全称是《成员国有关缺陷产品责任的法律、法令及行政规定一致的理事会指令》（以下简称《欧洲共同体产品责任指令》或《指令》）。《指令》将产品定义为：除初级农产品和狩猎产品以外的所有动产，即使是已被组合在另一动产或不动产之内。初级产品是指植业、畜牧业、渔业产品等。

中国 1993 年 2 月 22 日第七届全国人民代表大会常务委员会第三十次会议通过的、2000 年 7 月 8 日第九届全国人民代表大会常务委员会第十六次会议第一次修正的《中华人民共和国产品质量法》（以下简称《产品质量法》）第二条规定："本法所称产品是指经过加工、制作，用于销售的产品。建设工程不适用本法规定；但是，建设工程使用的建筑材料、建筑构配件和设备，属于前款规定的产品范围的，适用本法规定。"可见中国对产品的界定是，经过加工制作、用于销售的动产。

从以上定义中可见，主要国家法律对产品的定义在两点上有一定的分歧：一是产品是否包括不动产；二是产品是否限于加工制作过的。

最新发展表明，大多数国家都倾向于对产品概念扩大解释。这是因为买方市场使消费者的地位越来越高，保护消费者利益已成为当务之急，而卖方市场的竞争机制又迫使生产者不得不重视产品的质量。现实中经过加工的产品无处不在，也使产品范围扩大。产品范围的扩大以美国最为明显，美国产品责任法律关于产品的界定很广泛，几乎所有经过某种程度、方式加工过的产品，不论是移动的还是不能移动的，是工业品还是农业品，是成品、零部件、副产品或原料，甚至连维修、装配、仓库保管、运输等劳务成果，都可作为产品。美国伊利诺伊州最高法院在一起案件中将血液也视为产品，因为血

---

① 曹建民、陈治中. 国际经济法专论. 第 1 版. 北京：法律出版社，2000.

液是用于出售的，而且可能处于一种对使用者的不合理的、危险的缺陷状态。

2. 产品责任主体

产品责任主体，是指有义务承担赔偿责任的人，即产品责任诉讼关系中的被告。在工业化社会中，由于产品日益复杂，从生产到最终进入消费者手中要经过一系列环节，在一连串生产、销售中任何一个环节的参与者都可能被个别或共同卷入到产品责任诉讼中，并承担责任。从保护消费者出发，关于产品责任主体，各国所涉及的内容基本是一致的。主要责任主体包括：生产者（生产、制造、加工、装配、修理人）或销售者（出口商、进口商、批发商、零售商等）。

现在的趋势是，责任主体越来越广泛，如《欧洲共同体产品责任指令》规定：可能承担责任的当事人是：成品、任何材料或零配件的生产者；用任何方式表明自己是该产品的生产者的人（将姓名、商标、其他标识用于产品上的人）；若不能查明，就视产品每一个提供者为生产者；任何为转售或类似目的将产品输入欧共体者。《斯特拉斯堡公约》以及其他国家产品责任法都有类似规定。美国产品责任义务主体更广泛，认为任何与产品的生产、制造、加工、销售有关的人都可以成为主体，包括批发商、经销商、零售商、甚至委托人、修理人、借贷人等。

另外，责任主体之间负有连带责任。通常，产品责任由制造者承担，从法律关系上看，制造者的责任有三个方面：产品制造人对直接买受人的责任；产品制造者对间接买售人的责任，如从销售商手中购买该产品的一般消费者；产品制造者对第三人的责任。第一种情况比较清楚，第二种情况即间接责任比较复杂，这种间接责任已成为当代产品责任法所要解决的主要问题，现在各国立法一般认为生产者、销售者应承担连带责任。而第三种情况，生产者也应承担责任。

3. 产品缺陷

（1）产品缺陷的含义

缺陷，是产品责任法中一个十分重要的概念，法律上的产品责任以产品以缺陷为条件，并且该缺陷必须是产品离开生产者或销售者控制以前已经存在。但各国产品责任法中对于缺陷概念的确定有所不同。

美国《侵权行为法重述第二编》第402A节对产品缺陷的界定是，所谓缺陷，系指"商品具有不合理的危险性"。而对于不合理的危险的解释是，"超出了购买该商品的普通消费者以对它的特性的人所共知的常识的预期"。也就是说，商品是否具有不合理的危险性，最重要的标准是，可预见的使用目的。即生产者应使产品在可预见的或可能使用的范围内具有合理的安全性。

欧共体的《斯特拉斯堡公约》规定：考虑到包括产品说明在内的所有情况，如果一项产品没有向有权期待安全的人提供安全，则该产品就存在缺陷。《欧共体产品责任指令》规定，如果产品不能提供人们有权期待的安全，即属缺陷产品。并列举了未能提供的安全是指：产品的说明；使用产品的合理期待；产品投入市场销售等。或者主要是从消费者对该产品期待的安全性来判断，并不是从产品本身方面考虑。英国也侧重于消费者的安全性。据《1987 年消费者保护法》的规定，如果产品的安全不是一般公众有权所期待的，该产品就存在缺陷。安全性考虑的因素是：产品销售的方式和目的以及对警告或产品说明的使用；可合理期待的产品的用途；生产者提供产品的时间。

根据中国《产品质量法》第二十六条的规定，产品质量应当符合下列要求：不存在危及人身、财产安全的不合理的危险，有保障人体健康和人身、财产安全的国家标准、行业标准的，应当符合该标准。据此，中国《产品质量法》中所界定的缺陷是指，产品存在危及人身、他人财产安全的不合理的危险；产品有保障人体健康、人身、财产安全的国家标准、行业标准的，不符合该标准。可见中国是以"不合理的危险"和"不符合相关标准"作为判断产品缺陷的标准，但对什么是不合理的危险并未作解释。

（2）产品缺陷的分类

从各国司法实践看，对缺陷的分类比较统一，大体上依据产品的生产及制造过程进行分类。

①设计上的缺陷。设计上的缺陷，是指产品在设计上本身存在缺陷，产品设计时对产品可靠性、安全性考虑不周。如没有安全的保护装置，往往会发生产品责任事故。

例如，美国一州的法院审理了这样一个案件。甲在清洗全旋冲床时左手受伤。当时他按了停机开关，掀起机床罩，开始清洗。突然机床罩落下，甲失去平衡，脚碰到冲床踏板，致使撞锤击中左手。于是甲向法院起诉要求制造商承担产品责任，他指控制造商设计有误，因为机床是全旋转式，应当有一个马达连锁装置，使停机后踏板不会引动机器。但制造商没有设计这一装置。另外，制造商在冲床上应未附使用说明。最终法院支持了甲的请求。

②原材料上的缺陷。原材料上的缺陷，是指原材料不符合质量、卫生、安全等标准而形成缺陷。原材料对产品影响大，特别是在食品、药品方面。

③制造装配上的缺陷。制造装配上的缺陷，是指产品生产不达标，装配不当等，使总体质量未达到预期要求。可以表现为产品的外表，也可以表现在产品的内在结构。

④指示上或警示上的缺陷。指示上或警示上的缺陷，是指一些产品可能本身并无缺陷，但由于使用不当可能出现危险，生产者和销售者除应保证产品本身无缺陷外，还应保证正确使用而作提示。生产者或销售者如果不作真实广告或未给消费者适当的警告、警示或警告、警示不清，也为产品上的缺陷。

4. 产品责任的归责原则

即依据什么原则确定产品的生产者、销售者对其制造或销售的产品承担责任，是以主观过错还是以客观损害为原则？产品的归责原则决定了产品责任的构成要件、诉讼举证责任和赔偿责任。各国的产品责任法都对产品责任的归责原则作了规定。

产品责任归责原则经历了从合同责任到侵权责任，从过错责任到严格责任的发展。在合同责任中，无合同即无责任，在 20 世纪以前，这条原则成为生产者或销售者推卸责任的最有力的武器。这一原则在英国 1842 年的邮递马车夫一案中最典型，原告是受雇于驿站的邮递马车夫，他在驾驶邮政车时，由于车轮塌陷而受伤，于是提起诉讼，但法院认为，被告不负责任，原因是被告只与邮政大臣有合同关系，而与被告没有合同关系。这一原则的适用目的在于保护初级阶段制造商的利益。

合同责任原则使大量受害者得不到法律保护，最终美国纽约上诉法院在审理托马斯夫妇诉温切斯特案中提出了令人信服的理由，在该案中，原告诉被告制造厂生产的蒲公英浸膏，使用后发生强烈药物性反应，经查，是由于药厂疏忽将颠茄错标成蒲公英浸膏。被告律师用英国的马车夫一案进行抗辩，上诉法院则用普通法特有的"区别技术"驳回抗辩。认为马车用于传递，药品剧毒且投放到市场上，马车缺陷不迫近危险，药品置人于危险之下。认为有危险视为犯罪，无危险视为违约。合同责任过渡到疏忽责任原则。

但疏忽责任原则受害人的举证责任较重，不利于对受害人的保护。于是在美国加州最高法院一案件中确立了严格责任原则。在该案中，原告购买了尤巴电器公司的生产的电动工具，后来原告使用时，内部零件飞出，击中头部造成伤害。法院认为生产者将一产品投放市场，明知对此产品将会不经检验使用，而此产品又具有使用伤人缺陷，那么产品生产者就应负赔偿责任。

5. 产品责任的排除或产品责任中的抗辩

产品责任的主体承担产品责任不是无限的，否则对责任主体不正平，因此产品责任的排除是各国产品责任法的内容之一。据各国的产品责任法，生产者能够证明以下情况之一，不承担责任或减轻责任：

生产者未将产品投入流通；产品投入流通后，引起的损害的缺陷不存在；制造的产品不是为了销售或为经济目的而进行其他形式的分销；产品投入流通时，据当时的科学水平尚不能发现其缺陷；产品的缺陷是为了符合政府的强制性规定；产品被非正常使用；特殊敏感性或过敏；原告自己的疏忽等。

6. 产品责任的损害赔偿

损害赔偿是产品责任法的主要目的之一，在各国的立法中，一般规定损害赔偿的范围包括财产损失和人身伤害两大部分，至于财产损失，特别是人身伤害的具体内容各国法律则有不同的规定。

9.2　美国产品责任法

在世界上，美国的产品责任法发展较早，在学理上和现行法上都很发达，对产品责任要求也严格。在世界上具有一定的影响和示范作用，对美国及与美国有关国家的贸易有较大的影响。美国产品责任法虽然是国内法，但也适应涉及外国产品责任，当外国产品输入到美国而引起产品责任时，美国的消费者可依据产品责任法对美国的有关人起诉，直至可以对外国的出口商和生产者起诉，当美国的产品出口到他国时，外国的消费者也可以引用美国的产品责任法争得权利。

9.2.1　美国产品责任法的基本理论

1. 疏忽责任理论

疏忽责任理论，又称过失责任，是指由于生产者或销售者的疏忽造成产品缺陷，致使消费者、使用者或第三人人身或财产受到损害。对此生产者或销售者应承担疏忽责任。

疏忽责任理论，突破了合同责任的原则。在合同责任中，原告与被告一定得有合同关系，即被告得将产品卖给消费者，受害人是买方，如果受害人不是买方，则生产者或销售者就不承担责任。而在疏忽责任中，原告与被告之间不需要有合同关系，只要是被告生产的产品，而且由于疏忽造成了产品的缺陷，被告就要承担责任。

受害者以疏忽之责起诉时，要提供以下证据证明原告有过错：被告没有尽到合理的注意义务，即有疏忽；或没有将产品有关事项说清楚；或违反了法律或有关规章的规定；由于被告的疏忽直接造成了原告的损害。

总之，原告可以从不同的方面证明被告的疏忽。可见，疏忽责任理论的特点是：第一，原被告之间不需存在合同关系，受到直接伤害的任何人都可以起诉，受害者不是产品的买方也可以起诉；第二，被告可以是生产者或销售者；第三，原告负有较大的举证责任。

但问题是，在现代大工业条件下，要证明一个产品有缺陷往往很难，甚至不可能。因为产品从设计到制造始终控制在生产者手中，这对于不熟悉制造和销售的消费者、使用者或第三人来说，举证是十分困难的。因此在实际诉讼过程中法官逐渐对原告采取了减轻举证责任的态度，采用"事实自我证明"原则。这一原则是由美国的判例确立的。其含义是，事件发生的情况本身，足以证明被告疏忽的行为。原告只要能证明，其损害是由于生产者的疏忽而发生；损害是由于被告管理和控制下的货物所引起的；损害不是由于原告的行为引起的，法官可以据通常的经验，推定被告有疏忽责任。这一原则的适用在一定的程度上具有修正疏忽责任的作用，减轻了原告的举证责任。

2. 担保责任理论

担保责任理论，是指因产品存在缺陷或瑕疵，生产者或销售者违反了对产品明示的或默示的担保，致使对消费者、使用者造成人身伤害或财产损失而承担的法律责任。

担保责任理论来自商品买卖中的契约关系，即卖方必须保证其所出售的货物符合当事人约定的标准，以后这种理论被引入了产品责任案中。担保是对产品质量或性能规格的说明或陈述，担保可以分为明示担保、默示担保。

明示担保，是指产品的生产者或销售者对产品的性能、质量或所有权的一种声明或陈述。明示的担保是生产者、销售者证明其产品符合规定标准的说明，通常见于产品的标签、广告或使用说明上。明示担保的内容是，生产者或销售者的产品必须与作出的对有关商品的允诺一致；生产或销售的产品必须与该产品的说明书的表述一致；生产或销售的产品必须与所提供的样品或样式一致。明示担保最典型的案例是，1932 年巴克斯特诉福特汽车公司案。福特汽车公司在广告中称其生产的汽车玻璃不会破裂，受害人相信了该广告的内容，购买了福特汽车公司生产的汽车，但在使用中小石头击破了汽车玻璃，汽车玻璃的碎片致使其一只眼睛失明，原告以被告违反了广告的说明为由提起诉讼，法院认为被告应当承担明示担保责任，应当向与之没有直接合同关系的原告索赔。

默示担保，是指依法产生的担保。默示担保可分为商销性的担保和适合特定用途的担保。商销性的默示担保，是指产品的生产者或销售者出售的产品应符合该产品之所以制造和销售的一般目的。据美国法院的解释，它是指良好、平均、中等品质的商品。如制造者、销售者出售汽车时，汽车必须有合适的刹车装置，如果刹车不灵造成车祸，制造者或销售者要承担责任。适合特定用途的默示担保，据《美国统一商法典》的规定，如果卖方在订立合同时，有理由知道买方对货物所要求的特定用途，而且买方信赖卖方的技能和判断能力来挑选或提供合适的商品，则卖方就承担了货物必须适合这种特定用途的默示担保。

因违反明示担保而提起诉讼时，受害人必须证明：被告所作的说明；当事人相信该项说明；伤害是由于产品不符合被告所作的说明而引起的。因违反商销性的默示担保要求赔偿时，受害人须证明：产品在出厂时即有缺陷；缺陷与损害之间存在因果关系。违反适合特定用途的默示担保要求赔偿时，受害人须证明：卖方已被告知或有理由知道产品的使用意图；买方信赖卖方在选择产品方面的技能和技术及专门知识；伤害是由于产品未能符合特殊用途而引起的。

可见，担保责任相对于疏忽责任而言，减轻了受害人举证责任，但对受害人起诉仍有种种限制。

3. 严格责任理论

严格责任理论是近年来发展起来的一种产品责任理论，又称无过失责任。据此理论只要产品存在缺陷，对消费者、使用者或第三人具有不合理的危险，因而使他们人身受到伤害，财产受到损失，该产品的生产者或销售者就要承担责任。

严格责任发展的原因是，美国许多企业已发展到相当规模，不必以疏忽来减轻自己的责任，而应对社会承担更大的责任。另外，保护个人消费者权益被日益重视。

在 20 世纪 60 年代，在格林曼诉尤巴电器产品案中，加利福尼亚州最高法院第一次正式确立了严格责任原则。在该案中，原告之妻买了件多功能电器，原告按说明书的指示使用该电器锯木时，一块木头从机器中飞出，砸在了他的前额，造成了重伤。法院作出的判决书中指出：为使生产者承担责任，原告不必证明明示担保的存在，当一个生产者将一件产品投放市场时，明知他将不经检查缺陷而使用，那么该生产者在侵权方面负有严格责任。在这一背景下，美国法学会于 1965 年编纂的《侵权法重述第二编》中采取了严格责任原则，该法虽不具有强制性，但是却代表了法学界最权威的观点，对美国的影响很大，在具体的案件中常被法院采用。

以严格责任为由提起诉讼，受害人不需证明被告是否尽到了"适当注意"义务，即使是被告尽到了"适当注意"义务，但如果产品有缺陷，并且该缺陷造成了受害人的人身伤害或财产损失，被告就必须承担责任。在严格责任下，生产者、销售者责任最大，不管其主观是否注意，都要承担责任。所以，以严格责任为由提起诉讼对受害人最有力，保护也更充分。

但严格责任并不是"绝对责任"。受害人在利用严格责任理论诉讼时，必须提供最基本的证明，即必须证明：产品存在缺陷；产品出厂时缺陷已经存在；产品缺陷直接造成损害。

在美国，各州采用的原则并不一致，三原则在各州独立并存，形成产品责任的三轨体系，但由于严格责任理论已被载入《侵权行为法重述》402A 节中，该节虽代表学术界的见解，不具有法律强制性质，但它却被法院引用，对美国产品责任法有重大影响。因此可以说，严格责任在美国产品责任法中具有重要地位。

9.2.2　产品责任诉讼中的抗辩理由

无论用何种责任原则进行诉讼，被告承担的责任都是相对的，即在诉讼中被告可以利用种种理由进行抗辩以减轻自己的责任，在侵权行为的严格责任理论中，对原告的行为是否构成被告抗辩的理由，大多数法院作为一个事实交给陪审团考虑。

据原告行为的性质，抗辩理由可以分为：

1. 原告自己的疏忽行为

原告自己的疏忽行为也称过失分担或共同过失，通常发生在疏忽责任案中。原告因自己疏忽未能发现产品中的明显缺陷或对于缺陷可能引起的损害没有采取适当预防措施，原告对此也负有一部分责任。假如机器的操作者对机器的性能和危险有相当的认识，但在操作时因不小心致使受伤，应自己负过失责任。

但是在严格责任中，被告以此进行抗辩将受到限制。《产品责任法重述》402A 中指出："如果原告对自己的疏忽行为仅仅是由于未发现产品中缺陷的存在或对缺陷存在的可能性未防御其本身的危险时，不得作为抗辩。"

2. 风险的承担

原告对产品的缺陷及危害有充分的鉴别力，但他自愿地、不合理地使用该有缺陷的产品，由此造成的伤害被告可以作为抗辩的理由。如明知雨伞是防雨用具，但却将它作降落伞使用而致使伤亡，对此生产者可不承担责任。再如药品有说明，但未按说明自己擅自用药等情况。

3. 非正常使用

产品在使用中扩大用途或使用方法不当，由此造成的损失，生产者可以就该损害并非是由于产品缺陷所致进行抗辩。即原告要承担一定的责任。例如工人在两把竖直的梯子上再放一把作为工作平台，并在上面行走，使人受伤，生产者不负责任。非正常使用产品，可能由于产品的责任诉讼中的赔偿请求缺少缺陷和因果关系，而得不到满足。因为某些产品在正常使用的情况下即使存在缺陷，也不一定会导致伤害的发生。但在司法实践中出现了新的倾向，有的认为，如果非正常使用是被告可以预见的，原告仍可得到保护，因此以此为抗辩理由就可能不成立。

4. 特殊敏感性或过敏

机体对某些抗原物质发生特异反应。凡产品仅对少数人不对大多数人引起伤害，被告就可以进行抗辩。如洗涤剂对其他人都是安全的，但却由于原告自己完全异常反应而引起了皮炎，此类情况被告就可以进行抗辩。

9.2.3 损害赔偿

在美国，损害赔偿的范围广，且数量大。一般原则是补偿受害人的所有损失，包括过去的损失和将来的收益、痛苦的代价和实际开支等，而且赔偿应一次性支付，将未来的损失折合成现时价。在大多数法院中，受害人可以向被告取得全部损害赔偿，而不管原告是否从其他方面取得任何补偿。一般被告必须对受害人的现状承担责任，如果伤害是可以合理预见的，即使伤害的性质或范围可能由于原告的某些特定因素而加重或加大，被告也要承担责任。具体而言，被告承担责任的主要范围是：

1. 人身伤害

人身伤害的补偿一般包括：肢体伤害所致的痛苦；精神上的痛苦；生活收入的损失以及失去谋生能力的补偿；过去和将来必要合理的医疗费用开支。

在此问题上，美国对人身伤残的补偿要比实际支出的医疗费用及其他实际开支要大得多。在许多情况下，受害人的精神痛苦要占赔偿总额的大部分。

2. 财产损失

财产损失赔偿，一般只限于损坏财产的必要的、合理的更换或修理费用。即所谓直接损失。但在个别案例中也把修理时间内财产损失而不能使用该财产所产生的损失计算在内，即所谓间接财产损失或纯经济损失。

3. 惩罚性赔偿

如果被告的行为异常严重，但又不足以在刑法上定罪，公共政策要求给予某种经济上的惩罚，这种制度称惩罚性赔偿，它常作为补偿性赔偿之外的附加赔偿。

处罚性的赔偿在美国1978年"福特平托汽车"案中得到充分的体现。该案中，一男孩坐邻居驾驶的一辆平托汽车回家，当行驶在高速公路上时，汽车突然停下，被随后的汽车猛撞使油箱失火爆炸。这次事故后，女孩死亡，男孩重伤，男孩做了60多次手术。原告委托律师对福特汽车公司起诉，律师认为事故是由汽车的设计错误所致。因为油箱的设计放在后座下部，距离时速器只有 8 厘米多一点。因此只要有中等强度的碰撞便能引起爆炸。之后，原告律师提供了福特汽车公司董事会的材料，材料表明，在第一批平托汽车投入市场前，福特公司的两名工程师曾明确提出要在油箱内安装防震的保护装置，每辆汽车需增加 11 美元。但福特公司经过计算，决定至少在两年内不安装保护装置。他们认为，如果要生产 1100 万辆小汽车和 150 万辆卡车，需要增加 1.375 亿美元。相反，假设充其量有 180 个平托汽车主死亡，另有 180 个车主严重受伤，2100 辆汽车被烧毁，据福特公司的赔偿标准，每一死亡者赔偿 21 万美元，每个烧伤者赔偿 67000 美元，每个汽车受损者赔偿 700 美元，共需支出 4953 万美元，于是福特选择了省钱。初审判决原告 300 万美元损害赔偿，1.25 亿美元的惩罚性赔偿。但最后改为 350 万美元。①

美国商务部制定的《统一产品法范本》规定，如果原告能通过明确的、令人信服的证据证明，其所受的伤害是由于产品的生产者/销售者的粗心大意，根本不顾产品的使用者、消费者或其他可能受到产品伤害的人的安全，法院可以判决给予惩罚性赔偿。惩罚性赔偿目的是用以处罚加害人的恶意、任意、轻率行为，在具体如何赔等方面，都由陪审团决定，美国对赔偿没有限制规定。

9.2.4　严格责任原则的发展

美国产品责任法发展很快，在实践中严格责任理论不断得到完善。以下具有代表性的学说体现了美国严格责任原则的一些新发展。

1. 选择责任说

选择责任说，是指受害人向共同加害人中的一人或数人提起诉讼，使其承担责任。根据选择责任说，当两个或两个以上的被告在某种情况下由于疏忽行为，给原告造成了伤害，在原告不可能证明是哪一个被告造成他的损害时，举证责任就转给被告，由被告证明自己是没有责任的。若被告不能证明自己没有责任，他就必须承担责任。

2. 共同责任说

共同责任说，是指数人共同预谋或一致同意，并按一定计划或方案协同实施的行为，则参与共谋一致的人共同承担责任。共同责任说，类似于大陆法系的共同侵权行为。据此学说，要确认共同责任存在，原告只需证明被告参与了一项产品生产的共同计划和设计，因其存在缺陷并致人以伤害，从而构成了民事侵权行为，即原告只需证明被告相互之间的默契就够了。

3. 泛行业责任说

泛行业责任说，是指原告可将某产品的整个生产部门作为被告，只要这些被告构成

---

① 曹建民、陈治中. 国际经济法专论. 第 1 版. 法律出版社，2000.

了这一生产部门的整体。因为构成该部门的各个生产者都是按照这一生产部门制定的泛行业安全标准，并在制造过程中进行合作，因此产品的各个生产者负有连带责任或个别责任。据此理论，在涉及多个被告的案件中，对原告的伤害来自于该产品或被告中至少某一人的疏忽行为时，举证责任就可转给所有被告，由他们证明是哪一个引起的损害。

这一理论首先由佛罗里达州审理的一案中提出。在该案中，一群孩子玩雷管时爆炸受伤，而生产者对该雷管的危险性未作任何警告。这一案件中的六名被告，涉及整个美国雷管制造。因为被告是按"泛行业安全标准"协作生产为依据，因此法院将安全性风险转给了雷管同业公会，让整个行业承担责任。

4. 市场份额责任说

市场份额责任论，是指法院在决定每一被告所应承担的责任时，所依据的是在一定时期内，各个被告作为个别生产者投入市场的某种产品的数量与同种产品和市场总量的比例，而无需指明具体的被告。

在严格责任下，被告只承担自己生产制造的产品的责任，但据新的理论，生产者对于并非自己制造、销售的产品也要承担责任。这一理论就是市场份额说。

这一理论是在 1980 年的一案例中确立的。原告是一腺癌患者，70 年代初，人们发现腺癌的发病与乙烯雌酚有关。美国从 1949—1971 年曾广泛用此药预防流产，大约150 万—300 万妇女服用过此药，而原告正是在母亲怀孕时服此药后所生，于是原告将当时生产此药的 11 家制药厂作为共同被告。由于原告不能确定造成他损害的是哪一家制造商生产的药品，初裁驳回了起诉。但在上诉时，法院则作出了撤销初裁的决定，要制造者按市场总量的比例承担责任，除非证明当时自己未生产过含损害成分的药。

这一案例是一个突破，意义在于以保护弱者的原则代替了严格的因果关系原则，解决了大规模伤害引起的损害问题。由此，对新产品的发展产生影响，企业开始转向以预防损害发生为自助手段。

9.3　国际产品责任统一法律规范

目前世界上还没有统一的国际产品责任法，联合国国际贸易法委员会曾试图对各国的产品责任法进行比较研究，并提出统一建议，但未成功。目前有关产品责任的公约主要是区域性的，而且活动主要在欧洲范围进行。

9.3.1　区域性的公约

1.《斯特拉斯堡公约》

在《斯特拉斯堡公约》缔结之前，欧洲大多数国家还没有关于产品责任的特别规则，而对产品的制造者采取严格的责任是一个普遍的趋势，由于国际贸易的发展，产品责任问题不可能仅限于一国国内，应该对欧洲范围内产品责任规定特殊的原则。因此在公众和生产者的利益之间建立起公正的平衡是十分重要的。在此背景下，欧洲理事会在1975 年 9 月—1976 年 5 月通过了该公约的草案，1977 年 1 月 27 日由欧洲理事会的成员国签字。该公约的主要内容是：

（1）产品责任适用严格责任原则

《斯特拉斯堡公约》适用严格责任原则，要求缔约国在公约生效之前，使其国内法符合公约的各项规则。这样规定主要是为了有效地补充相关国家的国内立法，给受到伤害的人提供更多的补救手段，而不是取代有关国家产品责任的国内立法。

（2）生产者的范围

生产者的范围包括：制造商（包括产品或零部件的制造商、装配者，天然产品的生产者等）、产品的进口商（任何以将产品投入商品流通为目的、按商业惯常做法进口产品者）、任何使自己的名字、商标或其他识别特征出现在商品上面将其作为自己的产品者；产品没有标明任何生产者的身份时，则每个供应者应视为公约所指的生产者，并承担同样责任，除非供应者在合理的时间内披露生产者或向其提供产品者的身份。

（3）生产者对产品的赔偿责任及确认

《斯特拉斯堡公约》规定，生产者应承担其缺陷产品造成人身伤害或死亡的赔偿责任，还规定了连带责任，即多数人对同一损害负有责任，则受害人可向每一个生产者追索。对于受害人来说，需要证明产品存在缺陷，缺陷造成了损害以及缺陷与损害之间存在因果联系。对于生产者来说，证明他未将缺陷产品投入流通；产品投入流通时造成损害的缺陷不存在；产品不是为了销售、出租或为了经济的目的进行的其他形式的分销，则不承担责任。如果受害人因自己的过失造成损害，在考虑了所有的情况后，可减少或拒绝赔偿。

（4）损害赔偿及限制

《斯特拉斯堡公约》对产品责任的损害赔偿范围仅限于人身伤亡和财产损失（不包括其财产所造成的损失）。这主要考虑到欧洲各国的情况，便于被欧洲大多数国家接受。在损害的解释方面，则未作解释，在损害赔偿数额方面未作限制，受害人能获得多少赔偿取决于有关国家国内法的规定。

（5）限制或免除生产者责任

《斯特拉斯堡公约》规定，本公约规定的生产者的责任，不得以任何免责或解除义务条款排除或加以限制，也就是说生产者不得以合同条款方式免除或限制产品责任。

（6）诉讼时效

《斯特拉斯堡公约》规定，要求损害的诉讼时效应自请求人知道或合理地知道损害、缺陷及生产者身份之日起 3 年内。如果诉讼没有在自生产者将造成损害的产品投入流通之日起 10 年内提起，就丧失了公约规定的要求生产者赔偿的权利。

2. 1985 年《欧洲共同体产品责任指令》

《欧洲共同体产品责任指令》是一部统一欧洲共同体跨国产品责任的法律，由欧洲共同体主持制定，1985 年 7 月 25 日经欧洲共同体理事会全体通过。欧洲共同体委员会之所以制定这样一部统一的法律，主要是因为，在此之前，各成员国产品责任方面的法律规定缺乏统一标准，有的采用严格责任原则，有的采用疏忽责任原则。产品责任法上的差异使得对消费者的利益不能很好地保护，也妨碍了竞争秩序，影响的商品的流通。于是欧洲共同体委员会从 1973 年开始组织专家进行讨论和起草，经过十多年的努力，《欧洲共同体产品责任指令》于 1985 年经欧洲共同体全体成员通过。主要内容是：

（1）适用严格责任原则

《欧洲共同体产品责任指令》中规定，产品生产者应对产品的缺陷造成的损害承担责任，而无论他是否知道这一缺陷。但如果生产者证明，在产品投入流通时，据当时的科技知识并不能使他们知道产品的缺陷，由此对损害不应负责。即生产者可以"发展着的风险"或"技术条件"为由免除责任。但《指令》中规定，允许各国通过自己的国内立法，要求生产者对发展风险承担责任。

（2）生产者的范围

生产者的范围主要包括以下几类：成品或零配件的生产者；任何将其姓名、商标或其他标识用于产品上，表明自己是该产品生产者的人；若不能证明生产者，应视每一个产品的供应商为生产者，除非他在合理的时间内将生产者或其他提供产品的身份者通知受害人；任何为转售或类似目的将产品输入欧洲共同体者，也就是进口商。

（3）生产者对产品责任的赔偿范围及限制

《指令》规定赔偿的范围是人身伤害和财产损失。人身伤害的赔偿范围包括：由于人身伤害所造成的治疗费用以及恢复健康和损害谋生能力的费用，但不包括精神痛苦的损失费用（该部分是否赔偿依各国国内法的规定），造成受害人死亡的则赔偿死亡的相关费用以及其配偶和近亲属的赡养费用。在损失赔偿方面规定了限额，凡因具有同一个缺陷的同一种产品所引起的一切人身伤害，责任人承担的全部赔偿不超过 2500 万欧洲货币单位（现在已有所提高）。

造成财产损失的则赔偿除缺陷产品之外的损失，而且这类财产的取得通常是供个人使用或消费，而不是请求人为其贸易、商业或职业目的取得的财产。生产者对财产损害的责任，在动产诉讼中，每一诉讼不超过 15000 欧洲货币单位，在不动产的诉讼中每一诉讼不超过 50000 欧洲货币单位。

（4）免责条件

《指令》规定，生产者存在以下情形可以免责：生产者未将产品投入流通；在产品投入流通时，引起损害的产品缺陷并不存在；制造的产品并非为了销售或为了经济目的而进行其他形式的分销；缺陷是由生产者依从国家当局发布的强制性规定引起的。

（5）诉讼时效

《指令》规定，诉讼时效应为自受害人知道或合理地知道损害、缺陷及生产者身份之日起三年内。生产者对其缺陷产品的损害承担责任的时效为十年，时间从产品投入流通的年底算起。

3. 1987 年《欧洲理事会指令》

为了保护消费者的健康与安全，欧洲理事会在 1987 年发布了一个指令，该指令主要是为了协调各成员国的相关法律，该指令所适用的产品主要是指危害消费者健康和安全的食品。对于危害消费者健康和安全的食品给消费者造成损失的，其生产者应当承担过失责任。有些虽不属于食品，但如果其形状、颜色、味道易使人误以为是食品，由此造成的损害，生产者也应承担过失责任。

4. 1992 年欧盟《欧洲产品安全指令》

由于 1985 年《欧洲共同体产品责任指令》中的严格责任还不完善，存在着对消费者不利的缺陷，如生产者只对产品投入流通时存在的缺陷承担责任，但对限于当时的科学水平，因遵守有关国家强制性的法令而使其投入流通时存在的缺陷则可免责，严格责任的这些缺陷对消费者是不公的。为了统一协调各成员国的产品安全法，1992 年 6 月 29 日欧盟理事会通过了《欧洲产品安全指令》（简称《安全指令》）。《安全指令》规定：包括进出口商在内的生产者有义务确保其投入欧盟市场的产品为安全产品。安全产品是指，该产品在其使用寿命的期限内，在正常的或合理可预见的使用条件下，无致人损害的任何危险的产品。也就是说当产品投入流通后，生产者仍要关心产品的安全。

9.3.2　国际性的公约

《产品责任法律适用条约》（以下简称《海牙公约》），是于 1972 年在十二届国际私法大会上制定的，1973 年 10 月公开开放签字，1977 年 10 月 1 日生效。该公约主要是解决各国侵权行为法不统一，在发生侵权行为争议时，应选择哪一国的法律来确定当事人之间的权利义务。即是一个关于解决各国法律冲突方面的国际私法公约。

该公约的特点是，仅指应适用何种法律，不直接规定当事人的权利义务；需要借助各国的实际法来调整当事人的关系。

1. 适用范围

（1）地域适用范围

《海牙公约》不要求互惠条件，根据公约规定应当适用的法律，即使不是缔约国的法律也适用。还规定，如果一个国家由几个领土单位组成，而每一领土单位有其自己的产品责任法，在这种情况下，其他国家法院根据本公约选择适用法律时，应将领土单位视为一个国家。另外还规定：若一个具有统一法律制度的国家根据本公约的规定，不定期受适用另一个国家法律的拘束，则一个拥有不同领土单位，且各自订有自己的产品责任法的国家，可不受适用本公约的约束。①

（2）责任性质适用范围

---

① 曹建民、陈治中．国际经济法专论．第 1 版．北京：法律出版社，2000.

《海牙公约》适用于基于侵权行为所发生的损害赔偿责任，而不适用于纯合同性质的责任。

（3）产品责任当事人的范围

当事人包括原告、被告。原告是有权提起诉讼的人，可以为直接受害人，但不以直接受害人为限，受害人可为自然人、法人。被告是承担产品责任的人，主要包括：成品或零部件的制造者、天然产品的生产者、产品的供应者、在产品准备或商业分配环节中的其他人，如修理人（只有在他们也向消费者提供产品时才承担有产品责任）或仓库管理人（只有在产品送到市场之前才负有责任）、上述人员的代理人或雇员等。

2. 损害的原因及种类

损害的原因一般是由于产品本身的缺陷，但即使产品本身没有缺陷，由于对产品的说明或者对其质量、特性或使用方法未提供适当的说明而造成对消费者的损害，也在规定的范围内。

损害种类包括人身损害、财产损害以及经济损失，财产损害中不包括缺陷产品本身的损失以及间接损失。

3. 适用法律的一般规则

《海牙公约》对选择适用法律作了规定，即规定了如何确定准据法。《海牙公约》采取了重叠适用规则，即规定适用某个国家的国内法作为准据法时，又规定几个连结因素，只有同时具备其中至少一个连结因素，才能被作为准据法。

（1）损害发生地法

一般是损害发生地，因与损害地国联系大，但仅仅损害发生地不一定对受害人有利，因为受害人不一定是损害地国人。因此如果要以损害所在地国的国内法为基本的适用法律，必须具备以下三连结因素之一：受害人的惯常居住地；产品的制造商、供应商主营地；获得产品所在地。

（2）受害者住所地法

受害者住所地法与受害人关系大，但仅此不够，因有时会扩大属人法的范围，对于无国籍人、双重国籍人就不好确定适用的法律。而两个连结因素就可以排除属人法的扩大，若适用受害者住所地法，必须具备以下连结因素中的一个连结因素：产品制造商、供应商的主营地；取得产品所在地。

（3）被告主营地国法

如果上述两条法律适用规则所指的法律都无法适用，除非受害人根据受害地所在国的法律提起诉讼，否则适用产品制造商、销售商主营地法律，原告愿意也可以适用损害发生地国法律。

（4）被告人国法

如果被告能证明他不能合理预见自己的产品经商业途径在被害人地出售，则适用被告人国法律。

9.4　中国产品责任法的立法现状

目前中国还没有专门的产品责任法，作为调整侵权行为关系的产品责任法主要反映在 1993 年 2 月 22 日通过的、2000 年 7 月 8 日修改的《中华人民共和国产品质量法》（以下简称《产品质量法》），以及 2009 年 12 月 26 日第十一届全国人民代表大会常务委员会第十二次会议通过、2010 年 7 月 1 日起施行的《中华人民共和国侵权责任法》（以下简称《侵权责任法》）中。另外还有《中华人民共和国民法通则》（以下简称《民法通则》）中的有关规定、《中华人民共和国消费者权益保护法》（以下简称《消费者权益保护法》）的有关规定以及其他有关单行法中的规定。

9.4.1　《民法通则》中的有关规定

1. 关于责任的规定

《民法通则》是中国民事活动的基本法，它第一次将民事责任问题规定在民事基本法中，使产品责任立法进入了一个新阶段。《民法通则》第一百二十二条规定："因产品质量不合格造成他人财产、人身损害的，产品制造者、销售者应当依法承担民事责任。运输者、仓储者对此负有责任的，产品制造者、销售者有权要求赔偿损失。"《民法通则》的规定使产品责任成为一种侵权责任，从而构成了一个独立的法律范畴。

2. 关于损害赔偿的规定

《民法通则》第一百一十九条规定："侵害公民身体造成伤害的，应当赔偿医疗费、因误工减少的收入、残废者生活补助费等费用；造成死亡的，并应当支付丧葬费、死者生前扶养的人必要的生活费等费用。"

3. 关于涉外产品责任的法律适用

《民法通则》规定了总的法律适用原则，这些原则是确认涉外法律案件的法律依据。

（1）一般原则

侵权行为的损害赔偿，适用侵权行为地法律。所谓侵权行为地法，最高人民法院的解释是：包括侵权行为实施地法律和侵权行为结果发生地法律，如果两者不一致，人民法院可以选择。这是我国确定涉外侵权行为之债准据法的一般原则，也是世界大多数国家所采用的一项原则。

（2）补充原则

当事人双方国籍相同或在同一国家有住所的，也可以适用当事人本国法律或住所地国法律。这是我国确定涉外侵权行为之债准据法的补充原则。

（3）特殊原则

中华人民共和国法律不认为在中华人民共和国领域外发生的行为是侵权行为的，不作为侵权行为处理。这是我国确定涉外侵权行为准据法的特殊原则。按此规定，我国对发生在我国领域外的侵权行为采用的是重叠适用，侵权行为地法和法院地法原则，就是凡在我国领域外发生的侵权行为，只有按照我国法律的规定也属于侵权行为的，我国才能按侵权行为处理，适用该侵权行为地的法律。

9.4.2 《产品质量法》中的有关规定

在《产品质量法》中，关于产品责任的规定比较突出和集中。《产品质量法》借鉴了国外产品责任法的一些科学理论的规范，较为详细地规范了关于产品、产品缺陷、损害赔偿责任及范围。

1. 关于产品的界定

《产品质量法》第二条采用概括主义的方式对产品进行了界定：产品是经过加工制作、用于销售的产品。建设工程不适用本法规定；但是，建设工程使用的建筑材料、建筑构配件和设备，属于前款规定的产品范围的，适用本法规定。可见，产品包括工业产品、农业产品、建筑材料、建筑配件、设备等，但建筑工程和军工产品除外。

但这种界定有以下的一些问题值得研究。

一是对于加工制作未作明确规定，改变产品某些特性的处理活动是否一定是加工？如对从地里收获的玉米经过处理形成玉米粉，再制作成糕点，哪一组是加工？前一种情况属于经济学的初级加工，有的国家产品责任法明确将未经初级加工的农产品以及狩猎产品排除在其法律之外。《产品质量法》对加工作详细的规定，从字面上似乎包括初级加工，但两类加工是不同的，难以用一个模式进行规范和管理。

二是用于销售问题。《产品质量法》将产品限于"用于销售的产品"，从字面上理解是指通过销售而交付的物品才是产品，但在现实中以"销售"以外的其他有偿方式提供给他人使用的产品以及一些生产者为了营销目的而无偿赠送或作福利发放供他人使用的产品并非少见。特别是近几年商业化活动日益增多，有些看似无偿，实则是有偿的经济活动，与"销售"方式并无实质区别。

三是建筑工程问题。《产品质量法》将建筑工程排除在外，从建筑工程本身的特性看是可以的，但从现实来看，建筑工程日益成为人们最大的消费项目，房屋与消费者的生命息息相关，目前房屋的投诉增多，而解决这类纠纷难度很大。虽有《民法通则》中有关条款规定，但用的是过错责任原则，受害人负有较重的举证义务。

2. 关于产品缺陷及责任的排除

产品缺陷是严格责任的核心，《产品责任法》参照国际通行的规则，确立了产品缺陷的基本概念。《产品质量法》第四十六条规定："本法所称缺陷，是指产品存在危及人身、他人财产安全的不合理的危险"，"产品有保障人体健康和人身、财产安全的国家标准、行业标准的，是指不符合该标准。"

《产品质量法》对缺陷的界定从内涵上，将不合理的危险作为产品缺陷的基本含义，将"不合理的危险"与"强制性标准"作为认定产品缺陷的两个标准，对认定缺陷提供了依据。但有局限性，前者过于抽象，缺乏操作性，因为对于什么是"不合理的危险"并未作解释，缺乏不合理危险的标准。后者虽然具有可操作性，但科学性又不强，因为很多标准是国家制定了多年，但未及时进行修改的，而且有一些标准是国家委托大企业制定的，没有消费者参与，对消费者的保护不够。

关于责任的排除。《产品质量法》第四十一条规定：生产能证明有下列情形之一，可以不承担产品责任：未将产品投入流通；产品投入流通时，引起损害的缺陷不存在；将产品投入流通时的科学技术水平不能发现缺陷的存在。

3. 关于责任主体及受害人

产品责任主体是生产者、销售者、供货者，若检验认证机构出具的检验结果或者证明不实，造成损失的，则检验认证机构也是产品责任的主体。

但与发达国家相比，我国责任主体的规范过窄，没有围绕产品的设计、装配、加工、流通、供应等环节，如未明确规定修理者、运输者、仓储者也是责任主体。这与现代产品的社会分工生产是不相适应的，而国际上对产品责任主体持广泛态度。

产品责任的受害人，可以是消费者、使用者或第三人。

4. 关于责任原则

对于生产者、销售者分别实行严格责任原则和过错责任原则。《产品责任法》第四十一条规定，"因产品存在缺陷造成人身、缺陷产品以外的其他财产损害的，生产者应当承担赔偿责任"。第四十二条规定："由于销售者的过错使产品存在缺陷，造成人身、他人财产损害的，销售者应当承担赔偿责任。"第四十三条规定："因产品存在缺陷造成人身、他人财产损害的，受害人可以向产品的生产者要求赔偿，也可以向产品的销售者要求赔偿。属于产品的生产者的责任，产品的销售者赔偿的，产品的销售者有权向产品的生产者追偿。属于产品的销售者的责任，产品的生产者赔偿的，产品的生产者有权向产品的销售者追偿。"

可见，生产者适用的是严格责任原则，销售者适用的是过错责任原则。生产者与销售者承担连带责任。

但对生产者、销售者实行不同的责任原则，这与发达国家的产品责任法实行同一责任原则有所不同。在一些情况下，可能生产者与销售者集于一身，也就是说一个主体可能同时具有生产者和销售者的身份，在这种情况下，该适用什么责任原则？在另一些情况下产品的缺陷可能是由销售者造成的，如销售者故意隐瞒真相、更改标识、疏于采取保障产品的安全措施等，给消费者造成很大的伤害，但用过错责任原则，消费者的举证责任就比较重，不利于对消费者的保护。

5. 关于损害赔偿

关于损害赔偿的问题，《产品质量法》第四十四条规定："因产品存在缺陷造成受害人人身伤害的，侵害人应当赔偿医疗费、治疗期间的护理费、因误工减少的收入等费用；造成残疾的，还应当支付残疾者生活自助具费、生活补助费、残疾赔偿金以及由其扶养的人所必需的生活费等费用；造成受害人死亡的，并应当支付丧葬费、死亡赔偿金以及由死者生前扶养的人所必需的生活费等费用。因产品存在缺陷造成受害人财产损失的，侵害人应当恢复原状或者折价赔偿。受害人因此遭受其他重大损失的，侵害人应当赔偿损失。"

关于精神损害的赔偿，《产品质量法》中未明确作规定，但却第一次在立法上提出了对造成受害人死亡的赔偿抚恤费的规定，是对赔偿丧葬费以外的赔偿项目，具有精神损害赔偿的意义。

关于精神损害赔偿的问题，在最高人民法院 2001 年 3 月 8 日发布的《关于确定民事侵权精神损害赔偿责任若干问题的解释》中作了明确规定。该司法解释第九条规定：精神损害抚慰金包括以下方式：致人残疾的，为残疾赔偿金；致人死亡的，为死亡赔偿金；其他损害情形的，为精神抚慰金。

该司法解释虽然没有规定造成受害人残疾的情形如何赔偿精神损害的问题，但却建立起了我国人身损害赔偿中的精神损害抚慰赔偿金赔偿制度。

2003 年 12 月 26 日公布，自 2004 年 5 月 1 日施行的最高人民法院《关于审理人身损害赔偿案件适用法律若干问题的解释》中，又对赔偿问题作了更进一步明确的规定。在这部司法解释中，全面规定了人身损害赔偿的新内容，它标志着我国人身损害赔偿法律制度向基本完善迈进了一大步。

6. 关于诉讼时效

《产品质量法》第四十五条规定："因产品存在缺陷造成损害要求赔偿的诉讼时效期间为二年，自当事人知道或者应当知道其权益受到损害时起计算。因产品存在缺陷造成损害要求赔偿的请求权，在造成损害的缺陷产品交付最初消费者满十年丧失；但是，尚未超过明示的安全使用期的除外。"

9.4.3 《消费者权益保护法》的有关规定

《消费者权益保护法》于 1993 年 10 月 31 日通过。该法在消费者保护领域处于综合性法律地位，是我国消费者保护法的总纲。该法虽以消费者权益为中心，但也规定了生产者、销售者的义务，对产品责任的有关问题作了规定。

该法对造成损害的赔偿的具体项目作了规定，第四十一条规定："经营者提供商品或者服务，造成消费者或者其他受害人人身伤害的，应当支付医疗费、治疗期间的护理费、因误工减少的收入等费用，造成残疾的，还应当支付残疾者生活自助具费、生活补助费、残疾赔偿金以及由其扶养的人所必需的生活费等费用；构成犯罪的，依法追究刑事责任。"第四十二条规定："经营者提供商品或者服务，造成消费者或者其他受害人死亡的，应当支付丧葬费、死亡赔偿金以及由死者生前扶养的人所必需的生活费等费用；构成犯罪的，依法追究刑事责任。"

可见该法第一次从立法上提出了残疾赔偿金和死亡赔偿金的概念，运用精神损害赔偿在救济侵害生命权与健康权的损害上。

另外，该法在惩罚性损害赔偿金方面的规定具有创新。该法第四十九条规定："经营者提供商品或服务有欺诈行为的，应当按照消费者的要求增加赔偿其受到的损失，增加赔偿的金额为消费者购买商品的价款或者接受服务的费用的 1 倍。"该条款承认了民事责任除补偿功能之外还具有惩罚性功能的客观事实。

9.4.4　有关单行法中关于产品责任的规定

《食品卫生法》（1995 年公布）的规定，如保障食品卫生、防止游污染和有害因素对人体的危害等。另外还有《中华人民共和国计量法》、《中华人民共和国标准化法》、《中华人民共和国药品管理法》、《工业产品质量责任条例》、《中华人民共和国进出口商品检验法》、《化妆卫生监督管理条例》、《中华人民共和国电力法》、《中华人民共和国水法》、《国家赔偿法》、《医疗事故处理条例》、《道路交通安全法》等相关规定，对保证产品质量，加强产品责任起到了一定的作用。

9.4.5　《侵权行为法》中的规定

《中华人民共和国侵权责任法》（以下简称《侵权责任法》）于 2009 年 12 月 26 日第十一届全国人民代表大会常务委员会第十二次会议通过，2010 年 7 月 1 日施行。该法对产品责任作了相关规定，其中一些规定具有突破性的意义。关于产品责任的具体内容是：

1. 产品责任主体

《侵权责任法》第四十三条、第四十四条规定：因产品存在缺陷造成损害的，被侵权人可以向产品的生产者请求赔偿，也可以向产品的销售者请求赔偿；产品缺陷由生产者造成的，销售者赔偿后，有权向生产者追偿；因销售者的过错使产品存在缺陷的，生产者赔偿后，有权向销售者追偿；因运输者、仓储者等第三人的过错使产品存在缺陷，造成他人损害的，产品的生产者、销售者赔偿后，有权向第三人追偿。

可见产品责任主体主要包括：生产者、销售者、运输者、仓储者等，这比《产品质量法》中规定的责任主体范围大。如将运输者、仓储者等作为责任主体，还规定了主体之间负有连带责任。

2. 承担责任的原则

《侵权责任法》中实行过错责任和无过错责任相结合的原则。该法第四十一条、第四十二条规定：因产品存在缺陷造成他人损害的，生产者应当承担侵权责任；因销售者的过错使产品存在缺陷，造成他人损害的，销售者应当承担侵权责任；销售者不能指明缺陷产品的生产者也不能指明缺陷产品的供货者的，销售者应当承担侵权责任。

可见，生产者实行的是严格责任原则，销售者实行过错责任原则，但在一定情况下也可以实行无过错责任原则。

3. 承担责任的方式

《侵权责任法》规定了多种承担责任的方式。该法第四十五条、第四十六条规定：因产品缺陷危及他人人身、财产安全的，被侵权人有权请求生产者、销售者承担排除妨碍、消除危险等侵权责任；产品投入流通后发现存在缺陷的，生产者、销售者应当及时采取警示、召回等补救措施。未及时采取补救措施或者补救措施不力造成损害的，应当承担侵权责任。

而且，该法还确认了多人死亡事故中同命同价的赔偿原则。"同命不同价"的赔偿原则在很长一段时间内引起人们的高度争议和重视，《侵权行为法》第十七条规定："因同一侵权行为造成多人死亡的，可以以相同数额确定死亡赔偿金。"

特别值得注意的是，该法第一次从法律的层面确立了缺陷产品的召回制度。对于已经进入流通领域的产品，如果产品存在缺陷并致人损害的，消费者可以依据《消费者权益保护法》、《产品质量法》等向产品的销售者、生产者主张相应的赔偿权利。但是对于缺陷产品的生产者或者销售者能否在发现缺陷存在后，缺陷产品还未对消费者或使用者造成伤害时就积极采用相应的补救措施，比如进行警示、召回等措施，此前的法律却没有明确规定。但是，纵观世界各国的立法，缺陷产品的召回制度在世界上其他国家已经形成法律规范性文件。现实生活中，也出现了部分商家在发现产品存在缺陷后为减少损失而自行召回的行为。因此，《侵权责任法》中所确立的缺陷产品召回制度是立法上的一个突破。

4. 惩罚性赔偿制度，加重企业社会责任

对于缺陷产品产生的侵权责任的赔偿问题，《产品质量法》、《食品安全法》等法律已经有了明确的规定，但是对于明知产品存在缺陷仍然生产、销售，并且造成死亡或者健康严重损害的，仅从《产品质量法》等法律来寻求救济途径，要求生产者、销售者进行补偿性地赔偿，显然不能起到惩罚作用。为了惩罚恶意的生产者、销售者，使被侵权人获得更大的赔偿，《侵权责任法》第四十七条规定"明知产品存在缺陷仍然生产、销售，造成他人死亡或者健康严重损害的，被侵权人有权请求相应的惩罚性赔偿"。该条的规定明确地确立了"惩罚性赔偿"制度。

5. 以法律形式明确规定精神损害赔偿

人格尊严受国家法律保护。在现代社会，由侵权行为人对人身受损害的受害人或者其近亲属给予精神损害方面的赔偿，已经成为国际立法惯例，被世界各个国家或者地区写进了法典中。根据各国的法律，凡是在侵权行为中，受害人受到人身伤害，造成身体

权、健康权、生命权受侵害的，或者名誉、人格受到侮辱诽谤的，受害人或者受害人的近亲属，都可以依据国家法律的规定，请求侵权行为实施人进行精神损害方面的赔偿，包括进行赔礼道歉，恢复名誉，支付死亡赔偿金、残疾赔偿金或者精神损害抚慰金等，以填补因为人身受到损害所带来的精神痛苦和损害，减轻受损害的悲痛程度。

自新中国成立以来，由于受立法传统的影响，借鉴前苏联民法理论和立法经验，否认精神损害赔偿制度的合理性，1986 年颁布的《民法通则》，才在一定程度上确认了精神损害及其救济制度，但是没有明确提出精神损害赔偿的概念。实际上，在人格尊严、生命权、健康权受到损害的情况下，除了要求侵权行为人赔礼道歉以外，给予一定金钱方面的补偿，也是一种切实可行且比较理想的赔偿方式或者责任承担方式，而且实践也证明，精神损害赔偿可能是除了赔礼道歉以外，受害人能够接受的最好的补偿方式。2001 年我国最高人民法院出台的《关于确定民事侵权精神损害赔偿责任若干问题的解释》对审判实务中有关精神损害责任承担的种类、承担形式等作出了明确规定，但由于司法解释不属于我国《立法法》所认可的立法形式，故在《侵权行为法》出台以前，我国没有明确的法律规定精神损害赔偿这一民事侵权责任种类。

《侵权行为法》从立法的高度首次确认了精神损害赔偿制度，该法第二十二条规定："侵害他人人身权益，造成他人严重精神损害的，被侵权人可以请求精神损害赔偿。"

参 考 阅 读

1. 曹建民、陈治中．国际经济法专论．第 1 版．北京：法律出版社，2000.
2. 《中华人民共和国侵权责任法》，（2009 年文本）。
3. 《中华人民共和国产品质量法》（2000 年文本）。
4. 《中华人民共和国民法通则》（1986 年文本）。
5. 曹祖平．新编国际商法．第 2 版．北京：中国人民大学出版社，2004.
6. 沈四宝、王军、焦津洪．国际商法．对外经济贸易大学出版社，2003.

复 习 思 考

1. 什么是产品责任？
2. 大陆法系、英美法系、中国法对产品以及缺陷是如何界定的？
3. 产品责任与合同品质担保责任有什么区别？
4. 美国产品责任的基本理论有哪些？
5. 中国有关产品责任的规定与大陆法系、英美法系产品责任法有什么主要区别？

案 例 分 析

案例 1：中国南方一家生产水壶的企业，其产品出口到美国市场，一位妇女在使用水壶时，壶盖掉下来烫伤了她的手臂，她认为生产厂家生产的产品有缺陷，要求厂家进行赔偿，通过审理法院判该企业承担赔偿责任。

案例 2：一位小孩使用游泳圈独自在游泳池内戏水而被淹死，其父母起诉生产厂家、修造游泳池的业主及负责看管孩子的人，厂家称原告不应该在无人看管的情况下让孩子独自一人在游泳池内戏水，产品的标志也说明了这一点。但原告称，游泳圈上的卡通人物代表儿童，并鼓励他们游泳，最后法院判决厂家承担赔偿责任。

案例 3：小孩子吃果冻被噎死时有发生，在美国加州，三个孩子吃了中国台湾生产商生产的果冻导致死亡，法院判决生产商赔偿三名受害者 1.17 亿美元的赔偿（包括处罚性赔偿），生产厂家宣告破产后，受害人的监护人又起诉销售商，最后获得陪审团支持，裁定销售商赔偿 5000 万美元。

案例 4：一位 50 岁的护士，将一支正燃着的香烟掉在了衣服上，她的睡衣被引燃，火焰蔓延到她的大半个身子，导致严重的烧伤。她认为该睡衣的纤维构造有缺陷，于是起诉睡衣的生产者，要求其进行赔偿，法院判决生产商赔偿 200 万美元。

分析并回答：
1. 在以上案例中，美国法院为什么会判责任主体承担赔偿责任？
2. 在以上案例中，生产者或销售者的产品是否存在缺陷，若存在，属于何种缺陷？

第10章
国际支付与结算法律制度

在国际贸易中，货款的支付是买卖双方的基本权利和义务，货款的收付直接影响双方资金周转和融通以及各种金融风险和费用的划分，所以关系到双方切身利益，在国际贸易支付中要比国内支付复杂，受国内法、国际公约和国际惯例的调整。由于各国的货币不同，所以双方当事人如果选择各国的货币作为支付工具，在国际贸易中通常是困难的。因此，在国际贸易中支付工具主要是票据，另外还有支付方式的选择。

本章对国际支付与结算法律制度进行了较全面的介绍，共分四节，主要内容有：国际贸易支付中的外汇、国际支付票据制度、国际贸易支付方式、电子资金划拨等。本章的要点是：国际支付的手段与方式、汇率风险及其规避措施、国际支付的票据制度、商业汇付、托收与信用证的法律区别，托收跟单信用证的惯例规则、电子资金划拨相关法律问题等。

10.1 国际支付概述

10.1.1 国际支付的起源与发展

国际支付起源于国际贸易。在国际贸易并不发达且自给自足的自然经济占统治地位的古代社会，实行的是最原始的易货贸易。到封建社会，除易货贸易外，金银等贵金属货币开始成为支付的手段和方式。在以商品输出为主要特征的自由资本主义时期，随着银行的兴起，国际支付完成了从交货付款到凭单付款的转变。

1929—1933 年经济危机期间及其后，许多国家在放弃金本位制的同时，开始采用外汇管制措施，这就给国际支付造成了极大障碍。为了解决国际间的支付问题，各国间通过签订国际收支协定，实行双边结算。第一个双边国际支付协定是 1931 年 11 月在瑞士和匈牙利王国之间签订的。到 1937 年，世界各国之间已签订有 170 多个双边国际支付协定。

"二战"以后，随着新的国际货币制度的建立，越来越多的国家取消了外汇管制，双边国际支付协定的签订已呈减少趋势。支付协定现多在外汇短缺和实行严格外汇管制的国家之间订立，发达资本主义国家基本上不再采用双边结算，而是直接运用外汇手段办理结算，并且基本上都是通过银行进行。原因主要有：第一，许多发达资本主义国家的货币本身就是自由可兑换货币；第二，公司企业与商业银行均为私有，并且一般均在国外持有一定的外汇资金或欧洲美元等跨国货币，无需借助双边结算开展国际贸易；第三，跨国公司还可通过其内部资金调拨来抵付①。

10.1.2 外汇

1. 外汇及其种类

（1）外汇

外汇（Foreign Exchange）是指国际支付中使用的、为各方当事人共同接受的支付手段或信用手段。外汇的作用即在于通过国际可接受的支付工具或信用工具，将一国货币的对内价值转换为对外价值，用于对外购买或结算、支付。

"外汇"一词有静态和动态两种理解。动态意义上的外汇，是指一国的货币与另一国货币的兑换，即国际汇兑行为；静态意义上的外汇，是指"使一国居民对另一国拥有资金要求权的所有货币凭证"。各国立法及有关国际文件中的"外汇"概念，一般取其静态理解②。国际货币基金组织将"外汇"定义为：货币行政当局（包括中央银行、货币管理机构、外汇平准基金及财政部）以银行存款、财政部库券、长短期政府证券等形式所持有的在国际收支逆差时可以使用的债权，其中包括由中央银行及政府间协议发生的在市场上不流通的债券，而不论它是以债务国货币还是债权国货币表示。根据我国《外汇管理条例》，外汇是指下列以外币表示的可以用作国际清偿的支付手段和资产：（1）外国货币，包括纸币、铸币；（2）外币支付凭证，包括票据、银行存款凭证、邮政储蓄凭证等；（3）外币有价证券，包括政府债券、公司债券、股票等；（4）特别提款权、欧洲货币单位；（5）其他外汇资产。

（2）外汇的种类

按照不同的标准，外汇可作不同分类。最常见的有如下几种：

①按外汇在国际收支中的性质，可将外汇分为经常项目外汇和资本项目。经常项目外汇是指国际收支中经常发生的交易项目下所收入和支出的外汇。资本项目外汇，是指因资本输入或输出所收入或支出的外汇。

②以是否可以自由兑换可将外汇分为自由外汇和记账外汇。自由外汇，是指无需货币发生国批准即可自由兑换成其他国家货币或向第三国办理支付的外汇。记账外汇，又称协定外汇或双边外汇，是指未经货币发行国批准，不能兑换为其他货币，也不能向第三国办理支付的外汇。

③依持有人的身份，可将外汇分为居民外汇和非居民外汇。居民持有的外汇即为居民外汇，非居民持有的外汇即为非居民外汇。

---

① 左海聪、陆泽峰. 国际贸易法学. 第 1 版. 武汉：武汉大学出版社，1997：214.
② 姚梅镇. 国际经济法概论. 第 3 版. 武汉：武汉大学出版社，2002：337.

2. 汇率风险与保值措施

（1）汇率风险及种类

汇率风险（Exchange Risk），又称外汇风险，是指国际经贸活动主体持有或运用外汇的经济活动中，因汇率变动而蒙受损失的可能性。

汇率风险主要包括交易风险、折算风险和经营风险。

①交易风险。汇率交易风险是指在运用外币进行计价收付的交易中，当事人因外汇汇率的变动而蒙受损失的可能性。在商品、劳务的进出口交易中，资本输入和输出的过程中，以及外汇银行所持有的外汇头寸，都存在汇率交易风险。

②折算风险。汇率折算风险又称会计风险，是指在对资产负债表的会计处理中，将功能货币转换成记账货币时，因汇率变动而导致账面损失的可能性。

③经营风险。汇率经营风险是指意料之外的汇率变动通过影响企业的生产销售数量、价格、成本，引起企业未来一定期间收益或现金流量减少的一种潜在损失。

（2）规避汇率风险的主要措施

从事国际经贸活动的企业，应注意选择合理的避险工具和产品以规避汇率风险。具体措施主要有：

①与交易对手通过协议方式锁定汇率风险。为了防止汇率风险，避免或减少因相关汇率的变动可能造成的损失，从事国际经贸活动的当事人通常会在国际贸易合同、国际投资合同和国际借贷协议中订入货币保值条款。

保值条款的主要表现形式有：

黄金条款。黄金条款是国际经贸合同中最早、最常使用的一种保值条款，即合同双方当事人约定用黄金或金币计值和支付货款或偿还贷款；或者约定合同货币的含金量，若结算时该货币的含金量或汇率发生变动，则合同的货款或贷款数额应作相应调整。

指数条款。指数条款又称物价保值条款，即合同双方当事人约定以某种商品的价格指数作为支付的结算依据。该条款一般适用于时间长、金额大、并用美元计价和支付的合同，而且，为了避免可能发生的争议，应当在合同中具体约定物价数据的来源。

货币条款。即当事人在合同中约定以某一特定国家的货币或某种联合货币作为结算为支付的货币。

选择条款。即当事人在合同中订立选择条款，赋予债权人以某种选择权，从而达到货币保值的作用。选择条款主要有以下几种表现形式：选择支付地条款，典型表述为："用 X 美元在伦敦支付，支付时按付款当天的美元汇率计算"；选择货币条款，典型表述为："付 X 美元或 Y 英镑"；综合选择条款，即综合货币与支付地的选择于一项条款之中，其典型表述为："在纽约付 X 美元或在伦敦付 Y 英镑"。

替代条款。即当事人约定，在合同生效后，如原定的出口方货币贬值，出口方可以要求进口方改用进口方货币支付，或按原定汇率结付出口方货币。

挂钩条款。即当事人约定将合同货币与美元挂钩，以强币记价，按支付日汇率以美元支付。

②选用远期结售汇及人民币掉期业务。

③使用贸易融资、衍生交易、定期存款等产品。

④请专业机构量身定做个性化的理财避险方案。

3. 外汇管制及其方式

外汇管制有狭义与广义之分。狭义的外汇管制是指一国政府对其居民在经常项目下的外汇买卖和国际结算所进行的限制；广义的外汇管制是指一国政府对居民和非居民的涉及外汇流入和流出的活动进行的限制性管理。外汇管制的基本目的，在于通过对外汇的限制和充分利用，维护本国的国际收支地位，从而促进本国经济的持续发展。

外汇管制的方式一般可分为直接管制方式和间接管制方式两种，世界各国或是二者选择其一，或是同时采用——（包括中国在内的大多数发展中国家）直接和间接两种方式。直接管制即是通过国家颁布的法律法规以及其他行政规章直接规定外汇的收付、买卖与储存，从而达到控制外汇的目的；间接管制则是通过对商品进出口、人员出入境及资本出入境的管制来达到管制外汇这一目的的一种方式。

10.2 国际支付的票据制度

在国际贸易结算中，通常都使用一定的票据作为支付工具，通过银行进行非现金结算。

10.2.1 票据的概念和特征

1. 票据的含义

广义的票据，泛指商业上的各种凭证，如发票、提货单、保险单等。狭义的票据是指出票人依法签发的、由本人或委托他人在见票时或在票载日期无条件支付确定金额给收款人或持票人的有价证券。本章所指的票据是狭义上的票据。

国际上通认的票据包括汇票、本票和支票三种，本章所讨论的票据即是指这三种。

在国际贸易中，票据是一种支付工具，货币也是一种支付工具，但票据与法定货币作为支付工具是有区别的。主要区别是：第一，票据由个人、公司企业签发，凭借的是出票人、承兑人或背书人的私人信用，不具有法定货币的强制通用效力；第二，票据可以由法院作出除权判决，将票据同其价值分离，持有人也可依法申请挂失使之与其价值分离。而对于法定货币，法院不能作出除权判决，持有人也不能挂失。

2. 票据的特征

票据作为一种有价证券，在有价证券体系中，具有自己独特的特征。

（1）流通性

票据上的权利可以经交付或背书而转让，只要经交付或背书交付，就完成了票据上权利的转移，不须征得原债务人的同意，债务人不能以未接到通知为由拒绝向受让人履行义务。

（2）要式性

各国法律均规定票据必须是一种要式证券，即票据的作成必须具备法定的形式要件，必须记载法定的内容，否则，票据归于无效。实践中，票据不仅要符合法律上明文规定的要件，还要符合某种不成文规定的要件要求。

（3）无因性

票据的无因性，是对票据行为外在无因性和票据行为内在无因性的统称。票据行为的外在无因性是指票据行为的效力独立存在，持票人不负给付原因之举证责任，只要能够证明票据债权债务关系的真实成立与存续，即可对票据债务人行使票据，而无须证明自己及前手取得票据的原因。

票据行为的内在无因性是指产生票据、引起票据行为的实质原因应从票据行为中抽离，不构成票据行为的自身内容，当形成票据债权债务关系时，原则上，票据债务人不得以基础关系所产生的抗辩事由对抗票据债权的行使。

现代各国票据立法和国际统一的票据法中的各个条款，都将票据行为的无因性作为票据立法的原则。

（4）独立性

票据的独立性，是指在同一票据上所进行的各个票据行为包括出票、背书、承兑、保证等，均独立发生效力，不因其他票据行为的无效或瑕疵而受影响。

（5）文义性

票据的文义性，是指票据上的权利义务，严格依票据上记载的文义而生成，票据债权人不得以票据上未记载的事项向票据债务人主张权利，债务人也不能以票据上未记载的事项向债权人进行抗辩。

10.2.2　票据的种类

票据种类的规定涉及票据法调整的范围，由于各国对票据的理解不一，因此，对票据种类的规定也不一致。法国和德国的票据法认为，票据只包括汇票与本票，支票由单行法规调整，不包括在票据法中。而英国认为票据包括了支票，日本商法典和中国票据法规定，票据包括汇票、本票、支票。一般从法律上票据可以分为汇票、本票、支票。

1. 汇票

汇票（Bill of Exchange，Draft），是出票人签发的，委托付款人在见票时或者在指定日期无条件支付确定的金额给收款人或者持票人的票据。

汇票可以按不同的标准，分为不同的种类。

（1）银行汇票和商业汇票

按出票人不同，汇票可分为银行汇票和商业汇票。银行汇票（Bank's Draft），出票人是银行，付款人也是银行。商业汇票（Commercial Draft），出票人是企业或个人，付款人可以是企业、个人或银行。

（2）光票和跟单汇票

按是否附有包括运输单据在内的商业单据，可分为光票和跟单汇票。光票（Clean Draft），指不附带商业单据的汇票。银行汇票多是光票。跟单汇票（Documentary Draft），指附有包括运输单据在内的商业单据的汇票。跟单汇票多是商业汇票。

（3）即期汇票和远期汇票

按付款日期不同，汇票可分为即期汇票和远期汇票。汇票上付款日期有四种记载方式：见票即付（at sight 或 on demand）；见票日后定期付款（at a determinable date after sight）；出票日后定期付款（at a determinable date after the date of drawing a draft）；定日付款（at a fixed day）。若汇票上未记载付款日期，则视做见票即付。见票即付的汇票为即期汇票，其他三种记载方式为远期汇票。

（4）商业承兑汇票和银行承兑汇票

按不同承兑人，汇票只可分为商业承兑汇票和银行承兑汇票。远期的商业汇票，经企业或个人承兑后，称为商业承兑汇票。远期的商业汇票，经银行承兑后，称为银行承兑汇票。由于银行承兑后成为该汇票的主债务人，因此，银行承兑汇票是一种银行信用。

2. 本票

本票，是由出票人签发的，承诺自己在见票时无条件支付确定的金额给收款人或持票人的票据。本票属于自付票据，基本当事人只有出票人和收款人两个，无须承兑就能保证付款。

本票可以按不同的标准分为不同的种类：

（1）银行本票和商业本票

本票以其出票人身份为标准，可以分为银行本票和商业本票。银行或其他金融机构，为出票人签发的本票，为银行本票，只能是即期本票。银行或其他金融机构以外的法人或自然人为出票人签发的本票，为商业本票，可以是即期本票，也可是远期本票。

（2）即期本票和远期本票

依付款的时间不同，本票可以分为即期本票和远期本票。即期本票，是出票人见票即付的本票，远期本票，是在出票后可以确定的将来的日期付款的本票。

3. 支票

支票，是指出票人签发的，委托办理支票存款业务的银行或其他金融机构在见票时无条件支付确定的金额给收款人或者持票人的票据。支票的当事人有三个，即出票人、付款人和受款人。支票的出票人可以是受款人，但付款人只能是银行或其他金融机构，且仅限于见票即付。

依不同的标准，支票可以分为以下种类：

（1）现金支票和转账支票

这是依付款方式不同而划分的。现金支票，是专门制作的用于支取现金的一种支票。当客户需要使用现金时，随时签发现金支票，向开户银行提取现金，银行在见票时无条件支付给收款人确定金额的现金的票据。转账支票，是只能用于银行转账的支票。

（2）记名支票和不记名支票

这是依是否记载收款人的名称而划分的。记名支票，是在支票的收款人一栏，写明收款人姓名，如"限付某甲"（Pay A only）或"指定人"（Pay A Order），取款时须由收款人签章，方可支取。记名支票又称空白支票，支票上不记载收款人姓名，只写"付来人"（Pay Bearer）。取款时持票人无须在支票背后签章，即可支取。此项支票仅凭交付而转让。

（3）其他种类支票

①画线支票（Crossed Cheque）。画线支票是在支票正面画两道平行线的支票。与一般支票不同，画线支票非由银行不得领取票款，故只能委托银行代收票款入账。使用画线支票的目的是为了在支票遗失或被人冒领时，还有可能通过银行代收的线索追回票款。

②保付支票（Certified Cheque）。保付支票是指为了避免出票人开出空头支票，保证支票提示时付款，支票的收款人或持票人可要求银行对支票"保付"。保付是由付款银行在支票上加盖"保付"戳记，以表明在支票提示时一定付款。支票一经保付，付款责任即由银行承担。出票人、背书人都可免于追索。付款银行对支票保付后，即将票款从出票人的账户转入一个专户，以备付款，所以保付支票提示时，不会退票。

③银行支票（Banker's Cheque）。银行支票是由银行签发，并由银行付款的支票，也是银行即期汇票。银行代顾客办理票汇汇款时，可以开立银行支票。

④旅行支票（Traveller' Cheque）。旅行支票是银行或旅行社为旅游者发行的一种固定金额的支付工具，是旅游者从出票机构用现金购买的一种支付手段。

10.2.3　票据关系的当事人

票据关系的当事人，是指享有票据权利、承担票据义务的人。票据关系的当事人可以分为基本当事人和非基本当事人。

1. 基本当事人

票据关系的基本当事人，是随出票行为出现的人，主要有：

（1）出票人

出票人，是签发票据并将票据交付给收款人，从而创设票据的人。汇票和支票的出票人应当担保其签发的票据能够得到承兑和付款，如不能得到承兑和付款，出票人则要承担责任。本票的出票人应当承担无条件对持票人付款的票据义务。

（2）收款人

收款人，是记名票据上最初的持票人，属于票据的权利主体。

（3）付款人

付款人，是汇票和支票中出票人记载的，将来有可能对票据付款的人。远期汇票的付款人如果在票据上进行承兑行为，即成为票据债务人，属于义务主体。

2. 非基本当事人

非基本当事人，是随其他票据行为出现的当事人，主要有：

（1）背书人

背书人，是在票据背面或粘单上记载一定事项，从而将票据转让给他人或将票据权利授权给他人行使的人。背书人背书后，对被背书人就承担了担保义务。

（2）被背书人

被背书人，是经背书人所为的背书行为而取得票据的人。如不再转让则成为最后持票人，如转让则成为背书人。

（3）承兑人

承兑人，是在远期汇票上记载一定事项，表示在票据到期日无条件支付票据金额的人。付款人在承兑前是关系主体，承兑后，成为义务主体。

（4）保证人

保证人，是在票据上记载一定事项，以担保某一票据义务人履行票据义务的人。保证人由票据上原义务人之外的人担当，在作保证行为之后，保证人就成为票据义务主体。

10.2.4 票据行为

1. 票据行为及其法律性质

票据行为，是指以设立、变更和消灭票据关系为目的的法律行为。如出票、承兑、背书、保证、付款等。

票据行为的法律性质是：

（1）要式性

票据行为必须具备法定的形式，其主要含义是：票据行为的意思表示必须记载于票据上，而且依票据法的规定记载正确；票据记载的内容与记载格式应当依票据法的规定进行；各种票据的行为人必须签章。

（2）文义性

票据行为的意思依票据记载的文义而生成，票据的当事人不得以票据记载之外的证据对抗票据记载的文义。

（3）独立性

具备法定要件的票据上发生的票据行为，每一行为各依其在票据上记载的文义独立发生法律效力，一个票据行为无效，不影响其他票据行为的效力。

2. 票据行为的种类

由于汇票的票据行为最完整，所以大多数国家的票据法对在汇票上进行的行为规定较详细，下面我们主要以汇票为例分析票据行为。

（1）出票

①出票及其效力。出票，是出票人签发票据并将其交付给付款人的法律行为。具体包括两个出票行为：将法定的内容载于票据上，如汇票字样、无条件支付一定金额的命令、付款人名称、受款人或指定人名称、出票日期、出票人签章、出票地点、付款地、付款日期等。交付，即将票据交付给收款人。

出票后产生的法律效力是：出票后出票人对票据的持票人负有担保承兑和担保付款责任，但这种责任是第二序列责任，即在承兑人不承兑或付款人不付款时，出票人保证承兑和付款。

②出票的形式要求。第一，应当将法定的内容记载于票据上。由于票据是要式性的证券，所以各国票据法都规定，出票时，出票人要将法定的内容记载于票据上，票据上记载的事项，依效力的不同，可以分为应当记载的事项、可以记载的事项、记载后不产生票据效力的事项、不得记载的事项。

一般票据记载内容有：

汇票的字样。德国法系和《日内瓦票据统一公约》都要求必须有汇票的字样，英美法系则不作要求。

确定的金额、无条件的支付令。各国法律都规定，该内容是出票必须要记载的，否则票据无效。

付款人的名称或商号。各国票据法都规定，必须记载，因为付款是票据的义务人或可能的义务人，否则票据无效。

收款人。记名汇票上必须记载收款人，在票据转让中收款人是第一个背书人。日内瓦公约和中国票据法规定，必须记载收款人，否则票据无效。英美法认为可以记载付款人，也可以不写付款人，如果不记载付款人，则为无记名汇票，记载付款人则为记名汇票。

出票日期和出票地点。《日内瓦票据统一公约》规定，出票日期是必须记载的内容，地点也要记载，但若未记载出票地点，则以出票人姓名旁的地点为出票地点。英美法系国家则认为，出票日期和出票地点不是必须记载的内容，若未记载日期，持票人可以将其认为正确的日期填写上，若未记载地点，则出票人的营业地、住所地或居住地为出票地。

到期日期。英美法系国家认为，若未记载则作为见票即付的汇票处理。《日内瓦统一公约》规定，应当记载到期日期，但未记载则视为见票即付。

第二，由出票人签名。各国法律都规定，票据必须要有出票人的签名才产生法律效力。

第三，交付。

（2）背书

①背书及其效力。背书，是持票据人以将票据权利转让给他人或将一定的票据权利授予他人行使为目的，在票据背面或粘单上记载有关事项并签章的票据行为。前者为背书人，后者为被背书人。

背书后产生的法律效力是：第一，经过背书票据上的权利由背书人转让被背书人。背书是将全部权利转让，在转让时不得附条件，若附条件，该记载不具有票据法上的效力。第二，持票人以背书的连续性证明自己的权利。凡连续背书的持票人可向付款人行使付款请求权，经连续背书的票据持有人，可以被推定为票据的权利者，该持票人即使不能证明自己是权利者，也能行使票据权利，付款人除非能证明持票人不是权利者，否则即不得拒付。第三，担保效力，背书人对自己的全部后手负担保责任，即对一切后手保证票据得到付款。如果被拒付，持票人可以向其中任何前手追索。

②背书的种类。依据背书人作出背书的意图，背书可以分为以下种类：

转让背书。转让背书，是指背书人以转让票据权利为目的所作的背书，在转让背书中被背书人可以取得票据上全部的权利。

记载特殊文句的背书。这种背书是背书人在背书时，除了签名外，还附加了一些特殊文句，以此限制自己的责任或票据的再转让。如：

限制转让背书，背书人在背书时记载限制转让的文句，如注"不得转让"等，英国法律规定，此类转让背书的被背书人除另有约定外，无权将该票据再转让。而一些大陆法系的国家法律规定，如果背书人作出禁止转让的记载，则该票据不能以背书的方式转让，只能以一般债权转让的方式转让；如果背书人作出不能转让的记载，则该票据可以以背书的方式转让，但该背书人只对直接的被背书人承担责任。《美国的统一商法典》规定，限制转让背书一般不能限制票据的转让流通。

附条件的背书，背书人在背书时附加某些条件，要求履行某些条件时背书才生效的背书。一般各国法律规定，附加条件的记载是无效的。如英国票据法规定，对于附有条件的背书付款人可以不予考虑，不论条件是否实现，付款均有效。《日内瓦统一法公约》规定，凡背书附条件的视为无记载。

非转让背书。非转让背书，是指背书人不是将票据权利转让他人，而是以将票据权利授予他人行使为目的的背书。如：

委托收款背书，背书人在票据的背面记载委托被背书人收款的背书。

设质背书，是以设定质权为目的所进行的背书。此种背书的被背书人，得以以质权人的资格行使票据上的权利。

③背书的形式要求。关于票据的国际公约和许多国家的票据法都规定，背书在形式上必须连续，即第一次作背书的人应当是票据的收款人，其后各次背书的背书人均为前一次背书的被背书人，依次相接，直到最后票据的持票人。持票人以背书的连续性证明自己的权利。

（3）提示

提示，是持票人向付款人出示票据，请其付款或承兑的行为。提示可分为付款提示和承兑提示，承兑提示是持票人在票据到期日前向付款人出示票据，并要求付款人承诺付款的行为，承兑提示只适用于远期汇票。

提示必须在法定的期间内进行，对于提示的期限各国法律的规定不同。《日内瓦统一法公约》规定，见票定期付款的汇票，应在出票之日起一年内承兑提示，见票即付的汇票，应于出票后一年内作付款提示。而英美法则规定，在"合理的期间"提示。

（4）承兑

①承兑及法律效力。承兑，是汇票上的付款人承诺在汇票到期日支付汇票金额的票据行为。即是付款人对付款的承诺的行为。这种承诺行为是一种单方面的法律行为，完全取决于付款人的意思表示。如果付款人拒绝承兑，持票人不能对其提起诉讼，而只能向其背书人和出票人进行追索。

承兑产生的法律效力是，确定付款人的义务，承兑后付款人成为主债务人。

②承兑的形式要求。一般承兑的形式要求是，在票据正面写"承兑"字样、签上承兑人的名字、并注明承兑日期。各国法律都规定，付款人必须在票据正面签上自己的名字，否则不能认为已被承兑。但是否在正面写"承兑"字样，各国法律却有不同的规定。《日内瓦统一法公约》规定，承兑应在票据上记载"承兑"或其他相等的字样。而英美等国的法律则认为，承兑只有承兑人的签名即可。对于承兑日期，大多数国家都不以承兑日期作为承兑生效的要件。但《日内瓦统一法公约》规定，对于见票后定期付款的汇票及特别约定提示承兑期限的汇票，必须要注明承兑日期。

（5）保证

①保证及其法律效力。保证，是指票据债务人以外的其他人在票据或粘单上记载法定事项，对持票人无条件承担连带责任的票据行为。

保证产生的法律效力是：第一，保证人与被保证人对合法持票人承担连带责任。两保以上的保证人在法律地位上相同，在承担责任顺序上无先后之分，保证人对后手不存在先诉抗辩权。第二，保证人清偿票据债务后，依法取得票据上的权利，可以对被保证人及前手行使追索权。第三，对于持票人多了一层保证持票人可以直接向保证人行使权利。

②保证的形式要求。保证人必须在票据的背面可粘单上注明"保证"的字样，并签名，否则不产生票据法上的效力；票据的保证人必须是票据债务人以外的第三人。

（6）付款

①付款及效力。付款，是付款人或代理付款人为消灭票据关系而支付票据金额的行为。

付款后的法律效力是，票据关系消灭，汇票付款人取得向出票人追索的权利。在汇票出现伪造的情况下，善意付款人在向持票人付款后，是否解除了自己的责任？对此，各国的票据法规定有所不同。英国法规定，善意付款人向被伪造背书后的持票人支付了票据金额后，不能免除自己的责任，仍需向真正的票据所有人承担后果责任。而《日内瓦统一法公约》规定，善意付款人不对背书的真实性负责，只要票据的背书是连续的，付款后就可解除付款人的责任。

②付款的形式要求。付款的形式要求是，在法定的时间内作付款提示。英国法规定，持票人必须在合理的时间内作付款提示。《日内瓦统一法公约》规定，见票即付的，在一年内作付款提示，已承兑的远期汇票，到期日及其后一日作付款提示，否则丧失对前手的追索权。我国票据法规定，见票即付的，出票日起 1 个月内；定期付款的，到期日起 10 日内。未在规定的时间提示付款的，作出说明后，付款人仍承担付款责任。

10.2.5 票据的伪造、变造

1. 票据的伪造

（1）票据伪造的含义

票据的伪造，是指以行使票据权利为目的，无权限人假冒他人或虚构他人名义签章的行为（在形式上符合票据行为的要件）。票据伪造是一种违法行为，它可以是假冒出票人的名义创设原始票据，也可以是假冒他人名义实施的出票行为以外的其他票据行为，如背书、承兑等。

（2）票据伪造的法律效力

依《日内瓦统一汇票本票法》以及中国《票据法》的规定，票据伪造的法律效力是：

①对被伪造人不产生法律效力。因为被伪造人没有在票据上签章，所以不承担责任。签章是票据行为成立的要件，当事人只有在票据上签章，才按票据所载文义负责。

②对于伪造人不产生票据上的效力。因为票据上的签章虽然由伪造人所写，但不是他本人的名字，因此伪造人不承担票据上的责任，但要承担其他法律责任，如刑事责任和民事责任。

③对于其他真正签章人的效力。据票据独立性原则，票据的伪造行为不影响真正签章人所为的票据行为的效力。即弄虚作假的签章人对自己的票据行为负责。对此《日内瓦统一汇票本票法》规定，汇票上如有伪造的签名，或有虚构之人的签名时，其他在汇票上签名的人所负的债务仍然有效。我国票据法也有相近的规定。

④对持票人的效力。持票人不能向伪造人和被伪造人主张票据权利，只能向真正的签章人主张权利，即行使追索权。

2. 票据的变造

（1）票据变造的含义

票据变造，是指以行使票据权利为目的，没有变更权限的人变更票据上除签章之外的其他记载事项的行为。

（2）票据变造的法律效力

①对于其他签章人的后果。不影响票据上真正签章的效力，在变更之前签章的人，

对原始记载事项负责；在变更之后签章的人，对变更之后的事项负责；不能辨别是在票据变造之前还是之后签章的，视同在变造之前签章。

②对于变造人的法律效力。如果变造人不是票据行为人，则不承担票据上的责任，但承担刑事责任和民事责任。如果变造人同时是票据行为人，则既应承担票据上的责任，又应承担刑事责任和民事责任。

③对于持票人的效力。因持票人所持票据存在瑕疵，持票人的权利会受到一定影响。如果向变造之前的人主张权利，只能依原记载事项。向变造之后的人主张权利，则可能全部实现权利。若向变造人主张权利，则要看变造人是不是行为人。变造人是行为人，持票人可以向变造人主张票据权利，也可以主张其他权利；变造人不是行为人，则持票人不能向伪造人主张票据权利，但可以主张民事权利。

10.2.6　票据权利

1. 票据权利及其内容

（1）票据权利的含义

票据权利，是指持票人向票据债务人请求支付票据金额的权利。票据权利与一般民法上的权利有所不同，民法上的债权仅仅是一种请求权，而票据权利有两种请求权，即付款请求权与追索权，目的在于促进票据的安全性、信用性和流通性。

（2）票据权利的内容

票据权利有两项内容：

①付款请求权。这是票据权利中的第一次请求权，是持票人请求票据主债务人或者其他付款义务人支付票据金额的权利。

②追索权，又称偿还请求权。是指持票人的付款请求权得不到实现，或有其他法定原因时，向付款人以外的票据债务人要求支付票据金额和其他有关损失及费用的权利。持票人的前手对持票人负有连带责任，持票人可以不按债务人的先后顺序，对其中一人、数人或全体行使追索权。但持票人为出票人时，对其前手无追索权；持票人为背书人时，对其后手无追索权。被追索人清偿债务后，与持票人享有同一权利。行使追索权的持票人应提供拒绝证书，否则丧失对前手的追索权。但有对出票人的权利，因此追索可以延续，一直到最终票据债务人。

2. 票据权利的取得

（1）票据权利取得的条件

票据权利取得是指持票人合法取得票据的所有权。各国票据法都规定了持票人取得票据上的权利应具备一定的条件。

①持票人取得票据必须给付对价，即双方当事人认可的相对应的代价。我国《票据法》也规定了取得票据权利必须给付对价，但同时规定了对价例外情形，即可以无偿取得的情形，如继承、税收、赠与等。但无偿取得票据，持票人的权利受影响，不享

有优于前手的权利。

②持票人取得票据的手段要合法并出于善意。占有票据不等于取得了票据权利，如夺得、盗得、欺诈胁迫取得或故意重大过失取得等，都不能取得票据权利。

（2）票据权利取得的方式

①因出票取得。持票人因出票人的行为而取得。但要求票据形式要有效，且须经合法交付。

②因背书转让而取得。即持票人基于除出票人以外的其他票据持有人的转让而取得票据权利。但背书要连续。

③因清偿而取得。即付款人、保证人、被追索人因清偿票据债务后，取得票据成为新的持有人。但各国都要求必须实际履行清偿义务，必须经合法交付。

④善意取得。即持票人无恶意或重大过失，从权利有瑕疵的其他持票人手中以对价取得票据。善意取得票据者，法律推定其为原始取得票据权利，不受前手的权利瑕疵的影响。

⑤根据其他法律取得。即不依票据法而依其他法律取得的票据权利。如因税收、继承、企业合并与分立、破产清偿、法院判决或仲裁机构裁决等。

10.2.7　关于票据的国际公约

关于票据的国际立法目前主要包括日内瓦公约和联合国公约两大体系。

1. 日内瓦票据公约体系

20 世纪 30 年代初期，国际社会开始了票据法的国际统一化运动，其主要成果就是日内瓦公约。该公约由以下几个部分组成：《1930 年汇票本票统一法公约》及其附件《统一汇票本票法》和《解决汇票本票法律冲突公约》、《1931 年统一支票法公约》及其附件《统一支票法》和《解决支票法律冲突公约》，以上公约统称为日内瓦票据公约。日内瓦票据公约主要依据大陆法传统制订，是调和日耳曼法系（德国法系）和法国法系之间分歧的产物。采用日内瓦体系的主要包括大陆法系国家、日本和一些拉丁美洲国家。而英美法系国家则认为该公约的规定不符合英美票据法传统和实践，一直拒绝参加。

2. 联合国票据公约体系

由于英美等普通法系国家因其立法传统和实践与日内瓦公约体系存在巨大差距而一直拒不参加，因而日内瓦公约体系没能达到统一各国票据法的目的。为了促进票据法的统一，联合国国际贸易法委员会（UNCITRAL）自 1971 年起经过近 20 年的努力，于 1988 年 12 月 9 日在纽约联合国第 43 次大会上正式通过了《联合国国际汇票和本票公约》（Convention on International Bill of Exchange and International Promissory Note of the United Nations），简称《国际汇票本票公约》。虽然该公约不适用于支票，并且因接受国不足公约规定的十个而尚未生效，但该公约作为某种意义上的示范法对当前各国票据立法还是产生了巨大的影响。

《国际汇票本票公约》弥合了《日内瓦票据公约》与英美法系的分歧，主要体现在以下几个方面：

（1）票据形式要求方面

《日内瓦票据公约》在票据的形式方面要求严格，如规定必须有票据的字样、出票日期，不得无记名、不得记载免责；背书不得附条件，所附条件无效、持票人未及时通知前手，丧失对前手的追索权。

而英美法系较灵活，没有以上限制，只要有出票人签章、付款人、收款人、无条件支付令即可，附条件的背书对被背书人有效、持票人不及时通知前手则丧失对前手的追索权。

联合国《国际汇票本票公约》与英美法基本相同，但也有不同。如要有出票日、不得开无记名的国际汇票，但背书人可以用空白背书（不记名背书）方式使记名汇票实际上变成无记名汇票。

（2）持票人的地位方面

英美法系票据法充分保护正当持票人，持票人出于诚信，不知出让人权利有瑕疵，并支付了对价就保护。《日内瓦票据统一公约》规定，对于无付对价的持票人，可以推定已知票据存在瑕疵。

联合国《国际汇票本票统一公约》则将持票人分为一般持票人和受保护的持票人。对受保护的持票人给予充分的保护，不以对价为条件，并享有优于前手的权利，不受任何人对票据请求权的影响，不受当事人抗辩影响，不及时通知前手也可以向前手追索。

（3）关于伪造背书的后果

《日内瓦票据统一公约》保护持票人，背书人、承兑人、保证人对善意持票人（没有重大过失、背书连续）负责，付款人不承担调查背书真伪的义务。

英美法系则保护真正的票据所有人，伪造即票据不正常，持有不正常票据的人不是真正的所有人，付款人即使对持票人付款，但还是要对真正的所有人付款。付款人有调查背书的真伪的义务。

联合国《国际汇票本票统一公约》则是持票人、真正所有人都保护。票据只要正常、连续，有一项背书伪造，但不知情的持票人也受保护。善意受让人有权向伪造者要求赔偿损失，伪造背书的风险由伪造者承担，如伪造者逃匿或破产，则由从伪造者手中取得票据的人自行承担。付款人在到期日或到期后付款，没有过失，解除责任，但到期后付款，且已知汇票有瑕疵，则不能解除责任。

10.3　国际支付的方式

国际经贸活动中，常用的国际支付方式是商业汇付、托收和银行信用证。

10.3.1 商业汇付

1. 商业汇付及种类

（1）商业汇付

汇付，即汇款，是由进口商主动将货款交给本国银行，委托银行使用某种支付工具，将货款汇交收款人的一种支付方式。由于汇付支付工具的传送方向与资金的流动方向相同，所以被称为顺汇。

汇付结算方式是建立在商业信用基础上的结算方式。由于风险较大，这种结算方式只有在进出口双方高度信任的基础上才适用。此外，结算货款尾差、支付佣金、归还垫款、索赔理赔、出售少量样品等也可以采用。

（2）商业汇付的种类

根据汇出行向汇入行转移资金发出指示的不同方式，汇付可分为三种：

①电汇（Telegraphic Transfer，T/T）。电汇是汇出行应汇款人的申请，拍发加押电报或电传给在另一国家的分行或代理行（即汇入行）解付一定金额给收款人的一种汇款方式。

随着现代通信技术的发展，银行与银行之间使用电传直接通信，快速准确。由于速度快，收款人可以迅速收到货款，所以，电汇是目前使用较多的一种方式，但其费用较高。

②信汇（Mail Transfer，M/T）。信汇是汇出行应汇款人的申请，用航空信函的形式，指示出口国汇入行解付一定金额的款项给收款人的汇款方式。信汇的优点是费用较低廉，但收款人收到汇款的时间较迟。

③票汇（Remittance by Banker's Demand Draft，D/D）。票汇是指汇出行应汇款人的申请，代汇款人开立以其分行或代理行为解付行的银行即期汇票，支付一定金额给收款人的汇款方式。

与电汇、信汇不同，票汇的汇入行无须通知收款人取款，而是由收款人持票登门取款；这种汇票除有限制流通的规定外，经收款人背书，可以转让流通，而电汇、信汇的收款人则不能将收款权转让。

2. 商业汇付的当事人

汇款人（Remitter），即付款人，在国际贸易结算中通常是进口人、买卖合同的买方或其他经贸往来中的债务人。

收款人（Payee），通常是出口人、买卖合同中的卖方或其他经贸往来中的债权人。

汇出行（Remitting Bank），即接受汇款人的委托或申请汇出款项的银行，通常是进口人所在地的银行。

汇入行（Receiving Bank）又称解付行（Paying Bank），是接受汇出行的委托解付款项的银行，汇入行通常是汇出行在收款人所在地的代理行。

3. 商业汇付的性质

从商业汇付的流程看，当事人有四个，但真正的当事人买方和卖方，在国际结算中，买卖双方是通过两地银行了结双方债务关系，买方与银行的关系是委托关系，两地银行属于代理关系。在汇付关系中，银行只是办理汇款、付款业务，不承担责任。因此，商业汇付在性质上是商业信用而不是银行信用。

10.3.2　托收

1. 托收及其当事人

（1）托收

托收（Collecting）是出口商在货物装运后，开具以进口商为付款人的汇票（随附或不随付货运单据），委托出口地银行通过它在进口地的分行或代理行代出口商收取货款的一种结算方式。托收属于商业信用，采用的是逆汇法。

（2）托收的当事人

托收通常涉及以下当事人：委托人（Principal），也是汇票中的收款人，买卖合同中的卖方或出口商；托收银行（Remitting Bank），是卖方所在地的银行；代收银行（Collecting Bank）；提示行（Presenting Bank）；付款人（Drawer），也是买卖合同中的买方或进口商；需要时的代理人（Principal's Representative in Case of Heed）。但是，在托收中真正的当事人是买卖合同中的买方和卖方，如同商业汇付一样，是通过两地银行了解债权债务，所不同的是，托收是逆汇。

2. 托收的种类

根据托收时是否向银行提交货运单据，托收可分为光票托收和跟单托收。

（1）光票托收

托收时如果汇票不附任何货运单据，而只附有"非货运单据"（发票、垫付清单等），称为光票托收。光票托收多用于贸易的从属费用、货款尾数、佣金、样品费的结算和非贸易结算等。

（2）跟单托收

跟单托收有两种情况：附有金融单据的商业单据的托收和不附有金融单据的商业单据的托收。国际贸易中的托收多为前一种。

根据交单条件的不同，跟单托收可分为付款交单和承兑交单。

①付款交单（Documents against Payment，D/P）是指代收行必须在进口商付款后方能将单据交与进口商的方式。出口商将汇票连同货运单据交给银行托收时，指示银行只有在进口商付清货款的条件下才能交出货运单据。这种托收方式对出口商取得货款提供了一定程度的保证。

根据付款时间的不同，付款交单跟单托收又可分为：即期付款交单（D/P at

305

sight），即出口商开具即期汇票交付银行代收货款，进口商见票后须立即支付货款并换取单据；远期付款交单（D/P at...days after sight），即出口人开具远期汇票托收，根据远期汇票的特点，进口人要先行承兑，汇票到期日才能付清货款领取货运单据；

②承兑交单（Documents against Acceptance，D/A）是指在使用远期汇票收款时，当代收行或提示行向进口人提示汇票和单据，若单据合格进口人对汇票加以承兑时，银行即凭进口人的承兑向进口人交付单据。这种托收方式只适用于远期汇票的托收，与付款交单相比，承兑人交单为进口人提供了资金融通上的方便，但出口人的风险增加。

3. 托收的性质

托收虽然是通过银行办理，但是在性质上仍属于商业信用。因为银行办理托收业务时，只是作为出口人的受托人行事，既没有检查货运单据正确与否或是否完整的义务，也没有承担付款人必须付款的责任，进口商不付款与银行无关。如果进口人拒绝付款，除非另外有约定，银行没有代管货物的义务，出口人仍然应该关心货物的安全，直到对方付清货款为止。

由于出口商向进口商收取货款靠的是进口人的商业信用，所以，托收对出口商而言风险较大，且 D/A 比 D/P 的风险更大。尽管如此，在国际市场出口竞争日益激烈的情况下，出口人为了推销商品占领市场，有时也不得不采用托收方式。如果进口商信誉较好，出口人在国外又有自己的办事机构，则风险可以相对小一些。

托收对进口商较为有利，因为可以免去开证的手续以及预付押金，还有可以凭信托收据预借货物的便利。不过，进口商只有在付款后才取得货运单据，领取货物，如果货物不符合合同约定，进口商也会因此而蒙受损失。

4. 有关托收的国际惯例规则

为统一托收业务规程，减少托收业务各有关当事人可能产生的矛盾和纠纷，国际商会于 1958 年制定了《商业单据托收统一规则》，几经修订后，1979 年该规则改名为《托收统一规则》（The Uniform Rules for Collection，ICC Publication No. 322，简称URC322）；现行的是 1995 年修订后版本，即国际商会第 522 号出版物，简称 URC522，于 1996 年 1 月 1 日起实施。

《托收统一规则》自公布实施以来，已被各国银行普遍采用。但是，该规则仍属于任意性规则，只有经当事人事先约定或自愿选择或没有明确表示排除时，才对当事人具有法律约束力。目前该规则已在国际贸易中得到广泛的承认和应用。

10.3.3 银行信用证

1. 信用证及其内容与特点

（1）银行信用证及其内容

银行作用证，也称信用证（Letter of Credit，L/C），是银行应进口商（买卖合同中的买方）的申请向出口商（买卖合同中的卖方）开立的，承诺在一定的条件下承担付款责任的书面凭证。信用证是国际贸易中最主要、最常用的支付方式。将国际货物买卖中的买方的付款义务转化成了银行的付款义务，将国际货物买卖转化为单据买卖，从而使卖方能顺利收到货款，为双方资金融通提供了便利。

银行开立的信用证并无统一格式，但通常需载明的内容是：

①对信用证本身的说明，如其种类、性质、有效期及到期地点等。②根据贸易合同描述对货物的要求。③对运输的要求。④对货物单据、运输单据、保险单据及其他有关单据的要求。⑤特殊要求。⑥开证行对受益人及汇票持有人保证付款的责任文句。⑦加注内容。国外来证大多数均加注："除另有规定外，本证根据国际商会《跟单信用证统一惯例》（即国际商会 600 号出版物，UCP600）办理。"⑧银行间电汇索偿条款（T/T Reimbursement Clause）。

（2）信用证支付方式具有的特点

①信用证不依附于买卖合同，银行在审单时强调的是信用证与基础贸易相分离的书面形式上的认证。

②信用证是凭单付款，不以货物为准，只要单据相符，开证行就应无条件付款。

③信用证是一种银行信用，是银行的一种担保文件，是银行有条件保证付款的证书。

2. 信用证的种类

（1）以信用证项下的汇票是否附有货运单据为标准，信用证可分为跟单信用证和光票信用证

跟单信用证（Documentary Credit）是凭跟单汇票或仅凭单据付款的信用证。此处的单据指代表货物所有权的单据（如海运提单），或证明货物已交运的单据（如铁路运单、航空运单、邮包收据）；光票信用证（Clean Credit）是凭不随附货运单据的光票（Clean Draft）付款的信用证。银行凭光票信用证付款，也可要求受益人附交一些非货运单据，如发票、垫款清单等。在国际贸易的货款结算中，绝大部分使用跟单信用证。

（2）以开证行所负的责任为标准，信用证可分为不可撤销信用证和可撤销信用证

不可撤销信用证指信用证一经开出，在有效期内，未经受益人及有关当事人的同意，开证行不能片面修改和撤销，只要受益人提供的单据符合信用证规定，开证行必须履行付款义务；可撤销信用证，指开证行不必征得受益人或有关当事人同意而有权随时撤销的信用证，但应在信用证上注明"可撤销"字样。

UCP500 规定，只要受益人依信用证条款规定已得到了议付、承兑或延期付款保证，该信用证即不能被撤销或修改。此外，如信用证中未注明是否可撤销，应视为不可撤销信用证。而 UCP600 则规定银行不可开立可撤销信用证。

（3）以有无另一银行加以保证兑付为标准，信用证可分为保兑信用证和不保兑信用证

保兑信用证，指开证行开出的信用证，由另一银行保证对符合信用证条款规定的单

据履行付款义务。对信用证加以保兑的银行，称为保兑行；不保兑信用证，则是开证行开出的信用证没有经另一家银行保兑。

（4）根据付款时间不同，信用证可分为即期信用证、远期信用证、承兑信用证和议付信用证

即期信用证，指开证行或付款行收到符合信用证条款的跟单汇票或装运单据后，立即履行付款义务的信用证；远期信用证，指开证行或付款行收到信用证的单据时，在规定期限内履行付款义务的信用证；承兑信用证，是指信用证指定的付款行在收到信用证规定的远期汇票和单据，审单无误后，先在该远期汇票上履行承兑手续，等到该远期汇票到期，付款行才进行付款的信用证；议付信用证指允许受益人向某一指定银行或任何银行交单议付的信用证。通常在单证相符的条件下，银行扣取垫付利息和手续费后立即将货款垫付给受益人。议付信用证可分为公开议付信用证和限制议付信用证，前者受益人可任择一家银行作为议付行，后者则由开证行在信用证中指定一家银行为议付行。开证行对议付行承担付款责任。

（5）根据受益人对信用证的权利可否转让，信用证可分为可转让信用证和不可转让信用证

可转让信用证，指信用证的受益人（第一受益人）可以要求授权付款、承担延期付款责任，承兑或议付的银行（统称"转让行"），或当信用证是自由议付时，可以要求信用证中特别授权的转让银行，将信用证全部或部分转让给一个或数个受益人（第二受益人）使用的信用证。开证行在信用证中要明确注明"可转让"（Transferable），且只能转让一次；不可转让信用证，指受益人不能将信用证的权利转让给他人的信用证。凡信用证中未注明"可转让"，即是不可转让信用证。

（6）循环信用证

循环信用证，是指信用证被全部或部分使用后，其金额又恢复到原金额，可再次使用，直至达到规定的次数或规定的总金额为止。它通常在分批均匀交货情况下使用。

（7）对开信用证

对开信用证，是指两张信用证申请人互以对方为受益人而开立的信用证。两张信用证的金额相等或大体相等，可同时互开，也可先后开立。它多用于易货贸易或来料加工和补偿贸易业务。

（8）对背信用证

又称转开信用证，指受益人要求原证的通知行或其他银行以原证为基础，另开一张内容相似的新信用证，对背信用证的开证行只能根据不可撤销信用证来开立。对背信用证的开立通常是中间商转售他人货物，或两国不能直接办理进出口贸易时，通过第三者以此种办法来沟通贸易。原信用证的金额（单价）应高于对背信用证的金额（单价），对背信用证的装运期应早于原信用证的规定。

（9）预支信用证

预支信用证，是指开证行授权代付行（通知行）向受益人预付信用证金额的全部或一部分，由开证行保证偿还并负担利息，即开证行付款在前，受益人交单在后，与远

期信用证相反。预支信用证凭出口人的光票付款，也有要求受益人附一份负责补交信用证规定单据的说明书，当货运单据交到后，付款行在付给剩余货款时，将扣除预支货款的利息。

（10）备用信用证

又称商业票据信用证、担保信用证。指开证行根据开证申请人的请求对受益人开立的承诺承担某项义务的凭证。即开证行保证在开证申请人未能履行其义务时，受益人只要凭备用信用证的规定并提交开证人违约证明，即可取得开证行的偿付。它是银行信用，对受益人来说是备用于开证人违约时，取得补偿的一种方式。

3. 信用证的当事人及法律关系

（1）信用证的当事人

①开证申请人（买卖合同中的买方）。开证申请人的义务是按合同规定向银行申请开立信用证；担当主债务人，银行破产无力支付时，承担付款责任；向开证行缴纳开证押金；及时赎单付款。

②开证行。开证行是接受开证申请人的委托，开立信用证的银行，通常是买方所在地银行。开证行的义务是：据开证申请人的指示开立信用证；承担第一付款的责任，即使申请人破产无力付款，开证行仍需付款。

③通知行。通知行是接受开证行的委托，将信用证通知受益人的银行。通知行的义务是：验明信用证的真实性；收到信用证不完整或不清楚时，应立即向开证行查询。

④议付行。议付行是愿意买入或贴现受益人所开立的汇票的银行，可以是开证行指定的银行，也可以是开证行在未指定的情况下，任何愿意议付货款的银行。议付行的义务是：严格审单，若买入的单据不符合信用证要求，则开证行不偿付；在信用证背面作出背批。

⑤受益人。受益人是有权享有信用证权益的人，在买卖合同中为卖方。受益人的义务是：依合同交货并取得单据；议付货款时应单证一致，单单一致。

⑥付款行。付款行是信用证上指定向受益人付款的银行，可以是开证行也可以是其他银行。

⑦偿付行。在信用证中指定的代开证行向议付行或付款行清偿垫款的银行。

⑧保兑行。保兑行是应开证行的要求，在不可撤销信用证上加具自己保兑责任的银行。在具体的业务中往往是通知行充任。

（2）信用证主要当事人之间的法律关系

开证申请人与开证行的关系是合同关系，这种合同关系独立于买卖合同，不能以买卖合同的瑕疵对抗信用证。

开证行与受益人的关系：不可撤销信用证下有合同关系，开证行负第一付款责任，只要受益人提供与信用证相符的全套单据，开证行就担当首先履行付款义务；可撤销信用证下，不存在有法律约束力的合同关系，开证行可以撤销，但通知议付行前，议付行已付款的，则开证行应承认其付款有效。

通知行与开证行的关系是委托关系。

开证行与受益人的关系：在信用证下无直接关系，其关系基于买卖合同。

4. 信用证交易的基本原则

信用证是银行有条件付款的一种书面承诺或保证，出于银行自身安全和交易的特点，长期以来确立了信用证交易的一些基本原则。

（1）独立性原则

信用证与买卖合同有联系，信用证交易是以买卖合同为基础的，但是信用证一经开出就成为一项独立的文件。从法律关系上看，买卖合同与信用证是不同的法律文件，买卖合同是约束买卖双方权利义务的法律文件，而信用证则是约束开证行和受益人及其他当事人的法律文件。信用证一旦开出，在信用证的业务流程中各方当事人的权利义务关系都以信用证为准。

信用证独立原则的主要精神是：

信用证交易为单据交易，在信用证结算时，开证银行负第一付款责任，只要单证相符银行必须付款。银行不得以开证申请人的原因作为拒绝付款的理由，也不得向受益人追索。

银行不对单据的真实性承担义务，只负责以合理谨慎的态度对单据进行审核。单证审查付款后，开证申请人发现货物与合同不符或者所交付的单据不符，开证申请人只能根据买卖合同与受益人进行交涉，而与银行无关。反之，若受益人装运的货物与合同相符，但提交的单据与信用证不符，银行则有权拒绝付款。

信用证的独立原则使银行仅限于处理单据而非货物，银行的业务是提供金融服务。只有银行在信用证业务中独立，才能保证交易的安全。信用证独立性原则不仅是信用证有关国际惯例明确规定的原则，同时也受到了许多国家实践的强有力的支持，我国最高人民法院在司法实践中也确认了信用证的独立原则。

（2）相符原则

银行要付款时必须审查受益人提交的单据与信用证规定完全相符，同时单据之间不能有矛盾，即"单证相符、单单相符"，只有如此，银行才承担第一付款责任。

相符原则的理论是：在信用证业务中，开证行是根据开证申请人的委托和授权的限定条件行事，通知行是根据开证的授权行事，超越了授权范围它们将不能从委托人处得到补偿，为了维护自身利益，必须严格审单。

关于单据的审核标准，UCP600 的要求是："指定银行、保兑行（如有的话）和开证行必须仅以单据为基础，审核单据是否表面构成相符"。"相符"应是指交单与信用证条款、统一惯例的适用条款和国际标准银行实务相一致。此外，UCP600 还规定，"单据中的内容，不必与单据本身、其他信用证要求的单据或信用证内容完全相同，但不得相互抵触"。

（3）信用证欺诈例外原则

信用证的独立性不是绝对的，大多数国家都确立了信用证欺诈例外原则。

信用证欺诈例外原则，是指即使受益人交付的单据表面上严格与信用证相符，一旦银行或开证申请人有确切的证据证明受益人交易中欺诈或者提供了伪造的单据，银行有权不付款，开证申请人有权请求法院颁发禁令或其他措施禁止银行付款，或者在付款后有追索权。

在《跟单信用证统一惯例》中并无该原则的规定，该原则基本是由各国的民商法创设。这一原则与英美法中"欺诈使一切行为归于无效"原则相联系。大多数国家都在民商法中规定欺诈行为导致一切法律后果无效，欺诈方应承担责任。将这一原则与信用证制度联系在一起的是美国 1941 年在猪鬃与垃圾一案中首先确立了的信用证欺诈例外原则，后来成为重要的判例被引用。在美国《统一商法典》中对欺诈问题作了相应的规定，目前大多数国家的司法实践对信用证欺诈例外原则予以肯定，我国最高人民法院有关司法解释中也作了规定。

5. 有关信用证的国际惯例规则

（1）《跟单信用证统一惯例》

为了明确信用证有关当事人的权利、责任、付款的定义和术语，减少因解释不同而引起各有关当事人之间的争议和纠纷，调和各有关当事人之间的矛盾，国际商会于 1930 年制定了一套《商业跟单信用证统一惯例》（Uniform Customs and Practice for Commercial Documentary Credits），并于 1933 年正式公布。之后进行了多次修订，改称为《跟单信用证统一惯例》（Uniform Customs and Practice for Documentary Credits），被各国银行和贸易界广泛采用，已成为信用证业务领域的国际惯例。从 2007 年 7 月起，《跟单信用证统一惯例（2007 年修订本）》（即国际商会第 600 号出版物，简称 UCP600）取代了已使用了十余年的《跟单信用证统一惯例（1993 年修订本）》（即国际商会第 500 号出版物，UCP500）。

（2）UCP600 的主要变化

与 UCP500 相比，UCP600 主要有以下变化：

①形式上的变化。第一，在第一部分增加了名词术语的解释，将原规则中主要放置在杂项规定内以及散见于原规则其他各处的一些业务术语和名词提前到第一部分进行解释，并补充了一些 UCP500 中未加以明确的定义；第二，在第二部分按照信用证业务环节总结了各有关当事银行的义务和责任，按照一个完整的业务流程，将原规则中较为散落的有关开证、保兑、通知、修改、指定、偿付、审单、拒付等环节的条款，进行了集中安排；第三，在明确了信用证的主要名词术语和流程后，再介绍审核单据的标准并逐一介绍各种单据的规定，这样的结构形式有利于各当事方，特别是受益人使用 UCP600，并有助于使用者方便地查询到某个环节的具体规定。

②新增名词和定义。UCP600 主要新增了下述名词和定义：

Banking Days 银行工作日不仅是银行正常营业的时间，而且在此时间内，银行可以开展 UCP600 中所提及的与信用证有关的业务。此定义使得兑付时间的计算更为清晰准确。

Honour UCP600 第二条专门解释了"Honour"一词，即"兑付"的含义，这一含义概括了即期付款、延期付款、承兑等支付行为，同时也概括了开证行、保兑行、指定行在信用证业务中除议付以外的一切支付行为。

Complying Presentation UCP600 专门解释了"相符"的含义，强调要与信用证条款、适用的惯例条款以及国际银行标准实务相符，并在单据条款中详细解释了各单据的制作。

Nomination UCP600 的第一条、第二条中，明确定义了"指定"一词的含义。根据其定义，保兑行、付款行、议付行、承兑行都有可能成为开证行的指定银行。但除保兑行以外的指定银行并没有义务一定要履行开证行的指示，例如议付、承兑等行为，同时指定行仅仅收到单据、单纯审核单据和传递单据并不意味着指定银行要履行兑付或议付的行为。这一新增术语不仅有利于明确指定银行的义务责任，也与 UCP600 重新解释"议付"的条款部分前后呼应。

③修改了 UCP500 的部分规则。UCP600 对 UCP500 的部分规则作了许多修改，主要体现在以下方面：

第一，关于"议付"。UCP600 明确将议付定义为"由指定的除付款行以外的银行购买符合信用证要求的汇票和单据，并在指定行偿付前预付或承诺预付款项给受益人的行为"。根据此定义，议付是一种买入单据及票据的行为，而议付行预付或承诺预付款项给受益人是一种对受益人的融资。

第二，关于单据处理的天数。由于各国银行惯例中，对于何为"合理时间"存在很大争议，这一词语并不利于受益人及时收汇，所以，UCP600 删除了 UCP500 中"合理时间"的概念，并将银行处理单据的时间改为"最多为收到单据次日起第 5 个工作日"，明显缩短了单据处理的时间，有助于受益人提前收汇，并将促使银行更有效率地处理信用证业务。

第三，关于拒付后对单据的处理。UCP600 第十六条将拒付后开证行对银行单据的处理办法增加为四种，分别为：通知交单人银行持单听候交单人的进一步指示；通知交单人银行持单直到收到开证申请人放弃不符点并同意接受单据的通知或者收到交单人在此之前的进一步指示；通知交单人银行退还单据；通知交单人银行依据交单人以前的指示行事。该条款的规定顺应了信用证业务实践发展的需要，将缩短不符点单据的处理周期，减少不符点争议的产生。

第四，关于单据制作的细化规则。UCP600 在有关单据制作的条款部分引入了 ISBP①的很多内容，例如各单据有关当事人的填写，正副本的要求等，同时语言表述更为清楚，操作指导性更强。

第五，关于单据的审核标准。UCP600 不再使用"合理谨慎"这一含义极为模糊的

①《关于审核跟单信用证项下单据的国际标准银行实务》（ISBP，国际商会第 645 号出版物），于 2002 年秋在国际商会（ICC）召开的罗马会议上通过。ISBP 对 UCP500 第 13 条 a 款中"国际标准银行实务"做出了清晰地解释，同时对单据制作的细节也做出了规定。

用词，而是要求"指定银行、保兑行（如有的话）和开证行必须仅以单据为基础，审核单据是否表面构成相符"。结合 UCP600 第 2 条"相符交单"的定义，"相符"应是指交单与信用证条款、统一惯例的适用条款和国际标准银行实务相一致。此外，UCP600 还规定，"单据中的内容，不必与单据本身、其他信用证要求的单据或信用证内容完全相同，但不得相互抵触"，这样就进一步减少了受益人被不当拒收单据的风险，有利于信用证的推广和应用。

第六，关于承兑信用证和延期信用证下的贴现授权。UCP600 规定："通过指定一家银行承兑汇票或承担延期付款承诺，开证行即授权该指定银行预付或购买经其承兑的汇票或由其承担延期付款的承诺。"该规定旨在保护指定行在远期信用证下对受益人的贸易融资。据此，在受益人欺诈成立且在到期日之前保兑行已知悉欺诈时，无论是承兑信用证、议付信用证还是延期付款信用证，贴入承兑汇票/延期付款承诺或议付单据的指定银行即使在到期日之前发现欺诈，开证行仍应对其承担偿付责任并承担欺诈风险。此项规定将有利于消除英国 2000 年 Banco Santander 一案①的判决给延期信用证下的贸易融资活动所带来的诸如法律不确定性之类的负面影响，对于国际贸易融资和福费廷市场的发展，也将具有积极的促进作用。

第七，关于正本单据。UCP600 对正、副本单据问题做出了专门规定：交单时对信用证规定的单据必须提供至少一份正本；如果信用证使用诸如"一式两份"、"两张"、"两份"等术语要求提交多份单据，则可以提交至少一份正本，其余份数以副本来满

---

① Banco Santander 案的基本案情：根据申请人要求，开证行 BANQUE PARIBAS（以下简称 P）开立了一份以 BAYFERN LIMITED（以下简称 B）为受益人，金额为 1850 万美元的跟单信用证。该证规定"在单证相符的条件下，提单日后 180 天由开证行办理延期付款"。通知行 BANCO SANTANDER SA（以下简称 S）根据开证行的请求对信用证加具了保兑。随后，受益人提交了证下单据。经过审核，S 接受了金额为 2030 万美元的单据，到期日为 1998 年 11 月 27 日。根据与受益人签订的有关协议，S 凭一份款项让渡书贴现了远期付款款项。贴现后不久，受益人 B 被指控欺诈。因此，P 在到期日拒绝偿付保兑行，其理由是：在到期日前发现了欺诈；根据跟单信用证统一惯例，开证行没有义务偿付 S 在到期日前对受益人 B 所做的融资。经交涉无果，S 遂起诉 P，要求 P 履行偿付责任。

审判过程中，法院被要求对以下问题进行裁断：在一份保兑的延期付款信用证项下，保兑行对受益人贴现了信用证款项，但在信用证到期前发现了欺诈，此时，受益人实施欺诈的风险到底应由开证行还是保兑行来承担？对此问题，法官认为：在受益人欺诈成立且在到期日之前保兑行已知悉欺诈的假设前提下，风险应由保兑行而非开证行承担。因为开证行只授权承兑和议付，并未授权提前支付。

结果：法官认定 S 为单据受让人，所以，在本案中尽管 S 是承兑行，但在接受 B 的转让之后，S 在本案中的权限就仅限于 B 原先的权利。在单据存在虚假、伪造的情况下，P 有权根据欺诈例外规则拒绝支付。

本案判决的影响：本案法官认为保兑行在到期前对受益人的付款并不是真正意义上的履行信用证项下的付款责任，保兑行贴现单据后即变成受益人到期获得付款的权利的受让人。换言之，延期付款信用证指定银行的权利不优于先手，若其先手实施欺诈，先手在信用证项下获得付款的权利将因此被取消，而融资银行也不能坚持要求偿付。这一判决无疑会使延期付款信用证这一融资工具在福费廷市场受到冷落。

足；如果信用证要求提交副本单据，则提交正本单据或副本单据均可。对于正本单据的认定，UCP600 规定：除非单据本身表明其不是正本，银行将视任何单据表面上具有单据出具人正本签字、标志、签章或标签的单据为正本单据；除非单据另有显示，银行将接受单据作为正本单据，如果该单据：i. 表面看来由单据出具人手工书写、打字、穿孔签字或盖章；或 ii. 表面看来使用单据出具人的正本信笺；iii. 声明单据为正本，除非该项声明表面看来与所提示的单据不符。

第八，关于可转让信用证。UCP600 在第 38 条 k 款新增了第二受益人必须向转让行交单的要求，以避免第二受益人（通常是贸易的实际卖方）绕开第一受益人（通常为贸易的中间商）直接交单给开证行从而使后者利益遭受损害；同时，该款规定也反映了对转让行在业务操作中的通常要求。由于 UCP 条款可以通过信用证条款明示修改或排除适用，在实务中如果第一受益人要求全额转让信用证款项而不需支取差价，那么为了简化交易环节，第一受益人可以要求买方在申请开证时排除这一规定或在要求转让行转让时明确告知其放弃依第 38 条 h 款替换商业发票和汇票的权利。

第九，关于开证申请人和受益人的地址。UCP600 第 14 条 i 款规定："当受益人和申请人的地址显示在任何规定的单据上时，不必与信用证或其他规定单据中显示的地址相同，但必须与信用证中述及的各自地址处于同一国家内。用于联系的资料（电传、电话、电子邮箱及类似方式）如作为受益人和申请人地址的组成部分将被不予理理。"然而，当申请人的地址及联系信息作为按照第 19~24 条或第 25 条出具的运输单据中收货人或通知方详址的组成部分时，则必须按照信用证规定予以显示。该规定顺应了国际贸易中许多交易涉及当事人在同一国家内的不同营业机构的现实，可以有效减少不符点的出现；同时，也方便承运人发送到货通知。

第十，关于运输单据和保险单据。对于运输单据，UCP600 取消了 UCP500 第 30 条对货运代理人（Freight Forwarder）签发的运输单据的专门规定，运输单据也因此调整为 7 种：至少包括两种不同运送方式的运输单据（多式联运单据）；提单；不可转让的海运单；租船合同提单；空运单据；公路、铁路或内陆水路运输单据；快递收据、邮政收据或投邮证明书。对于租船合同提单，UCP600 第 22 条遵循航运实践，允许其可以由租船人或其代理人签署，而租船合同提单的卸货港也可以是信用证指定的一系列港口或某一地区的港口。对于保险单据，UCP600 允许在保险单据中援引任何除外责任条款，符合保险业的实践。

第十一，关于遗失单据的风险。UCP600 新增了遗失单据的风险内容："如果指定银行确定交单相符并将单据发往开证行/保兑行，无论指定的银行是否已经兑付或议付，开证行/保兑行必须兑付或议付，或偿付指定银行，即使单据在指定银行送往开证行/保兑行的途中或保兑行送往开证行的途中丢失。"

总而言之，和 UCP500 相比，UCP600 的条款规定更为明确、清晰和简明，更加易于实务操作，对交单人的法律保护也更为完善，辅之以《跟单信用证项下银行间偿付的统一规则》（URR5）、修订后的《关于审核跟单信用证项下单据的国际银行标准实务》（ISBP）以及《国际商会跟单票据争议专家解决规则》（DOCTEX），将有效重塑信用证这一主要国际结算工具的"信用"。

10.4　电子资金划拨

10.4.1　电子资金划拨及其种类

1. 电子资金划拨的含义

随着计算机在金融领域的应用，银行在一定程度上已能将现钞、票据等实物表示的资金转变成由计算机中存储的数据表示的资金，将现金流动、票据流动转变成计算机网络中的数据流动。这种以数据形式存储在计算机中并能通过计算机网络使用的资金被形象地称为电子货币，其赖以生存的银行计算机网络系统被称为电子资金划拨系统。

对于"电子资金划拨"，国际上尚无统一定义，美国 1978 年《电子资金划拨法》将"电子资金划拨"定义为："除支票、汇票或类似的纸质工具的交易以外的，通过电子终端、电话工具，或计算机或磁盘命令、指令或委托金融机构借记或贷记账户的任何资金的划拨；零售商店的电子销售安排、金融机构的自动提款交易、客户通过电子设施直接向金融机构进行的存款或提款等。"

2. 电子资金划拨的种类

（1）小额电子资金划拨和大额电子资金划拨

按照所涉系统及业务的不同，电子资金划拨可分为小额电子资金划拨和大额电子资金划拨。前者主要是零售业务中使用，通过自动柜员机（ATM）和销售点终端设备（POS）等系统进行，主要的服务对象是广大的消费者个人，主要涉及客户和金融机构的关系；后者为货币、黄金、外汇、商品市场的经纪商与交易商及商业银行处理批发业务时使用，主要通过大额资金划拨系统进行，除了涉及金融机构和客户之间的关系之外，还有金融机构之间的关系。在国际支付中主要涉及大额电子资金划拨。

（2）贷记划拨和借记划拨

以收款人或付款人何方发动银行程序为标准，电子资金划拨可分为借记划拨和贷记划拨。借记划拨是指由收款人发动银行程序所进行的资金划拨；贷记划拨是指由付款人发动银行程序所进行的划拨。

小额电子资金划拨有的采用贷记划拨方式，有的采用借记划拨方式。

大额电子资金划拨均为贷记划拨，是由付款人向银行发出支付命令，指示银行借记自己的账户并贷记收款人的账户。Fed Wire、CHIPS 等大额电子资金划拨系统都是采用贷记划拨的支付方式。

10.4.2　大额电子资金划拨系统及电子资金划拨的程序

1. 大额电子资金划拨系统

大额电子资金划拨系统，是处理那些交易金额巨大，对支付的时间性、准确性和安全性有特殊要求的支付令的电子资金转账系统，是指"有线电子划拨网络、自动清算所、或清算所或其他银行协会的其他通信系统，通过该系统，银行的支付令可以传输给该命令发往的银行"。目前，发达国家的大额资金划拨系统主要有美国的联储电子资金划拨系统（Federal Reserve Communication System，Fed wire）、纽约清算所银行间支付系统（CHIPS）、英国的清算所自动支付系统（Clearing House Automated Payment System，CHAPS）、日本银行清算网络（Bank of Japan-Net Funds Transfer system，BOJ-NET）、瑞士银行间清算系统（Swiss Interbank Clearing，SIC）等。在国际层面，则有欧盟的跨欧洲自动实时总额结算快速划拨系统（Trans-European Antomated Real-Time Gross Settlement Express Transfer，TARGET）和全球银行间金融电信协会（SWIFT）。

2. 大额电子资金划拨的程序

大额电子资金划拨的业务程序为：（1）发端人与受益人签订合同，约定通过电子资金划拨方式支付款项；（2）发端人向发端人银行签发支付命令；（3）发端人银行接收支付命令；（4）发端人银行接受支付命令；（5）发端人就支付命令向发端人银行作出支付；（6）发端人银行签发支付命令；（7）中间银行接收支付命令；（8）中间银行接受支付命令；（9）发端人银行与中间银行结算；（10）中间银行签发支付命令；（11）受益人银行接收支付命令；（12）受益人银行接受支付命令；（13）中间银行与受益人银行结算；（14）受益人银行贷记受益人账户，以此向受益人支付。

10.4.3 大额电子资金划拨的法律调整

目前，既无具有法律约束力的专门调整大额电子资金划拨的统一国际法，也没有国际惯例。对各国的电子资金划拨相关立法有着较大影响的主要有美国 1989 年《统一商法典》第 4A 编（Uniform Commercial Code，Article 4A，以下简称"UCC4A"）、联合国国际贸易法委员会（UNCITRAL）《国际贷记划拨示范法》（Model Law on International Credit Transfers，以下简称"《示范法》"，Model Law）和欧盟的《跨国贷记划拨指令》（Directive/97/5/EC，of the European Parliament and of the Couneil of 27 January 1997 on cross-border credit transfers，以下简称"《欧盟指令》"，EC Directive）。

1. 美国的《统一商法典》第 4A 编

UCC4A 是世界上第一部调整大额电子资金划拨的成文法，由美国法学会（ALI）和美国统一各州法律全国委员会（NCCUSL）于 1989 年合作制定颁布，建议各州自由采纳。UCC4A 以提供确定、可预见的大额资金划拨法律环境为目的，以促进资金划拨的电子自动化为政策导向，规定了一系列调整大额的、高速的、专业化的国内或国际资金划拨活动的规则，至 1996 年，美国各州及哥伦比亚特区均吸纳了 UCC4A，UCC4A 成为UCC 中被最为广泛采纳的一编。此外，管制 Fed wire 的联邦储备 J 条例和 CHIPS 规则也选择了 UCC4A 作为准据法。

2. 联合国的《国际贷记划拨示范法》

UNCITRAL 早在 1986 年就开始着手制订有关电子资金划拨的示范法律规则，经过数年的努力，于 1992 年通过了《国际贷记划拨示范法》，供各国在立法时参照采纳。《示范法》以 UCC4A 为蓝本制订，受 UCC4A 的影响较为明显。

3. 欧盟的《跨国贷记划拨指令》

受 UNCITRAL 制定《示范法》的影响，欧盟委员会于 1994 年 10 月提出了《跨国贷记划拨指令》提案，经过几年的谈判，于 1997 年 5 月通过了正式指令文本。指令要求欧盟成员国必须在 1999 年 8 月 14 日之前制定并实施符合本指令的成员国法律、条例或行政规定。不过，该指令的适用范围有一定限制：（1）跨国贷记划拨的金额不得超过 5 万欧元；（2）主要适用于个人或中小企业的跨国支付；（3）只适用于欧盟成员国之间的贷记划拨，不适用于欧盟成员国与非欧盟成员国之间的跨国贷记划拨。此外，该指令中有关资金划拨参与人的责任规定只限于有直接代理关系的当事人之间的责任，即发端人银行对发端人的责任和受益人银行对受益人的责任，未涉及资金划拨中的中间银行间的关系，也不能像 UCC4A 和《示范法》那样，任何风险责任的归属者都可以跳开代理关系的限制直接向受损方承担责任。

10.4.4　大额电子资金划拨的当事人及其权利义务

1. 大额电子资金划拨的当事人

大额电子资金划拨的当事人一般包括：

（1）发端人（Originator）。发端人是向银行签发最初支付命令者，他是付款人，往往也是债务人。

（2）发端人银行（Originator's Bank）。如果发端人不是银行，发端人银行是发端人支付命令的接收银行；如果发端人是银行，发端人本身同时就是发端人银行。无论发端人与其支付命令的接收银行事先是否存在账户关系，发端人支付命令的接收银行都是发端人银行。

（3）受益人（Beneficiary）。受益人，即发端人在支付命令中指定的收款人，往往就是债权人。

（4）受益人银行（Beneficiary's Bank）。受益人银行是受益人在该行的账户根据支付命令被贷记的银行；或支付命令没有规定贷记受益人账户时，以其他方式向受益人支付的银行。同样，无论受益人与向其支付的银行事先是否存在账户关系，向受益人支付的银行都是受益人银行。

（5）中间银行（Intermediary Bank）。中间银行是既非发端人银行又非受益人银行的接收银行。在一项电子资金划拨中，中间银行可以没有，也可以有一家或多家。此外，大额电子资金划拨的当事人中，还有发送人（Sender）与接收银行（Receiving

Bank）：发送人是向接收银行发出指令的人，而接收银行是发送人指令发往的银行。发端人、发端人银行及中间银行都可以是发送人；而发端人银行、中间银行及受益人银行都可以是接收银行。大额电子资金划拨进行的过程，就是发送人签发支付命令，接收银行接受支付命令与执行支付命令的过程。

2. 大额电子资金划拨当事人的权利与义务

（1）大额电子资金划拨当事人权利与义务产生的时间

大额电子资金划拨中发送人与接收银行的权利和义务，产生于接收银行接受发送人的支付命令之时。一旦接收银行接受了发送人的支付命令，支付命令的发送人与接收银行就都受支付命令的约束，承担相应的义务并享有相应的权利。接受银行的种类不同，作出接受的方式也不同。

（2）大额电子资金划拨当事人的权利与义务的主要内容

当支付命令被接受时，接收银行的种类不同，产生的权利与义务也不同。受益人银行以外的接收银行接受支付命令以后，接收银行承担对发送人的义务；受益人银行接受支付命令以后，受益人银行承担对受益人的义务。接收银行接受支付命令以后，支付命令的发送人的基本义务，是向接收银行支付该命令的金额；接收银行的基本权利是要求发送人支付被接受的支付命令的金额。发送人的权利是使它的支付命令，在正确的时间，按正确的金额，在正确的地方得到执行；受益人银行以外的接收银行的义务是向中间银行或受益人银行签发一项自己的支付命令以执行收到的支付命令，受益人银行的义务是向受益人支付。对受益人银行与受益人来说，在接受了支付命令以后，受益人银行有义务就支付命令付款，而受益人有权利得到付款。

（3）义务的履行

当受益人银行代表受益人接受了支付命令时，一项电子资金划拨即告完成。根据美国《统一商法典》第 4A 编的规定，发端人已履行了对受益人的基础合同债务；而根据《国际贷记划拨示范法》的规定，受益人银行对受益人的债务就此取代发端人对受益人的基础债务。

10.4.5　大额电子资金划拨风险责任的承担

1. 欺诈风险责任的归属

有关欺诈风险责任归属的规定，UCC4A 最为详尽，《示范法》与 UCC4A 差别不大，《欧盟指令》则完全未涉及欺诈和错误的资金划拨的责任归属问题。

（1）一般规则

原则上，银行要承担欺诈引起的资金划拨损失责任。即，银行客户只对以其名义签发的授权支付令负有责任；如果支付令未经授权，银行就要承担责任。至于支付令授权的认定，不论是基于显名代理还是隐名代理，只要根据代理法规定构成代理，就可以认定存在授权。

（2）安全程序例外

在客户和银行协议建立安全程序的情况下，如能同时满足下列条件，则未授权支付令的损失责任就从银行转移到客户身上：①安全程序是防范未授权支付令的商业上合理的方法；②银行证明其接收支付令时，遵循了安全程序和客户有关限制支付令接受的书面协议或指令，并且是善意的。是否满足上述条件，由接收银行负责举证。

（3）第三层次例外规则

①擅入者例外。"擅入者"（Interloper），是指和客户没有任何联系的人，他或许和银行有某种关联（如银行业务员），或许和资金划拨双方当事人都没有任何关联，后者通常被称为"第三方擅入者"。客户如能直接证明欺诈人是擅入者，则有关欺诈风险责任便由银行承担。不过，客户举证时只需要提出反证，即客户只需证明该欺诈人并不是：1）客户授权其代理本人从事有关支付令或者安全程序活动的人；或2）通过客户控制的渠道进入客户传输设备的接口，或借以获取有助于破坏安全程序的信息的。

②为客户利益而协议变更的例外。根据 UCC4A，如果银行所使用的用以检测欺诈的安全程序是：1）客户特意撇开银行先前向其提供的商业上合理的程序而自行挑选的，且2）客户书面明示，只要银行遵循其所选择的程序，他就同意受银行收到的以其名义签发的支付令的约束而不论该支付令是否确经授权，那么，只要接收银行遵循了客户选择的程序就无需承担欺诈风险责任。

2. 错误资金划拨的责任归属

在大额电子资金划拨过程中，有可能出现错误的环节主要在：发送人签发支付令时、接收银行执行支付令时和支付令在通信系统传输时。根据 UCC4A 和《示范法》，通信系统错误风险由使用该系统的发送人承担。因此，大额电子资金划拨中可能造成错误的只有发送人和接收银行，发送人的错误体现为错误的支付令，而接收银行的错误体现为错误执行支付令。原则上，发送人应受错误支付令的约束；接收银行要对由其错误执行造成的错误资金划拨负责。

（1）错误支付令的责任归属

①一般规则。一般而言，发送人要承担支付令的错误风险责任。即发送人银行对支付令的接受便使得发送人向该银行付款的义务成立，即使银行接收的是错误的支付令。但是，UCC4A 和《示范法》都规定了该一般规则的例外——检测错误程序的例外。

②例外规则。如发送人和银行间协议建立了检测错误的程序，且支付令是经该程序传送后才为接收银行所接收，但接收银行接受的支付令还是出现了错误，那么，若发送人证明：发送人自己及其代理人遵循了协议的程序，但接收银行没有；而且如接收银行也遵循检测错误的程序就可以发现支付令的错误，接收银行就要承担可能是发送人错误行为导致的损失责任。

对于该例外规则的适用，UCC4A 严格限制为三种情形：非发送人意图的错误受益人、超出发送人意图的错误的支付金额和支付令复本的错误传输。而《示范法》并未特别限定错误的形式，但允许当事人通过协议限制程序适用的错误支付令范围。

另外，UCC4A 规定，按照检测错误程序例外不用承担错误风险责任的发送人，在收到接收银行发来的有关接受支付令的通知后，应该履行一般注意义务，在其所获取的信息基础上，发现该被接受支付令的错误，并在其收到该通知起的 90 天的合理时间内，通知接收银行有关事实。如由于发送人未尽注意义务，而给接收银行造成损失，则发送人应在其支付令金额的范围内对该损失承担责任。《示范法》没有规定发端人的一般注意义务，但允许当事人协议变更有关发送人免责例外的规定。

（2）错误执行支付令的责任归属

①一般规则。接收银行为了实施所收到的支付令而签发自己的支付令给下一个接收银行，就是对发送人支付令的执行。接收银行应该善意地按发送人支付令指示来执行支付令，如果没有如此行事，就是错误地执行了所接受的支付令，需对由此而产生的损失承担责任。

对于错误执行的范围，《示范法》没有明确规定；UCC4A 规定了四种错误执行的情形：签发超额支付令；签发已发送支付令的复本；签发非支付令意图受益人的支付令；签发金额小于发送人支付令金额的支付令。对于最后一种情形，UCC4A、《示范法》和《欧盟指令》都允许接收银行通过签发补充支付令来补正金额。

②号码识别规则。为了促进接收银行采用电子自动化的处理方式，UCC4A 规定，接收银行如果不知道发送人支付令中有关接收银行或受益人名称和账户号码不一致，则银行可依赖该号码来识别资金接收人和执行支付令，且不构成错误执行，由此而完成的错误资金划拨的损失由该错误支付令的签发人承担。

具体规则为：第一，受益人的错误描述。当接收银行收到有关受益人名称和账户号码不一致的支付令并按照号码识别来执行时，如发端人是银行，则发端人负有就支付令付款的义务；如发端人不是银行，且发端人证明据号码识别的受益人无权从发端人获得支付，除非发端人银行证明在其接受支付令之前发端人已经收到关于"接收银行会依据号码识别执行支付令"的通知，否则发端人银行按照号码识别来执行支付令的行为构成错误执行，需要承担相应的风险责任。第二,，中间银行或受益人银行的错误描述。如果支付令规定仅需通过号码识别中间银行或受益人银行，接收银行就可以完全依赖该号码识别中间银行或受益人银行，而不管该号码是否只指示一家银行。如果支付令规定需通过号码和名称识别中间银行或受益人银行，但接收银行收到的支付令的有关信息不一致，则除非发送人不是银行，且事先并不知接收银行会依赖号码识别，不然接收银行就有权依赖号码来执行支付令，有关错误风险责任由发送人承担。如支付令要求根据名称和号码识别包括受益人银行的接收银行，而接收银行并不知道所执行支付令的名称和号码不一致，则无论发送人是否为银行，接收银行均可依赖名称确认中间银行或受益人银行的适当身份。

3. 资金划拨未完成的责任归属

《示范法》规定，资金划拨因受益人银行为受益人利益接受支付令而完成，同时发端人对受益人的债务得到清偿；UCC4A 虽然规定受益人获得支付才是资金划拨的完成，但是，只要受益人银行接受了支付令就产生付款给受益人的义务，而受益人银行为受益人利益接受支付令也使发端人对受益人的基础义务得到履行。

大额电子资金划拨中，主要有四种情况会导致资金划拨不能完成：发送人及时发现欺诈或错误而有效撤销了支付令或者接收银行预见到可能的风险而拒绝接受支付令；在错误支付令情况下，接收银行发现了支付令的错误或者依据号码或名称识别的受益人不存在，或根本无法确认；接收银行错误执行支付令导致资金划拨不能完成；因接收银行停止支付而不能完成资金划拨。除"接收银行错误执行支付令导致资金划拨不能完成"这一情况外，会导致资金划拨未完成并造成损失的其他三种情况，其根本原因都是资金划拨中当事人的不能支付。不同当事人的不能支付，相应的未完成资金划拨的风险责任归属也不同。

（1）发端人银行不能支付

在大额电子资金划拨中，如果发端人银行接受发端人的支付令并接收相应资金后，还未待执行支付令，就不能支付，由此而造成的损失由发端人承担。因为发端人银行一般是发端人自己指定的，所以，发端人要承担发端人银行停止支付的风险责任。

（2）中间银行不能支付的责任归属

根据《欧盟指令》第 8 条第 2 款的规定，如果跨国贷记划拨是因为受益人银行选择的中间银行不能执行而不能完成，则该受益人银行就需承担相应的风险责任，仍然负有向受益人付款的义务。

根据 UCC4A 和《示范法》，如资金划拨未完成，负有退款义务的中间银行由于不为准据法所允许或由于停止支付而不能进行退款，则在资金划拨中根据发送人支付令指示而使用该中间银行的接收银行，有权接收发送人的支付或保留支付。最初指定该中间银行的发送人代位取得要求该中间银行退款的权利。如因中间银行不能支付而使资金划拨不能完成，最初指定该中间银行的发送人应该承担有关的风险责任。

此外，UCC4A 还规定，如果受益人银行和受益人约定，在受益人银行未接收付款时银行有权从受益人处索回支付，则该支付协议不得强制执行。此规定又称为"接收人终结规则"（Receiver Finality Rule），据此规则，受益人银行向受益人的支付具有终结性，不能撤回，如果在资金划拨完成后中间银行不能支付，则由受益人银行承担风险责任。

（3）受益人银行不能支付的责任归属

如受益人银行接受支付令之后不能支付，有关损失责任由受益人自己承担。因为受益人接受支付令，就意味着资金划拨完成；发端人对受益人的基础义务解除。

4. 资金划拨迟延的责任归属

大额电子资金划拨迟延的风险责任，是指因为资金划拨没有在应当完成的期限内完成，使受益人不能及时受款，而给相关当事人带来损失的责任。可能引起资金划拨迟延的主要有两种情况：支付令的内容错误和接收银行的执行错误，而接收银行的执行错误，又包括非受益人银行的接收银行的不适当执行和受益人银行的给付迟延。

（1）支付令内容错误所致划拨迟延

对于支付令内容错误所引起的划拨迟延，《欧盟指令》规定，如发端人银行能证明资金划拨的迟延是由于发端人造成的，则有关责任由发端人承担。UCC4A 和《示范法》则将此归入错误支付令导致错误资金划拨的情况。

（2）接收银行执行错误所致划拨迟延

①非受益人银行的接收银行导致资金划拨迟延的责任归属。UCC4A、《示范法》和《欧盟指令》均规定，如果资金划拨已完成，但非受益人银行的接收银行没有遵循支付令的规定适当执行支付令，致使资金划拨发生迟延，该银行就必须承担迟延期间可能的利息损失。至于利率风险责任之外的其他可能的损失（包括外汇损失和间接损失）赔偿责任，UCC4A 规定只能在接收银行明示书面同意的范围内才有可能承担；《示范法》则规定只有在接收银行有故意或重大过失的情况下才能主张；《欧盟指令》并无明确限制，而是规定本规则并不影响当事人主张其他请求权。

②受益人银行导致资金划拨迟延的责任归属。《欧盟指令》规定如受益人银行在其收到划拨资金的第 2 日结束前还未向受益人付款，则需承担迟延期间的利息责任。

UCC4A 则分两种情形作出了如下详细规定：

第一，受益人银行拒绝支付。在受益人银行接收支付令之后，如受益人要求其付款，并且受益人银行也收到了受益人的有关不支付所可能产生的损失的通知，但受益人银行仍然拒绝支付，则除非银行证明拒绝支付是出于对受益人受款权的合理怀疑，否则，受益人银行就必须承担由此而给受益人造成的损失责任，包括银行根据受益人的通知而应预见的间接损失赔偿责任。第二，受益人银行没有通知。按照法律的规定，受益人银行本应在支付给受益人账户后的下一营业日的午夜前通知受益人收款；或者支付令要求银行通知受益人，而受益人银行没有履行通知义务，则银行也需承担可能的迟延风险责任。但该责任仅限于自通知本应发出之日起到受益人知道受益人银行收到支付令之日的利息责任。

10.4.6 大额电子资金划拨风险责任的承担形式

大额电子资金划拨风险责任的承担形式，主要包括返还和损失赔偿两种。

1. 返还——退款保证

UCC4A、《示范法》和《欧盟指令》均规定，如支付令指定的受益人银行没有接受支付令，即可免除发端人及之后的发送人对支付令的付款义务。如果发送人已经支付，则有权获得已划拨资金的本息，即发送人享有法定的"退款请求权"；在任何情况下，已经接收支付的接收银行必须兑现发送人的退款请求权，向发送人履行资金返还义务。

如果风险导致国际大额电子资金划拨不能完成，或导致退款保证不能正常实现，则风险责任的归属者：（1）如是已经完成支付的发送人，那么该发送人就不能享有退款请求权，无权从其后手的接收银行获得退款，而该接收银行则可接受或保留此发送人的支付；（2）如是已经获得支付的接收银行，那么该银行必须向发送人履行退款保证义务，且无权从其后手银行获得退款。

退款的范围包括发送人已经支付的资金和该笔资金从发送人付款日到获得退款日期间的利息。

此外，UCC4A 和《示范法》还规定，实施退款保证，不必依循原有的资金划拨顺序，有权获得退款的发端人可以向任何有退款保证义务的接收银行要求退款。

2. 损失赔偿

在大额电子资金划拨中，风险导致的实际损失和可得利益损失主要表现为本金损失、利息损失和外汇损失。此外，当事人还可能遭受间接损失。UCC4A 和《示范法》都规定了利息损失赔偿责任，对间接损失赔偿问题稍有涉及，但完全没有规定外汇损失的赔偿责任；《欧盟指令》对利息损失之外的其他损失赔偿责任既未明确规定，也未明令禁止。

（1）利息损失

由于风险导致大额电子资金划拨的迟延，应承担该风险责任的当事人需赔偿受损方有关本应及时获得支付的款项在迟延期间产生的利息损失。

利息损失应是受损方迟延收款的金额乘以利率和迟延期。关于利率，UCC4A、《示范法》和《欧盟指令》均允许当事人协议确定；如果没有约定，UCC4A 规定适用联邦基金利率，《示范法》规定应适用银行业就此类资金或货币所惯常使用的利率和基础；《欧盟指令》则规定依各国国内立法。至于迟延期间，除非支付令规定了有效的支付日或执行日，否则，对于受损方何时即应获得付款这一问题，容易产生争议。UCC4A、《示范法》和《欧盟指令》都不允许银行为了自己的利益而变更法律有关银行对发端人或受益人的利息责任的规定。不过，《示范法》特别规定允许接收银行之间可以协议变更一家银行应对另一银行的利息责任。

（2）外汇损失

外汇损失是由于汇率风险而给需要将划拨的资金货币兑换成其他货币的当事人带来的损失。如果资金划拨正常完成，则资金划拨期间的外汇损失是当事人应该承受的正常风险；但是，如因其他风险导致资金划拨迟延，或者导致获得退款的发送人实际价款的减损，那么，迟延期间的外汇损失或发送人退款的汇兑损失，一般需由相应风险责任的承担者予以赔偿。

《欧盟指令》并未完全排除受损方有关外汇损失的赔偿请求权，指令明确规定第 6 条有关迟延利息责任的规定并不影响电子资金划拨参与者其他权利的行使。而 UCC4A 和《示范法》并未规定接收银行的外汇损失赔偿责任，相反，都在接收银行的迟延利息责任中明确排除了其他损害的赔偿，除非：①符合 UCC4A 要求的条件，即有接收银行明示的书面同意，或者，在受益人银行拒绝支付时受益人已经通知了银行有关特殊情况；②具备《示范法》所规定的"银行存在故意或者重大过失"这一前提条件。

（3）间接损失

大额电子资金划拨中受损当事人遭受的间接损失，一般不具备必定取得的充分必要条件，不能要求赔偿，除非受损当事人能够证明该间接损失属于如资金划拨正常完成就必定可以取得的可得利益。

为了维护法律的确定性和可预见性，也为了维护电子资金划拨的低成本特质，UCC4A 和《示范法》原则上都不支持间接损失赔偿的责任承担；《欧盟指令》并未对间接损失予以明确禁止，但规定了未完成资金划拨情况下特定风险责任人的最高赔偿限额。

①UCC4A 的规定。如果受益人要求受益人银行支付到期的支付令，并特地告知银行有关可能产生间接损失的特殊情形，而知悉通知内容的受益人银行，在不存在对受益人收款权利的合理怀疑的情况下，仍然拒绝付款，那么，该受益人银行就要承担根据受益人通知所应预见的间接损失的赔偿责任。至于预见的范围，受益人银行并不需要预见准确的损失金额，只要预见到受益人可能遭受的损失类型或性质即可。

除上述情形外，只有在银行书面明示同意间接损失赔偿的情况下，才会产生间接损失的赔偿责任。

②《示范法》的规定。《示范法》规定的间接损失责任的例外是：如接收银行的未执行支付令，或者不适当执行支付令的行为存在故意或者重大过失，则受益人或者发端人可以依据《示范法》以外的法律体系中的法律原则来寻求任何可适用的救济。

③《欧盟指令》的规定。《欧盟指令》第 8 条规定，本条规定的银行的退款义务并不影响受损当事人主张的任何其他请求权利。为了防止跨国贷记划拨服务提供者由于承担过重的责任而发生信用危机甚至破产，《欧盟指令》还规定，在资金划拨未完成的情况下，有关银行的退款责任加上其他损失赔偿责任最高不得超过 12500 欧元。但是，该责任限制只能适用于对资金划拨的不能完成没有任何过错的银行。如有关接收银行对资金划拨的不能完成负有过错，则该接收银行必须全额退还所划拨的资金，也不能免除其依据国内法的一般规定所应承担的责任。

阅读参考

1. 左海聪、陆泽峰. 国际贸易法学. 第 1 版. 武汉：武汉大学出版社，1997.

2. 姚梅镇. 国际经济法概论. 第 3 版. 武汉：武汉大学出版社，2002.

3. 沈妙. 国际大额电子资金划拨风险责任的法律问题研究. 厦门大学研究生论文，2002.

复习思考

1. 什么是票据？票据有什么法律特征？票据有哪些种类？

2. 什么是票据行为？主要票据行为的法律意义是什么？

3. 什么是票据权利？票据权利取得的条件及方式有哪些？

4. 货币保值条款的基本形式有哪些？

5. 商业汇付、托收与银行信用证有哪些区别？

6. 信用证交易的基本原则有哪些？

7. 与 UCP500 相比，UCP600 有哪些新变化？

8. 大额电子资金划拨风险责任的承担形式有哪些？

案 例 分 析

　　卖方中国 M 公司与买方中国香港 G 公司订立了一份 CIF 合同，约定：D/P 见票后 30 天付款，香港汇丰银行为代收行。卖方按约发货取得清洁提单后，开具汇票委托中国银行通过香港汇丰银行收取货款。货到目的港后，G 公司提出凭信托收据借取提单，汇丰银行未经委托人授权，同意借单。G 公司提货后，由于市场行情下跌，G 公司便以缺少保险单据为由，在汇票到期日拒绝付款。

分析并回答：
根据 URC522，M 公司是否可以通过中国银行要求香港汇丰银行付款？

第11章
国际商事争议的解决

◎**本章要点**

随着国际商事活动的发展，国际商事争议也不可避免地发生。实践证明，选择适当的解决方式解决国际商事争议，对于促进国际商事的进一步发展具有重要的意义。

本章共分三节对国际商事争议的解决进行全面的介绍，主要内容有：国际商事争议的解决机制、国际商事调解、国际商事诉讼。本章的重点是：国际商事争议的解决方式、国际商事选择性争端解决机制、国际商事调解规则、国际商事仲裁规则、国际商事诉讼规则等。

11.1 国际商事争议解决机制

11.1.1 国际商事争议概述

1. 商事及国际商事争议

（1）商事的含义

国际上对于"商事"的含义没有统一的规定，各国的立法与司法实践对"商事"范围的规定也存在着差异。联合国1985年《国际商事仲裁示范法》对"国际商事仲裁"的一般注解是："对商事一词应作广义的解释，使其包括一切不论是契约性还是非契约性的商事性质关系所引起的种种情况。商事性质的关系包括但不限于下列交易：供应或交换货物或服务的任何贸易交易；销售协议；商事代表或代理；租赁；建造工厂；咨询；工程；许可证；银行；保险；开发协议或特许；合营和其他形式的工业或商业合作；货物或旅客的空中、海上、铁路或公路运输。"

（2）国际商事争议

在社会学意义上，争议，或称纠纷、分歧、争端、冲突，是指特定主体之间的对抗行为。其中，基于权利而产生的对抗，即是法律上的争议。

国际商事争议是产生于国际商事交往的法律上的争议。在国际商事交往过程中，由于各方当事人需要获取的利益各不相同，而且他们往往具有不同的国籍，或者分处不同的国家或地区，文化传统、法律观念、价值观念乃至语言、交流方式差异极大；另一方面，由于交往跨越国境，有关国家不尽相同的政治、经济、文化、法律背景也会对当事人的利益造成影响。凡此种种，均可能导致当事人对同一事项有不同认识，进而形成对抗。这些对抗中，需要由法律予以调整、以权利义务为内容的，即是国际商事争议。

（3）判断商事争议之国际性的标准

关于"国际"的含义，在不同国家有着不同理解。从各国立法和实践来看，判定商事争议之国际性主要有三种标准：

①法定标准。法定标准是以实质连结因素（也称为地理因素）作为认定标准，即主要根据当事人的国籍、住所或者居所、法人的登记注册地或主营业地（包括管理中心）以及争端解决地来确定争议是否含有国际因素。此种标准的局限性在于，在涉及跨国公司分支机构与所在国的商事交易中，如果依此种标准来确定争议的国际性，就会出现与事实完全相反的结果。

②经济标准。经济标准是指通过考察争议性质中是否涉及或隐含着国际因素，从而确定商事争议的国际性。最早采用这一标准的是国际商会。《国际商会仲裁院仲裁规则》第 1 条第 1 款明确规定，仲裁院的任务是解决国际性质的商事争议。根据国际商会颁布的说明手册，具有同一国籍或同一住所的当事人在第三国订立的合同产生的争端，由于其客体具有涉外性，因而仍具有国际性。此种标准的局限性在于过于单一、宽泛，仅通过是否涉及或隐含的国际商事利益来确定商事争议的国际性，极易产生分歧。

③综合标准即以法律标准与经济标准相结合的综合性多重判断方法，来确定某一商事争议是否具有国际性。

2. 国际商事争议的特点

由于国际商事法律关系的特殊性和复杂性，国际商事争议既不同于国内商事争议，也不同于国际公法上的国际争端。一般而言，国际商事争议具有如下特点：

（1）国际商事争议含有国际因素或涉外因素

国际商事争议的主体、客体或内容至少有一个为涉外、跨国或国际因素：或是不同国家的自然人、法人相互之间发生的争议；或是在特定情况下不同的国家、国际组织、不同国家的自然人或法人相互之间发生的争议；或是具有相同国籍的当事人之间基于跨国交易发生的争议；或是具有相同国籍而其营业所在不同国家的当事人之间的争议。

（2）国际商事争议为国际私法领域具有商事性质的争议

国际商事争议是在国际商事领域发生的争议，如合同争议、知识产权争议等，有别于国家之间的政治、军事、外交和领土等国际公法领域的争端。某项争议是否具有商事性质，决定着该项争议能否运用国际商事选择性争端机制来解决，特别是能否提交仲裁。各国一般只允许将具有商事性质的争议提交仲裁，只承认有关商事的仲裁协议或仲裁条款有效并赋以强制执行力。

（3）国际商事争议的解决方式多元化

国际商事争议既可以通过一国国内的商事争议解决机制来解决，也可以通过国际性的商事争议解决机制来解决；协商、调解、仲裁和诉讼等多种争议解决方式被广泛用于国际商事争议的解决；在当代，由于互联网技术的成熟与勃兴，已有的国际商事争议解决方法与网络联姻，形成了在线争议解决方法（Online Dispute Resolution，ODR），ODR既可以用来解决网络空间的争议，也可适用于非网络争议，即物理空间发生的争议也可借助网络得到便捷的解决。

3. 国际商事争议的类型

按不同的分类标准，国际商事争议可做不同的分类。

（1）以争议主体为标准的分类

根据争议的主体不同，国际商事争议可以分为私人（包括自然人和法人）之间的争议、国家和外国私人之间的争议、国家之间的争议、国家和国际组织之间的争议、国际组织和私人之间的争议等。实践中，私人之间的争议最为普遍。其他几类争议通常只在特定情况下发生。国际商事争议主体之间法律地位平等，但在国家、国际组织参加国际商事活动时，它们通常具有一定特殊地位。争议主体地位不同，对争议的解决方式和法律适用均有影响。

（2）以争议起因为标准的分类

根据争议的起因不同，国际商事争议可以分为契约性争议和非契约性争议。前者是指直接基于契约所产生的争议；后者则是指非直接基于契约所产生的争议。争议的起因不同有时会导致争议的管辖权、争议的解决方式以及当事人的权利和义务有所不同。

11.1.2　国际商事争议的解决方式

1. 传统的国际商事争议解决方式

解决国际商事争议的方式多种多样。传统上，国际民商事争议的解决多依赖于国内方法，如诉讼、仲裁、协商、和解、调解等，在有管辖权的国内法院提起诉讼常常是当事人可寻求的最后救济。不过，在外国进行的诉讼、仲裁，法院判决或仲裁裁决往往受制于内国法院的承认与执行。根据争议是否裁判解决，国际商事争议解决方式可分为非裁判性的解决方式（包括和解或协商、调解）和裁判性的解决方式（包括仲裁和司法诉讼）；根据争议的解决是否有第三人介入，国际商事争议解决方式可分为当事人自行解决争议的方式（如和解或协商）和第三人参与解决争议的方式（包括调解、仲裁和司法诉讼等）。

（1）协商

协商，是争议各方当事人，在自愿基础上，依照有关法律、法规、政策以及合同条款，直接进行磋商或谈判，自行达成和解协议，从而解决争议的一种处理方法。

协商无须第三者介入，完全依靠双方当事人自己解决。从其性质而言，协商是一种双方法律行为；双方经平等自愿协商而达成的和解协议，实质上是成立了一项新的合同，双方当事人应当自觉、全面、严格履行。

对于国际商事争议的解决，协商和解这种方式的积极作用在于：首先，由于协商始终在平等自愿基础之上进行，所以，最终达成的和解协议，当事人通常都能自觉履行；其次，协商不需要经过严格的法律程序，方式灵活，既可以节约手续和费用，又可节省时间；再次，和其他解决国际商事争议的方式相比，协商过程中的当事人拥有更大自主权利，可以在不违反强制性法律规定和不损害社会公共利益的前提下，根据实际需要灵活解决争议；最后，协商是在平等自愿基础上进行，双方当事人还会根据实际需要互相谅解、自觉让步，因此，不仅可以解决争议，还有利于维护各方的友好关系。

当然，协商和解这种方式也存在一定的局限性：当双方分歧严重时，通常很难达成和解协议，从而需要第三者的介入；若在法律上地位平等的双方，实际谈判力量相差悬殊，则力量较弱一方的利益则可能得不到应有的维护。

（2）调解

调解是在第三者主持下，通过其劝说引导，使争议双方当事人在互谅互让的基础上达成协议，从而解决争议的一种方法。根据主持人的不同身份，调解可分为民间调解、仲裁机构调解和法庭调解三种。

①民间调解。民间调解是指由仲裁机构、法院或者国家专门指定负责调解的机构以外的第三者主持进行的调解。民间调解主持人由当事人临时选任，既可以是组织，也可以是个人；既可以是一人，也可以是数人。

②仲裁机构调解。仲裁机构调解是指在仲裁机构主持下进行的调解。目前，世界上许多仲裁机构都受理调解的案件。在调解的具体做法上，主要有两种：一种是将调解程序与仲裁程序分开，分别订有调解规则和仲裁规则，调解由调解委员会主持，仲裁由仲裁法庭主持，调解不成而需仲裁时，原调解人不得为同一争议的仲裁人。另一种做法是将调解纳入仲裁程序，由仲裁机构或仲裁庭主持进行，在仲裁程序开始前或开始后，仲裁机构或仲裁庭可主动征得当事人同意进行调解，调解成功，即撤销案件，只有调解不成或当事人不愿调解时，才进行仲裁。无论采取何种方法调解，调解达成协议的，一般应制作调解书，由双方当事人签字。调解书一般应视同裁决一样对当事人具有拘束力①。

③法庭调解。法庭调解，又称诉内调解，是人民法院和当事人进行的诉讼行为，可以由当事人的申请开始，也可以由人民法院依职权主动开始。调解案件时，当事人应当出庭；如果当事人不出庭，可以由经过特别授权的委托代理人到场协商。调解可以由审判员一人主持，也可以由合议庭主持，并尽可能就地进行。除法律规定的特殊原因外，一般应当公开调解。在法院调解中，被邀请的单位和个人，应当协助人民法院进行调解。在审判人员的主持下，双方当事人自愿、协商达成调解协议，协议内容符合法律规定的，应予批准。调解达成协议，人民法院应当制作调解书。调解书应当写明诉讼请

---

① 也有例外情况。《解决国家与他国国民间投资争议公约》第 35 条规定，调解结果无拘束力。

求、案件的事实和调解结果，由审判人员、书记员署名，加盖人民法院印章，送达双方当事人签收后，即具有法律效力。

用调解的方式解决国际商事争议，程序灵活，费用低廉，既可以友好解决争议，又可以维护当事人合法权益。不过，调解也存在一定局限性，其成功与否须依赖于双方的同意和善意。若争议涉及重大利益，往往双方分歧严重，调解就很难成为最终解决争议的有效手段了。

（3）仲裁①

仲裁是指纠纷当事人在自愿基础上达成协议，将纠纷提交非司法机构的第三者审理，由第三者作出对争议各方均有约束力的裁决的一种解决纠纷的制度和方式。仲裁在性质上是兼具契约性、自治性、民间性和准司法性的一种争议解决方式，具有自愿性、专业性、灵活性、保密性、快捷性、经济性和独立性等特点。

根据所处理的纠纷是否具有涉外因素，仲裁可分国内仲裁和涉外仲裁。前者是本国当事人之间为解决没有涉外因素的国内民商事纠纷的仲裁；后者是处理涉及外国或外法域的民商事务争议的仲裁。

根据裁断者是否为常设的专门仲裁机构，仲裁可以分为临时仲裁和机构仲裁。临时仲裁是当事人根据仲裁协议，将争议交给临时组成的仲裁庭而非常设性仲裁机构裁断的仲裁。机构仲裁是当事人根据仲裁协议，将纠纷提交给某一常设性仲裁机构所进行的仲裁。

仲裁依法受国家监督，国家通过法院对仲裁协议的效力、仲裁程序的制定以及仲裁裁决的执行和遇有当事人不自愿执行的情况时可按照审判地法律所规定的范围进行干预。

（4）诉讼②

狭义的诉讼是指司法诉讼，即法院和案件当事人在其他诉讼参与人（证人、鉴定人、翻译人员等）的配合下，为解决案件所进行的全部活动。在全部诉讼过程中，法院始终居于主导地位，是解决争议的主持者和裁判者；双方当事人则各自基于诉讼法所赋予的权利，在法院的主持下为维护己方的合法权益而依法积极活动③。诉讼不必以双方当事人的相互同意为依据，只要不存在有效的仲裁协议，任何一方都可向有管辖权的法院起诉。

国际商事诉讼，是指在国际商事法律关系中，因当事人相互间发生争议而在一国法院进行的诉讼活动，这种诉讼既可能在内国法院进行，也可能在外国法院进行。

对于国际商事争议的解决，诉讼方式具有的积极意义：首先，各国法院的法官均精通本国法律，若某一国际商事争议的准据法为某国法律时，将争议提交该国法院裁判，有利于正确地按照准据法解决争议；其次，法院通常是严格依法裁判，当事人的合法权

---

① 国际商事仲裁规则在本章设专节介绍，故此处仅做概括介绍。
② 本章有专节介绍，故此处介绍概括简略。
③ 姚梅镇．国际经济法概论．第 3 版．武汉：武汉大学出版社，2002：474-475.

利因而可以得到法律的严格保护；再次，如果解决争议的决定需要在某一国执行时，在该国法院诉讼，可以省却对外国法院判决或仲裁裁决承认与执行的麻烦。

不过，由于程序严格、手续繁杂、费用成本较高，以及某些法官对于国际商事法律和惯例规则并不熟悉的缘故，在解决国际商事争议时，诉讼这种方式也存在一定局限性。

2. 替代性争议解决方式

目前，在争议解决方式方面，"替代性争议解决方式"（ADR，即 Alternative Dispute Resolution）越来越受到重视。广义的替代争议解决方式是一系列非诉讼争端解决方式的总称，由于仲裁已高度制度化，在某些方面诉讼化倾向十分明显，与 ADR 的其他方法存在本质区别，所以，狭义的替代争议解决方式，是指不包括仲裁在内的各种非诉讼争议解决方法，主要包括：和解、协商、调解、无约束力仲裁、调解仲裁、小型审判、借用法官、私人法官、附属法院的仲裁以及简易陪审团审判等。由于替代性争议解决方式具有形式多样、程序灵活和快捷、费用低廉等优点，所以越来越受到国际商事争议当事人的青睐。

在使用非诉讼方式解决国际商事争议时，除传统的协商、调解和仲裁方式外，当事人可选择的 ADR 形式，主要包括：

（1）合同修改

合同修改通常是指在国际商事活动中双方当事人存在契约的前提下，如果履行出现困难，而双方并不希望自动终止合同，也没有必要重新进行协商，为了提高合同的灵活性，并使其与情势变更保持一致，加入一定的条款和条件。这种争端解决方法在希望长期合作的合同中显得尤其重要，通常，当事人会在长期合作的合同中订立一个有关修改合同的特别条款，以应对情势变更，在合同履行过程中若因诸如不可抗力、价格变动等因素而产生争端，即可采用该条款来进行合同修改。

（2）重新谈判

如果合同无法自行调整适应变化的环境，当事人可以重新进行谈判。在许多合同中，有关争端解决的条款都约定双方一旦发生争端，应首先进行重新谈判，谈判不成再提交仲裁或诉讼。重新谈判程序简便，方式灵活，可以帮助当事人节省费用和时间，避免争端带来的损失因解决纠纷时间的冗长而扩大。不过，重新谈判完全依靠当事人的自律且无第三方参与和制约，容易在运作各阶段出现障碍；重新谈判所达成的协议，没有强制执行效力，能否得到履行，取决于双方的诚意。

（3）小型审判

小型审判（Mini-trial）是为解决企业间的争端而创立的一种和解促进方式，在"小型审判"中，各方均像参加法院审判一样，但"法官"是当事人自己，由律师和专家向纠纷双方的高层管理者提出意见，使其看到各自的优势和劣势，如同局外人一样清醒地把握案情，从而为双方合作地解决争议提供条件；各方高层管理者基于明示授权参加案件解决，并在第三方公断人（通常是一名退休法官）的帮助下解决争端。小型审判的过程，实际上综合了谈判交涉、中立评价、调解以及裁判等程序。

（4）租借法官（Rent-a-Judge）

租借法官是一种与正式审判相似的程序，由双方合意寻找并聘请自己的法官，主持审理并进行判决。这种方式不使用法院的正规程序，能够快速达成争议解决的结果；而且判决可以作为终局决定，具有法律上的强制力。

（5）简易陪审团

1981年为美国俄亥俄州北部地区联邦法院法官所创。这种程序与正式的审判最为相似，有法官、陪审员和其他法院工作人员参加，通常在法院举行，按普通诉讼程序进行审理，但一般不公开。简易陪审团的目的在于为当事人提供一个略加辩论、无拘束力的现实的审判实验，如能达成和解，则省去了正式审判的费用、时间和复杂过程。

（6）早期中立评价

早期中立评价致力于通过调解、动议或审理使案件尽早得到解决，它可以作为正式呈交证据和诉前申请的有效替代。尽管早期中立评价的主要目的不在于解决争议，但这一程序能导致争议的解决。

11.1.3　国际商事争议解决机制

1. 国际商事争议解决机制的含义

国际商事争议解决机制，是指国际社会用于解决国际商事争议的各种方式所组成的动态系统，由国内机制和国际机制共同组成。国际商事争议的解决过去倚重的是国内机制，但现在国际机制已不可或缺，二者互不取代但相辅相成。

解决国际民商事争议的国内机制中，诉讼占据重要地位，仲裁已被广为接受，其他争议解决方式也越来越多地得到应用。在立法上，各国都有自己的诉讼法和仲裁法，而且一般都允许当事人协议选择协商、和解、调解等方式。一些国家还单独制定了调解法或者替代性争议解决法。

解决国际民商事争议的国际机制中，目前，国际商事仲裁的国际性强于国际民事诉讼，国际商事调解处在发展上的"朝阳"阶段，除此之外，再无其他被国际社会普遍接受的方法①。

2. 国际商事选择性争端解决机制及其特点

（1）国际商事选择性争端解决机制的含义

由于国际商事交往更多地体现当事人的自立自律，并且主体需求呈现多元化特征，所以，在实践中，许多国际商事争议的当事人往往通过选择诸如仲裁、调解、谈判等一系列诉讼外争端解决方式来平息矛盾、解决争端，这一系列方式的作用与运行统称为国际商事选择性争端解决机制（也称为国际商事 ADR）。

---

① 黄进，宋连斌. 政法论坛. 第127卷，2009（4）：5.

（2）国际商事选择性解决机制的特点

国际商事选择性争端解决机制主要适用于解决国际商事争议，具有如下特点：

①合意性。也称自愿性、选择性，是指具体 ADR 方式的选择和程序运行一般出于争议当事人的自愿与合意；而且，由于国际商事 ADR 从其开始到争端的最终解决都贯穿着当事人的意思自治，所以一般情况下，当事人也会自觉遵守该结果。

②非正式性。也称简便性、灵活性。诉讼有国家公共权力的参与，以国家公共权力为保障，是解决争端的正式机制；国际商事 ADR 没有公共权力的介入，或是纯粹私人间解决争端，或是求助于一定的第三人或民间机构，具有民间性。仲裁也具有民间性，但其注重最低限度的正当程序要求；国际商事 ADR 必须遵循的程序规则极少，程序极为灵活，当事人之间也不必处于对抗地位，比如，ADR 没有严格的证据规则，没有现代诉讼和仲裁中常有的对抗制以及保证程序正常进行的规则。基于这种非正式性，当事人可以灵活处理所争议的问题，处理结果也较易为各方当事人共同接受。

③当事人居于主导和支配地位。以诉讼方式解决争议，法院居于主导和支配地位，同时，当事人还要接受相关程序法和实体法的严格约束。以 ADR 方式解决争议，当事人有权自行约定争端解决程序应当于何时、何处、以何种程序进行，在必要时还有权协商决定补救措施；更为重要的是，当事人可以自己选择裁判者——在大部分争端中，当事人都愿意选择有能力有经验的专家。即使在法院附设 ADR 制度等由第三方指定中立第三人（公断人）的情况下，当事人依旧可以介入该程序，而不是像在司法审判中那样完全由法院进行程序的支配。

④复合性。也称为共融性。在以 ADR 方式解决国际商事争议的过程中，只要当事人愿意，各种方法相互融合，互为补充；而且 ADR 程序和诉讼程序、仲裁程序也是共通的，当事人可以在遵守"公平、合理"等法律基本原则和商事习惯法的前提下综合几种 ADR 方式，并可以保留法庭审理的一些因素。例如，美国公众授助中心（Center of Public Sources，简称 CPR）所提供的 ADR 示范程序中，其两步争议解决程序（调解/微型审判——仲裁/诉讼）和三步争议解决程序（谈判——调解/微型审判——仲裁/诉讼）就体现了 ADR 机制的复合性。

⑤保密性。以 ADR 方式解决国际商事争议，其进程一般不对外公开，争议的知情者控制在最小范围内，这样既有利于保护当事人的经营秘密，保持当事人在公众中的商业信誉和形象，也有助于当事人在程序进行过程中放弃对抗，营造和谐气氛。此外，保密性还意味着，若当事人以后就同一争议提起诉讼、仲裁或其他程序，当事人在 ADR 程序中的所作所为，以及 ADR 主持人（如调解员）的言行，不具有证据效力；ADR 主持人也不负相应的作证义务。

⑥高效性。相对于诉讼方式，国际商事 ADR 能够更加快捷、有效地解决争端。因为，选择采用 ADR 方式解决国际商事争端的当事人，大多数会同意立即处理争端，通常会尽力选择合适的时间以配合公断人的需要，在诉讼中存在的当事人阻碍诉讼进程的情况，也基本不会存在，即使出现这种情况，公断人也会有办法让不配合的当事人进入程序。

⑦前瞻性。对于有着长期友好合作关系且希望继续延续这种关系的当事人而言，以 ADR 方式解决他们之间的商事争议，显得尤其重要。双方当事人并不需要通过容易引发激烈对抗的诉讼方式查明事实、辨明是非并得到某种"说法"，而只需要在将未来商业关系的发展考虑在内的前提下，对当前的争议做出双方都能接受的某种安排，即"结束过去向前看"。①

⑧结果的非强制性。一般而言，通过 ADR 达成的争议解决方案不具有强制性。不过，根据联合国国际贸易法委员会起草的《国际商事调解示范法》（以下简称《示范法》）及一些国家的国内法，在一定条件下，通过 ADR 达成的解决方案可能具有拘束力。例如，《示范法》第 14 条规定：如当事各方达成解决争议的协议，则该协议具有拘束力和可执行性。中国最高人民法院 2002 年发布的《关于审理涉及人民调解协议的民事案件的若干规定》中规定，当事人达成的调解协议具有民事合同性质，当事人应当按照约定履行自己的义务，不得擅自变更或者解除调解协议。当事人一方不履行的，另一方可向人民法院起诉，要求对方当事人履行调解协议；具有债权内容的调解协议，经公证机关依法赋予强制执行效力的，债权人可以向被执行人住所地或者被执行人的财产所在地人民法院申请执行。

此外，由于 ADR 方式的复合性特点，诉讼、仲裁程序也可采用 ADR 方法结案，此种情形下，ADR 实际上被并入诉讼程序、仲裁程序，成为诉讼程序或仲裁程序的一部分，其结果往往也表现为法院的判决或调解书、仲裁庭的和解裁决或调解书，具有强制执行力。

11.2 国际商事调解

11.2.1 国际商事调解及其特点

1. 国际商事调解

国际商事调解，是指在国际商事交往中，各方当事人在发生争议后，共同选择第三方作为调解人（调解员），由调解人通过说服、劝导等方式，使当事人之间的争议在自愿的基础上得到解决。国际商事调解既可在某一机构进行，也可以由当事人直接授权个人进行，前者为机构调解，后者为临时调解。

2. 国际商事调解的特点

（1）民间性

国际商事调解是一种"私行为"，具有民间性。当事人选择进行调解，是在法律范围内处分自己的民商事权利和诉讼权利。

---

① 黄进、宋连斌. 国际民商事争议机制的几个重要问题. 政法论坛，第 27 卷，2009（4）：7.

（2）自愿性

国际商事调解无一例外都是自愿管辖。当事人是否选择调解，选择哪一个调解机构或调解员、调解的内容和程序以及调解协议的达成，都以当事人自愿为准。若调解成功，调解协议由当事人自愿履行，一般无强制执行力；若调解不成功，或调解协议未得到履行，不影响当事人采用其他方式解决相关争议。

（3）相对更高的调解人资格能力要求

调解成功与否常常取决于调解员的经验、智能、知识、处世技巧以及当事人解决纠纷的理性。因此，与对法官、仲裁员的要求相比较，对于调解员解决纠纷的能力要求，实际上更高。

（4）非公开性

除非当事人另有协议，国际商事调解一般都不公开进行，调解员或调解机构以及全体当事人、其他参与人均应遵守保密原则，不对外界透露调解的过程及内容。

11.2.2　有关国际商事调解的规则

20 世纪中期后，以调解方式解决国际商事争议的做法渐渐得到认可。1962 年，常设仲裁法院（Permanent Court of Arbitration）开始实施《调解选择规则》，适用于国家为一方当事人的争议，1996 年该规则进行了修订。1980 年 12 月联合国大会通过了《联合国国际贸易法委员会调解规则》，在国际社会产生了较大影响。1988 年，国际商会制定了《国际商会调解规则》，2001 年国际商会对该规则进行了修改，称为《国际商会友好争议解决规则》（The ICC Amicable Dispute Resolution Rules，以下简称《ADR 规则》）。2002 年，联合国大会通过了《国际商事调解示范法》，以进一步推广调解这一争议解决方式。

1. 《联合国国际贸易法委员会调解规则》的主要内容[1]

（1）调解程序

①调解的开始。当事人要提请调解时，应向他方当事人发出按本规则进行调解的通知，通知中应扼要地明确争议事项。他方当事人接受调解通知时，调解程序即行开始。如以口头表示接受，应立即以书面加以确认。他方当事人拒绝通知，就不进行调解。提请调解的当事人在发出通知后 30 天内，或在通知中规定的其他期间内，未得到答复时，可以认定是对调解通知的拒绝，并应立即通知他方当事人。当事人根据本规则进行调解时，可以变更或修改本规则的相关规定。

②调解员的人数及任命。除当事人约定调解员为两名或三名外，调解员为一名。调解员有数人时，在一般情况下，数名调解员应共同行动。在只有一名调解员的调解程序中，双方当事人应力求达成协议，确定该独任调解员；在有两名调解员的调解程序中，

---

① 黄进、宋连斌. 国际民商事争议机制的几个重要问题. 政法论坛，第 27 卷，2009（4）：8-12.

双方当事人各任命一名调解员；在有三名调解员的调解程序中，双方当事人各任命一名调解员。双方当事人应力求达成协议，确定第三名调解员。在所有情况下，当事人可以请求一个适当的机关或人员帮助他任命调解员。该机关或人员推荐或任命担任调解员的个人时，必须注意考虑保证任命一名独立公正的调解员，如为独任调解员或第三调解员，则应考虑任命与双方当事人不同国籍的调解员为宜。

③调解员的任务。调解员在任职后，要求各方当事人提出简明的说明书，说明争议的一般性质和争点所在。每一方当事人向他方当事人送说明书副本一份。在调解程序的任何阶段，调解员还可以再次要求各方当事人说明自己的主张以及所依据的事实和根据，当事人可以附上其认为适当的文件和其他证据；调解员可以要求当事人向其提供他认为合适的其他情况。

调解员应该以中立和公正的态度协助双方当事人友好解决争议。调解员应遵循客观、公平和正义的原则，在处理相关事务时，应该考虑到双方当事人的权利和义务，考虑到有关的贸易惯例以及有关争议的各种情况，包括当事人之间以前的实际业务情况。

调解员可以其认为适当的方式进行调解，但应考虑案件的各种情况以及双方当事人可能提出的愿望，包括当事人要求调解员听取口头陈述的愿望以及要求迅速解决争议的愿望。

在调解的任何阶段，调解员可以提出解决争议的建议。这种建议可以不用书面提出，也可以不说明理由。

④当事人与调解员的合作。调解员可以同时或分别邀请当事人与他会晤，也可以同当事人口头或书面交换意见。除当事人已约定与调解员举行会晤的地点外，会晤地点应由调解员与双方当事人协商后，根据调解进行的情况予以确定。

当事人应该与调解员进行善意的合作，特别是应该按照调解员的要求提出书面文件，提供证据和参加会晤。每一方当事人可以主动地或者应调解员的请求，向调解员提出解决争议的意见。

⑤调解的结束。每一方当事人可以主动地或者应调解员的请求，向调解员提出解决争议的意见。调解员认为具备双方当事人可以接受的解决争议的条件时，应将可能的各种解决办法列出，送双方当事人供他们考虑。

调解员收到当事人的意见后，应根据这些意见，重新制定可能的解决办法。双方当事人就解决争议达成协议后，应即制定协议书并签名。调解员可以依双方当事人的要求，制作或协助当事人制作协议书。

双方当事人可以考虑在协议书中增加一个条款：由本协议而发生的或关于本协议的一切争议，应该提交仲裁。

双方当事人在协议书上签字后，争议即告结束，双方都受协议所约束。自该协议书签字之日起，调解结束。除此之外，如果调解员与双方当事人协商后，以书面表示，继续调解已无必要；或双方当事人向调解员书面表示结束调解时；一方当事人向另一方当事人，如已任命调解员，则并向调解员，书面表示结束调解时，此三种情形下调解均告结束。

（2）调解员保密义务

原则上，调解员与当事人对于有关调解的一切事项均应保密。除为执行所必要外，调解协议也应保密。在调解过程中，调解员从一方当事人知悉有关争议的事实情况后，可以将情况的实质告知他方当事人，以便他方当事人可以做出适当的说明。但是一方当事人向调解员告知情况，特别附有应予保密的条件时，调解员即不应将该情况告知他方当事人。

（3）调解与其他程序的关系

倘若调解未获成功，就所调解的争议提交仲裁或提起诉讼时，当事人和调解员均承诺，调解员不得在仲裁或诉讼的程序中充当仲裁员，或充当一方当事人的代理人或顾问。双方当事人在这些程序中也不提出调解员为证人。而且，不论以后的仲裁程序或诉讼程序是否涉及调解所针对的争议，双方当事人承诺不援引或提出下列各点作为仲裁或诉讼的证据：他方当事人所表示的关于可能解决争议的意见，或提出的建议；他方当事人在调解过程中所作的承诺；调解员提出的建议；他方当事人已表示愿意接受调解员为解决争议提出的建议这一事实。

2. 《国际商会友好争议解决规则》

《ADR 规则》全文共 7 条，适用于国际和国内的商事争议。该规则允许当事人约定其认为适于帮助其解决争议的任何和解方法，如未做出约定，将依据该规则采用调解方法。该规则主要内容如下：

（1）调解程序

①ADR 程序的开始。如果当事人约定按照该规则解决其争议，拟开始 ADR 程序的当事人应向国际商会提交书面 ADR 申请，该申请应载明当事人及代理人的情况、争议情况的说明、共同选任的中间人或对其资格的约定以及据以开始 ADR 程序的书面协议等事项。

如 ADR 申请书不是由全体当事人共同提出；则提出申请的当事人应同时将申请送交对方当事人。国际商会将迅速向当事人书面确认收到申请书。

如果当事人没有约定按照本规则解决其争议，亦可依本规则开始 ADR 程序。收到一方当事人提出的申请书后，国际商会应立即将申请书面通知对方当事人，并要求该当事人自收到申请之日起 15 天内对其是否同意或拒绝参加 ADR 程序，书面通知国际商会。若对方当事人未在 15 日期限内做出答复，或做出否定答复，则 ADR 申请视为被拒绝，ADR 程序将不再进行。

②中间人的选任。中间人即为解决当事人之间争议并主持程序的人，如调解员。按照《ADR 规则》，如各方当事人已共同选任中间人，则国际商会应予记录，被选任者经通知国际商会其同意接受选任后，即在 ADR 程序中担任中间人。若各方当事人并未共同选出中间人，或者选出的中间人拒绝任职，国际商会应迅速通过国际商会国家委员会或其他方式任命一名中间人，并通知当事人。在任命中间人时，国际商会应考虑到当事人的约定，尽最大努力委任合格的中间人。

即将担任中间人的人员，均应尽快向国际商会提交一份适当签署姓名与日期的个人履历和独立声明，并在声明中披露那些可能引起当事人对其独立性产生怀疑的任何事实和情形。国际商会应将此信息书面通知当事人。任何一方当事人如不同意国际商会委任的中间人，应在接到委任通知后 15 日内书面通知国际商会和其他当事人，陈述提出异议的理由，国际商会即迅速另行委任一名中间人。当事人可以请求委任一名以上的中间人，适当情形下国际商会也可向当事人建议委任一名以上的中间人。

③ADR 程序的进行。当事人缴纳适当费用后，ADR 申请始作处理。中间人与各方当事人应迅速对将予采用的解决方法进行商讨并寻求达成一致意见，同时商讨将予适用的具体的 ADR 程序。如果当事人不能达成一致意见，则采用调解方式。

中间人应以其认为合适的方式进行程序。但无论如何，中间人都应遵循公平、公正原则并尊重当事人的意愿。当事人应与中间人善意合作。

④ADR 程序的终止。因下列情形，ADR 程序终止：双方当事人签署和解协议；一方或全体当事人向中间人发出不再继续 ADR 程序的书面通知；所确定的解决争议的程序已履行完毕，或设定的期限届满，当事人并未决定延期；中间人书面通知当事人其认为 ADR 程序不能解决当事人之间的争议；国际商会在当事人逾期未预缴保证金后 15 日内，书面通知当事人与中间人，当事人未完成此项缴付；国际商会依其判断，书面通知当事人选任中间人失败或者不可能委任中间人。

（2）保密义务

除非当事人另有相反约定或所适用的法律有禁止性规定，ADR 程序及其结果，应当是不公开的。

当事人之间的任何和解协议应同样是保密的，但一方当事人依据所适用的法律的要求或者为实施或执行协议，在必要限度内有权予以披露。

（3）ADR 程序与其他程序的关系

除非所适用的法律要求或当事人有相反约定，当事人不得以任何方式在司法、仲裁或类似程序中援引下列各项作为证据：在 ADR 程序中由对方当事人或中间人提出的任何文件、陈述或通讯，除非此种文件、陈述或通讯在司法、仲裁或类似程序中能够独立获取；任何一方当事人在 ADR 程序中提出的与可能解决争议有关的任何观点或建议；ADR 程序中他方当事人所做出的承认；中间人提出的任何观点或建议；在 ADR 程序中一方当事人曾表示愿意接受和解建议的事实。

除非当事人另有约定或所适用的法律要求，中间人不得在与 ADR 程序所涉争议事项有关的司法、仲裁或类似程序中担任法官、仲裁员、专家或其中任何一方当事人的代理人或顾问；中间人不得就 ADR 程序的有关事宜在任何司法、仲裁或类似程序中作证。中间人、国际商会及其雇员以及国际商会国家委员会均不对与 ADR 程序有关的任何作为或不作为向任何人负责。

3. 《国际商事调解示范法》

《国际商事调解示范法》全文共 14 条，主要内容如下：

（1）调解程序

①调解的开始。对于已发生的争议，调解程序自当事人同意进入该程序之日起开始。一方当事人邀请另一方当事人进入调解程序，自发出邀请之日起 30 日内或在邀请中确定的期限内未收到答复，可视为拒绝调解邀请。

②调解员的人数及委任。除非当事人另有约定，调解员应为一人。当事人应尽力达成委任调解员的协议，在委任调解员时，当事人可求助于机构或个人，要求后者推荐或直接指定合适的调解员。后者在推荐或指定调解员时，应考虑到尽可能确保委任公正和独立的调解员，适当时应考虑到委任与当事人不同国籍的调解员的适宜性。

就可能被委任为调解员之事进行交涉时，待任调解员应披露可能对其公正性或独立性引起正当怀疑的任何情形。调解员在接受委任以及调解过程中，应向当事人披露此种情形。

③调解的进行。当事人可自由地约定进行调解的方式。如未达成此种协议，调解员在考虑案件的情形、当事人可能表达的愿望以及快速解决争议的基础上，可按其认为适当的方式进行调解。但在任何情况下，调解员应公平地对待全体当事人。

在调解的任何阶段，调解员可提出解决争议的建议。调解员可共同或单独与当事人会晤或联系。

调解员自一方当事人处收到的信息，可向其他当事人披露其实质内容。但是，一方当事人以保密为条件而向调解员提供的信息，则不应披露。

④调解的结束。在下列情形下，调解结束：当事人签订和解协议；经商当事人，调解员宣告不必继续进行调解；当事人通知调解员结束调解程序；一方当事人通知其他当事人和调解员（如已委任）结束调解程序。

（2）保密义务

除非当事人另有协议，与调解程序有关的任何信息均应保密，除非法律要求或者为实施或执行和解协议的目的而做出披露。

（3）调解与其他程序的关系

调解程序的当事人、调解员及任何第三人包括调解程序的有关管理者，不得在仲裁、司法或类似程序中将下列情形作为依据、当作证据提出或作证或提供证据：当事人邀请开始调解程序或愿意参加调解程序的事实；为使争议可能得到解决，一方当事人在调解程序中表达的观点或建议；一方当事人在调解过程中所作声明或承认；调解员提出的建议；一方当事人表示愿意接受调解员建议的和解方案的事实；仅为调解程序的目的而准备的文件。仲裁庭、法院或其他有权政府机构不应命令披露前述信息，违反规定而提交此等信息，应视为不可接受的证据。但法律另有规定或者为实施或执行和解协议的除外。

除非当事人另有约定，调解员不得在调解程序所针对的争议或关于同一法律关系所引起的争议中担任仲裁员。

如当事人对于已经发生或将来发生的争议已同意进行调解，明确承诺不在特定的时限内或特定事件发生后方开始仲裁或司法程序，则仲裁庭或法院应赋予此种承诺以效力，直到符合做出承诺的条件，除非一方当事人依其意见认为系为保护其权利所必须。开始此种程序本身不得被视为放弃提交调解或结束调解程序。

（4）和解协议的可执行性

如果当事人达成解决争议的协议，则和解协议具有拘束力并可强制执行。不过，各国在采用示范法时，可自行决定执行的方法或规定。

11.3 国际商事仲裁

11.3.1 国际商事仲裁

1. 国际商事仲裁的含义

广义的国际商事仲裁包括对外经济贸易仲裁和海事仲裁，用于解决跨国经济交往以及海事关系中所发生的各种争议，通常称为国际仲裁，也有人称之为跨国仲裁。

对于国际商事仲裁的概念和范围，国际上尚无普遍接受的统一定义，各国规定有所不同。一般认为，"国际"和"商事"均应做广义解释。国际仲裁既指具有不同国籍的当事人之间商事争议的仲裁，也包括具有国际或跨国因素的商事争议的仲裁。

1985 年《联合国国际贸易法委员会国际商事仲裁示范规则》（以下简称《仲裁示范规则》）对"国际"和"商事"作出的便是广义的定义。

关于"国际"的定义是：一项仲裁是国际性的，如果：

（1）仲裁协议双方当事人在签订该协议的时候，他们的营业地位于不同的国家；

（2）下列地点之一位于双方当事人营业地共同所在地国家之外：①仲裁协议中或根据仲裁协议确定的仲裁地；②商事关系义务的主要部分将要履行的任何地点或与争议的客体具有最密切联系的地点；

（3）双方当事人已明确地约定仲裁协议的客体与一个以上国家有联系。

关于"商事"的范围是：

"商事"一词应给予广义的解释以便覆盖产生于所有具有商事性质关系的事项，而不论这种关系是否为契约关系。具有商事性质的关系包括（但不限于）下列交易：任何提供或交换商品或劳务的贸易交易；销售协议；商事代表或代理；保付代理；租赁；工程建造；咨询；设计；许可；投资；融资；银行业；保险；开采协议或特许权；合营企业或其他形式的工业或商业合作；客货的航空、海洋、铁路或公路运输。

2. 国际商事仲裁的优势与局限性

与司法诉讼相比较，国际商事仲裁具有以下的优势与局限性：

（1）国际商事仲裁的优势

与司法诉讼相比，对于解决国际商事争议，国际商事仲裁具有如下优越性：

①中立性。仲裁庭中立于争议各方当事人所属国法院之外，不受任何一方国家司法

制度和公共政策的影响，有利于争议的公正解决。

②自治性。在仲裁中，双方当事人可以任命仲裁人、决定仲裁地和仲裁程序、选择解决争议的法律、限定仲裁事项的范围和仲裁员裁决救济的形式等，以满足当事人的特别需要。

③专业性。国际商事争议往往会涉及许多专门性或技术性的问题，需要运用相关专门知识才能解决，然而许多国内法院的法官却并不具备相应的专门知识。在仲裁中，当事人可以从产业界、贸易界、科技界选择专家或知名人士充当仲裁员，从而能够准确判定问题，迅速解决争议。

④保密性。仲裁一般秘密进行，不进行公开审理；仲裁裁决也不像法院判决那样在报纸和各种媒体上公布。采取仲裁方式解决争议，既能满足双方当事人不愿将其工商业秘密和分歧公诸于众的要求，又可以维护双方当事人的长期商业合作关系，同时也有助于提高败方遵守裁决的自愿性。

⑤终局性。仲裁一般是一裁终局，不像法院判决那样还可在法定期限内向上一级法院上诉，因而有利于迅速解决争议，节省时间和费用。

（2）国际商事仲裁的局限性

尽管国际商事仲裁具有较多优势，但需要注意的是，上述优势是相对而言的，在一定情况下，在解决国际商事争议时，仲裁比起司法诉讼，也有一些局限性。

①费用可能更多。若双方当事人都位于同一国境内，却选择在第三国进行仲裁，那么，当事人不仅要支付仲裁人报酬、仲裁机构的行政费或管理费，还要支付所有参加仲裁程序人员的往返路费、食宿费用等，并且是使用外汇。这样，与在国内法院诉讼相比，费用开支不仅不会节省，相反可能会更多。

②速度未必更快。在解决争议的速度方面，仲裁也可能存在拖延时日的现象。原因在于：首先，仲裁人通常并非专职人员，在其本职领域通常也会担任重要职务，仲裁须就其方便之日进行；其次，仲裁庭无权强制当事人到庭，一般也不会缺席仲裁，若一方当事人不及时出庭，仲裁人往往会尽量等待；最后，仲裁规则中一般未规定案件审结时限。

③缺少第三人程序。由于缺少第三人程序，仲裁人无权强迫那些可能最终对裁决的执行承担全部或部分责任的第三人加入仲裁程序，从而影响争议最终有效地解决。

11.3.2　国际商事仲裁机构与仲裁规则

1. 国际商事仲裁机构与仲裁规则的含义

根据组织形式，国际商事仲裁机构可分为临时仲裁机构和常设仲裁机构两种；提交临时仲裁庭的仲裁称临时仲裁，而提交常设仲裁机构进行的仲裁称常设机构仲裁。

仲裁规则是指仲裁机构、仲裁庭和仲裁争议当事人在仲裁全过程中应遵循和运用的程序规定。仲裁规则主要包括：常设仲裁机构本身制定的规则；某些非仲裁机构的国际组织制定的示范规则；当事人或临时仲裁庭设计的临时规则。此外，仲裁规则还包括有关国际商事仲裁的国际条约以及国内法中有关仲裁程序的规定。

2. 国际商事仲裁机构与仲裁规则的分类

（1）临时仲裁庭及仲裁规则

临时仲裁庭是根据双方当事人的仲裁协议，在争议发生后，由双方临时推举仲裁人自行组成的仲裁庭。临时仲裁庭的仲裁规则由双方当事人自己制定或选择，也可委托仲裁人制定或选择。临时仲裁庭并无固定的组织、地点和规则，争议处理完毕，即自行解散。

（2）常设仲裁机构及仲裁规则

常设仲裁机构是具有固定的组织、固定的地点和固定的仲裁规则的永久性机构，一般都备有仲裁人员名册，供当事人选择以组成仲裁庭。常设仲裁机构都有较为健全的行政管理制度和较齐全的设施，能够为当事人提供方便。目前，国际商事争议仲裁大多数都提交常设仲裁机构进行。

当事人若选择在某一常设仲裁机构仲裁，原则上也适用该机构的仲裁规则；当然，也会有例外情形。

从不同角度，常设仲裁机构可作不同分类。以其成立的依据为标准，可分为国内的、地区性的和国际性的常设仲裁机构三种。

①国内常设仲裁机构。国内常设仲裁机构根据本国法律设立，具体名称多样：或称仲裁法院，或称仲裁委员会。国内常设仲裁机构既可受理本国人之间的商事争议，也可受理本国人与外国人之间、外国人之间或外国之间的商事争议。目前，在国际上影响较大的国内常设仲裁机构主要有：瑞典斯德哥尔摩商会仲裁院（SCC）、英国伦敦仲裁院（LCA）、美国仲裁协会（AAA）、芬兰赫尔辛基中央商会仲裁院、瑞士与苏黎世商会仲裁院、维也纳联邦商会仲裁院。

中国的常设仲裁机构为"中国国际经济贸易仲裁委员会"和"中国海事仲裁委员会"，两者均隶属于中国国际贸易促进委员会，均订有自己的仲裁规则。

②地区性常设仲裁机构。地区性常设仲裁机构是依据一定地域内各国间多边条约或组织决议而设立的，主要处理各缔约国间的商事争议。地区性常设仲裁机构主要有：

美洲国家商事仲裁委员会，负责处理北美、中、南美洲国家间的商事仲裁案件，订有自己的仲裁规则。

亚洲及远东经济委员会商事仲裁中心，根据联合国亚洲及远东经济委员会的安排设立，负责处理该地区的国际经济贸易争议案件。

亚非法律咨询委员会地区仲裁中心，是亚非法律咨询委员会在亚非地区设立的若干常设仲裁机构，主要由发展中国家管理。

③国际性常设仲裁机构。广义的国际性常设仲裁机构包括由国际性民间商会设立的仲裁机构和基于多边公约设立的仲裁机构。目前主要有：国际商会仲裁院，设在巴黎，实行的规则是《国际商会调解与仲裁规则》；解决投资争议国际中心，根据1965年《解决国家与他国国民间投资争议公约》设立，中心根据该公约制定了仲裁规则和调解

规则。

3. 国际商事仲裁示范规则及有关国际公约

（1）国际商事仲裁示范规则

联合国国际贸易委员会于 1976 年制定了一套供世界各国采用的商事仲裁规则，并在同年为联合国大会一致决议所通过。决议"建议在解决产生于国际商事关系的争议中使用联合国国际贸易法委员会仲裁规则，尤其是在商事合同中约定使用该仲裁规则"。该仲裁规则是示范性的，在任何国家都不当然具有法律拘束力，主要供双方当事人自愿选择适用，尤其是适用于临时仲裁。

（2）有关国际商事仲裁的公约

有关国际商事仲裁的公约主要有：1958 年《联合国承认及执行外国仲裁裁决公约》、1961 年《欧洲商事仲裁公约》、1965 年《解决国家与他国国民间投资争议公约》、1972 年经互会国家《关于经济、科学、技术合作关系争议仲裁公约》（又称《莫斯科公约》）、1975 年《美洲国家国际商事仲裁公约》。

11.3.3　仲裁协议

1. 仲裁协议及其种类

仲裁协议是双方当事人愿意将他们之间将来可能发生或者业已发生的争议交付仲裁解决的一种书面协议，是仲裁机构或仲裁人受理争议的依据。

仲裁协议主要有两种类型：

①仲裁条款。是指在争议发生前双方当事人在合同中或作为合同一部分订立的，同意将未来可能发生的合同争议提交仲裁的条款。仲裁条款是最常见的一种仲裁协议。

②仲裁协议书。是指在争议发生后双方单独订立的，同意将已发生的争议提交仲裁的专门协议。

无论是何种类型的仲裁协议，各国一般都要求以书面形式订立。书面形式既可以是正式签订的书面协议，也可以是当事人间的互换函电或电报、电传，还可以是电子邮件这样的数字信息。

2. 仲裁协议的效力

仲裁协议的效力，是指仲裁协议在法律上的有效性，主要取决于仲裁协议的形式、内容以及当事人的权利能力和行为能力是否符合相关法律规定。至于相关法律是哪些，则要视具体情况而定，可能是仲裁地法，可能是合同准据地法，也可能是仲裁裁决执行地法，等等。

此外，仲裁协议的效力，还会受到仲裁协议与主合同是否可分这一问题的影响。即：主合同无效时，作为主合同组成部分之一的仲裁协议是否仍然有效？对这一问题，各国立法以及各仲裁机构的仲裁规则一般都认为，仲裁协议的效力独立于主合同之外，不受主合同效力的影响。即使主合同无效，仲裁协议仍然有效，仲裁庭仍可据此受理案件。不过，当国家依主权权力废除了其同外国人之间的合同后，合同中的仲裁条款是否仍然有效？对于这一问题，尚存在较大分歧。许多发展中国家政府以及一些学者认为，这种情况下，仲裁条款应随同主合同废除而无效。

3. 仲裁协议的作用

一份合法有效的仲裁协议主要有如下作用：

（1）排除诉讼这一争议解决方式

仲裁协议对双方当事人均有约束力，当发生争议时，只能以仲裁方式解决，任何一方都不得单方面向法院提起诉讼。

（2）使仲裁机构取得案件管辖权

仲裁协议是仲裁机构受理争议案件的依据，使仲裁机构取得对有关争议案件的管辖权。

（3）排除法院管辖权

仲裁协议排除了法院对有关争议案件的管辖权，即使一方当事人向法院起诉，法院也无权受理。

（4）使仲裁裁决得以被法院强制执行

仲裁协议是法院强制执行仲裁裁决的根据之一，法院在强制执行仲裁裁决时，一般都需要申请强制执行者提交仲裁协议。

4. 仲裁协议的主要内容

一项仲裁协议应当包含以下内容：

（1）仲裁事项

仲裁协议首先要明确约定可提交仲裁的争议范围，或者是关于合同的所有争议，或者是一定范围内（如有关合同的解释和履行、有关补偿数额）的争议，或者是某一种特定的争议。

需要注意的是，双方当事人约定提交仲裁的争议，按照有关国家法律应属于商事争议或可仲载的争议，否则，该仲裁协议的效力将会被有关国家依法否定；仲裁裁决也不会得到有关国家的承认和执行。

（2）仲裁地点

仲裁地点与仲裁所适用的程序法以及按哪一国的冲突规则来确定合同的实体法密切相关。一般情况下，在某国仲裁，就适用该国的仲裁法决定仲裁程序方面的问题；若当事人未做法律选择，也是依照该国的冲突法规则选择实体法以决定争议的实质问题。

（3）仲裁机构

指定在某地仲裁通常也会指定由设在该地的常设仲裁机构仲裁，只有当地无常设仲裁机构时，才需要组织临时仲裁庭。不过，指定在某一常设仲裁机构仲裁，却不一定就是在该机构所在地仲裁，因为，有的仲裁机构的仲裁规则允许当事人约定在机构所在地以外的地方进行仲裁。所以，仲裁协议应当分别明确约定仲裁机构和仲裁地点。

（4）仲裁程序规则

也就是仲裁规则，主要规定仲裁的具体程序和做法。临时仲裁庭一般使用当事人或仲裁人设计或选择的规则；常设仲裁机构一般使用本机构的规则；当事人还可选择联合国的示范性仲裁规则。

（5）仲裁适用的法律

除程序规则外，当事人还应在协议中明确约定解决争议可适用的实体法，以明确各方当事人的权利义务，便于争议的解决。解决争议可适用的法律应与支配当事人关系或支配合同的法律相同，具体则需视情况而定，至少需要考虑以下两点：法律有无强行规定；合同的种类。当事人在约定选择了某国法律后，还应订明是仅适用该国实体法，还是也包括该冲突法；是订立合同时的法律，还是仲裁时的法律。若当事人未就可适用的法律达成协议，则由仲裁庭根据一定的冲突规则来选定。

（6）裁决的效力

各国法律一般都规定，仲裁裁决是终局的，对双方当事人均有约束力。但是，对于当事人不服仲裁裁决是否可以向法院上诉，各国法律规定则有所不同。因此，为了明确仲裁裁决的效力，避免引起复杂的上诉程序，双方当事人通常会在仲裁协议中明确约定：仲裁裁决是终局的裁决，对双方均有约束力，任何一方都不得向法院提起上诉。

11.3.4　仲裁适用法律的规则

有关国际商事仲裁的公约、各种仲裁规则都有关于仲裁庭如何适用法律（实体法）的具体规定。概括而言，主要有如下规则：

1. 实行当事人意思自治原则

即仲裁庭应适用当事人约定选择的法律。

2. 由仲裁庭确定

在当事人对仲裁适用法律无约定时，由仲裁庭根据某种规则确定仲裁准据法。具体有四种做法：（1）依照仲裁人自认为合适的法律冲突规则确定准据地；（2）依照仲裁庭所在地冲突规则确定准据法；（3）适用仲裁地法律；（4）适用仲裁人自认为适用于本案的实体法规则，即不根据任何冲突规则而直接适用准据法。

3. 契约条款和商业惯例应予考虑

即不论仲裁庭适用何种仲裁法，均应考虑到契约条款的约定和相关商业惯例做法。

4. 仲裁庭可经授权进行"友谊仲裁"

友谊仲裁是指不根据任何法律而依仲裁人自认为符合公平合理的要求作出有拘束力的裁决。根据国际惯例，仲裁庭进行友谊仲裁，一定要取得争议双方当事人的授权，否则，仲裁庭不得适用公平善良原则进行裁决。

11.3.5 仲裁裁决的执行及其国际法制度

1. 仲裁裁决的执行

仲裁机构本身并没有强制执行仲裁裁决的能力，仲裁裁决主要靠当事人自觉执行。若当事人特别是败诉方不愿执行仲裁裁决，胜诉方就需要向有关国内法院（一般是败诉方财产所在地国法院）申请强制执行。向国内法院申请执行的仲裁裁决，可能是该国本国仲裁机构的裁决（即本国裁决），也可能是某外国仲裁机构的裁决（即外国裁决）。根据各国法律，执行本国裁决手续较为简单；执行外国裁决，手续则相对较为复杂，而且往往还存在某些限制。

目前，国际上执行外国裁决的制度有国际法制度和国内法制度两种，前者是指依据相关国际公约建立起来的制度，后者则是指由各国国内法律规定的内容不尽相同的制度。

2. 执行外国仲裁裁决的国际法制度

（1）有关承认与执行外国仲裁裁决的国际公约

为了解决各国在承认和执行外国仲裁裁决中的问题，国际上先后缔结了如下国际公约：1923 年《仲裁条款议定书》、1927 年《关于执行外国仲裁裁决的公约》以及 1958 年《联合国承认和执行外国仲裁裁决的公约》（以下简称《纽约公约》）。其中，《纽约公约》是当前国际上关于承认和执行外国仲裁裁决的最主要的公约。

中国已于 1986 年 12 月正式加入了《纽约公约》，但在加入该公约时作出如下保留：第一，中国只在互惠的基础上对另一缔约国领域内作出的仲裁裁决的承认和执行适用该公约；第二，中国只对根据中国法律认为属于契约性和非契约性的商事法律关系所引起的争议适用该公约。

（2）《纽约公约》的主要内容

①缔约国相互承认仲裁裁决具有约束力，并应依照执行地的程序规则予以执行。在承认和执行其他缔约国的仲裁裁决时，不应该有在实质上比承认和执行本国的仲裁裁决规定更繁复的条件或更高的费用。

②申请承认和执行裁决的一方当事人，应该提供原裁决的正本或经过适当证明的副本，以及仲裁协议的正本或经过适当证明的副本，必要时应附具译本。

③根据公约第 5 条第 1 款，凡外国仲裁裁决有下列情况之一者，被请求执行的国家的机关可依被诉人的请求，拒绝予以承认和执行：1）签订仲裁协议的当事人，根据对他们适用的法律，存在某种无行为能力的情况，或根据仲裁协议所选定的准据地（或未选定准据地而依据裁决地国法），证明该仲裁协议无效；2）被诉人未接到关于指派仲裁员或关于进行仲裁程序的适当通知，或者由于其他情况未能对案件进行申

辩；3）裁决所处理的事项，非为交付仲裁的事项，或不包括在仲裁协议规定之内，或者超出仲裁协议范围以外；4）仲裁庭的组成或仲裁程序同当事人间的协议不符，或者当事人间没有这种协议，同进行仲裁的国家的法律不符；5）裁决对当事人还没有拘束力，或者裁决已经由作出裁决的国家或据其法律作出裁决的国家的管辖当局撤销或停止执行。

根据公约第 5 条第 2 款，如果被请求承认和执行仲裁裁决的国家的管辖当局查明有下列情况之一者，也可以拒绝承认和执行：争执的事项，依照这个国家的法律，不可以仲裁方法解决者；承认或执行该项裁决将和这个国家的公共程序抵触者。

11.4　国际商事诉讼

11.4.1　国际商事诉讼的基本原则①

1. 主权原则

国家主权原则是国际商事诉讼的首要原则，主要体现在以下几个方面：

（1）一国法院在符合国际法的前提下所享有的对国际商事争议案件的司法管辖权不容侵犯和剥夺。

一国法院对位于该国境内的一切人和物，包括外国人和为外国人所有的物，均享有管辖权，但依国际法享有管辖权豁免者除外；一国法院对本国公民，即使其位于本国境外，也可行使管辖权，但不应妨碍有关国家对该人行使属地优先管辖权；凡属一国法院专属管辖事项，不允许当事人协议选择外国法院管辖。

（2）一国法院审理国际商事争议案件的程序适用法院地法。

（3）一国法院审理国际商事争议案件，均只使用内国通用的语言、文字进行诉讼活动。

（4）非经内国法院承认，外国法院的判决不能在内国生效，更不能在内国强制执行。如果内国法院认为外国法院判决违反内国国家主权或公共秩序的，可以拒绝承认和执行。

2. 平等与对等原则

根据该原则，在国际商事诉讼中，应给予外国人与内国当事人平等的诉讼权利。但这种平等对待，必须建立在对等原则基础上。如一国对另一国当事人的诉讼权利加以限制，则另一国有权对该国当事人的诉讼权利也作出同样的限制。

---

① "国际商事诉讼的概念及特点"参见本章第一节。

3. 遵守国际条约和参照国际惯例原则

一国缔结或参加的有关国际民事诉讼①的双边或多边条约，该国法院必须遵守，即使内国法律与条约规定不一致，也应优先适用条约的规定，但该国声明保留的条款除外。在内国法律或国际条约均没有作出规定的情况下，可以适用国际惯例。

4. 便利当事人诉讼与便利法院司法原则

该原则要求在管辖权、期间、司法协助等方面应充分考虑诉讼当事人诉讼权利的行使，考虑法院审理和执行判决的方便程序。

11.4.2　国际商事诉讼中外国人和外国国家的诉讼地位

1. 外国人的诉讼地位

赋予国际商事诉讼中的外国人（自然人和法人）以何种诉讼权利，属于一国的主权，原则上由法院地国法律规定，也可以通过国际条约加以规定。目前，各国一般给予外国人以国民待遇，但通常会辅之以一定条件，如对等原则或某种限制。

2. 外国国家的诉讼地位

外国国家作为国际商事关系一方主体时，根据"平等者之间无审判权"的原则，在另一国境内进行的诉讼中，外国国家应享有主权豁免。主权豁免包括司法管辖豁免和财产执行豁免两个方面，前者指一个主权国家虽可以作为原告在外国法院提起诉讼，但不能作为被告服从外国法院管辖和审判；后者指国家在外国的财产不受所在国法院的执行（如扣押、强制执行等）。自19世纪以来，各国判例、学说均承认如下国家主权豁免原则，即：除非国家自愿放弃豁免权，其他国家不能对它行使司法管辖权，对该国的财产也不能予以执行②。但是，从20世纪30年代起，欧美等发达国家开始推行有限豁免原则，即：国家行为应区别为公法行为或主权行为与私法行为或事务行为，凡从事商业等私法活动的国家政府，包括国营企业，均不应享受主权豁免。这样，对于国家主权豁免是绝对豁免还是有限豁免，在理论上、司法实践上以及立法上，广大发展中国家与欧美等发达国家之间便产生了争议。事实上，一国对待外国国家主权豁免的态度，并不仅是关乎于单纯的法律问题，往往还直接涉及复杂的"政治问题"、对外双边关系以及国际礼让问题，需慎而对之。

---

① 国际民事诉讼包括商事性诉讼和非商事性诉讼。
② 通常也称为绝对豁免原则。

11.4.3　国际商事案件的诉讼管辖权

1. 国际商事案件诉讼管辖权及其意义

（1）国际商事案件管辖权

国际商事案件诉讼管辖权主要是指对于某一国际商事诉讼，哪一国的法院有权力或资格进行审理。

（2）确定国际商事案件诉讼管辖权的意义

①管辖权的确定直接关系到国家主权的行使，是国家主权的具体体现。

②管辖权的存在既是一国法院得以审理有关案件的前提条件，又是其作出的判决得以在外国获得承认与执行的必要条件。

③管辖权的确定常关系到实体法的选择，从而直接影响到案件的判决结果。基于最密切联系原则，法院地是法律选择的连结点之一，因此，在许多案件中，法律选择往往取决于管辖权的确定。

④管辖权的确定直接影响到当事人合法权益的取得和保护。只有向有管辖权的国家的法院起诉，当事人的合法权益才会得到保护，有关判决才能在该国或其他国家得到承认和执行。

2. 确定国际商事案件诉讼管辖权的原则

（1）属地管辖

属地管辖又称地域管辖，是指一国对该国领土范围内的一切人、物、法律行为都具有管辖权，但享有司法豁免者除外。对于"领土"这一标志具体应当如何确认，各国规定有所不同，主要有四种做法：以当事人居住地为依据；以被告财产所在地为依据；以契约成立地或履行地为依据；以侵权行为地为依据。

（2）属人管辖

属人管辖是根据当事人的国籍来确定管辖权，只要当事人一方具有某国国籍，该国法院就可以主张对案件有管辖权。

（3）专属管辖

专属管辖又称特殊管辖，是指一国主张内国法院对一定范围的案件具有独占的管辖权，不承认外国法院对这类案件的管辖。根据各国立法，专属管辖一般限于本国境内的房地产、不动产、继承与租赁、案件的重新审理、破产等案件。凡属专属管辖的案件，当事人不得以协议管辖方式改由他国法院管辖。

（4）协议管辖

协议管辖又称约定管辖，是指当事人在法律允许的范围内通过协议约定将争议提交由他们共同选择的某国法院审理。

此外，与航空、船舶有关的争议案件，还有一种选择管辖，即原告可以从法律指定的两个以上的法院中选择其中任何一个法院管辖。

11.4.4 国际司法协助

1. 国际司法协助及其意义

国际司法协助，是指一国法院应另一国法院的请求，代为履行一定的诉讼行为。提出请求的法院的行为，称为法院委托，履行他国法院委托的行为即是司法协助。狭义的司法协助仅包括协助进行诉讼文书的送达、传询证人、搜集证据等；广义的司法协助除上述内容外，还包括外国法院判决和仲裁裁决的承认与执行。

国际司法协助的意义在于：能促进国际商事诉讼活动的顺利进行；能使法院的判决和仲裁裁决得到承认和执行；能促进国际交往的巩固和发展。

2. 国际司法协助的途径

国际司法协助必须有法院的正式委托，并注明具体的委托事项。法院委托的提出，一般通过如下途径：

（1）外交途径

即法院将委托书交给本国外交部，由外交部交给被请求国的外交代表，再由该外交代表转交给该国国内的管辖法院。该途径是较为常用的一种，特别是在两国间不存在司法协助条约的情况下，它几乎是唯一可行的途径。

（2）领事途径

由法院将委托书寄交给本国驻在被请求国的领事，再由领事直接将委托书交给驻在国的主管法院。该途径在国际条约中采用较多。

（3）法院途径

由法院直接将委托书寄交被请求国的法院。采用这种途径必须以条约为基础。实践中，采用此种途径的做法较为少见。

（4）通过本国司法部直接联系

由请求国将委托书交给本国司法部，再由本国司法部直接寄交给被请求国法院。

（5）有关国家司法部之间直接联系

由请求法院将委托交本国司法部，本国司法部再将委托书寄交被请求国司法部，然后由被请求国司法部寄交其本国主管法院。此种途径在双边司法协定的约定中较为常见。

（6）通过外国司法部直接联系

由请求法院直接将委托书寄交被请求国司法部，再由该国司法部将委托书交给本国主管法院。实践中，该途径较为少用。

11.4.5　域外送达与域外取证①

1. 域外送达

（1）域外送达及其国际立法

域外送达，是指一国法院根据国际条约或本国法律或按照互惠原则将司法文书和司法外文书送交给居住在国外的诉讼当事人或其他诉讼参与人的行为。司法文书的送达是一国司法机关代表国家行使国家主权的表现，具有严格的属地性，各国在其内国立法中对于司法文书的域外送达和外国司法文书在内国的送达均作出了专门规定。

在相互尊重主权、平等互利的基础上，各国通过订立各种涉及域外送达的双边和多边条约，逐步建立和完善了域外送达制度。目前，关于域外送达的国际立法主要有1965 年在海牙订立的《关于向国外送达民事和商事司法文书和司法外文书公约》，以及各国间大量的双边司法协助条约和领事条约。

（2）域外送达的途径

域外送达，请求国法院或其他有权机构可依据其内国诉讼法和有关国际条约的规定提出请求书，以书面形式向外国法院或其他机构提出请求。各国司法文书的域外送达一般通过两种途径来进行：

①由内国法院依据内国法律和国际条约的有关规定通过一定的方式直接送达或由内国法院委托内国的有关驻外机关送达。具体方式主要包括：外交代表或领事送达；邮寄送达；个人送达；公告送达；按当事人协商的方式送达。

②通过国际司法协助的途径来进行司法文书的域外送达。

2. 域外取证

域外取证，是指一国司法机关请求外国主管机关代为收集、提取与案件有关而又处于该外国境内的证据。取证是一种具有严格属地性的司法行为，各国立法和有关国际条约对此都作了特别规定，只有依据相关内国法和国际条约规定，有关国家才有可能获取有关案件所必需的处于国外的证据、材料。

域外取证，请求国司法机关可根据内国立法和有关国际条约，以书面形式提出请求书。

域外取证的途径可分为直接和间接两种。直接域外取证途径是指法院地国在征得有关国家同意的情况下直接提取有关案件所必需的证据，具体方式主要包括：外交和领事人员取证；当事人或诉讼代理人自行取证；特派员取证。间接域外取证途径则是指法院地国通过司法协助的途径委托有关国家的主管机构进行取证。

---

①　左海聪、陆泽峰. 国际贸易法学. 第 1 版. 武汉：武汉大学出版社，1997：328-330.

11.4.6 外国法院判决的承认与执行

1. 承认和执行外国法院判决的主要依据

承认和执行外国法院判决，是指一国法院依据其内国立法或有关国际条约，承认有关外国法院的判决在内国的域外效力，并在必要时依法予以强制执行。此处的外国法院判决是特指商事诉讼案件的判决。

承认和执行外国法院判决主要依据为：

（1）国内立法

世界上大多数国家都在其民事诉讼法中就内国法院承认和执行外国法院判决作出了原则性规定，并规定了内国法院承认和执行外国判决的条件。

（2）国际条约

对于承认和执行外国法院判决，目前具有广泛国际性和普遍性的公约是 1971 年 2 月在海牙签订的《关于民商事案件中外国判决的承认和执行公约》及其附加议定书。在一些专门领域已有若干承认和执行外国法院判决的公约，如 1969 年《国际油污损害民事责任公约》第 10 条规定、1971 年《关于碰撞案件中民事管辖、法律选择、判决的承认与执行的统一规则的国际公约》等。此外，还有一些地区性公约，如 1968 年和 1988 年欧洲共同体国家签订的《关于民商事案件管辖权和承认与执行判决及执行公证书的公约》等。

（3）互惠原则

在不存在条约关系的国家之间，通常以互惠原则作为承认与执行外国法院判决的依据。一般而言，只要没有相反证据证明事实上不存在互惠，就可以认为内国与该外国间存在互惠关系。

2. 承认和执行外国法院判决的限制性条件

各国承认和执行外国法院判决都附有一定条件，这些条件主要有：

原判决国法院必须具有合格的管辖权；

外国法院的判决必须是已经确定的判决；

外国法院进行的诉讼程序是公正的；

外国法院的判决必须是通过合法的手段取得的；

外国法院判决不与内国法院就相同当事人之间的同一争议所作的判决或者内国法院已经承认的第三国法院就相同当事人之间的同一争议所作的判决相冲突；

外国法院适用了被请求国冲突规范所指定的准据法；

存在互惠关系；

外国法院的判决不与内国的公共政策相抵触。

复习思考

1. 什么是国际商事争议？它有哪些特点？
2. 什么是国际商事选择性争端解决机制？它有什么特点？
3. 根据《国际商会友好争议解决规则》，ADR 程序与其他程序是何关系？
4. 与司法诉讼相比，在解决国际商事争议时，仲裁方式具有哪些优势？又有哪些局限性？
5. 什么是仲裁协议？其效力受哪些因素影响？
6. 外国当事人一般具有何种诉讼地位？
7. 确定国际商事案件诉讼管辖权的原则有哪些？
8. 各国在承认和执行外国法院判决时所附的条件有哪些？

参考阅读

1. 姚梅镇. 国际经济法概论. 第 3 版. 武汉：武汉大学出版社，2002.
2. 黄进、宋连斌. 政法论坛. 第 127 卷第 4 期，2009.
3. 左海聪、陆泽峰. 国际贸易法学. 第 1 版. 武汉：武汉大学出版社，1997.

案例分析

原告：中国 BX 股份有限公司香港分公司。住所地：香港中环 DF 道中×××号。

被告：荷兰 ZH 邮船公司。住所地：××× 40，××× Rotterdam.

被告：福建省 T 海运总公司。住所地：中国福建省福州市 XX 商厦。

原告系一批货物的保险人，两被告系该批货物的承运人。第一被告荷兰 ZH 邮船公司的香港代理签发了提单，货物实际交由第二被告福建省 T 海运总公司所属"ZG28 号"轮承运，起运港台湾高雄，目的港福州马尾。船舶在该航程运输途中因故沉没，货物灭失。原告在依保险合同理赔后，取得代位求偿权，提起诉讼，请求厦门海事法院判令二被告赔偿损失。第一被告荷兰 ZH 邮船公司在提交答辩状期间对案件管辖权提出异议，认为根据提单背面条款第 25 条的规定，运输合同项下的任何诉讼必须由荷兰鹿特丹法院审理，任何其他法院无权审理有关的纠纷，因此本案应由荷兰鹿特丹法院管辖。

分析并回答：
第一被告之管辖权异议是否成立？为什么？

参 考 文 献

1. 汪威毅．国际商务法．第1版．北京：中国商务出版社，2006．

2. 沈四宝，王军、焦律洪．国际商法．第1版．北京：对外经济贸易大学出版社，2003．

3. 何力，周阳．海关国际商务法教程．第1版．北京：中国海关出版社，2010．

4. 屈广清等．国际商法法．第1版．北京：法律出版社，2003．

5. 曹祖平．新编国际商法．第1版．北京：中国人民大学出版社，2004．

6. 曾咏梅，王峰．经济法．第5版．武汉：武汉大学出版社，2010．

7. 法国公司法典．第1版．罗结珍译．北京：中国法制出版社，2007．

8. 范健，王建文．公司法．第2版．北京：法律出版社，2008．

9. 吴建斌．日本公司法规范．北京：法律出版社，2003．

10. 德国股份公司法．贾红梅，郑冲译．北京：法律出版社，1999．

11. 孔祥俊．公司法要论．北京：人民法院出版社，1997．

12. ［德］托马斯·莱塞尔、昌笛格·法伊尔．德国资合公司法．第3版．高旭军等译．北京：法律出版社，2005．

13. 沈四宝，郭丹．美国合伙制企业法比较评析及对中国法的借鉴．http：//article. chinalawinfo. com/ArticleHtml/Article_ 37271. asp. 出自北大法律信息网．

14. 宋永新．新型的美国有限责任公司法评述．载《外国法译评》（原《法学译丛》），1999（4）．

15. 吴建斌．日本引进独立董事制度的经验及启示．载《南京大学学报（哲学·人文科学·社会科学)》，2003（2）．

16. ［美］罗纳德·安德森等．商法与法律环境．第1版．韩健等译．北京：机械工业出版社，2003．

17. 《国际货物销售代理公约》（1983年文本）．

18. 《中华人民共和国专利法》（2008年文本）．

19. 《中华人民共和国专利法实施细则》（2010年文本）．

20. 《中华人民共和国商标法》（2001年文本）．

21. 《中华人民共和国著作权法》（2010年文本）．

22. 孔祥俊．WTO知识产权协定及其国内适用．第1版．北京：法律出版社，2002．

23. 曹建明、陈治东．国际经济法专论（第五卷）．第1版．北京：法律出版社，2000．

24. 盛洪．陈宪．WTO 与中国经济的案例研究．第 1 版．上海：上海人民出版社，2007.

25. 王传丽．国际经济法．第 2 版．北京：法律出版社，2009.

26. 陈素玉．国际商法．第 1 版．成都：西南财经大学出版社，2002.

27. 《中华人民共和国合同法》（1999 年文本）

28. 曹建明、陈治东．国际经济法专论（第二卷）．第 1 版．北京：法律出版社，2000.

29. 尚明、阿拉木斯主编．电子商务国际公约与我国电子商务立法．第 1 版．北京：法律出版社，2009.

30. 高尚平，Thomas Hoeren．中欧电子合同立法比较研究．第 1 版．北京：法律出版社，2009.

31. 李双元，王海良．电子商务法．北京：北京大学出版社，2004.

32. 陈霁．网络侵权纠纷的司法管辖问题研究．载《集美大学学报（哲学社会科学版）》，第 9 卷，2006（1）.

33. 宁烨，杜晓君．国际商法．第 1 版．北京：机械工业出版社，2010.

34. 姚梅镇．国际经济法概论．第 3 版．武汉：武汉大学出版社，2002.

35. 姚新超．国际贸易运输与保险．第 1 版．北京：对外经济贸易大学出版社，2006.

36. 司玉琢等．新编海商法学．第 1 版．大连：大连海事大学出版社，1999.

37. 魏华林．保险法学．第 2 版．北京：中国金融出版社，2007.

38. 李玉泉．保险法．修订版．北京：法律出版社，2003.

39. 魏华林，林宝清．保险学．第 2 版．北京：高等教育出版社，2005.

40. 《中华人民共和国侵权责任法》（2009 年文本）.

41. 《中华人民共和国产品质量法》（2000 年文本）.

42. 《中华人民共和国民法通则》（1986 年文本）.

43. 左海聪，陆泽峰．国际贸易法学．第 1 版．武汉：武汉大学出版社，1997.

44. 沈妙．国际大额电子资金划拨风险责任的法律问题研究．厦门大学研究生论文，2002.

后 记

本书由王峰、曾咏梅、万暄共同编著，其中，王峰负责第一、第三、第四、第五、第九章的编写，曾咏梅负责第二、第三章的编写，万暄负责第七、第八、第十、第十一章的编写。初稿完成后，由王峰负责最后的统稿审定。

本书的出版得到了武汉大学出版社的大力支持，在此表示感谢！

在本书的编写过程中，我们参阅了大量的教材、论著和相关资料，对他人的研究成果进行了总结，书中的注释及参考文献即是证明，在此我们向相关的作者表示衷心的感谢，未尽之处，敬请原谅。

限于主编的水平，书中疏漏、不妥之处敬请指正。

▤ 高等学校国际商务创新规划教材

- 国际商务概论
- 国际商务经济学基础
- 国际商务实务
- 国际商务管理
- 国际商务营销
- 国际商务谈判
- 国际商务环境
- 国际商务法

欢迎广大教师和读者就系列教材的内容、结构、设计以及使用情况等，提出您宝贵的意见、建议和要求，我们将继续提供优质的售后服务。

联系人：舒　刚（经管类图书策划人）

电　话：134 0715 4673

E-mail：sukermpa@yahoo.com.cn

 武汉大学出版社（全国优秀出版社）

图书在版编目(CIP)数据

国际商务法/王峰,曾咏梅,万暄编著 . —武汉:武汉大学出版社,2011.11
高等学校国际商务创新规划教材
ISBN 978-7-307-09210-5

Ⅰ.国… Ⅱ.①王… ②曾… ③万… Ⅲ.国际商法—高等学校—教材 Ⅳ.D996.1

中国版本图书馆 CIP 数据核字(2011)第 193079 号

责任编辑:舒 刚 责任校对:黄添生 版式设计:马 佳

出版发行:**武汉大学出版社** (430072 武昌 珞珈山)
　　　　　(电子邮件:cbs22@ whu. edu. cn 网址:www. wdp. whu. edu. cn)
印刷:湖北睿智印务有限公司
开本:787×1092 1/16 印张:23.25 字数:515 千字 插页:1
版次:2011 年 11 月第 1 版 2011 年 11 月第 1 次印刷
ISBN 978-7-307-09210-5/D·1117 定价:35.00 元